Practices of international settlement

国际结算实务精讲

庄乐梅　李　菁◎著

中国海关出版社

图书在版编目（CIP）数据

国际结算实务精讲/庄乐梅，李菁著.—北京：中国海关出版社，2013.1

ISBN 978-7-80165-929-3

Ⅰ.①国… Ⅱ.①庄… ②李… Ⅲ.①国际结算 Ⅳ.①F830.73

中国版本图书馆 CIP 数据核字（2012）第 303446 号

国际结算实务精讲

GUOJI JIESUAN SHIWU JINGJIANG

作　　者：庄乐梅　李　菁
策划编辑：马　超
责任编辑：刘　倩
出版发行：中国海关出版社
社　　址：北京市朝阳区东四环南路甲 1 号　　邮政编码：100023
网　　址：www.hgcbs.com.cn；www.hgbookvip.com
编 辑 部：01065194242-7554（电话）　　01065194234（传真）
发 行 部：01065194242-7540/42/44/45（电话）　　01065194233（传真）
社办书店：01065195616/5127（电话/传真）　　01065194262/63（邮购电话）
北京市建国门内大街 6 号海关总署东配楼一层
印　　刷：北京京都六环印刷厂　　经　　销：新华书店
开　　本：710mm×1000mm　1/16
印　　张：29.5　　字　　数：435 千字
版　　次：2013 年 1 月第 1 版
印　　次：2013 年 1 月第 1 次印刷
书　　号：ISBN　978-7-80165-929-3
定　　价：49.8 元

前 言

几年前，在出版社编辑的热情邀请和鼓励下，写过国际结算方面的书，承蒙广大读者的厚爱，得到了业内人士的广泛认可和市场的肯定，许多单位和个人来信、来电要求修订该书，销售该书的某网站也一再出现“缺货”现象，该书不仅获得了部委的“优秀图书奖”，也一度被认为是银行业及外贸企业的培训实用书。在此后的几年中，也有几家出版社数度约稿，希望根据新形势的变化重新出版，但由于工作繁忙，加上畏惧笔耕之辛劳，我曾经下决心不再写书。但两件事使我改变了决定，一是业内国际结算方面的图书虽然不少，但实用的可以作为真正“有用的”教材不多，一些现象令人震惊和深思：有的作为一个国际贸易专业毕业的名牌大学的研究生甚至连简单的信用证都翻译得不够专业，净是“外行话”；一位名牌大学英语专业毕业的本科生，翻译的中文信用证仍然让中国人看不懂。这些不是学生和教授们的错，“会做的不教、会教的不做”造成了教学与实务的断裂。二是社会对“好书”的渴求是那样的强烈，出乎我的意料。曾经遇到业内人士，问我有没有出新书，他们说当初买的书都是给编了号，谁调离岗位，别的可以商量，但都要交还那本书，否则新同事来了没好书看，老同事也要时不时地“温习”。鉴于此，我对出版本书有了新的认识，那就是对社会和业内至少可以有微薄的贡献。

本书延续了“专业、务实、易懂、正确、前沿、全面”的特点，结合国际经济发展的新形势、广大业内人士的新要求，重新整理出版。比如，对近几年才出现的“跨境贸易人民币结算”业务，特别是该业务的实务流程进行了叙述；通过对常见的世界各国信用证解析，如亚洲的日本、大洋洲的澳大利亚、欧洲的法国、非洲的南非、美洲的美国等国家的信用证的专业的、务实的翻译和剖析，不仅仅让读者看到了这些国家信用证的“原始风貌”，学会信用证的专业翻译，更是通过对其的利弊分析，掌握信用证的精髓。

另外，考虑到国际结算一般使用英语作为业务语言，因此本书比较注意中英文的对照。例如，信用证的申请人，除了正规的“Applicant”称谓，在不同的国家，还有其他九种叫法：开证人“Opener”、买方“Buyer”、进口方

"Importer"、付款方"Accountee Party"、收货人"Consignee"、被通知方"Notify Party"及"Holder"、"Order"、"Customer"。

最后，尽管本人以科学、严谨的态度认真地编写本书，但错误和遗漏在所难免，敬请各界批评指正。

庄乐梅

2012年7月

目录

第一章　国际结算中的票据

关键术语：票据　汇票　支票　本票

学习目标：根据票据的基本特征及在经济活动中具有的特殊作用，了解票据的当事人及各自的权利、义务，熟悉并掌握汇票、支票和本票的内容、种类、票据行为、各当事人的权利和义务，以及其在经济生活中的作用。

第一节　票据的产生及概念

票据是商品经济发展到一定阶段的产物。世界上最早使用的交易方式是"以货易货"（Bartering），随着商业活动的逐步发展，才使用货币作为收付结算手段，即买方和卖方均使用现金，这相对于"以货易货"有了质的飞跃，但以现金来做交易有时也带来不便，如现金数量较大时，会带来保管、携带不便的问题，特别是当交易双方相距较远，甚至需远涉重洋时，此类问题就更加突出。因此，人们又想到了采用字据划账的方法来进行相互间的结算，随着发展，字据同现金一样流通起来，逐渐演变成现在的票据。

票据是以支付货币为目的的特殊证券，是由出票人签名于票据上，约定由自己或另一人无条件地支付确定金额的、可流通转让的证券。票据一般可分为汇票、支票及本票三种。在国际结算中，无论采用何种结算方式，大都与票据息息相关，如汇款方式中使用的票汇，光票托收中使用的汇票、支票、本票等各种票据，跟单托收中使用的汇票，信用证中使用的汇票等。

第二节　票据的基本特征及作用

一、票据的基本特征

通常，票据作为一种有价证券具有三个基本特征，即流通性、无因性及要式性。

（一）流通性

除非票据被加上限制性的批注，例如，"不得转让"（Not Negotiable）、

“只能记入收款人账户”（Account Payee）、“只能付某人”（Pay...only）等，票据经过交付或背书可转让给他人，并能连续多次转让。背书转让使票据在市场上广泛地流通，成为一种流通工具。

（二）无因性

尽管票据的签发或转让都以某种原因为基础，但世界上绝大多数国家的票据法认为：票据上的权利与义务关系一经确立，即与其原因关系相脱离，不论其原因关系是否存在、是否有效，均不影响票据的效力。票据债权人在行使其票据权利时，不必证明票据的原因，只需凭票据上的文字记载，即可要求票据的债务人支付票据规定的金额，即使票据的基础关系有缺陷也不能影响当事人之间根据票据记载所产生的权利与义务关系。如小张向小李购买纱布，小张将银行的承兑汇票作为支付货款手段给了小李，小李又因为购买小王的原材料棉纱将汇票给了他，事后小张发现小李提供的货物与双方的合同要求不符（票据的基础关系有缺陷），小张不能因此而要求止付已到小王手中的汇票。

（三）要式性

票据的要式性，是指票据的形式和内容必须符合法定的格式及设立程序。其中，被规定的项目必须齐全，票据的权利义务以及对票据的处理必须符合一定的要求，并根据票据记载的内容办理。由于票据的债务人是根据票据的文字记载来履行付款义务的，因此各国票据法都非常强调票据的要式性。

二、票据的作用

票据在经济活动中具有特殊的作用，主要表现在以下两个方面：

（一）支付结算工具

在国际贸易中，特别是大额交易，通常以非现金的方法来清算双方的债权和债务，而票据作为一种具有支付功能的结算工具，往往被广泛使用。如大洋此岸的小马出口服装到大洋彼岸的 Lee，Lee 为了支付小马的货款，不必远涉重洋，携带大量的现金送给他，而只需向当地银行购买汇票后寄给小马，小马收到后，持票向当地银行兑取票款，从而结清贸易双方的债权和债务。

（二）信用工具

在买卖双方交易中，往往有一方要求另一方提供信用的情形。如买方要求延期付款，实质是要求卖方给予自己信用贷款，在卖方同意的情况下，可由卖方向买方开立远期汇票，经买方承兑后，于到期日付款，在这里汇票便成了买卖双方的信用工具；抑或由买方向卖方开立一远期本票，于到期日付款，在这里，本票又成了买卖双方的信用工具。另外，票据可以通过贴现、抵押等手段，取得银行的融资，因此，票据作为信用工具，在一定程度上解决了企业的资金周转困难。如孙经理购买了张总的化工产品100万元，以6个月的银行承兑汇票作为支付手段，相对于张总给孙经理的6个月的无利息的信用贷款，因为假如张总要求现金支付，孙经理就得想办法凑足现金，如从银行贷款取得现金等以满足支付要求，因此，该银行承兑汇票就是孙经理与张总买卖双方的信用工具。当然，如果张总有资金周转需要，可以凭6个月的银行承兑汇票向银行申请贴现，取得融资。

第三节　票据的当事人及各自的权利与义务

一般地讲，票据有三个最基本的当事人，即出票人、付款人和收款人。此外，有时还有背书人、承兑人、持票人等。

一、出票人

出票人（Drawer），是指签发票据的人，即填写票据并在其上签名的人。出票人对收款人及正当持票人，承担票据在提示付款或承兑时付款人一定付款或承兑的保证责任。如果票据遭到拒付，只要对退票正式地采取了必要的法律程序，出票人被追索时，应对持票人或已经付款的背书人承担偿还票款的责任。对于付款前的即期票据、承兑前的远期票据，出票人是票据的主债务人。

二、付款人

付款人（Payer），是指受出票人的委托（命令）而支付票面金额的人。付款人是票据签发的对象，也是受票人（Drawee），他们通常是银行或贸易合同中的买方或其他经济合同中的债务人。受票人对票据承担付款责任。收款人或持票人不能强迫受票人付款或承担到期付款责任，以防止出票人无故向他人随意签发票据。但票据一经受票人承兑，即表示受票人同意出票人的支付命令，受票人的身份此时就变为票据的主债务人，承担到期付款的责任。

三、收款人

收款人（Payee），是指接受票据款项的人，即受款人。受款人是票据的主债权人，有权向受票人要求付款，如遭拒付，有权向出票人追索票款。受款人可以将汇票转让给其他人，如是记名汇票，转让时必须背书。受款人经背书转让汇票，成为汇票的第一背书人；背书人与受票人同样承担票据的付款责任或承兑的保证责任。当票据遭拒付，持票人向背书人追索时，后者应负责偿还票款，然后再向出票人追索。

四、背书人

背书人（Endorser），是指收款人或持票人收到票据后，在背面签字，将票据转让出去的人。背书人对继他之后成为汇票当事人的各有关方承担责任，若受票人（或承兑人）拒付汇票，背书人应付款。此外，背书人的背书是作为对于后手的任何正当持票人的一种担保，担保其前手的全部背书都是真实的。票据通过背书可以连续转让。被背书人可以在票据上再加背书而转让，成为第二背书人，若再背书，又产生第三背书人，依次类推。如背书人想要免除自己的责任，可在背书时加注“不得追索”（Without recourse to me）的字样，这样，当票据遭拒付、持票人追索时，只能放弃对这个人的追索而向其前手追索。

五、承兑人

承兑人（Acceptor），是指同意接受出票人的命令并在票据正面承兑的受票人。汇票的承兑人一经承兑，必须保证按其所承兑的金额、到期日付款，而不得以下述情况为由拒绝向正当持票人付款：

（1）出票人不存在；

（2）出票人的签字是伪造的；

（3）出票人没有签发汇票的能力或授权。

承兑人一经承兑汇票，即成为票据的主债务人，而出票人则退居从债务人的地位。

六、持票人

持票人（Holder），是指持有票据的收款人或被背书人，或来人。持票人有权向受票人或其他关系人要求履行票据所规定的义务。

由于持票人取得票据的方式不同，故相应的身份也有区别：

正当持票人（Holder in due course），也称善意持票人（Bona Fide Holder），是指持票人取得的票据票面是完整而合格的，并具备下列条件：在他成为持票人时票据没有过期；如果票据曾遭退票，他并不知悉；他善意地付了对价而取得票据；在票据被流通转让给他时，他并不知道转让票据人对该票的权利有任何缺陷。正当持票人的权利优于前手，不受前手各当事人中任何“其他权益”或权利缺陷的影响。

对价持票人（Holder for value），是指对票据付过对价的持票人及某一前手持票人付过对价的任何持票人。票据的对价（Value），是指广义地接受任何“足以支持一项简单合约”的货物、劳务、货币等，即足以构成一项“买卖”或“交易”的对价，并承认先前的债务或负债（原因债务）为对价。如小张卖给小李公司一批办公用品，小李公司用一张支票支付给小张作为货款，那么该批货物就是支票的“对价”。当然，法律上，并没有要求票据在转让时必须付足对价，对价不足也不影响一个人的权利。

【案例】 小李的公司与小张的企业签订了30万元的买卖合同，小张的企业向小李的公司发货后，小李的公司（债务人）应当向小张的企业（债权人）支付30万元的货款。为此，小李的公司向小张的企业签发了30万元的支票，付款人为某银行。

【分析】 在本案中：（1）买卖合同属于票据的基础关系，因为买卖合同的存在，引发了小李的公司与小张的企业之间的债权债务关系，小李的公司才向银行签发支票。（2）出票人小李的公司、持票人小张的企业和付款人银行之间的关系属于票据关系。（3）票据是无因证券，票据权利人主张其票据权利，以提示票据为必要，而不必证明其取得票据的原因，票据关系一般不受基础关系的影响。买卖合同无效，不影响支票的效力；支票无效，不影响买卖合同的效力。

第四节　票据的种类及其主要内容

由于各国的法律不同，对票据的分类也不同。有的将票据分为汇票和本票两种，也有的将票据分为汇票、支票和本票三种。现在，世界上大多数国家基本采取后一种分类法，我国《票据法》也认同这种观点。

一、汇票

（一）汇票的定义

汇票（Bill of Exchange，简称Draft、Bill），是国际结算中使用十分广泛的票据。根据我国《票据法》的规定，“汇票”的定义为：“汇票是出票人签发的，委托付款人在见票时或者在指定日期无条件支付确定的金额给收款人或者持票人的票据。”英国票据法给汇票下的定义是，“汇票是由一人签发给另一人的无条件的书面命令，要求受票人见票时或于未来某一规定的或可以确定的时间，将一定金额的款项支付给某一特定的人或其指定的人，或来人”（A bill of exchange is an unconditional order in writing addressed by one person to another, signed by the person giving it, requiring the person to whom it is addressed to pay on demand or at a fixed or determinable future time a sum certain in money to or to the order of a specified person, or to bearer）。

（二）汇票的主要内容

汇票是一种要式证券，即必须具备法定的形式、载明必要的法定事项，才能成为完整的汇票，具有票据的效力。

1. 票据名称

汇票必须明确标明“汇票”字样，以区别于其他票据或凭证，并以此确定有关当事人相应的权利、义务和责任。无论是我国的《票据法》，还是20世纪30年代初法国等国家在日内瓦签订的《汇票和本票统一法》和《支票统一法》等公约（以下简称《日内瓦统一法》）都作了类似的规定。在实务中，汇票也大都有“汇票”字样。

2. 汇票的金额

汇票必须明确表明应付的金额。该金额必须是确定的或可被计算得出的。如：汇票显示金额为USD2 000.00，则USD2 000.00便是汇票确定的金额。有的汇票还附加利息条款、分期付款条款、汇率条款等，而只要在汇票表面同时确定了利率、分期付款的时间，明确了汇率等确定的计算依据，即汇票的金额是“可被计算得出的”，该汇票仍是有效的。如汇票表明为“见票后90天付款，金额为USD2 000.00，按年利率2.92%计算”，则汇票在到期后应付的总金额应为：USD2 000.00 + USD2 000.00 × 2.92% × 90 ÷ 360。

3. 无条件的书面支付命令

“无条件”（Unconditional），是指汇票的支付必须是无条件的，不带任何限制，不依赖于某一事件的发生或某些情况的出现。如果汇票载有“货物经检验符合合同要求后付款”、“收到货物后5个工作日内付款”等类似条件，则该汇票是无效的。当然，在实务中，特别是在信用证业务中，尽管汇票载有“根据某信用证号开立”等类似条款，但由于它不对汇票的付款构成限制，而仅仅是一种附加的说明，因此，该汇票仍然有效。

“书面”（Writing），是指汇票的支付命令必须是书面的，而不是口头的或其他方式的。“书面”，包括手写的、打字的、印刷的、电脑打出的等，但不能用铅笔书写。

“命令”（Order），是指要求汇票支付的语气是命令式的，是“付”、“请付”，而不是过分客气的要求，如“若能付款，我将不胜感激”等类似文句，则不能使用。

4. 付款人名称

汇票必须载明付款人的姓名或企业名称，并载有详细地址，以便收款人或持票人向其提示付款或承兑。

5. 收款人名称

由于各国的票据法不同，对收款人的要求也不尽相同。我国《票据法》规定，汇票必须明确记载收款人名称，凡未记载收款人名称的汇票，一律无效。《日内瓦统一法》规定，汇票的收款人名称必须明确记载；但英美票据法认为，汇票可以指定收款人，也可不指定收款人，而仅表明付给来人，持票人有权要求付款人向其支付汇票所记载的全部金额。

6. 出票日期

如同国际上对收款人的名称是否需明确表明没有统一的规定一样，对于汇票的出票日期，各国规定也不相同。我国《票据法》十分重视出票日期，把汇票的出票日期作为汇票的必备事项；使用《日内瓦统一法》的国家也均规定，汇票应该记载出票日期，否则汇票无效；但使用英美票据法的各国认为，汇票的出票日期不是汇票必须记载的事项，若汇票未填写出票日期，持票人可以将自己认为正确的日期进行后补。

7. 付款到期日

我国《票据法》规定，汇票上应当清楚、明确地记载付款日期，未记载付款日期的，视为见票即付。《日内瓦统一法》尽管规定汇票应载明付款时间，但也允许有例外；英美票据法认为，到期日不是汇票的必备项目，未记载付款到期日的汇票按见票即付处理。

8. 出票地和付款地

由于国际上绝大多数国家的汇票所适用的法律在许多方面均采用行为地法律的原则，因此，表明汇票的出票地和付款地十分重要，它直接关系到在汇票出现纠纷时使用哪个国家的法律问题。我国《票据法》规定，汇票上记载付款地、出票地等事项的，应当清楚、明确；未记载付款地的，付款人的营业场所、住所或者经常居住地为付款地；汇票上未记载出票地的，出票人的营业场所、住所或者经常居住地为出票地。《日内瓦统一法》也明确规定汇票应当记载出票地点和付款地点。未载明出票地点的，以出票人的营业场所、住所或者经常居住地为出票地。

9. 出票人签章

各国票据法均规定，汇票必须有出票人的签名才能生效，未经出票人签名的汇票在法律上是无效的。我国《票据法》把出票人签章作为汇票必须记载的事项之一。

10. 其他常见内容

在实务中，汇票除了以上的九项内容外，往往还有其他记载，常见的如汇票编号、表明“付一不付二”（Pay this FIRST of Exchange，SECOND of Exchange being unpaid）、利息或利率条款、禁止转让、免作拒绝证书等。

(三) 汇票的种类

根据不同的分类标准，通常可以将汇票分为以下几类：

1. 按出票人的不同，可以分为银行汇票和商业汇票

（1）银行汇票（Banker's Draft），是指出票人和受票人都是银行的汇票。银行汇票通常用于汇款业务中的票汇，汇票由银行签发后，交给汇款人，由汇款人寄交或带给收款人向付款行取款；另外，在信用证业务中，议付行议付单据后，有时也出具由指定银行（偿付行或付款行）为受票人的银行汇票，索取有关款项。

以下为某银行汇票样式：

BANK OF ×××

No. IX008889

This draft is valid for one
Year from the date of issue

AMOUNT ________

PAY TO ________ (Place) ________ (Date) ________

THE SUM OF ________

TO: ________

PAY AGAINST THIS DRAFT, TO THE
DEBIT OF OUR H. O. ACCOUNT
WITH YOUR TOKYO BRANCH

BANK OF ×××

（2）商业汇票（Commercial Draft），是指出票人是个人或工商企业，受票人可以是个人、工商企业或银行的汇票。在国际贸易结算中，商业汇票通常是由出口人开立的，委托当地银行向国外进口人或银行收取货款时所使用的

汇票。如在跟单信用证及跟单托收项下使用的汇票一般均为商业汇票。

以下为某公司的商业汇票样式：

凭　　　　购买证

Drawn under　×××BANK　P/O　　NO. 95E03LC001

日期

Date July. 12. 2011 支取 Payable with interset @___%___按___息___付款

号码　　　　汇票金额　　　　　　江苏

No.　CH00001 Exchange for USD80714. 13　Jiangsu…July. 30. 2003

见票　　　　日后（本汇票之付本未付）

at sight of this FIRST of Exchange（Second of Exchange being unpaid）

付交　　金额

Pay to the order of BANK OF CHINA　××BRANCH

the sum of SAY US DOLLARS EIGHTY THOUSAND SEVEN

HUNDRED AND FOURTEEN CENTS THIRTEEN ONLY

致

To：ABC BANK　　　　　　江苏××进出口公司

JIANGSU ×× IMPORT AND EXPORT CO.

张三

2. 按收款人的不同，可以分为记名汇票、来人汇票

汇票所记载的收款人习惯上也称为汇票的“抬头”。

（1）记名汇票，是指收款人（“抬头”）为特定的人或其指定人的汇票。在实务中，记名汇票通常又可分为两种：①限制性抬头，如“付给 A 公司，不准转让”（Pay A Co.，not transferable）或“仅付给 A 公司”（Pay A Co. Only）。这种汇票不能以背书方式进行转让。②指示性抬头，如“付给 A 公司或其指定的人”（Pay A Co. Or order，Pay to the order of A Co.）。这种载有指示性抬头的汇票可以经过背书转让。

（2）来人汇票，是指收款人（“抬头”）为来人的汇票，即在汇票上不指定收款人名称，而仅载明“付给来人”（Pay to bearer）或“付给持票人”（Pay to holder）。这种汇票可以仅凭交付汇票本身即可转让，而无须持票人背书。

3. 按汇票承兑人的不同，可以分为银行承兑汇票和商业承兑汇票

（1）银行承兑汇票，是指由银行承兑，并承担到期付款责任的汇票。

（2）商业承兑汇票，是指由个人或工商企业承兑，并承担到期付款责任的汇票。

4. 按有无附属单据，可以分为跟单汇票和光票

（1）跟单汇票（Documentary Draft），是指附有运输单据的汇票。这类汇票常见于跟单信用证、跟单托收项下。

（2）光票（Clean Draft），是指不附带运输单据的汇票。

5. 按汇票的付款期限，可以分为即期汇票和远期汇票

（1）即期汇票（Sight Draft、Demand Draft），是指采用见票即付的形式记载付款日期的汇票。即当汇票的持票人向付款人提示，付款人见票时，应立即付款。

（2）远期汇票（Time Draft、Usance Draft），是指采用定日付款、出票后定期付款、见票后定期付款等形式记载付款日期的汇票。远期汇票的收款人一般需在到期日前向付款人提示承兑以明确付款人的付款责任，在见票后定期付款的情况下，还需按见票承兑日期确定付款日期。

6. 按出票地和付款地是否在同一地，可以分为国内汇票和国外汇票

（1）国内汇票（Inland Draft），是指出票地点和付款地点均在同一国家的汇票。

（2）国外汇票（Foreign Draft），是指出票地点和付款地点不在同一国家的汇票。

（四）汇票的票据行为

票据行为（Acts Under a Bill），是指以票据上规定的权利和义务所确立的法律行为。通俗地讲，票据行为，是指票据从出具到终止的一系列步骤。根据票据法的一般规则，每个票据行为不因其他票据行为的不合法而受影响，如票据上虽然有无行为能力人的签名，但并不影响其他签名者的效力。票据必须按法律规定的方式签发和流通才能有效；在票据上签名的行为人，仅对票据上所载的文字意义负责。

票据行为可分为主票据行为和从票据行为。主票据行为，是指制作票据的原始行为；从票据行为，是指票据出立后的提示、承兑、背书、参加承兑、保证、付款、参加付款等行为。以下为汇票在使用过程中常见的票据行为：

1. 出票

出票（To Draw、To Issue），是指汇票的签发或出具，即汇票的持票人写成汇票并经过签字后交付给收款人的票据行为。因此，出票包括两个动作：一是写成汇票，并在汇票上签字；二是将汇票交付（Deliver）给收款人。若

出票人签发汇票后留在自己手中，没有交付给收款人，等于没有出票；汇票在签字后交给收款人，这样的行为称为“交付”。交付可以是亲手交给、派送或邮递，还可以作“推定交付”，即出票人将汇票交付给收款人，而收款人由于某种原因暂不取走，请出票人代为保管，这时汇票实际上已经是收款人的财产，出票人仅仅是他的代保管人。

出票人签发汇票后，即承担该汇票的付款或承兑并付款的责任，出票人在汇票得不到付款或承兑时，应当向持票人清偿被拒付的汇票金额及自到期日或提示付款日起至清偿日止的利息，并支付取得拒绝证书和发出拒付通知等的费用。

在实务中，除银行汇票只需签发一份外，为防止遗失，商业汇票特别是在国际贸易结算中的跟单信用证、跟单托收项下的商业汇票，在签发时通常需一式两份，其中一份表明“第一份汇票，付一不付二”（Pay this FIRST of Exchange，SECOND of Exchange being unpaid），另一份表明“第二份汇票，付二不付一”（Pay this SECOND of Exchange，FIRST of Exchange being unpaid），这两份汇票具有同等的法律效力，但出票人只对其中的一份承兑或付款。

2. 背书

背书（Endorsement、Indorsement），是指汇票的收款人或持票人在汇票的背面或者粘单（票据凭证如果不能满足背书人记载票据事项的需要，可以加贴粘单，粘贴于票据凭证上，粘单上的第一记载人应当在票据和粘单的粘接处签章）上记载有关事项并签章的票据行为。背书是记名汇票转让时的必要手续。汇票经收款人的背书后交付给受让人（Transferee），构成了汇票的转让行为，受让人由此取得汇票的权利，成为持票人。

背书的方式主要有以下几种：

（1）空白背书（Endorsement in Blank），是指背书人（Endorser）只需在票据背面签字即可交付转让，而不记载被背书人（Endorsee）名称的背书方式，也称无记名背书、不记名背书。指示抬头的汇票作了空白背书后就与来人抬头汇票相同，受让人可以不经背书，而仅凭交付转让票据的权利。空白背书汇票的持票人可以在空白背书上加上自己的名称，把空白背书转为记名背书，再作记名背书或空白背书来转让汇票的权利，也可以在空白背书上直接加上受让人名称来转让汇票权利。这是国际贸易结算中最为常见的一种票据背书方式。

（2）特别背书（Special Endorsement），是指写明向某人或某人的指定人付款，再加上签名的背书方式，又称记名背书、正式背书和完全背书。如

“付给 BCD 公司的指定人，张三（背书人张三的签名）”（Pay to the order of BCD Co.，Zhang San）。

（3）限制性背书（Restrictive Endorsement），是指背书人对支付给被背书人的指示带有限制性的词语，如“只付给 A”（Pay A Only）、“付给 AB 银行，不可转让”（Pay to AB Bank，not transferable）、“付给 ABC 银行，不可流通”（Pay to ABC Bank，not negotiable）等。我国《票据法》和《日内瓦统一法》均规定：背书人在汇票上记载“不得转让”字样后，其后手再背书转让的，原背书人对后手的被背书人不承担保证责任。根据英国票据法的规定，凡做成限制性背书的汇票，只能由指定的被背书人凭票取款，而不能把汇票再转让或流通。由于经过限制性背书的票据几乎没有流通性，因此，在国际贸易结算中较少使用。

此外，背书还有托收背书、质押背书等。

托收背书（Endorsement for Collection），是指持票人委托被背书人代收票款时对票据所作的一种背签，通常只需在被背书人名称之前或之后注明“委托取款”（for Collection）字样即可，因而又称委托取款背书。对于做成托收背书的汇票，被背书人能行使背书人的一切权利，但不能将票据的权利转让，票据也不能流通，票据的所有权仍属背书人。

质押背书（Endorsement for Pledge），是指持票人向银行或其他贷款人借款而在做抵押的汇票上背书的行为。质押背书应当注明该票据系作某笔贷款的抵押，以明确用途和责任。在票据作为抵押的情况下，借款人如到期不能归还借款，贷款人可将汇票处理以抵偿贷款，余款偿还借款人。

因此，票据背书的主要作用是：转让收款权利、委托收款、质押票据。其中，为了转让收款权利而作的背书最为广泛，它主要有三个作用：

（1）使背书人的权利转让给被背书人；

（2）背书人对被背书人及所有的后手（Subsequent Party，是指其后的票据的受让人）承担保证票据必然会被付款或承兑的责任；

（3）证明前手（Prior Party，是指受让人之前的所有背书人和出票人）签字的真实性，并且以背书的连续性证明他的权利的正当。在这里需注意的是，根据有关票据法，票据的背书应当连续。所谓背书的连续，是指首次作背书的人应是汇票指定的收款人，其后各次背书的背书人均应为前一次背书的被背书人，依次衔接，直至最后的持票人，中间没有间断。如在空白背书之后，再以背书方式转让时，则其后的背书人应视为因此项背书而取得汇票的受让人。后手的背书人应当对其前手背书的真实性负责。

3. 提示

提示（Presentation，Presentment），是指收款人或持票人将汇票提交付款人要求其付款或承兑的行为。提示可分为两种：提示承兑和提示付款。

（1）提示承兑（Presentation for Acceptance），是指远期汇票的持票人向付款人出示汇票，要求付款人承诺到期付款的行为。

（2）提示付款（Presentation for Payment），是指汇票的持票人向付款人或承兑人出示汇票，要求付款的行为。

提示承兑和提示付款应在法定的时间内进行。对此，各国的票据法均有类似的规定。如我国《票据法》规定：见票即付和见票后定期付款的汇票自出票日起1个月内提示承兑；定日付款或者出票后定期付款的汇票，应当在汇票到期日前向付款人提示承兑。《日内瓦统一法》规定：自出票日起算1年内作出提示。英美法则规定为合理时间内提示，合理时间是多长，没有明确规定，而需根据汇票的性质、同类汇票的商业惯例及具体情况而定。

4. 承兑

承兑（Acceptance），是指汇票付款人承诺在汇票到期日支付汇票金额的票据行为。承兑由"写成"和"交付"两个动作组成：

"写成"——由汇票的付款人在汇票正面写上"已承兑"（Accepted），注明承兑日期，并由付款人签名。不规范的"写成"是否有效，必须视具体情况而定。如汇票正面仅有付款人签名而未注明"已承兑"字样，通常被认为已构成承兑；未写明承兑日期的，根据我国《票据法》的规定，以付款人自收到提示承兑的汇票之日起的第三天为承兑日期。

"交付"——通常有两种做法：一种是实际交付（Actual Delivery），即付款人在承兑后将汇票交还给持票人；另一种是推定交付（Constructive Delivery），即由付款人签发表明了承兑日期的承兑通知书给持票人，以代替实际交付已承兑的汇票给持票人。这种交付方式在国际贸易结算中特别是远期信用证、远期托收项下被广为使用。如在要求提供汇票的远期信用证项下，开证行在收到议付行的远期汇票及单据后，尽管对汇票作了承兑，但一般并不将承兑后的汇票寄还给议付行作实际交付，而是向议付行发出承兑电文，表明承兑的日期、承兑金额等，作推定交付。

在一般情况下，汇票的承兑应是无条件的。我国《票据法》明确规定："承兑附有条件的，视为拒绝承兑。"但在国际贸易结算实务中，仍然出现了附加一定条款的限制承兑（Qualified Acceptance，Conditional Acceptance）：

（1）有条件的，如"已承兑，如货物符合合同要求立即付款"；

（2）部分的，如“仅承兑800美元”（汇票金额为1000美元）；

（3）指定地点的，如“已承兑，只在ABC银行纽约分行付款”；

（4）限定时间的，如“已承兑，出票日后三个月付款”（汇票原来的付款时间为出票日后一个月）。

对于这些限制承兑，收款人可视作拒绝承兑，也可根据具体情况加以接受。如在国际贸易项下，出口方收款人提供的货物质量有问题，进口方付款人要求降价，如出口方收款人同意，则承兑的金额将小于汇票的金额；又如，进口方付款人一时资金难以周转，要求出口方考虑多年的贸易伙伴关系，延长付款期限，如出口方收款人同意，则承兑的时间将长于汇票原来的付款时间。

票据的承兑也有时限的规定。我国《票据法》规定，汇票付款人应当自收到提示承兑的汇票之日起3天内承兑或者拒绝承兑；《日内瓦统一法》规定，持票人第一次提示汇票时，付款人可以不承兑而要求其第二天再作提示，持票人第二天提示时，付款人必须承兑；英国票据法规定，付款人必须在“习惯时间内”（Within customary time），一般为24小时内作出承兑，否则就构成拒付。

承兑对于付款人而言，就是承诺了按票据的文字意义负付款之责。汇票一经承兑，付款人就成为承兑人（Acceptor），并成为汇票的主债务人，而出票人便成了汇票的从债务人。

5. 付款

付款（Payment），是指付款人向持票人按汇票金额支付票款的行为。汇票通常是由即期汇票的受票人及远期汇票的承兑人付款。即期汇票在付款人见票时即付，远期汇票在到期日于持票人作提示付款时付款。付款人在付款时必须注意两点：

（1）其付款必须出于善意，即不知道持票人的票据权利有缺陷；

（2）付款人必须鉴定背书是否连续，只有连续背书才能证明持票人获得票据权利是合法的。汇票由付款人足额付款后，汇票上的一切债权债务关系即告结束。付款人若在付款后发现有误，没有向收款人索回票款，或追偿的权利。持票人在获得票款后，应当在汇票上签收，并将汇票交给付款人作为收据，供付款人存查。付款人也可要求持票人另外出立一份收款凭证。

6. 保证和保付

汇票的保证和保付，是指由汇票责任当事人以外的第三者对汇票的部分或全部金额保证付款的一种从属票据行为。汇票经过保证或保付，可提高汇票的信誉度，有利于汇票的流通和转让。

在实务中，汇票的保证和保付一般有以下几种方式：

（1）保证人在汇票或粘单上写明“保付”（Per Aval）或“保证付款”（Payment Guaranteed）等类似字样，并注明被保证人的名称、保证人的名称和住所、保证日期并签名，当该票据到期得不到付款时，保证人负责付款。

（2）保证人单独出具一份保函，为汇票作付款保证。被保证人的对象可以是出票人、背书人、承兑人或参加承兑人。根据我国《票据法》的规定，保证人在汇票或者粘单上未记载被保证人名称的，已承兑的汇票，承兑人为被保证人；未承兑的汇票，出票人为被保证人。

保证人应负的责任与被保证人完全相同。为承兑人保证时，负责到期付款；为出票人、背书人保证时，承担保证承兑和付款之责。保证人对合法取得汇票的持票人所享有的汇票权利，独立承担保证责任。持票人可以自己决定是否首先向被保证人或保证人索要票款。在实务中，若保证人为银行，被保证人为付款人时，由于银行拥有雄厚的资金实力和良好的信誉，一般均首先向作为保证人的银行索取票款。保证人在付款后，可以行使持票人对被保证人及其前手的追索权。

7. 贴现

贴现（Discount），是指汇票的受让人（一般为银行或贴现公司）根据票面金额扣除贴息（转让日起到汇票付款日止的利息）后，将票款付给持票人的票据行为。汇票的贴现是国际贸易结算中一种常见的融资方式，它对于银行或贴现公司及工商企业均有益处：对于银行或贴现公司，贴现实质上是一种变相的贷款，由于商业汇票通常有贸易背景，在进出口业务中，往往还有运输单据做保证等，因此，银行或贴现公司的融资风险相对于其他贷款品种低、安全性高，是一种理想的融资方式。而对于企业，汇票贴现时间快捷、手续简单、成本低廉，也是一种理想的获取资金的手段。

贴息，是指贴现利息，通常按日计算。贴现使用的利率，一般按年利率计算（通常为 LIBOR +0.5% 至 3%）。贴息的计算公式如下：

贴息 = 票面金额 × 贴现率 × 贴现天数 ÷ 360

贴现后的净额 = 票面金额 − 贴息

贴现人贴进汇票后，如果在汇票到期日前需要资金，也可通过办理“再贴现”（Rediscount）进行变现，即将收款权利转让出去。再贴现，一般由相关国家的中央银行叙做，在我国，各银行均向中国人民银行办理国内汇票的再贴现。

8. 拒付

汇票的持票人向付款人提示时，可能遭到拒绝付款（Dishonor by Non－payment）或拒绝承兑（Dishonor by Non－Acceptance），这两种情形统称为拒付。根据我国《票据法》的规定，持票人提示承兑或提示付款被拒绝的，承兑人或付款人必须出具拒绝证明，或出具退票理由。但在实务中，不一定需在承兑人或付款人正式作拒绝表示时才成立，在下列几种情况下，也可构成拒绝承兑或拒绝付款：

（1）承兑人或付款人被依法宣告破产的，或因违法被责令终止业务活动的；

（2）承兑人或付款人死亡、逃匿或避而不见，持票人经过合理努力仍未找到的；

（3）承兑人或付款人是虚构人物或根本没有资格支付汇票的人，以及经过努力后，都无法作出提示的。

9. 追索

持票人的汇票遭拒付后，具有的对其所有的前手要求偿还汇票金额及费用的权利，称为“追索权”（Right of Recourse）。持票人可以向所有在汇票上的签字人，或选择任一前手签发书面通知行使追索权。被追索人支付票款后，可向自己的前手再进行追索，直至追索到出票人为止。我国《票据法》规定：“持票人可以不按照汇票债务人的先后顺序，对其中任何一人、数人或者全体行使追索权。持票人对汇票债务人中的一人或者数人已经进行追索的，对其他汇票债务人仍可以行使追索权。被追索人清偿债务后，与持票人享有同一权利。”汇票的出票人或背书人为了避免承担被追索的责任，可在出票或背书时加注“不得追索”（Without Recourse）字样，但由于加上该条款后，票据很难在票据市场上流通，因而一般不宜被有关当事人接受。汇票在追索时，必须注意以下几点：

（1）提供相关证明或证书，持票人行使追索权时，应当提供被拒绝承兑或被拒绝付款的证明。有的国家还需出具拒绝证书（Protest），拒绝证书通常由持票人依法请求拒付地点的法定公证人或其他依法有权做出证书的机构出具，是一种证明其拒付事实存在的公证证书。持票人因承兑人或者付款人死亡、逃匿或者其他原因而不能取得拒绝证明的，可以依法取得其他有关证明；承兑人或者付款人被人民法院依法宣告破产的，人民法院的有关司法文书具有拒绝证明的效力；承兑人或者付款人因违法被责令终止业务活动的，有关行政主管部门的处罚决定具有拒绝证明的效力。持票人不能出示拒绝证明、退票理由书或者未按规定期限提供其他合法证明的，丧失对其前手的追索权。

（2）注意在法定的期限内追索，持票人的追索权应当在法定期限内行使。我国《票据法》规定，持票人应当自收到被拒绝承兑或者被拒绝付款的有关证明之日起三日内，将被拒绝事由书面通知其前手，其前手应当自收到通知日起三日内书面通知其再前手。未在上述期限内通知的，持票人仍可行使追索权。因延期通知给其前手或者出票人造成损失的，由没有按照规定期限通知的汇票当事人承担对该损失的赔偿责任，其赔偿的金额以汇票金额为限。

（3）追索总额的计算，汇票可追索的金额为票据金额加上利息及制作拒绝证书的费用。我国《票据法》规定，追索金额可包括：被拒付的汇票金额，汇票金额自到期日或者提示付款日起至清偿日止的利息，取得有关拒绝证明和发出通知书的费用。

二、支票

（一）支票的定义和内容

根据我国《票据法》的规定，支票（Cheque，Check）是出票人签发的，委托办理支票存款业务的银行或者其他金融机构在见票时无条件支付确定的金额给收款人或者持票人的票据。

支票的主要当事人和汇票相同，共有三个：出票人、付款人和收款人。支票的出票人必须是在银行开有往来账户（Current Account），付款人为银行或者其他金融机构。支票的实质是存款人用以向存款银行支取存款而开立的票据。因此，支票的收款人可以与出票人相同，在这种情况下，一般用于出票人从银行提取现金、从某一账户转往另一账户（如将一定的金额从一般往来账户转往保证金账户）等。

一般地讲，支票必须记载以下事项：

（1）表明“支票”的字样；

（2）无条件支付的委托；

（3）确定的金额，支票上的金额可以由出票人授权补记，未补记前的支票不得使用；

（4）付款人名称；

（5）出票日期；

（6）出票人签章，出票人的签章应与其在付款人处所预留的签名式样相符。

此外，根据《日内瓦统一法》，支票还需记载收款人名称或加上“或其指定人”或“持票人”字样及付款地点、出票地点。

（二）支票的种类

根据不同的标准，支票大体上可分为以下几种：

1. 记名支票

记名支票（Check Payable to Order），是指票面记载收款人名称的支票。如“付给A公司”（Pay to A Co.）或“付给A公司的指定人”（Pay to the Order of A Co.）等。持记名支票取款时，须由载明的收款人在背面签章。

2. 不记名支票

不记名支票（Check Payable to Bearer），是指票面不具体记载收款人名称的支票，也称来人支票或空白抬头支票。持不记名支票取款时，无须收款人签章。持票人可仅凭“交付”即可将支票权利转让。

3. 划线支票

划线支票（Crossed Cheque），是指票面划有两道平行横线的支票。这种支票只能委托银行收款入账，不能由持票人自行向付款人支取现金。而一般的未划线支票，持票人既可以委托银行收款入账，又可向付款人支取现金。使用划线支票的主要目的是防止支票在遗失时被人冒领。

划线支票又可分为普通划线支票和特别划线支票两种：

（1）普通划线支票（General Crossing Cheque），是指在支票正面划上两道平行线的支票。平行线间可以没有任何批注，也可以在两道平行线之间注有“不可流通转让”等的字样。普通划线支票的持票人可以委托银行代收支票上的款项。

（2）特别划线支票（Special Crossing Cheque），是指在支票正面划上两道平行线，并且在两道平行线之间注有银行的名称，或有“入收款人账户”（A/C Payee）字样的支票。特别划线支票只能由支票指定的收款人委托其往来银行收入其本人账户。

支票的划线人可以是出票人，也可以是持票人或代收银行。如出票人做成普通划线，持票人可以对其进一步批注后将其变为特别划线支票；如出票人做成普通划线或特别划线，持票人还可加注“不可流通”字样；被特别划线的银行可以再做特别划线给另一家银行代收票款；代收票款的银行也可以做成特别划线注明自己为收款人。

划线支票有一定的安全性，减少了持票人或收款人的风险，因此，使用较为广泛。

4. 保付支票

保付支票（Certified Cheque），是指银行签注了“保付”（Certified to Pay）字样的支票。支票经签注保付后，签署保付的银行成为主债务人，必须付款。这种支票的信誉大大提高，支票的流通性随之增强。

5. 旅行支票

旅行支票（Traveler's Cheque），是由银行或其他金融机构印发的一种定额的支票，它专供旅行者在旅途中购买物品、支付旅途费用时使用。这种支票实质上是购票人在出票银行或其他金融机构的无息存款，旅行者兑付旅行支票，其实就是在异地提取此笔存款。

旅行支票的购买和使用的流程为：首先由购买者向出票银行支付票面金额，并在银行柜台，当着银行工作人员的面，在票据上进行初签（Initial Signature）；购买者在国外旅游需要兑付现金时，应当持票到出票行的代理行，当着该代理行的工作人员的面，在票据上进行复签（Counter Signature）；代理行在核对复签和初签相符，并扣除一定的手续费后，立即将现金付给持票人。在实务中，也有的旅行支票的持票人不是旅行支票的购买者，而是购买者在没有兑付银行工作人员的监督下复签后，由于种种情况让与持票人的。比如，某国的商人Thomas在我国参加展览会时，看中并购买了小刘公司的产品，Thomas没有足够的现金，但出国时在本国购买了足够的旅行支票，于是他将旅行支票作为支付小刘公司货款的手段。可由于Thomas急着回国，他并没有与小刘一起到旅行支票的兑付银行当着银行工作人员的面复签，而是随便复签后就交给了小刘。在这种情况下，小刘公司为Thomas的旅行支票的持票人，小刘公司要取得现金，还必须通过银行的托收，银行视该类业务为光票托收业务（参阅本书光票托收业务有关章节）。当然，若旅行支票已被购买者事先复签，购买者在要求兑付时，仍可以当着银行工作人员的面再次在旅行支票的背面复签，经银行核对与其初签相符后也可以立即取得票款。旅行支票经代理行兑付后，由代理行将其寄回出票行，并根据代理行与出票行间的协议进行结算、偿还垫付款项。

由于旅行支票没有指定的付款地点，能在全世界所有出票行代理行的地方使用，功能几乎可以与现金媲美，但比现金携带方便（票面金额可以大于货币面额）、安全性强（复签后才能兑付），因此，广受旅行者及其他出国人员的欢迎；对于银行，无论是出票行还是其代理行，也有益处：对于出票行，无偿占用了购买者的资金直至收到代理行寄回旅行支票、自己必须兑付为止，而代理行通常有出票行给予的回扣及手续费的收益，因而银行也十分愿意开展此项业务。

此外，在我国，还有专门用于支取现金的现金支票。现金支票只能用于支取现金，不能做转账使用。

（三）支票与汇票的异同

支票由汇票演变而来，因此，它们有许多相同之处：同是一项无条件的书面支付命令；同是委托式票据，均是由出票人签发的委托付款人向收款人支付一定金额的票据；基本当事人相同，都有出票人、收款人及付款人，等等。但支票与汇票也有区别，主要表现在以下几个方面：

1. 付款期限不同

支票只能是即期的，支票一经提示，付款人就应当按照票面的金额支付票款；而汇票有即期和远期之分，可以即期付款，也可以远期付款。

2. 资金关系不同

支票的签发必须以出票人与付款人之间存在资金关系为前提。如 A 公司签发一张以 B 银行为付款人的支票，A 必须在 B 银行有足够的存款，若 A 签发的支票金额超过了在 B 银行的存款，则可以称 A 签发了空头支票，各国法律一般都禁止签发空头支票。而汇票在签发时，出票人与付款人之间不必先有资金关系。

3. 提示期限不同

根据我国《票据法》，支票的提示期限是自出票日起 10 天，而即期付款和见票后定期付款的汇票，其提示期限是自出票日后 1 个月内；根据《日内瓦统一法》，支票的出票人和付款人若在同一国内的，提示期限为 8 天，而汇票的提示期限可以长达 1 年。

4. 可否止付不同

支票可以止付。支票的出票人出票后，发现收款人没有按合同履约，可以通知银行止付；如果发生支票的遗失或毁坏，出票人则可以要求银行支付。与此相反，汇票在承兑后即不可拒付。

5. 用途不同

支票只能作为结算工具使用，而汇票可以作为结算和押汇工具，远期汇票又可以作为信贷工具使用。

（四）支票的票据行为

支票的票据行为与汇票十分相似，如对于出票、背书、付款行为和追索权的行使，适用于汇票的相应行为和权利行使的规定，但在出票时的要求（以出票人与付款人之间存在资金关系为前提）、提示期限、能否止付上有所不同。在实务中需注意区别对待。

以下为国际结算中常见的支票样式：

Cheque for USD 60，000.00	New York，Dec，20，20…
Pay to the order of ABC Co.，the sum of U.S. DOLLARS SIXTY THOUSAND ONLY.	
To：Bank of ×××	
New York	For DEF Corporation，New York
	Manager

三、本票

（一）本票的定义和内容

本票（Promissory Note），是指出票人签发的，承诺自己在见票时，或在某一固定的日期，或可确定日期的将来，无条件支付确定的金额给一特定人或其指定人或来人的票据。

由于本票的付款人就是出票人自己，因此，本票的当事人只有两个，即出票人和收款人。本票的出票人在任何情况下均是主债务人。

本票一般应包括以下内容：

（1）标明“本票”字样（使用英国票据法的国家和地区无此要求）；

（2）无条件支付的承诺；

（3）确定的金额；

（4）收款人名称；

（5）出票人签章。

此外，我国《票据法》虽然未把付款地和出票地点作为有效本票必须记载的内容，但也要求本票上记载的付款地、出票地等事项应当清楚明确。如未记载付款地、出票地的，出票人的营业场所为付款地、出票地。而《日内瓦统一法》规定，本票还须载明付款地与出票地。若未载明付款地的，出票地即为付款地；若未载明出票地的，出票人的地址被视为出票地。

（二）本票的种类

根据本票的出票人的身份不同，可分为一般本票和银行本票。

1. 一般本票

一般本票（General Promissory Note），是指出票人为工商企业或个人的本票，也称为商业本票。一般本票按付款时间，又可以分为即期付款的即期本票和远期付款的远期本票。

以下为一般本票样式：

£ 60，000.00	LONDON，MAY 10，20…
Ninety days after date I promise to pay ABC Co. or order the sum of SIXTY THOUSAND POUNDS for value received.	
	ABC CO.

由于我国的信用体制暂时不够健全，经济上还属于发展中国家之列等原因，根据我国的《票据法》，工商企业和个人还不能签发本票。在我国，即使由金融机构出具本票，该金融机构作为出票人的资格还必须经中国人民银行审定。

2. 银行本票

银行本票（Banker's Promissory Note，Cashier's Order），是指出票人为银行或其他金融机构的本票。银行本票通常均为即期付款。常见的银行本票有以下三种：

（1）银行券（Bank Note），是本票的最早形式，也称钞票，一般都以定额形式出现，票面印有"承付来人××（金额）"（We promise to pay bearer ××）字样。

（2）国际限额本票（International Money Order），是指在国际间流通的银行本票，由英国、美国、加拿大等国家发行，持票人可以将这种本票带往国外使用。

（3）存单（Certificate of Deposit），是指银行出具给存款户的存款证明。

此外，常见的本票还有政府财政部签发的国库券（Treasury Bills）、美国邮政局出具的邮政本票等。

以下为某银行本票样式：

BANK OF EFD，LTD Add：Queen's Road CASHIER'S ORDER	
	Hong Kong，Aug，5，20…
Pay to the order of XX Co. LTD. The sum of Hong Kong Dollars Sixty Thousand Only.	
HK $60，000.00	For BANK OF EFD，LTD. Manager

(三) 本票与汇票的异同

本票与汇票有相同之处，它们都是无条件的书面支付承诺，均具有一定的金额，均可以付给某一特定人或其指定人或来人，等等。但两者之间也有明显的区别，主要有以下几个方面：

1. 票据的当事人不同

本票的出票人就是付款人，是一种自付证券，因此当事人仅有出票人和收款人；而汇票是一种委托收款式票据，当事人除出票人和收款人外，还有付款人。

2. 是否有承兑不同

远期汇票一般均需付款人承兑；而银行本票通常均为即期付款，一般远期本票也无须承兑。

3. 是否产生责任变化不同

本票始终由出票人负责付款；而远期汇票在承兑前由出票人负责，承兑后由承兑人负主要责任，出票人负次要责任。

4. 出具的份数不同

本票通常为一式一份，而汇票通常为一式两份甚至多份。

(四) 本票的票据行为

本票的票据行为与汇票十分相似，凡汇票对于出票、背书、付款行为和追索权的行使的规定，适用于本票的相应行为和权利的行使；但根据各国票据法的不同也有所不同，如根据我国《票据法》的规定，对本票的出票人有较高的要求，它必须是经过中国人民银行认定资格的金融机构等。

小知识

关于国外的票据兑现和融资

票据是支付结算工具，但目前，在我国的国际结算实务中，无论是汇票、支票、本票等何种票据，只要出票人或者付款人在境外，境内收款人都不能凭票在银行立即兑现（面签的旅行支票、信用卡除外），都必须通过在境内银行托收的方式来收取款项。如黄经理向国外A公司出口塑料玩具，A公司为支付货款，开了一张金额为5.76万美元的支票给黄经理，黄经理拿着该支票到银行不能立即取得款项，而是要通过银行办理托收（具体操作参考有关托收章节），通常在3～15天后，才能收到款项。有时遇到外商信誉不佳等，也有票据经过托收也收不到款项的情况发生。

票据是信用工具，但对境外的出票人或者付款人的信用无法掌控，目前，在我国，无论是汇票、支票、本票等何种票据，只要出票人或者付款人在境外，境内收款人仅仅凭票据能否取得融资，仍然是个有争议的话题，许多银行采取了谨慎的态度，仅凭国外票据不给予融资，如需融资，仍然要纳入企业的统一授信才能办理。

本章小结

随着商品经济和国际贸易的发展，商贸间的债权债务的收付结算，经历了从实物结算（以货易货）到现金结算，以致非现金结算的演进过程。而票据是非现金结算所使用的主要收付工具或信用工具。由于票据在结算中具有快捷、安全和使用成本低等优势，因此在国际结算中被广泛采用，成为重要的用以抵消国际间债权债务关系的支付工具，通常在汇款、托收和信用证等国际结算方式中都需要运用票据。本章主要阐释了现代国际结算中票据的内涵、定义、特点及外延分类（汇票、支票、本票），多种票据的基本要素及其功能，以及票据当事人应履行的权利与义务等内容。各国一般都有票据立法，一是以日内瓦统一汇票、本票和支票法为代表的大陆法系，二是以英美票据法为代表的英美法系。在我国，也有《票据法》（1995 年 5 月 10 日第八届全国人民代表大会常务委员会第十三次会议通过，并根据 2004 年 8 月 28 日第十届全国人民代表大会常务委员会第十一次会议《关于修改〈中华人民共和国票据法〉的决定》进行了修正）。因此，我们要依法使用票据，不得多行其事，凭借个人的意志去修改，以致代替国内外的票据法的规定，要认真学习和掌握国际结算中的支付工具或信用工具——票据，并能在实践中熟练地运用它。

本章所阐述的票据，既是国际结算这门应用科学的逻辑起点，也是打开国际结算知识体系大门的知识起点。

思考与实训

1. 什么是汇票、银行汇票、商业汇票？
2. 国际结算中票据的作用及应用。
3. 支票、银行承兑汇票的主要区别。
4. 票据权利的取得及限制。

5. 国际结算中的票据特征。

6. 案例分析题：

A、B公司签订买卖合同，合同标的额为100万元。根据合同约定，A公司在对B公司提交全部货物验收合格后，向B公司提交一张出票后30天付款的银行承兑汇票，汇票金额为100万元，出票日为9月20日，承兑人、付款人为甲银行。9月10日B公司在与C公司的买卖合同中将该汇票背书转让给C公司，B企业在背书时在汇票上记载了“不得转让”字样，C公司已支付对价。10月20日，C公司在与D公司的买卖合同中将该汇票背书转让给D公司，D公司已支付对价。D公司要求C公司提供票据保证，在C公司的请求下，乙企业作为C公司的保证人在汇票上记载了“保证”字样并签章，但未记载保证日期。

10月28日，持票人D公司向甲银行提示付款，但甲银行拒绝付款。D公司于同日取得拒绝证明后，11月5日，D公司向B、C公司和乙企业同时发出追索通知，要求支付汇票金额、相关利息和费用共计102万元。B公司以自己在背书时曾记载“不得转让”表示拒绝；乙企业以D公司尚未向C公司进行追索，且追索金额超出汇票金额为由表示拒绝；C公司以D公司未在取得拒绝证明的3日内发出追索通知已丧失对C公司的追索权为由表示拒绝。

D公司向A公司请求行使票据权利，A公司以D公司已丧失票据权利为由表示拒绝。

要求：

（1）持票人D公司可以向哪些票据当事人行使追索权？

（2）B公司拒绝持票人D公司的理由是否成立？

（3）C公司拒绝持票人D公司的理由是否成立？

（4）A公司以票据权利消灭为由拒绝持票人D公司的理由是否成立？

（5）保证人乙企业拒绝持票人D公司的理由是否成立？

第二章　汇款

关键术语： 汇款　电汇　信汇　票汇　个人国际结算

学习目标： 了解汇款各当事人的义务和责任，了解办理经常项目和资本项目下的个人结汇、购汇和汇出等业务的国家外汇管理的方针、政策和办法，掌握汇款的种类和业务处理程序，以及不同的汇款方式在国际贸易中的应用。

在国际贸易中，由于汇款特别是电汇，具有速度快捷、手续简便的特点，是重要的国际结算方式之一，根据有关方面统计，近年来，以汇款作为国际结算方式的贸易占整个国际贸易总量的50%以上，并有逐年上升的趋势，在国际结算中具有突出地位。

第一节　汇款的含义与性质

汇款（Remittance）是银行接受付款方的委托，通过其自身所建立的通汇网络，使用合适的支付凭证，将款项交付给收款方的一种结算方式。它的实质是贸易双方利用银行间的资金划拨渠道，将一方的资金付给另一方，以完成收付方之间债权债务的清偿。

在汇款方式中，进口方（债务人）主动将资金和汇款申请书一起交汇出行，由其根据申请书的要求填写支付委托书作为结算工具给汇入行，同时将资金转移给汇入行交给出口方（债权人），其资金和结算工具的流动方向均从进口方流到出口方处，两者的方向一致，即款项和结算工具同时向相同的方向流动，因此，汇款属于顺汇。

另外，在汇款方式中，银行只负责按进口方的指示将货款交付出口方，汇出行对邮递中的延误、遗失、电信的失误等不负责任，对汇入行在办理汇款业务中的失误也不负责；而汇入行仅根据双方银行间的代理协议提供服务，并在代理协议内对汇出行承担解付款项的义务。汇出行和汇入行对货物及代表货物的单据均不负责，而是由出口人在装运货物后，自行将包括运输单据在内的有关单据寄给进口方，因此，汇款方式又被称为“单纯支付”（Simple Payment）。

第二节　汇款当事人的义务和责任

在汇款业务中，汇款的当事人通常有四个：汇款人、汇出行、汇入行和收款人，它们的义务和责任分述如下：

一、汇款人

汇款人（Remitter），是指债务人。在国际贸易中，通常为进口方付款人。汇款人在委托汇出行办理汇款时，应注意以下几方面：

（一）需填写汇出行提供的格式化的申请书

汇出汇款申请书是汇款人和汇出行之间的一种契约。汇款人应根据实际情况填写申请书，如收款人的名称、地址、国别，开户行名称、账号，汇款的货币、金额，使用何种汇款方式（如电汇、票汇还是信汇），汇款的用途等，并应填写准确。由于汇款申请书的错漏而引起的延误、差错等后果由汇款人负责。

（二）提交外汇管理要求的单据

由于我国是外汇管制国家，汇款人还必须根据我国外汇管理局的要求，在汇出汇款时将有关单据交银行审核。

自 2012 年 8 月 1 日起在全国范围内实施货物贸易外汇管理制度改革，外汇局根据企业贸易外汇收支的合规性及其与货物进出口的一致性，将企业分为 A、B、C 三类进行不同的管理。

（1）货到付款。

A 类企业：提交进口报关单或合同或发票的任何一种即可；

B 类企业：提交进口报关单及合同；

C 类企业：须经外汇局逐笔登记后办理。

（2）预付款。

A 类企业：提交进口合同或发票的任何一种即可；

B 类企业：提交进口合同、发票；

C 类企业：须经外汇局逐笔登记后办理。

（3）佣金。提交进出口贸易合同或佣金协议、进出口的发票、收账通知或结汇水单。超过合同总金额的 10%，并且超过等值 10 万美元以上的佣金汇出，还需提供外管的批准件。

（4）尾款。提交进出口贸易合同、验货合格证明。

(5) 外商投资企业从外汇账户中提取员工境外差旅费汇出，提交已办妥前往国家和地区的有效入境签证的护照或港澳通行证、出国用汇预算表。

(6) 外商投资企业人员的工资薪金汇出，提交企业的董事会决议、公司证明书、工资单、完税证明。

(7) 红利、股息汇出，提交董事会利润分配决议书、《外商投资企业外汇登记证》、注册会计师事务所出具的验资报告以及相关年度利润或股息、红利情况的审计报告、税务凭证。

(8) 国外专利权许可费汇出，提交合同或协议、发票或支付通知、国家专利主管部门颁发的专利实施许可合同备案《回执》、外经贸主管部门颁发的《技术引进和设备进口合同注册生效证书》或《技术进口许可证》或《技术进口合同登记证》、《技术引进合同数据表》、税务凭证。

(9) 国外专利权转让费汇出，提交合同或协议、发票或支付通知、国家专利主管部门颁发的《专利权登记簿副本》或《专利广告证明》、外经贸主管部门颁发的《技术引进和设备进口合同注册生效证书》或《技术进口许可证》或《技术进口合同登记证》、《技术引进合同数据表》、税务凭证。

(10) 不包含专利、专有技术许可或转让的商标许可费用的汇出，提交合同或协议、发票或支付通知、国家商标主管部门颁发的《商标使用许可合同备案通知书》、税务凭证。

(11) 包含专利、专有技术许可或转让的商标许可费用的汇出，提交合同或协议、发票或支付通知、国家专利主管部门颁发的《专利权登记簿副本》或《专利广告证明》、外经贸主管部门颁发的《技术引进和设备进口合同注册生效证书》或《技术进口许可证》或《技术进口合同登记证》、《技术引进合同数据表》、税务凭证。

(12) 不包含专利、专有技术许可或转让的商标转让费用的汇出，提交合同或协议、发票或支付通知、国家商标主管部门颁发的《核准转让注册商标证明》、税务凭证。

(13) 包含专利、专有技术许可或转让的商标转让费用的汇出，提交合同或协议、发票或支付通知、国家专利主管部门颁发的《专利权登记簿副本》或《专利广告证明》、国家商标主管部门颁发的《核准转让注册商标证明》、外经贸主管部门颁发的《技术引进和设备进口合同注册生效证书》或《技术进口许可证》或《技术进口合同登记证》、《技术引进合同数据表》、税务凭证。

(14) 取得境外授权，以图书形式翻译或重印境外作品（包括配合图书出版的音像制品）的费用汇出，提交合同或协议、发票或支付通知、盖有版权主管部门“著作权合同登记章”的著作权许可使用合同或合同登记的批复、税务凭证。

（15）音像制品著作权许可的费用汇出，提交合同或协议、发票或支付通知、盖有版权主管部门“著作权合同登记章”的著作权许可使用合同或合同登记的批复、音像制品主管部门颁发的核准件、税务凭证。

（16）电子出版物著作权许可的费用汇出，提交合同或协议、发票或支付通知、盖有版权主管部门“著作权合同登记章”的著作权许可使用合同或合同登记的批复、税务凭证。

（17）计算机软件许可使用的费用汇出，提交合同或协议、发票或支付通知、盖有版权主管部门“著作权合同登记章”的著作权许可使用合同或合同登记的批复、外经贸主管部门颁发的《技术引进和设备进口合同注册生效证书》或《技术进口许可证》或《技术进口合同登记证》、《技术引进合同数据表》、税务凭证。

（18）专有技术的许可和转让的费用汇出，提交合同或协议、发票或支付通知、外经贸主管部门颁发的《技术引进和设备进口合同注册生效证书》或《技术进口许可证》或《技术进口合同登记证》、《技术引进合同数据表》、税务凭证。

（19）技术咨询、技术服务、合作设计、合作研究、合作开发、合作生产的费用汇出，提交合同或协议、发票或支付通知、外经贸主管部门颁发的《技术引进和设备进口合同注册生效证书》或《技术进口许可证》或《技术进口合同登记证》、《技术引进合同数据表》、税务凭证。

（20）货主购买国际海运运费汇出，提交进口或出口合同、国际运输业专用发票（购付汇联）。

（21）进口项下的海运运费汇出，提交与境外船运公司签订的运输合同或协议、境外船运公司的发票、提单正本（或副本）。

（22）出口项下海运运费的汇出，提交与境外船运公司签订的运输合同或协议、境外船运公司的发票、提单正本（或副本）、税务凭证。

（23）国际空运和陆运项下运费和相关费用的汇出，对境外机构汇出等值5 万美元以下（含），或者对境外个人汇出等值5 000 美元以下（含），提交合同（协议）或者发票（支付通知书）；超过上述限额的，需要提交空运或陆运单清单（传真件）、发票（支付通知书）。

（24）向境外汇出有关代理费用，如清关、关税预付、装卸、仓储、拼装拆箱等与海运运费相关的费用汇出，提交与境外代理机构出具的协议、境外代理机构出具的发票、税务凭证。

（25）国际通信基础设施服务业务，如地面国际通信网络宽带、光通信波长、电缆、光纤、光缆以及其他网络元素的出租、出售业务等费用的汇出，提交合同或协议、发票或支付通知、信息产业主管部门业务批准文件、税务凭证。

（26）国际电信业务，如国际长途电话业务，国际数据通信业务和国际图像通信业务等费用的汇出，提交合同或协议、发票或支付通知、信息产业主管部门业务批准文件、税务凭证。

（27）卫星转发器租用和卫星线路租用业务的费用汇出，提交合同或协议、发票或支付通知、信息产业主管部门业务批准文件、税务凭证。

（28）其他国际通信业务费用汇出，提交合同或协议、发票或支付通知、相关业务主管部门的审核文件、税务凭证。

（29）远洋渔业中的入渔费汇出，提交与外方签订的合作协议或代理合同。

（30）远洋渔业中的油料费汇出，提交境外发票。

（31）远洋渔业中的运费汇出，提交运输发票。

（32）远洋渔业中的渔船境外保险费汇出，提交保险单。

（33）远洋渔业中的外籍船员及观察员工资汇出，提交工资清单、劳务协议、税务凭证。

（34）远洋渔业中的购买饵料及渔需物资费用汇出，提交购买饵料及渔需物资合同、发票。

（35）远洋渔业中的渔船修理费汇出，提交渔船修理合同、发票、税务凭证。

（36）远洋渔业中的观察员费用汇出，提交派驻观察员协议。

（37）远洋渔业中的购回国外合作方渔货分成款项汇出，提交渔业主管部门的批准文件、能证明代理人合作方按比例分成渔货的合作合同。

（38）远洋渔业中的境外加工费或税收的汇出，提交有关主管部门的批准采取这种方式的文件、能证明必须采取这种方式的所在国有关法规文件。

（39）远洋渔业中的国外罚款汇出，提交有关国外罚款的单据或证明。

（40）境外承包工程的垫款汇出，提交外经贸主管部门对该企业经营对外承包工程的批件、境外承包工程合同或协议、境外银行出具的承包工程履约保函或其他证明文件。

（41）境外承包工程款汇出，提交外经贸主管部门批准该企业经营劳务承包的批准文件、对外承包合同或协议、工程预算表、《外汇账户使用证》。

（42）境外劳务、承包工程项下中介费的汇出，提交外经贸主管部门批准该企业经营劳务承包的批准文件、对外承包合同或协议、中介合同、《外汇账户使用证》、税务凭证。

(43) 境内旅行社代售国际机票款汇出，提交民航主管部门批准经营业务资格文件、与境外航空公司签订的代售国际机票的合同、境外航空公司提供的票款结算清单、与境外航空公司提供的结算清单相对应的机票存根联和发票、税务凭证。

(44) 境外演员来华的商业性演出的费用汇出，提交文化主管部门关于同意境外演出团队来华演出的批复，演出承办单位、主办单位与境外演出团队签订的三方演出合同或协议（或主办单位与承办单位的合同或协议，以及主办单位与境外演出团队的合同或协议），税务凭证。

(45) 赴境外拍摄影视片费用的汇出，提交广播电视主管部门同意赴境外拍摄影视片的批复文件、由主管部门认可的费用预算书、出国任务批件。

(46) 境外运动员转会费的汇出，提交企业营业执照、中外俱乐部签订的运动员转会协议、主管部门出具的批准文件或确认件、税务凭证。

(47) 计算机软件服务（包括软件开发、存储、联网、数据处理，软件安装、软件维护等）费用的汇出，提交合同或协议、发票或支付通知、税务凭证。

(48) 计算机硬件维护（硬件咨询、计算机硬件和各类外部设备的维护等）的费用汇出，提交合同或协议、发票或支付通知、外经贸主管部门颁发的《技术引进和设备进口合同注册生效证书》或《技术进口许可证》或《技术进口合同登记证》、《技术引进合同数据表》、税务凭证。

(49) 计算机中的域名注册费用的汇出，提交合同或协议、发票或支付通知、公安部门颁发的计算机信息系统国际联网备案证、行业主管部门批件。

(50) 计算机信息服务费的汇出，提交合同或协议、发票或支付通知、业务对口主管部门批件、税务凭证。

(51) 贸易进口项下的信息服务费的汇出，提交进口合同、进口付汇核销单、进口报关单、发票或支付通知、税务凭证。

(52) 国际赔偿项下（不含国际贸易项下的赔偿）款项汇出，提交法院判决书或仲裁机构出具的仲裁书或有权调解机构出具的调解书。

(53) 咨询服务费（不含技术咨询）汇出，提交合同或协议、发票或支付通知、税务凭证。

(54) 在境外设立代表处或办事机构的开办费和年度经费的汇出，主管部门批准设立该机构的批准文件、经费预算书。

(55) 境外广告费汇出，提交合同或协议、发票或支付通知、税务凭证。

(56) 境外举办展览费汇出，提交贸促会或外经贸主管部门的批件、因公出国任务批件、展览组委会的摊位确认书、境外支付通知或发票（如展览摊位是从地区代理商取得的，还需审核地区代理商的展览组委会授权书），支付搭建费还需提供搭建协议。

(57) 境外参展费（如摊位费、搭建费、展览道具租赁费、电费及水电安装费、宣传广告费、展品运费、杂费等）汇出，提交合同或协议、发票或支付通知、其他相关材料。

(58) 境外质量认证费用汇出，提交合同或协议、发票或支付通知、税务凭证。

(三) 相应的金额或支款凭证

须交付与汇款金额（包括银行的汇出汇款费用）相当的现金或支款凭证。

二、汇出行

汇出行（Remitting Bank），是指接受汇款人的委托，办理汇出汇款业务的银行。在国际贸易中，通常为进口地银行。在汇出行接受汇款申请书时起，其与汇款人之间的契约关系与效力就此成立，汇出行应按汇款申请书的内容及选择的汇款方式办理该笔汇出汇款，并正确无误地将款项交给收款人。若由于汇出行未按汇款申请书的要求而产生的差错，由汇出行承担；若因头寸[①]不及时到位或错漏，或因转汇行、汇入行的错漏、延误而引起的问题，须根据具体情况，查明原因，分清责任。汇出行应注意以下几个方面：

(1) 认真审核汇出汇款申请书，对不符合要求的，甚至对顺利解付产生不利影响的，须根据情况请汇款人补充、修改，必要时可退回申请书，不予受理。

(2) 根据外汇管理的要求，认真审核汇款人提供的有关单据（参看本节前述“提交外汇管理要求的单据”），审核材料的真实性和一致性。

(3) 必须在汇款人的现金或支款凭证入账后，即汇款人的账户有足够的汇出金额才能办理汇出汇款；严禁透支后汇出汇款。

(4) 银行的支付授权书（Payment Order，简称 P/O）必须根据汇款申请书的内容制作。汇款线路能拉直的不迂回，必须迂回的须选择环节最少的。

(5) 支付授权书必须正确表示头寸的偿付办法。若汇出行与汇入行之间相互开立了与汇款货币相同的账户，往账用“请借记我账”、来账用“已贷记

---

① 头寸（Position）就是款项的意思。“头寸”在金融、证券、股票、期货交易中经常用到。如果银行在当日的全部收付款中收入款项大于支出款项，就称为“多头寸”；如果付出款项大于收入款项，就称为“缺头寸”；对预计这一类头寸的多与少的行为称为“轧头寸”；到处想方设法调进款项的行为称为“调头寸”；如果暂时未用的款项大于需用量时称为“头寸松”；如果资金需求量大于闲置量时就称为“头寸紧”。

你账”；若须经另一中转行拨付头寸，在支付授权书上应该明确表明“头寸已通知××银行拨交你账”，并另用银行划拨报单（Bank Transfer，简称 B/T）授权账户行将头寸拨交汇入行；若头寸须由汇入行主动向汇出行的账户行索偿头寸的，在支付授权书上应标明“头寸请径向××银行索偿”，并向账户行发出偿付授权书，待汇入行向其索偿时借记开户行账。

三、汇入行

汇入行（Paying Bank），是指接受汇出行的委托，将汇款解付给收款人的银行，也称为解付行。汇入行应注意以下几个方面：

（1）解付汇入款必须严格按照汇出行的支付授权书办理，不能擅自改变内容，否则由此引发的后果由汇入行承担。

（2）收到支付授权书，必须根据具体情况核验其真伪。如为信汇、票汇，均需核对其印鉴；如为加押电报，必须核对其密押；如使用 SWIFT①，必须检查其使用的报文格式是否为有效的加密格式。

（3）收妥后解付，并根据汇出行支付授权书上对头寸划拨的指示，区别不同的情况进行不同的处理。

（4）根据收款人的不同情况解付。若支付授权书上的收款人在汇入行开有账户，在收到后可直接入账；若收款人在汇入行没有开立账户，在收到后可通知收款人或转入其账户行。

（5）必须根据国家外汇管理的要求办理解付。如在贸易项下，汇入行必须在收款人提供出口核销单号码后入账，并要求收款人及时填写国际收支申报单后交汇入行录入有关申报系统。

（6）正确处理不能解付的汇款。若收款人账号、户名不符；或虽已通知，但迟迟不来领取，甚至因种种因素收款人表示拒收；或因头寸不落实等不能解付的，汇入行应及时向汇出行说明不能解付的理由，请其核查并给予回复，待汇出行回复后，再视情况作出处理。

（7）无条件的汇入款。通常汇款在解付时是无条件的，支付授权书上的附言仅是一种请解付行转告收款人的信息，而不是解付条件。假如是有条件的汇款，如支付授权书上写明“在收款人提交××合同项下的全套单据后付款”，对此汇入行应谨慎处理，如不愿意接受，应及时告知汇出行。

---

① SWIFT 是 Society for Worldwide Interbank Financial Telecommunication 的英文缩写，又称“环球同业银行金融电讯协会”，是国际银行间非赢利的国际合作组织，成立于 1973 年，总部设在比利时的布鲁塞尔。目前，全球大多数国家的大多数银行已使用 SWIFT 系统。SWIFT 的使用，为银行提供了安全、可靠、快捷、标准化、自动化的通讯服务，从而大大提高了银行的结算速度。

四、收款人

收款人（Payee 或 Beneficiary），是指债权与债务关系中的债权人，通常为国际贸易中的出口方受益人。收款人在收到汇入行的通知时，应注意以下几个方面：

(1) 认真审核并确认该笔款项是否属于自己的款项。

(2) 根据我国国家外汇管理的要求提供相关资料。

①贸易项下的收汇，提供出口核销单号码，并及时填写国际收支申报单后交汇入行录入有关国际收支申报系统。

②专利、版权收入，提供本人身份证、专利或版权证书、转让或者使用协议、境外税务凭证。

③稿费收入，提供本人身份证、已发表作品、境外税务凭证。

④咨询费收入，提供本人身份证、咨询协议、境外税务凭证。

⑤保险金收入，提供本人身份证、保单、索赔书、理赔证明。

⑥个人投资的利润、红利收入，提供本人身份证、投资协议或股权证明、利润分配决议或红利支付书、境外税务凭证。

⑦利息收入，提供本人身份证、债券或债券登记证或存款利息清单、境外税务凭证。

⑧年金、退休金汇入，提供本人身份证、在境外工作证明、境外税务凭证。

⑨雇员报酬汇入，提供本人身份证、雇用协议、境外税务凭证。

⑩遗产继承收入，提供本人身份证、公证书、境外税务凭证。

⑪赡家款汇入，提供本人身份证、与汇款人的亲属关系说明书。

⑫捐赠款，提供本人身份证、捐赠函、捐赠人的身份证明。

⑬其他经常项目外汇收入，提供本人身份证和相应的证明材料。

(3) 对有疑问的汇款。对有疑问的汇款，及时请汇入行查询。

(4) 对有条件的汇款。对有条件的汇款，收款人若希望接受该笔汇款，必须配合解付行的工作办理交单或履行汇出行要求的义务和责任。

第三节 汇款的种类及其流程

在国际结算中，最常见的汇款方式有三种：电汇、信汇及票汇。

一、电汇

电汇（Telegraphic Transfer，简称 T/T），是指汇款人将款项和电汇申请书交给汇出行，请汇出行以电报、电传或 SWIFT 方式通知汇入行解付一定金额的款项给收款人的一种汇款方式。为证实所发电报、电传或 SWIFT 电文的真实性，汇出行通常应对报文加注密押，或在 SWIFT 方式下使用已自动加押的标准报文格式，如在汇款中通常使用 MT103 标准汇款格式。汇入行在收到报文后，首先应核对密押的正确性，或检查 SWIFT 报文是否为有效格式，如正确无误，则根据不同的情况分别处理：如属于贸易项下的汇入款，在收款人在汇入行开有账户的情况下，汇入行电话通知收款人并索取该笔业务的出口核销单号码后，主动入收款人账户，并向收款人出具可供其核销的进账单或结汇水单；如收款人在汇入行无账户，可划转至收款人的账户行，或者由汇入行缮制通知书或电话通知收款人取款，收款人根据外汇管理要求，提供相关证明文件（如需）取得款项。

采用电汇方式，资金转移的速度快、效率高，收款人可以迅速收到款项。目前，在通常情况下，世界上任何地方的一笔款项电汇到另一方，仅需 1～3 个银行工作日。因此，随着电讯技术的发展，电讯成本逐步降低，绝大部分汇款业务均使用电汇方式。

电汇方式的流程，如图 2－1 所示：

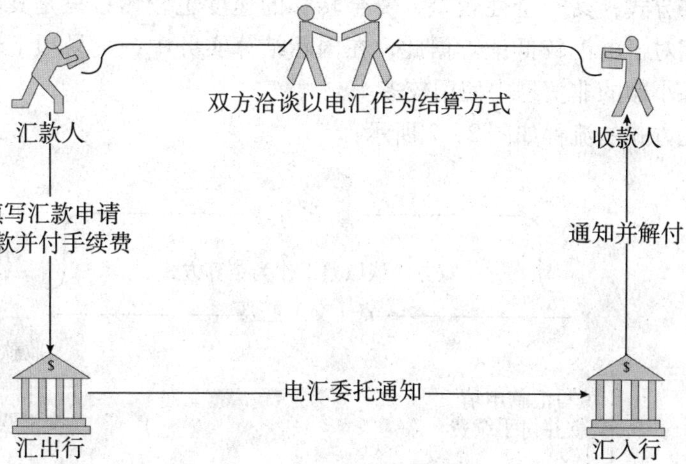

图 2－1　电汇方式流程示意图

二、信汇

信汇（Mail Transfer，简称 M/T），是指汇款人将款项及信汇申请书交汇出行，请汇出行用信函格式开立汇款通知书并航邮（By Airmail）给汇入行的一种汇款方式。在信函中，汇出行须由有权签字人签字（若金额较大，一般在5 000美元以上还需发送证实电）；汇入行收到通知后，先核对签字的真实性，审核无误后缮制取款通知书，通知收款人到汇入行取款。

采用信汇方式，资金转移速度较电汇慢，但费用相对低廉，因此，一般在汇款金额较小、不需要快速到达的汇款中使用。

信汇的流程和电汇的流程相似，其流程可参照电汇流程。

三、票汇

票汇（Remittance by Bank's Demand Draft，简称 D/D），是指汇款人将款项及票汇申请书交汇出行，请汇出行开立银行即期汇票（或银行本票）后将票据交给汇款人的一种汇款方式。在票汇中，汇款人可自行交给或通过邮局将票据寄往收款人；同时，汇出行将票据通知书（票根）寄给汇入行。在收款人（或持票人）凭票据到汇入行取款时，汇入行经核对票据及票根相符后，即解付票款，并相应通知汇出行。

票汇支付方式的主要特点：一是需经汇款人、汇入行、汇出行、收款人，若汇票被转让，还将产生其他当事人，其环节多、耗时长；二是采用票据签字的航邮方式，其安全性较差，资金转移的速度也较慢；三是其收费与信汇类似，相对于电汇较低廉。据此，在国际结算实务中，贸易项下使用票汇的不多，在小额的非贸易中使用较多。

票汇方式的流程如图2－2所示：

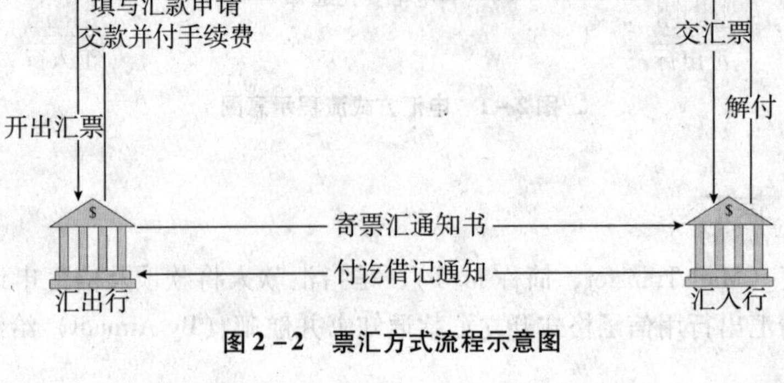

图2－2 票汇方式流程示意图

第四节　汇款在国际贸易中的应用

在国际贸易中，使用汇款作为结算方式主要有以下几种：

一、预付货款

预付货款（Payment in Advance），是指在进出口双方签订合同后，先由进口人付款，出口人在收款后交货。常见的预付货款又可以分为全部预付和部分预付。

（一）全部预付

全部预付，是指进口人在收到运输单据或货物前，将全部货款付给出口人的方式。出口人通常在收到进口人的款项后发运货物。在这种方式下，进口人不仅需要预先垫付全部资金，而且面临“钱货两空”的危险，因为信誉不好的出口人有可能在收到进口人的货款后不交货，或交出不符合合同要求的产品。因此，这是对进口人最不利的支付方式。在实务中，预付货款通常被用于跨国公司之间的内部结算，或在出口人信誉较好、进口人又急需其货物时使用。全部预付这种方式对出口人而言是有百利而无一害的，如不需垫付资金、没有收汇风险等。

（二）部分预付

部分预付，是指进口人先预付部分货款，在进口人收到运输单据或货物后再付清全部货款的结算方式。预付的这部分货款有时被称为“定金”（Down Payment），这种支付方式通常被用于大型机械、成套设备或金额巨大的贸易中。这是一种出口人采取的适当的自我保护措施，通过进口人预付部分货款，一方面，可以防止进口人将来取消购买合同而给出口人带来损失。比如，出口成套设备，由于种种原因，信誉不佳的进口人可能在出口人生产了部分的零配件后取消购货计划，但此时出口人已为其投入了大量的人力、物力，若进口人拒绝购买货物，将遭受巨大的损失。另一方面，由于是部分预付，既解决了出口人的生产启动资金，又不会对进口人的资金周转产生较大的影响，进出口双方的资金负担相对平衡。因此，这种方式，容易为进出口双方所接受，因而，在国际结算中，使用较为广泛。

当然，在部分预付方式下，进口人也面临“钱货两空”的风险。为了确保出口人在收到预付款后能及时安排生产，到时交货，进口人可以在部分预付前，要求出口人的账户行出具银行保函（请参阅本书有关保函业务章节）。

二、货到付款

货到付款，是指在进出口双方签订合同后，出口人先行将货物发出，进口人在收到货物或单据后立即或在约定的某一时间付款的结算方式。由于交货在前、付款在后，也称“赊账交易”（Open Account Transaction，简称O/A）。在这种结算方式下，对进口人十分有利，他可以根据货物的情况以货论价；而对出口人不利，出口人不仅要迟收货款，影响资金周转，而且面临货物已发出，但进口人验货后拒绝收货或收货后不付款的风险。

尽管货到付款这种结算方式对出口人极为不利，但在实务中仍然被广为使用，这主要是由于欧、美等一些发达国家，采用集团采购模式，进口量巨大，动辄上亿美元，且利润一般较丰厚，对出口人具有相当大的吸引力，出口人考虑到进口人的信誉较好，而购买的产品又处于买方市场（供大于求），因此，往往会同意这种结算方式。如欧、美等国进口DVD产品，大部分采用货到付款方式向全球采购，而我国的出口人考虑到进口方是这些国家的大型超市，信誉较好，收汇虽然有一定的风险，但为了扩大营业额、增加利润，通常同意其付款方式为收货后若干天付款，即货到付款。

当然，出口人在使用货到付款作为结算方式时，为了进一步降低出口后的收汇风险，出口人可以同时叙做出口保理业务（请参阅本书有关保理业务章节）。

三、凭单付款

凭单付款（Remittance against Documents），是指进口人将货款通过进口地的汇出行汇给出口地的汇入行，并指示汇入行凭出口人提供的指定单据向出口人付款的汇款方式。从理论上而言，凭单付款对买卖双方较为公平：对于进口人，在银行解付后，可以收到代表物权的运输单据，在一定程度上减少出口人收款后不交货的风险；对于出口人，货款就在出口地银行，只要提交符合要求的单据，就能安全收汇，无“钱货两空”之虞。但在实务中，由于这种汇款实质上是一种有条件的汇款，银行接受后，不仅要承担额外的审单责任等，而且一旦出现纠纷，没有相应的国际惯例作为解决纠纷的依据，因此，进口地及出口地的银行一般不接受这种有条件的汇款，凭单付款缺乏银行的支持而难以发展，目前，这种汇款方式极为罕见。

第五节 个人国际结算

一、经常项目下个人的结汇、购汇及汇出

结汇，是指将外国货币换成本国货币。在我国，结汇是指将某种外国货币按当天的汇率换成人民币。

购汇，是指将本国货币换成外国货币。在我国，购汇是指将人民币按当天的汇率换成某种外国货币。

（一）境内个人的结汇、购汇及汇出

1. 境内个人的结汇

银行通过个人结售汇管理信息系统办理个人结汇业务时，应真实、准确、完整地录入相关信息。国家外汇管理局及其分支机构负责对个人外汇业务进行统计、监测、管理和检查。

（1）5万美元（含）以下的结汇。① 自2007年起，我国对境内个人结汇实行年度总额管理，年度总额为每人每年等值5万美元（国家外汇管理局可根据国际收支状况，对年度总额进行调整）。个人年度总额内的结汇，凭本人有效身份证件（如身份证、军官证等）在银行办理。

（2）5万美元以上的结汇。②

①捐赠，凭本人有效身份证件（如身份证、军官证等）及经公证的捐赠协议或合同在银行办理。捐赠须符合国家规定。

②赡养款，凭本人有效身份证件（如身份证、军官证等）及直系亲属③关系证明或经公证的赡养关系证明、境外给付人相关收入证明（如银行存款证明、个人收入纳税凭证等）在银行办理。

③遗产继承收入，凭本人有效身份证件（如身份证、军官证等）及遗产继承法律文书或公证书在银行办理。

④保险外汇收入，凭本人有效身份证件（如身份证、军官证等），保险合

---

① 个人年度总额内结汇，可以委托其直系亲属代为办理；超过年度总额的结汇，可以凭相关证明材料委托他人办理。个人委托其直系亲属代为办理年度总额内的结汇，应分别提供委托人和受托人的有效身份证件、委托人的授权书、直系亲属关系证明；其他情况代办的，除需提供双方有效身份证件、授权书外，还应提供相关证明材料。

② 单笔等值5万美元以上的结汇，应将结汇所得人民币资金直接划转至交易对方的境内人民币账户。

③ 直系亲属，是指父母、子女、配偶。直系亲属关系证明，是指能证明直系亲属关系的户口簿、结婚证或街道办事处等政府基层组织或公安部门、公证部门出具的有效亲属关系证明。

同及保险经营机构的付款证明在银行办理。投保外汇保险须符合国家规定。

⑤专有权利使用和特许收入，凭本人有效身份证件（如身份证、军官证等）及付款证明、协议或合同在银行办理。

⑥法律、会计、咨询和公共关系服务收入，凭本人有效身份证件（如身份证、军官证等）及付款证明、协议或合同在银行办理。

⑦职工报酬，凭本人有效身份证件（如身份证、军官证等）及雇用合同及收入证明在银行办理。

⑧境外投资收益，凭本人有效身份证件（如身份证、军官证等）及境外投资外汇登记证明文件、利润分配决议或红利支付书或其他收益证明在银行办理。

⑨房租类支出，凭本人有效身份证件（如身份证、军官证等）及房屋管理部门登记的房屋租赁合同、发票或支付通知在银行办理。

⑩生活消费类支出，凭本人有效身份证件（如身份证、军官证等）及合同或发票在银行办理。

⑪就医、学习等支出，凭本人有效身份证件（如身份证、军官证等）及境内医院（学校）收费证明在银行办理。

⑫其他，凭本人有效身份证件（如身份证、军官证等）及相关证明及支付凭证在银行办理。

（3）个人对外贸易经营者结汇。个人对外贸易经营者，是指依法办理工商登记或者其他执业手续，取得个人工商营业执照或者其他执业证明，并按照国务院商务主管部门的规定，办理备案登记，取得对外贸易经营权，从事对外贸易经营活动的个人。

个人对外贸易经营者办理对外贸易收结汇应通过本人的外汇结算账户进行，其外汇收入、出口核销、国际收支申报受国家外汇管理。

（4）个体工商户结汇。个体工商户委托有对外贸易经营权的企业办理出口的，可通过本人的外汇结算账户收汇、结汇。结汇凭与代理企业签订的出口代理合同或协议、代理企业的出口货物报关单办理。代理企业将个体工商户名称、账号以及核销规定的其他材料向所在地外汇局报备后，可以将个体工商户的收账通知作为核销凭证。

2. 境内个人的购汇

银行通过个人结售汇管理信息系统办理个人购汇业务时应真实、准确、完整地录入相关信息。国家外汇管理局及其分支机构负责对个人外汇业务进行统计、监测、管理和检查。

（1）5万美元（含）以下的购汇。① 对境内个人购汇实行年度总额管理，年度总额为每人每年等值5万美元。国家外汇管理局可根据国际收支状况，对年度总额进行调整。个人年度总额内的购汇，凭本人有效身份证件（如身份证、军官证等）在银行办理。

（2）5万美元以上的购汇。凭本人有效身份证件和有交易额的相关证明材料在银行办理。

（3）个人对外贸易经营者购汇。个人对外贸易经营者，是指依法办理工商登记或者其他执业手续，取得个人工商营业执照或者其他执业证明，并按照国务院商务主管部门的规定，办理备案登记，取得对外贸易经营权，从事对外贸易经营活动的个人。个人对外贸易经营者办理对外贸易收购汇应通过本人的外汇结算账户进行，其外汇支出、进口核销、国际收支申报受国家外汇管理。

（4）个体工商户购汇。个体工商户委托有对外贸易经营权的企业办理进口的，本人凭其与代理企业签订的进口代理合同或协议购汇，所购外汇通过本人的外汇结算账户直接划转至代理企业经常项目下的外汇账户。

3. 境内个人外汇汇出境外

境内个人外汇汇出境外用于经常项目支出，应按以下规定办理：

（1）外汇储蓄账户内外汇汇出境外，当日累计等值5万美元（含）以下的，凭本人有效身份证件在银行办理；超过上述金额的，凭经常项目项下有交易额的真实性凭证办理。

（2）手持外币现钞汇出境外，当日累计等值1万美元（含）以下的，凭本人有效身份证件在银行办理；超过上述金额的，凭经常项目项下有交易额的真实性凭证、经海关签章的中华人民共和国海关进境旅客行李物品申报单或本人原存款银行外币现钞提取单据办理。

（二）境外个人的结汇、购汇和汇出

1. 境外个人的结汇

（1）5万美元（含）以下的结汇。对境外个人结汇实行年度总额管理，年度总额为每人每年等值5万美元（国家外汇管理局可根据国际收支状况，对年度总额进行调整）。个人年度总额内的结汇，凭本人有效身份证件（如护

---

① 个人年度总额内购汇，可以委托其直系亲属代为办理；超过年度总额的购汇，可以凭相关证明材料委托他人办理。

②个人委托其直系亲属代为办理年度总额内的购汇，应分别提供委托人和受托人的有效身份证件、委托人的授权书、直系亲属关系证明；其他情况代办的，除需提供双方有效身份证件、授权书外，还应提供相关证明材料。

照等）在银行办理。

（2）5 万美元以上的结汇。[①]

①房租类支出，凭本人有效身份证件及相关证明及房屋管理部门登记的房屋租赁合同、发票或支付通知在银行办理。

②生活消费类支出，凭本人有效身份证件及合同或发票在银行办理。

③就医、学习等支出，凭本人有效身份证件及境内医院（学校）收费证明在银行办理。

④其他，凭本人有效身份证件及相关证明及支付凭证在银行办理。

（3）境外个人旅游购物贸易方式项下的结汇。凭本人有效身份证件及个人旅游购物报关单办理。

2. 境外个人的购汇

（1）在境内取得的经常项目合法人民币收入，凭本人有效身份证件和有交易额的相关证明材料（含税务凭证）办理购汇。

（2）原兑换未用完的人民币兑回外汇，凭本人有效身份证件和原兑换水单办理，原兑换水单的兑回有效期为自兑换日起 24 个月；对于当日累计兑换不超过等值 500 美元（含）以及离境前在境内关外场所当日累计不超过等值 1 000美元（含）的兑换，可凭本人有效身份证件办理。

3. 境外个人外汇汇出境外

境外个人经常项目下外汇汇出境外，应按以下规定在银行办理：

（1）外汇储蓄账户内外汇汇出，凭本人有效身份证件办理。

（2）手持外币现钞汇出，当日累计等值 1 万美元以下（含）的，凭本人有效身份证件办理；超过上述金额的，还应提供经海关签章的中华人民共和国海关进境旅客行李物品申报单或本人原存款银行外币现钞提取单据办理。

二、资本项目下个人的结汇、购汇及汇出

（1）境内个人对外直接投资应按国家有关规定办理。所需外汇经所在地外汇局核准后可以购汇或以自有外汇汇出，并办理相应的境外投资外汇登记手续。

境内个人及因经济利益关系在中国境内习惯性居住的境外个人，在境外设立或控制的特殊目的公司并返程投资的，所涉外汇收支按《国家外汇管理

① 结汇单笔等值 5 万美元以上的，应将结汇所得人民币资金直接划转至交易对方的境内人民币账户。

局关于境内居民通过境外特殊目的公司融资及返程投资外汇管理有关问题的通知》等有关规定办理。

（2）境内个人可以使用外汇或人民币，并通过银行、基金管理公司等合格的境内机构投资者进行境外固定收益类、权益类等金融投资。

（3）境内个人参与境外上市公司员工持股计划、认股期权计划等所涉外汇业务，应通过所属公司或境内代理机构统一向国家外汇管理局申请获准后办理。

境内个人出售员工持股计划、认股期权计划等项下的股票以及分红所得外汇收入，汇回所属公司或境内代理机构开立的境内专用外汇账户后，可以结汇，也可以划入员工个人的外汇储蓄账户。

（4）境内个人向境内经批准经营外汇保险业务的保险经营机构支付外汇保费，应持保险合同、保险经营机构付款通知书办理购付汇手续。

境内个人作为保险受益人所获外汇保险项下赔偿或给付的保险金，可以存入本人外汇储蓄账户，也可以结汇。

（5）移居境外的境内个人将其取得合法移民身份前境内财产对外转移，以及外国公民依法继承境内遗产的对外转移，按国家外汇管理局《关于个人财产对外转移售付汇管理暂行办法》等有关规定办理。

（6）境外个人在境内买卖商品房及通过股权转让等并购境内房地产企业所涉外汇管理，按国家外汇管理局、建设部《关于规范房地产市场外汇管理有关问题的通知》等有关规定办理。

（7）境外个人可按相关规定投资境内 B 股，投资其他境内发行和流通的各类金融产品，应通过合格境外机构投资者办理。

（8）根据人民币资本项目可兑换的进程，逐步放开对境内个人向境外提供贷款、借用外债、提供对外担保以及直接参与境外商品期货和金融衍生产品交易的管理，具体办法另行制定。

三、个人外汇账户及外币现钞管理

国家外汇管理局按账户主体类别和交易性质对个人外汇账户进行管理。银行为个人开立外汇账户，应区分境内个人和境外个人。账户按交易性质分为外汇结算账户、外汇储蓄账户、资本项目账户。

（1）外汇结算账户，是指个人对外贸易经营者、个体工商户按照规定开立的用以办理经常项目项下经营性外汇收支的账户。其开立、使用和关闭按机构账户进行管理。

（2）个人在银行开立外汇储蓄账户应当出具本人有效身份证件，所开立账户的户名应与本人有效身份证件记载的姓名一致。

(3) 个人开立外国投资者投资专用账户、特殊目的公司专用账户及投资并购专用账户等资本项目外汇账户及账户内资金的境内划转、汇出境外应经外汇局核准。

(4) 个人外汇储蓄账户资金境内划转，按以下规定办理：

①本人账户间的资金划转，凭有效身份证件办理。

②个人与其直系亲属账户间的资金划转，凭双方有效身份证件、直系亲属关系证明办理。

③境内个人和境外个人账户间的资金划转按跨境交易进行管理。

(5) 本人外汇结算账户与外汇储蓄账户间资金可以划转，但外汇储蓄账户向外汇结算账户的划款限于划款当日的对外支付，不得划转后结汇。

(6) 个人提取外币现钞当日累计等值1万美元以下（含）的，可以在银行直接办理；超过上述金额的，凭本人有效身份证件、提钞用途证明等材料向银行所在地外汇局事前报备。银行凭本人有效身份证件和经外汇局签章的提取外币现钞备案表为个人办理提取外币现钞手续。

(7) 个人向外汇储蓄账户存入外币现钞，当日累计等值5 000美元以下（含）的，可以在银行直接办理；超过上述金额的，凭本人有效身份证件、经海关签章的中华人民共和国海关进境旅客行李物品申报单或本人原存款银行外币现钞提取单据在银行办理。银行应在相关单据上标注存款银行名称、存款金额及存款日期。

第六节 汇款业务收费标准

一、某银行公示的对公汇款业务收费标准（见下表）

某银行公示的对公汇款业务收费标准

业务类别	收费项目	收费标准
1. 境内外汇汇出汇款	本系统汇出汇款：电汇、票汇	汇款金额的1‰，最低50元/笔，最高500元/笔（同城免费）；另加邮电费
	非本系统汇出汇款：电汇	汇款金额的1‰，最低50元/笔，最高1 000元/笔；另加邮电费
	非本系统汇出汇款：票汇	汇款金额的1‰，最低100元/笔，最高1 200元/笔

续表

业务类别	收费项目	收费标准
1. 境内外汇汇出汇款	汇款修改	100 元/笔，另加邮电费
	退汇	100 元/笔，另加邮电费
	汇票挂失止付	100 元/笔，另加邮电费
2. 汇出境外汇款	电汇	汇款金额的 1‰，最低 50 元/笔，最高 1 000元/笔；另加邮电费
	信、票汇	汇款金额的 1‰，最低 100 元/笔，最高 1 200元/笔；另加邮费（如有）
	汇款修改	100 元/笔，另加邮电费
	退汇	100 元/笔，另加邮电费
	汇票挂失止付	100 元/笔，另加邮电费
3. 境内外汇汇入汇款	退汇：已解付	按境内外汇汇出汇款标准收费，另加邮电费
	受益人要求转汇：已解付	按境内外汇汇出汇款标准收费，另加邮电费
	同城、异地外币来账退汇费（未解付，且汇出行为非本系统行时收取）	USD15 或等值外币/笔，另加邮电费
4. 境外汇入汇款	退汇：已解付	按汇出境外汇款标准收费，另加邮电费
	受益人要求转汇：已解付转往境内	按境内外汇汇出汇款标准收费，另加邮电费
	受益人要求转汇：已解付转往境外	按汇出境外汇款标准收费，另加邮电费
	汇入款原币入收款人账	暂免
	汇入款原币转往同业	汇款金额的 1‰

二、某银行公示的对私汇款业务收费标准（见下表）

某银行公示的对私汇款业务收费标准

业务类别	收费项目	收费标准
1.（个人）外汇汇出境外汇款	电汇	汇款金额的1‰，最低50元/笔，最高260元/笔；另收电讯费
	票汇、信汇	汇款金额的1‰，最低50元/笔，最高260元/笔；另收邮费（如有）
	修改	50元/笔，另收电讯费
	退汇	20元/笔，另收电讯费（如有）
	挂失止付（汇票）	50元/笔，另收电讯费
2.（个人）境外汇入外汇汇款	受益人要求将已解付款退汇	视同个人外汇汇出境外汇款
	受益人要求将已解付款转汇境外银行	视同个人外汇汇出境外汇款
	受益人要求将已解付款转汇境内银行	视同境内个人外汇划转
3. 境内居民个人外汇划转（含现汇账户和现钞账户）	本系统外汇划转（包括省内异地、跨省）	划转金额的1‰，最低20元/笔，最高200元/笔（2小时汇款加收手续费的30%，同城免费）；另收电讯费（如有）
	跨系统外汇划转（包括同城、省内异地、跨省）	划转金额的1‰，最低50元/笔，最高260元/笔；另收电讯费（如有）
	划转申请人要求修改	50元/笔，另收电讯费（如有）
	划转申请人要求退汇	20元/笔，另收电讯费（如有）
	受益人要求将未解付款退汇	50元/笔，另收电讯费（如有）
	受益人要求将已解付款退汇	视同境内个人外汇划转
	受益人要求将已解付款转汇境外银行	视同个人外汇汇出境外汇款
	受益人要求将已解付款转汇境内银行	视同境内个人外汇划转

小知识

关于银行的汇率

银行的汇率，通常是在银行对外公布的“外汇牌价”中展示，一般显示了四种汇率：现汇买入价、现钞买入价、现汇卖出价、现钞卖出价。由于现钞卖出价与现汇卖出价相同，也有银行不显示“现钞卖出价”。在我国，结汇一般是指单位或者个人将某种外国货币按当天的“现汇买入价”或如果是外国钞票的按“现钞买入价”换成人民币的行为。售汇一般是指单位或者个人将人民币按当天的“现汇卖出价”换成某种外国货币的行为。售汇有时也称“购汇”。

在何种情况下用“买入价”、“卖出价”，初学者很容易搞混。其实，所谓的“买入”与“卖出”是站在银行的角度看外汇的买与卖，与单位或者个人的站位恰恰相反，“结汇”是银行“买入”人们的外汇而给付人民币，因此用“买入价”；“售汇”是银行“卖出”自己的外汇而收入人民币，因此用“卖出价”。由于银行经营的商品是货币，而银行有赚取利润的需要，如同企业的商品买卖有差价一样，一般银行的“现汇卖出价”通常会高于“现汇买入价”。而银行的“现钞买入价”为什么通常会低于“现汇买入价”呢？比如，小李某天同时要求银行将其汇款收到的100美元换成人民币和拿出100美元现钞要求换成人民币，结果是前一种得到了629.21元人民币，后一种外汇现钞得到了624.17元人民币，比前一种少了5.04元人民币，那是因为银行买入外币现钞这种“实物”后，需要储存、保管（有的需要异地或者请他行代保管）支出相应的储存、保管等成本费用，因此，同样数额的外汇与外币现钞，对于银行的利润是不一样的，因而，银行只有通过降低外币现钞的价格来达到取得平均利润的目的。

本章小结

本章讲述的是国际结算方式之一的汇款。国际结算方式，是指国际间通过银行使用某种结算工作，进行货币收付以结清债权债务的具体形式。在章内详细阐释了汇款这种普遍使用的结算方式的信访与性质、汇款当事人的义务与责任、汇款的种类与流程、汇款的运行形式，以及国际间的个人结算等内容。依据信用工具的不同，汇款可分为电汇、信汇和票汇三种。无论哪种形式的汇款，都包括汇款人（付款方）、收款人（收款方）、汇出行（受付款方委托负责办理汇款业务的银行）、汇入行（汇款汇入的银行，承担解付业务，将汇款支付给收款方）等四个方面的当事人。这四个方面是国际汇款业务的基本关系人，形成三重关系或三重矛盾，即汇款人与汇出行的关系，汇出行与汇入行的关系，收款人与汇入行的关系。正确处理好这三重关系，是保证汇款结算安全、简便、快捷运转的关键。在结算中，汇款人与收款人之间是不直接发生关系的，他们是依托银行这个中介和桥梁组织联系在一起的，因此在处理这三重关系中银行起着主导作用。从事汇款业务的银行职员，必须掌握国家外汇管理的方针、政策和办法，娴熟相关的汇款业务和操作程序，熟知国际惯例，并积极引导汇款人和收款人照章办事，这样才能高效优质地做好各项汇款业务。

思考与实训

1. 汇款的当事人及相关关系、种类。
2. 汇款在国际贸易中的应用。
3. 从成本、安全性、速度三个方面对电汇、信汇、票汇三种汇款方式进行比较。

第三章　托收

关键术语：托收　光票托收　跟单托收　付款交单　承兑交单　直接托收

学习目标：了解托收的含义和性质、托收当事人及其义务与责任，掌握托收业务的流程，及光票托收与跟单托收两种不同托收方式在国际贸易中的应用，分析其利弊，学会如何趋利避害，如何遵循《托收统一规则》办理托收业务。

在国际结算中，托收（Collection）是较为常用的结算方式之一，在托收业务中，由于票据或单据的传递方向与资金的流动方向相反，因此属于逆汇。

第一节　托收的含义和性质

《托收统一规则》（国际商会第 522 号出版物）第 2 条规定，托收的定义是：

“托收”系指银行依据收到的指示处理第 2 条 b 款所定义的单据①，以便：

（1）取得付款和/或承兑，或者

（2）凭以付款和/或承兑交单，或者

（3）按照其他条款和条件交单。

根据该定义，托收的含义可概述为：“托收”是指银行（托收行）根据委托人（债权人）的指示向付款人（债务人）取得付款和/或承兑，或者在取得付款和/或承兑（或其他条件）后交付单据的一种结算方式。

托收业务本身，是利用银行间的联行或代理行的关系和资金划拨渠道，使两头都是客户间的债权、债务得以清偿，它是依靠委托人与付款人之间的信用以完成偿债关系。与信用证结算方式比较，缺少了银行信用的重要保证，

---

① 《托收统一规则》（国际商会第 522 号出版物）第 2 条 b 款所定义的单据为：金融单据和/或商业单据。“金融单据”，是指汇票、本票、支票或其他类似的用以取得款项支付的凭证；“商业单据”，是指发票、运输单据、契据或其他类似的文件，或者其他任何非金融单据的单据。

银行参与其间，仅仅是提供完善的服务，并无非收妥不可的保证，因此它实质上是建立在商业信用基础上的一种结算方式。

第二节　托收的当事人及其义务和责任

托收结算方式中涉及四个主要当事人：委托人、托收行、代收行和付款人。

一、委托人

委托人（Principal，Consignor），是指托收业务中委托银行办理托收的债权人。由于委托人经常开具汇票委托银行向国外债务人收款，所以其往往也被称为出票人（Drawer）。在国际贸易实务中，一般为出口方（Exporter）。

委托人在委托银行办理托收时，必须填写由银行提供的“托收委托书”，并随附凭以向付款人要求付款的单据，包括金融单据或商业单据或二者兼有的单据。由于“托收委托书”是委托人与银行办理托收业务的契约，因此委托人必须全面而准确地表达自己的意图和要求。凡是要求银行托收的一切内容均需详细据实填列，有商业合同或其他意向约定的，应按合同条款和其他约定填列，不能随意选择对委托人有利的填写，否则，最后待付款人根据合同和其他约定审单后发现不符而拒绝付款，以致徒生纠纷，不能顺利收汇。如江苏某出口公司在与香港的进口商签订合同时，商定进出口双方的银行费用由出口商承担，但出口商在填写“托收委托书”时，考虑到这笔生意利润很小，一厢情愿地希望委托行把双方的银行费用向付款人收取，因此擅自将银行费用改成由付款人（进口商）承担。由于这个原因，导致互相扯皮，最后出口商不仅一个多月后才收到货款，而且还承担了额外的双方银行的往来电报费50多美元。可以说“赔了夫人又折兵”。

二、托收行

托收行（Remitting Bank），又称寄单行，是指接受委托人的委托，办理托收业务的出口地银行，通常也是债权人所在地银行。

托收银行只能根据托收委托书的指示和《托收统一规则》办理，不能擅自超越、修改、疏漏、延误委托人在委托书上的指示，否则由此引起的后果将由托收行负责。

根据《托收统一规则》，除非委托人已经指定了代收行，托收行为了实现委托人的指示，可在付款或承兑的国家，选择一家合适的银行作为代收行，以便通过它将托收委托书及有关单据转交给付款人，并直接提示付款人付款或承兑。选择代收行是为了执行委托人的委托而使用其他银行的服务，其费用与风险由委托人负担。由于外国法律或惯例加之于银行的义务和责任，委托人应受其约束，并负责赔偿之责。

与托收有关的银行，对由于任何文电、信件，或单据在寄送过程中的延误或丢失所引起的后果，或由于电报、电传或电子通信系统在传递过程中的延误、残缺或其他错误，或由于专门性的术语造成在翻译或解释上的错误，不承担义务或责任。

与托收有关的银行，对由于不可抗力、暴动、内乱、叛乱、战争或它们所不能控制的任何其他原因，或者由于罢工、停工致使业务中断而造成的后果，不承担义务和责任。

未经银行事先同意，货物不能直接发至银行，运输单据（提单）也不能做成以银行为收货人。否则，倘若货物直接发至银行，或者运输单据（提单）做成以银行为收货人，而没有事先征得该银行的同意，则银行没有提货的义务，货物的风险和责任由发货人承担。

三、代收行

代收行（Collection Bank），是指接受托收行的委托，向付款人收款，并将单据交给付款人的银行，包括除托收行以外的参与办理托收的任何银行。代收行通常是托收行在债务人（付款人）所在地的银行或代理行。

根据《托收统一规则》，其责任如下：

（1）代收行应将收到的单据与委托书核对一致，任何单据的名称不符或份数不符时，必须立即通知托收行。

（2）代收行应注意委托书上的各种要求，考虑能否照办，若代收行由于自身能力或将来可能发生纠葛而难以照办时，必须在收到委托书时，当即向托收行提出不能照办的理由，或声明对该条文不能照办，要求托收行予以取消或变更。如果代收行既不提出声明，又不照办，日后出了问题，将由代收行承担责任。

（3）除按照业务习惯要求做成必需的背书或加盖辨认的号码戳记外，单据应按照收到的原样向付款人提示，并按照委托书上规定的交单方式，要求付款人审核单据并按交单方式执行。代收行在未取得托收行同意前，不得擅自变更委托书上的任何条件或指示，否则其责任自负。

（4）如付款人审核单据后，提出任何与委托书要求不一致而需改变某些条件时，应立即转告托收行。在未取得答复以前，仍按原委托书执行；取得答复后，按答复内容办理。如付款人审核单据后提出拒付，应将拒付情况与拒付理由迅速通知托收行。委托书如要求拒绝证书者，应代为邀请公证机构办理拒绝证书。委托书如要求代收行在托收被拒付的情况下，货物抵港时代办存仓、保险事宜，如代收行并未声明不予办理者，当应设法代办，并将办妥结果告之托收行，拒绝证书、存仓保险等费用应由托收行承担。如代收行对托收行发出的拒绝付款或拒绝承兑通知后60天内仍未接到托收行的任何指示，代收行可将单据退还给托收行。

（5）当单据是以付款国家货币（当地货币）付款时，除非托收委托书另有指示，代收行必须在付款人凭当地货币付款后，将单据交给付款人，只要该当地货币是按托收委托书指示规定的方式能够随时处理的；当单据是以付款国家以外的货币（外国货币）付款时，除非托收委托书另有指示，代收行必须凭有关外币付款后将单据交付款人，外币必须是按此托收委托书能够立即汇出的款项。

（6）凡是收妥的款项应按托收委托书指示的路线、账户银行及账号立即划拨，不得擅自变更、挪用、拖延、错付或漏付，否则责任自负。

（7）光票托收如需分批部分付款时，只有在付款地现行法律准许部分付款的限额及条件下才可接受。光票仅在全部款项已经收到时，才能交给付款人。

跟单托收如需分批部分付款时，仅在托收委托书中有特别授权的情况下，才可接受。除非委托书另有指示，代收行仅在全部款项已经收到时，才能把单据交给付款人。

四、付款人

付款人（Payer），也是汇票中的受票人（Drawee），是指根据托收委托书，由代收行向其提示单据和汇票，并要求其付款的人。托收业务中的付款人是国际贸易实务中的进口方（Importer），即债务关系中的债务人。

付款人有审查票据或单据以决定是否接受的权利，同时也有按交单方式办理付款或承兑的义务。在具有正当理由的前提下，他有拒绝接受该托收票据或单据的权利。

付款人一经付款赎单或承兑赎单并在到期日付款，取得汇票及/或单据后，付款人的责任即告结束。代收行在将托收款项按委托书规定的线路及账户将款项划拨并由托收行收妥后，代收行的责任也就终结。托收行将款项交委托人后其托收契约责任也就终结。若再有问题或纠纷，应由委托人与付款人自行解决。

在拒付情况下，经往返交涉，如委托人同意退还单据或授权代收行无偿交单者，在办妥退还或无偿交单后，所有关系人的托收责任均已结束。如委托人授权按原金额折扣付款交单时，付款人接受此项安排并付讫款项取走单据后，代收行、托收行、委托行也随着款项的回流收妥而责任终结。

五、其他当事人

提示行（Presenting Bank），是指向付款人提示单据的银行，又称交单行。在一般情况下，往往由代收行兼任。但如果代收行与付款人无往来关系，而与付款人的往来银行却有账户往来时，为便于其往来银行向付款人融通资金，也为能如期收款，代收行可以主动或者应付款人的请求，委托与代收行有账户关系的付款人的往来银行充当提示行。

需要时代理——委托人的代表（Principal's representative in - case - of - need）是委托人为了避免在付款人拒付时，无人照顾货物的情况发生，而在付款地事先指定代理人，委托其在付款人拒付时办理有关货物存仓、保险等的事宜。按照国际惯例，如果委托人在托收指示中有指定"需要时代理——委托人的代表"，他应同时明确并且完整地注明该代理人的权限。如无此注明，银行将不接受该代理人的任何指示。如果该代理发出超越其规定权限的指示，银行也将不予接受。

第三节　托收业务的流程

托收业务因托收种类的不同而有所差异，但其基本环节大体相似。

以跟单托收为例，一般需经过如下业务程序，如图 3－1 所示：

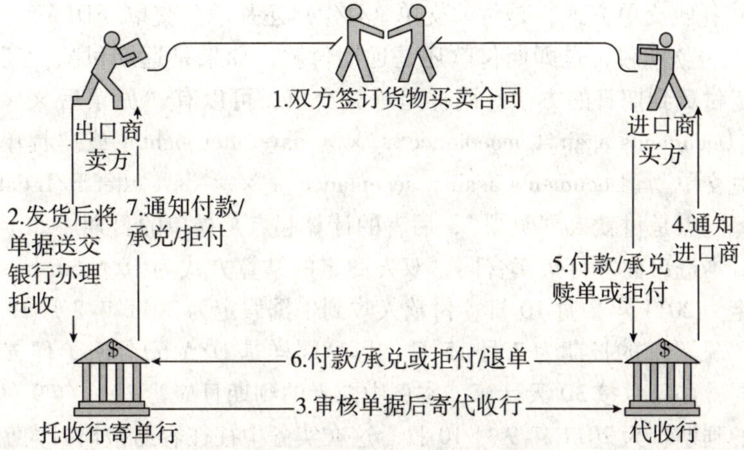

图 3－1　跟单托收流程示意图

一、进出口双方签订货物买卖合同

进出口双方签订货物买卖合同是托收业务的第一步，也是贸易中一个关键环节。委托人（出口人）和付款人（进口人）就进出口货物的交易条件进行磋商，达成共识后双方签订货物买卖合同。其中，一般会明确规定以何种托收方式支付货款，如"……买方应凭卖方出立的即期跟单汇票于见票时立即付款，付款交单……"（...the buyer shall pay against documentary draft drawn by the seller at sight. The documents are to be delivered against payment only...）

二、出口人发货、备单，并将合同中规定的单据送交托收行

买卖合同一旦签订，出口人除应立即按照合同的规定备货装运外，还需制作汇票、发票、装箱单等合同规定的、自己有权出立的单据，并备妥自己无权出立、由有关方面出立的单据，如由运输公司出立的提单、保险公司出立的保险单、指定验货人出立的检验证明等。

合同规定的单据齐备后，出口人应填写银行提供的"托收申请书"，并将该单据和"托收申请书"一并交托收行办理托收，向进口商收款。

出口人填写"托收申请书"的内容应与买卖双方签订的合同的规定相一致。"托收申请书"的主要内容有：

（1）托收申请人名称、地址、有权签字人印章。

（2）托收付款人名称、地址，或开户行名称、地址、账号。

（3）托收所附单据的名称、详细分类与份数。

（4）托收交单方式，是付款交单（D/P）还是承兑交单（D/A）。

（5）付款期限，是即期付款还是远期付款。如果是远期付款，还应规定如何确定付款到期日的方法。同样是承兑交单，可以有"见票后××天承兑交单"（Documents against acceptance at ×× days after sight）或"提单日后××天承兑交单"（Documents against acceptance at ×× days after B/L date），前者的计算起点是付款人"见票"，后者的计算起点是提单的日期。如上海某出口商与日本进口商签订买卖合同，双方商定的结算方式为D/A 60 days，提单日期假定为2011年7月10日，付款人收到单据假定为2011年7月15日，即付款人"见票"的日期为7月15日，尽管同样是D/A 60 days，但二者的到期日不同，如每月按30天计算，本例中前者的到期日应为2011年9月15日，而后者的到期日为2011年9月10日。这在实务中往往容易被出口人疏忽。

（6）托收款项收妥后的收账要求。如要求将收妥款项交付给委托人以外

的另一方时，应提供委托人与该方的相关协议，并提供该方的名称、地址、开户行和账号。

（7）如货物在付款人付款前到达进口地，应明确是否请委托代收行在货物到达后代为存仓、保险、照管货物。

（8）应明确是否允许进口人分批付款、分批提货。如整批货物中包含有不同规格的货物，又允许分批付款、分批提货时，为防止进口人只提自己当时需要的货物，应针对各个品种、花色、规格，明确规定整批货如何按比例搭配提取。

（9）进口人如逾期付款，应明确是否要加收利息；如提前付款，应明确是否给予贴息。

（10）所有费用及有关银行手续费，应明确是否应向进口人收取，如进口人不同意支付这些费用时，可否放弃。根据《托收统一规则》，只有托收申请书中明确规定“由进口人负担银行费用，不得放弃”（Collection charges are to be borne by the drawee，can't waive）时，银行才非要进口人支付不可（但银行对因此而产生的付款迟延或增加的额外支出不负责任），否则，代收行可以将自己应收的费用从划拨给出口人的货款中扣除。

（11）指定代收行。根据《托收统一规则》，从理论角度而言，代收行可以由出口人或托收行选定，二者均可。而在实务中，一般由出口方选定，因为在进出口贸易双方签订的合同中，为了双方贸易结算的顺利进行，双方均愿意提供自己的账户行及账号给对方参考。因此，出口人比托收行更了解进口商的名称，而通过进口商的账户行，也便于托收行借该行之手，直接向进口人提示汇票、收款并交付单据，而省却了通过其他银行转送的麻烦。并且，由于环节少，拉直了收汇线路，出口人可缩短收汇时间、减少费用支出。事实上，绝大多数出口人在提交给委托行的汇票上通常已打上了代收行名称，如“本汇票通过ABC银行代收”（Bills of Collection through ABC Bank）。当然，在出口人难以提供代收行名称时，托收行可以自行选定代收行；一般被选定的代收行应当是资信良好、能够按委托人的指示（如要求进口人付款和在付款前保管好委托人的单据）办事的银行。

（12）若进口人拒绝付款或拒绝承兑，应明确是否要做成拒绝证书。因为根据《托收统一规则》，在托收中如付款人拒付，银行并无义务做出拒绝证书，除非在托收申请书中特别注明：“（付款人）拒付时做拒绝证书”（Protest for non – payment）。另外，不管是否要做拒绝证书，当被拒付时，代收行应以电报、电传或快件邮寄等快捷方式及时通知托收行，以便其及时转告出口人，使之有时间来采取适当的对策，如在进口地另找买主，或在进口地指定“需要时的代理”，并由其在授权范围内进行处理等。

当然，在实务中，许多银行的托收申请书不再罗列以上所有的十二条内容，但不管各银行的托收申请书有多么简略，一般均具有以下或类似的文句：“……票据的托收仅适用并遵守《托收统一规则》（国际商会第522号出版物）……”由于以上的十二条要义来自《托收统一规则》，因此尽管银行可能在其托收申请书中省略了许多内容，对委托人、托收行、代收行等其他当事人没有明确规定义务和责任，但由于有这样的文句，有关当事人在托收过程中的权利、义务和责任还是被间接地明确了。

以下是某银行的跟单托收申请书（委托书）样式。

跟单托收申请书

致：×××银行

本人/本公司已阅悉并同意遵守下列条款，兹委托贵行根据该申请书代办下列跟单托收业务：

1. 本人/本公司委托贵行按国际商会《托收统一规则》尽责办理下述单据托收。贵行对下述单据的托收仅适用并遵守《托收统一规则》（国际商会第522号出版物）。

2. 本人/本公司愿承担因下述单据托收而产生的国内外银行的一切有关费用。

3. 本人/本公司授权贵行可根据业务需要代为选择代收行、邮递公司以及邮寄方式。

4. 贵行对下述单据在贵行以外托收传递过程中发生延误及/或遗失所造成的后果概不负责。

单据类别	份　数
汇票	
发票	
装箱单	
保险单	
产地证	
检验证	
受益人证明	
其他单据	

委托人/代办人证件＿＿＿＿＿＿＿＿　受理行签章＿＿＿＿＿＿＿＿

委托人/代办人地址＿＿＿＿＿＿＿＿　行号＿＿＿＿＿＿＿＿

委托人签章＿＿＿＿＿＿＿＿　复核＿＿＿＿经办＿＿＿＿

托收申请书一经托收行接受便成为出口人与托收行间的委托代理契约，

双方的权利义务均应以此为准，因而必须认真对待。

三、托收行审核托收申请书及所附单据并将单据寄交代收行

（一）审核托收申请书及所附单据

托收行接受出口人的申请后，应该对托收申请书和所附单据进行审核，包括申请书的内容是否明确、项目是否齐全、单据的种类和份数是否和申请书所列的相符等。根据《托收统一规则》，在托收业务中，“托收行必须确定所收到的单据与托收指示书所列的完全一致，对于单据缺少或发现与托收指示书中所列的不一致时，必须毫不迟延地用电讯（如在无法用电讯方式时则用其他快捷方式）通知委托方。在这方面，银行没有其他义务”。“银行对于单据的形式，完整性、准确性、真实性或法律效力，或对单据上规定的或附加的一般和/或特殊条件，概不负责；银行对单据所代表的货物的描述、数量、质量、状况、包装、交货、价值等，也不负责”。尽管国际惯例对银行有许多的免责条款，但在我国，由于银行的混业经营，同业的竞争十分激烈，为了争取进出口企业的业务，减少差错，确保收汇率，各银行通常都为企业提供一定的审单服务。有的银行在审单中不仅要求“单单一致”（单据与单据内容一致），还要求出口人提供出口贸易合同，以便做到“单同一致”（单据与合同内容一致），当然，也有些银行审核得比较简单，仅仅审核一些最主要单据中最重要的条款（如仅审核发票的金额是否与汇票一致，发票的货名是否与提单相符）。但不管各银行的具体操作有多大的差异，一般地说，银行应审核下列内容：

1. 关键单据的关键内容必须做到“单单一致”

汇票、发票的金额和币种必须一致，发票和提单的有关的货名描述、数量、起运港和目的港、唛头等重要内容必须一致。若重要内容做不到一致，会引起进口人的迷惑或歧义，产生不必要的费用（如银行间的往来交涉电报的费用），甚至为收汇带来障碍。

2. 注意提单的收货人（Consignee）

提单的收货人俗称“提单的抬头人”，一般不宜做成银行（如 To ABC Bank）或银行的指示（如 To order of ABC Bank）为抬头，因为根据《托收统一规则》，“除非事先征得银行的同意，货物不应直接交银行，也不应以银行或其指定人为收货人。如未经银行同意，就将货物直接交银行或以其为指定人为收货人，银行没有提取货物的义务……”；另外，也不宜做成进口人（如 To DF Import Co.）或进口人的指示（如 To order of DF Import Co.）为抬头，

因为如果进口人到时拒付，一方面，很可能将会出现货物无人处理的情形；另一方面，即使出口人在进口人拒付的情况下，重新找到了另一买主，但由于进口人的不合作，同样无法转让代表物权的提单。因此，托收业务中的提单抬头一般做成“空白抬头”或称“来人抬头”（To order）、“凭发货人指示”（To order of shipper），然后由发货人做空白背书或特别背书转让。需要强调的是，以上是指“不宜”而不是“不能”做成什么样的抬头，在实务中，如果出口人仍然坚持做成银行（如 To ABC Bank）或银行的指示（如 To order of ABC Bank）为抬头、作成进口人（如 To DF Import Co.）或进口人的指示（如 To order of DF Import Co.）为抬头，由于托收依赖的是商业信誉，款项是否能收妥，银行没有责任，托收银行仅是在收到货款后才划拨给出口人，因此没有哪家银行会因为出口人的提单抬头做得不太合适而拒绝为出口商办理托收业务的，事实上，只要贸易双方重信誉、守合同，即使抬头做得不妥，也是可以安全收汇的，风险只是相对于“万一”的情况而言（虽然如此，在这个问题上，我们还是希望出口企业能“从严控制”，尽可能按惯例制作抬头）。需要注意的是，在铁路运输、航空运输、邮寄方式下，由于铁路运单、航空运单、邮包收据不是物权凭证，提取货物时只需凭铁路局、航空公司、邮局的到货通知书和收货人的身份证明即可提取货物或邮包，因此做成“空白抬头”或称“来人抬头”（To order）、“凭发货人指示”（To order of shipper）也就没有什么意义，在这种方式下，一般应做成进口人抬头。

（二）选择代收行

托收行审单后，如出口人尚未选定代收行，可视具体情况选择在付款或承兑所在地国家的某银行为代收行。托收行在选择代收行时，一般要遵循以下原则：

1. 选择与自身联系比较密切的银行

由于银行同业竞争的激烈，能否为企业提供优质、高效的服务是企业是否选择该银行办理业务的重要标准之一，因此，尽管《托收统一规则》对银行有许多免责条款，各银行从争取企业业务的目的出发，还是会尽可能地为客户着想，选择关系密切（便于联系）、资信较好（收汇可能性大）的银行做代收行，一般可从付款地的分支机构、联行、代理行或有账户往来的银行中作出选择。

2. 选择进口人的账户行

如进口人的账户行资信较好，尽管托收行与之的关系不甚密切，但考虑到进口人有可能需要利用其账户行对他的信任，要求借单或其他的融资便利，因此，除非该账户行资信不好，委托行会选择其为代收行。

3. 选择付款人所在地的银行

可根据就近的原则，选择与付款人在同一城市或地区的信誉较好的银行。

（三）办理委托代收手续

托收行在审核单据、选定代收行后，应立即办理委托代收手续。委托代收的手续一般可分为两部分：填制托收委托书和寄单。

1. 填制托收委托书

托收委托书俗称银行的“托收面函”（Collection Instruction），它是由代收行根据出口人的托收申请书填制的，内容与托收申请书的内容大体相同，在填写时必须正确、清楚，其中交单条件和款项拨交方式尤其应明确无误，并应与托收申请书的内容一致或相衔接，不得抵触；否则，如有差错及遗漏，由此而造成的损失，概由托收行负责。当然，一般银行为了省时、减轻工作人员的劳动强度、提高工作效率、避免差错和遗漏，通常将委托书中适用于任何一笔业务的文句变成“印就”的格式，这样在实务中需由银行工作人员填写的内容就会减少。

2. 寄单

委托行将出口托收委托书连同出口人递交的汇票和所附单据一次或分次寄国外代收行（为防止遗失，一般分两次邮寄，第一次为快邮，第二次为普通航寄）。由于银行普遍使用“套打”（即用无炭复写技术设置成一式多联）方式，每笔业务的托收委托书只需缮打一次，每次邮寄时，不必另外缮打出本次随寄的汇票号码、金额、汇票付款人等。当二次寄单时，除非另有规定，一般地，委托行寄出的份数相当于第一次的一半，如份数为单数，第一次比第二次多一份。比如，发票份数共为 8 份，第一次邮寄的发票为 4 份；如发票份数共为 9 份，第一次邮寄的发票为 5 份，其余在第二次邮寄时寄出。

下面以跟单托收为例举例说明：

我国 China Export Co. 为出口方收款人，出口一批价值为 EUR15 000 的货物到法国，进口付款人为法国的 F Import Co.，托收行为中国 HJK 银行，流水编号为 OC95E001/03，代收行为法国 XYZ 银行，交给托收行的单据为：汇票 2 份、发票 6 份、装箱单 7 份、提单 3 份、保险单 2 份。常见的银行跟单托收委托书样式如下（正楷为“印就”词语，斜体为委托行工作人员填写）：

xxxBANK
ADDRESS:*...HEPPING ROAD*
CABLE:*CHUN*
TELEX:*3608 BOC CN*

COLLECTION INSTRUCTION

SWIFT:*BKCHCNBJ95E*
FAX:*8108903*

2003/09/30
YEAR-MONTH-DAY

WHEN CORRESPONDING
PLEASE QUOTE OUR REF .NO *OC95E001/03*

Dear Sirs,
We enclose the following draft(s) documents as Specified hereunder which please collect in accordance With the instructions indicated herein

MAIL TO:(COLLECTING BANK)
法国 *XYZ* 银行

DRAWER:
China Export Co.,

PRESENTING BANK:

DRAWEE
F Import Co.,

DELIVER DOCUMENTS AGAINST PAYMENT(D/P)
DUE DATE /TENOR *AT SIGHT*
MATURITY DATE://

DRAWER'S REF NO.*CEC6159*

AMOUNT *EUR15,000.00*

DOCUMENTS:

DRAFT	COMM INV	CUSTINV	PACK/WTLIST	ORIGCERT	G.S.PFORMA	QUAL/QUANCERT
1/2	*3/6*		*4/7*			
INSPCERT	INSPOLICE	B/L/AWB	N-N BL	TLX/FAX/CABLE	BENEFLTR/CERT	S.S COCERT
	1/2	*2/3*				

Special instructions (See box marked "X")
☒ Please acknowledge receipt of this Collection Order.
☒ All your charges are to be borne by the drawees.
☒ In case of a time bill, please advise us of acceptance giving maturity date.
☒ In case of dishonour, please do not protest but advise us of non-payment/non-acceptance by cable giving reasons.

Disposal of proceeds upon collection:
PLEASE PAY THE TOTAL AMOUNT TO XXXBANK CREDIT OUR XXXBRANCH ACCOUNT WITH THEM VIA CHIPS ABAXXX ACCOUNT UIDXXX UNDER ADVICE TO US QUOTING OUR REFERENCE NUMBER MENTIONED ABOVE.

REMARKS:
THE DOCS MAILED BY EXPRESS.

Yours faithfully,
For XXXBANK

Authorized signature(s)

Unless otherwise specified the Collection is subject to Uniform Rules for Collections (ICC Brochure No.522)

注：关于单据份数描写的说明：分子为第一次寄单的份数，分母为单据的总数。如委托书上发票份数描写为6/6，则表明发票共6份，是一次寄单，第一次就邮寄了6份发票；如委托书上发票份数描写为3/6，则表明发票共6份，是二次寄单，第一次邮寄的发票为3份，第二次将邮寄余下的3份发票；如委托书上装箱单的份数描写为4/7，则表明发票共7份，是二次寄单，第一次邮寄的装箱单为4份，第二次将邮寄余下的3份发票。依次类推。

四、代收行办理委托代收手续并将单据交进口人

如同托收行可以选择代收行一样，代收行也有其选择是否愿意接受托收行委托的权利。如果它在核对单据和审查托收委托书的内容后，认为难以按托收行的要求行事或是不愿按要求行事时，可以立即以电讯方式通知托收行，并保留单据等候托收行的进一步处理意见；或电报通知同时将单据及托收委托书退回至托收行，由托收行重新选择代收行或自行处理。如果代收行接受托收行的委托，愿意代为收款时，则代收行审单（如发现单据有遗漏或短少时，应及时通知托收行）通知进口人并向其提示票据和/或单据。

代收行经审核，一旦确定托收委托书及所附汇票、单据无误，并愿意按照托收委托书的要求行事，应立即填制代收通知书，并凭此通知进口人验单、付款或承兑。在实务中，代收通知书通常一式多份，除代收行自留备查和送交进口人外，另有一份则作为回单寄给托收行。

五、进口人验单、付款或承兑并领取单据

进口人接到代收行通知后，应立即到银行查验单据，确定接受还是不接受单据。无论单据与单据之间、单据与合同之间是否相符，进口人均可以表示拒付，但最好要说明拒付的理由，以便代收行及时通知托收行并由其转告委托人，使委托人得以通过托收行向代收行作出进一步的指示，对货物、单据进行及时的处理。如进口人愿意付款，进口人必须遵循以下原则：在付款交单（D/P）条件下，一手交钱（付款），一手取单（运输单据代表货物），“钱货不能两失”；在承兑交单（D/A）条件下，边承兑边取货，到期日付款。

进口人凭提单取货（或在空运、陆运、邮寄条件下，凭有关部门的到货通知提货）后，如果发现货物的质量与合同规定不符，在付款交单（D/P）条件下，可以向出口人提出索赔；在承兑交单（D/A）条件下，尽管做了承兑，仍可以拒付。当然，如果货物的不符是由出口方以外的第三方造成的，进口人可向有关责任方提出赔偿要求：若由承运人的过错引起，可凭提单向船公司要求赔偿；若属于保险公司的承保责任，可凭保险单向保险公司索赔。

六、代收行通知托收行有关客户的付款或承兑信息

在付款交单（D/P）条件下，代收行将通知托收行“货款已收妥”或进口人“拒付”的信息，并将收妥的款项贷记托收行账户或托收行指定的账户，

或在进口人拒付的情况下，将单据退回托收行；在承兑交单（D/A）条件下，通知托收行已承兑或未承兑、拒绝承兑的信息。

七、托收行将进口人的有关款项或付款信息交出口人

在付款交单（D/P）条件下，托收行将已收妥货款交给出口人；或在进口人拒付的情况下，通知出口人关于进口人“拒付”的信息，并将单据退给出口人或等待出口人的进一步指示；在承兑交单（D/A）条件下，托收行通知出口方有关进口人已承兑或未承兑、拒绝承兑的信息。

第四节 托收的种类

托收有两种方式，即光票托收与跟单托收。

一、光票托收

（一）光票托收的含义

光票托收（Clean Collection），是指不附带商业单据的金融单据的托收。在实务中，银行作为托收行，办理光票托收的业务受理范围为：凡不以受理行为付款行的外汇支票、本票、汇票（不跟单）旅行支票、存单、存折等有价凭证的托收。

（二）光票托收的适用范围

光票托收的适用范围较广，可以作为贸易、非贸易、贸易项下从属费用等的结算工具，如贸易中的小额贸易交易，非贸易中的捐赠款、赡养款，贸易从属费用中的运费、保险费、佣金等。但由于光票托收的局限与缺陷，一般用于贸易项下的结算较少。

（三）光票托收的业务流程

光票托收的业务流程较为简单，通常仅需要以下几个步骤：

（1）委托人认真阅读并正确填写银行提供的“票据托收申请书”；

（2）委托人将需要托收的票据交给银行工作人员，并预交银行的费用（由于托收不一定能收妥款项，因此，无论收妥与否，银行均需收取托收手续费及相关邮费等，并且一般采用预收的方式）；

（3）委托行收妥后即通知委托人，如果委托人在该行有存款账户，委托行可自动把款项入委托人账户。

以下为某银行的光票托收申请书样式：

票据托收申请书

致：×××银行

本人/本公司已阅悉并同意遵守下列条款，兹委托贵行根据该申请书代办下列光票托收业务：

1. 本人/本公司委托贵行按国际商会《托收统一规则》尽责办理下述票据托收。贵行对下述票据的托收仅适用并遵守《托收统一规则》（国际商会第522号出版物）。

2. 下述托收票据如遇国外退票、拒付、追索等情况，本人/本公司愿立即偿还全部款项，并承担相关费用。

3. 本人/本公司愿承担因下述票据托收而产生的国内外银行的一切有关费用。

4. 本人/本公司授权贵行可根据业务需要代为选择代收行、邮递公司以及邮寄方式。

5. 贵行对下述票据在贵行以外托收传递过程中发生延误及/或遗失所造成的后果概不负责。

票据类别		票据号码	
抬头人		付款人	
票面金额		出票日期	

委托人/代办人证件＿＿＿＿＿＿＿　受理行签章＿＿＿＿＿＿＿

委托人/代办人地址＿＿＿＿＿＿＿　行号＿＿＿＿＿＿＿＿＿＿

委托人签章＿＿＿＿＿＿＿＿＿＿　复核＿＿＿＿经办＿＿＿＿

（四）光票托收的利弊与风险防范

1. 光票托收的优点

光票托收作为一种结算方式，其优点较为明显：其一，收款人与付款人之间“感觉”良好、直接和实在，如当卖方S和买方B达成某项交易，买方B立即将支票交给卖方S，买卖双方都会有一种交易顺利完成的感觉，而其他结算方式由于需要通过各自的银行等中介办理，没有也不需要这种结算方式上的“亲密”接触，因此没有直感性；其二，光票托收手续简便（参见光票托收的流程）；其三，光票托收的费用低廉。由于银行在光票托收业务中为了降低业务成本，通常使用票据集中邮寄的方式，因此对客户的收费也较低，以2003年为例，一般我国国内的中资银行收费费率仅为托收金额的0.1%，最低为20元人民币，最高不超过1 000元人民币。

2. 光票托收的弊端

由于光票托收方式在进出口贸易中使用不多，一般托收的金额不大，因此对光票托收的弊端很少有人了解，甚至一些“老外贸”对其也知之甚少，对光票托收的认识是“手续简单、收费低廉”的“正面”印象居多，其实，光票托收还有以下几方面的弊端：

（1）收汇速度较慢。相对于电汇，光票的收汇速度较慢。电汇，银行的收汇速度一般为1~2个工作日，而光票托收，由于托收行要将托收的票据寄往代收行，一般快件的邮程就需要2~5天，加上银行处理业务的时间，因此，银行收妥托收款项需要5~7个工作日，有的偏僻、不发达国家、地区的托收业务，由于邮路不畅、银行网点少，以致需要半个月到一个月，才能收妥托收款项。

（2）收款的不确定性。光票是商业信誉，能否收妥托收款项，有赖于付款人的信誉。若付款人的信誉欠佳，委托人就不能顺利收妥款项。而且，由于国际票据诈骗的日益增多，给票据的收汇安全带来严重的隐患。

（3）费用有时不低。大额票据（等值USD5 000.00以上）的托收，由于银行需加押查询或证实所托收票据的真实性，委托人需承担额外的银行往来电报费，因此托收成本并不低廉。

（4）收妥后仍有后顾之忧。银行有追索权，对于光票托收业务，不仅要遵循《托收统一规则》（国际商会第522号出版物），而且由于托收的对象是票据，它还必须遵守有关票据法的规定。在实务中，尽管各国的票据法不尽相同，对同一票据的有无追索权、追索时间长短有较大的差异，但对票据具有的追索权却无一例外。如某银行要求委托人填写的票据托收申请书中明确规定：“……托收票据如遇国外退票、拒付、追索等情况，本人/本公司愿立即偿还全部款项，并承担相关费用。”又如，在美国，普通支票、财政支票、邮政本票均有追索权，因此，对银行已付款的票据，如事后发现欺诈（盗窃、变造、伪造票据），付款人有权向代收行、托收行、收款人追讨赔偿，换言之，托收银行对已付给收款人的托收款项有追索权，收款人收妥托收款项后仍有后顾之忧，在贸易中有“钱货两空”的危险。例如，2002年，某外贸公司W与国外进口方约定，用光票托收作为其贸易结算方式，货物价值为英镑10 160.00，W担心买方收到货物后不付款，而运输方式是空运，空运提单不是物权凭证，一旦出货后，难以控制货物，因此，W计划将国外进口人的支票交自己的账户行Y银行办理托收，待款项收妥后，再办理有关空运手续，这样先收款后发货，万无一失。5天后，Y银行从国外代收行收妥了该款项，并将该款项自动计入了W在该行的账户，W获知托收款项已入账后，立即办理了空运出口货物的手续，但过了3天，托收行Y银行收到了代收行因付款人退票要求追偿的通知，Y银行根据国际惯例和委托人填写的“票据托收申请书”有关条款规定（“票据托收如遇国外退票、拒付、追索等情况，本人/本公司愿立即偿还全部款项，并承担相关费用”)，要求委托人 W 归还前已入账的款项，W 当时感到十分不解和委屈：自己并没有请 Y 银行垫款，Y 银行收到的款项也是从国外收到的，怎么已收妥的钱还是会被追索呢？但对照自己亲笔填写的“票据托收申请书”有关条款，也觉得理亏，只是悔恨自己当初对“票据托收申请书”条款没有认真研究，对光票托收的追索权没有足够的认识，因此最后不得不归还了该款项，不仅“款到发货”的计划落空，甚至产生了“钱货两空”的危险，尽管此事最后以出口人降价而了结，但教训是令人深思的。因此，光票托收项下，委托人对其的追索权须有足够的认识和思想准备，有的票据的追索期较长，达三年之久，如美国普通支票的一般追索期为一年，但伪造背书的追索期为三年；美国财政支票的一般追索期为 18 个月，但伪造背书的追索期为三年；美国邮政本票的一般追索期为 24 个月，但伪造背书的追索期为三年。

3. 光票托收的风险防范

光票托收有较大的弊端，在实务中需要注意防范：

（1）掌握一定的票据知识，无论是收款人还是托收行，在接受或办理光票业务时，要掌握一定的票据知识，对提供的票据进行初步的审核，主要有以下几个方面：

①票面受益人/抬头人和收款人（背书人）必须一致，且未经背书转让。

②国家外汇管理局公布的《外汇牌价表》内货币的即期票据正本。票据的要素应齐全、完整，表面不存在缺陷。

③托收票据的金额不宜过大，一般金额在等值 5 万美元以上的票据较少。

④银行不予受理的票据有：已背书转让的票据，未到期或已逾期的票据，票面已盖有退票理由的票据，票面盖有其他银行印章的票据，无出票人签章的票据，票面金额巨大、不合常例的票据。

⑤银行在办理光票托收业务中，无论采用“立即贷记”方式还是“收妥贷记”方式，均对受益人有追索权。

（2）作为收款人要了解付款人的情况，托收凭借的是商业信誉，因此，收款人对付款人的资信状况、经营作风等要有足够的了解，以防患未然。

（3）熟悉相关的法律条款，光票托收业务直接涉及票据的有关法律问题。鉴于大部分国家均有自己的票据法，因此作为收款人需要熟悉相关国家的法律条款，以便在光票托收业务处理中掌握主动权。

二、跟单托收

（一）跟单托收的含义

跟单托收（Documentary Collection），是指附带商业单据的金融单据的托收和不附带金融单据的商业单据的托收。

这里的“金融单据”，理论上仍然是指光票托收中的“票据”，如汇票、支票、本票等，在实务中，跟单托收中的“金融单据”一般为汇票。

这里的商业单据，包括：

（1）发票（描述货物名称、型号、规格、单价、数量、总额、价格条件如 FOB C AND F 等、开立发票的根据如合同号等、买卖双方名称以及货运起讫地点等）。

（2）装箱单或重量证明。描述所运货物装箱情况，散装时描述重量。

（3）所有权单据。随着单据的传递货物的所有权也随之转移。例如，海运提单，既是物权证明，也是证明货物已从起运地装运到目的地的发运证明，提货时凭此提单提货。铁路运单、航空运单、邮包收据等仅是发运证明，提货是另凭铁路局、航空公司或邮局的到货通知办理。

（4）保险单据。

（5）其他类单据。如由商品检验机构出具或合同规定允许由工厂出具的品质或重量证明，以证明所装货物的质量或重量；有关专利的证明，如购买的是技术或专利，它不像货物是有形的，它是一种发明，根据这些技术文件进行制造可以生产出产品，或在原有的设备上进行改造可以更加先进；如果是产品，在它的专利期内，在购得专利权后，亦可仿制、使用或销售。

金融单据附带商业单据的托收，一般都是商业汇票后面随附发票、提单、装箱单、品质证，有需要时还有保险单和其他单据的托收。这种跟单托收是凭汇票付款，也就是托收的标的物是汇票，其他单据是汇票的附件，起“支持”汇票的作用，从我国《票据法》对汇票所下的定义可以看出，汇票是由一人向另一人签发的，要求即期或定期或在可以推定的将来的时间，对指定人或由其指定的人支付一定金额的无条件的书面支付命令。显然，托收是由付款人根据这张无条件支付命令，对汇票上指定的收款人或经其背书转让的持票人，即期或远期或板期支付汇票上所列的货币金额。因此，这一类托收的目的就是收取汇票的票款，该类托收在托收实务中是大量而常见的。

商业单据不附于金融单据的托收，与上述金融单据附带商业单据的托收的标的物是汇票相比，失去了无条件支付命令这一重要单据（指汇票），这一类托收主要是有些国家对汇票必须贴有按税法规定比例的印花税才能有效引起的。为了减免税款（或避税），在跨国的分支机构、联号或往来多年彼此信任的客户间，同时也不需要利用汇票作流通工具，或都是即期付款，不必利用汇票进行远期承兑，而形成了只有商业单据没有金融单据的托收。这种托收在顺利情况下，什么问题都没有，付款人按商业发票的金额付款，托收也就收妥。但一旦拒付，做成拒绝证书则比较困难。由于缺少公证人的证书，对委托人日后起诉付款人是极为不利的。

跟单托收有即期和远期之分，对付款人的提示、要求即期付款，或远期承兑待到期后付款等的手续与流程，均与光票托收类似。但如在跟单托收项下要求分批付款、分批提货时，处理则比较复杂。根据《托收统一规则》，“关于跟单托收，分批部分付款，仅在托收委托书中有特别授权的情况下，才可接受，除了另有指示外，提示行仅在全部付款已经收到时，才能把单据交给付款人”。在实务中，假设有一笔跟单托收业务，金额为100万美元，托收行在委托书中授权允许分四期付款，见单时付25万美元，以后每一个月付25万美元，共三个月付清，但对分批提货就应作进一步授权，举例如下：

（1）汇票出具4套，第一套D/P，第二套至第四套分别为D/A一个月、D/A两个月、D/A三个月，付款人在付讫第一套汇票的同时对另三套汇票进行承兑后即可取走全套单据。

（2）汇票是一套，授权可分四等分每月付一次，但提单只有一套，也未作进一步授权，只能在付完全部款项后取走单据。

（3）汇票是四套，第一套D/P，第二至第四套分别为D/P一个月、D/P两个月、D/P三个月，提单也分为四套，委托书授权每付款一次取走一套提单。

以上仅是在代收行完全可以按照委托书执行的一部分例子，还有一些情况，托收行没有进一步授权，如上面的第2例、第3例中，款还未付清但货物已到港，付款人要求先行放单，代收行就碰上了“难题”，在这种情况下，实务中，一般有两种处理方式：一是代收行立即向托收行联系并取得托收行的放单授权，及时放单给付款人；二是付款人信誉较好，与代收行往来关系密切，在代收行有一定的授信额度，付款人凭信托收据向代收行借单提货。

（二）跟单托收的适用范围

跟单托收的适用范围较广，可以作为贸易、非贸易、贸易项下从属费用等的结算工具，但相对于光票托收方式，在贸易项下的托收结算绝大部分使用跟单托收。如在国际贸易中，当货物处于买方市场，或出口产品滞销，或买卖双方相互了解，是多年的贸易伙伴等，往往使用跟单托收作为贸易结算方式。

（三）跟单托收的交单方式

在跟单托收业务中，银行代收货款时通常掌握有包括运输单据在内的商业单据，银行应按何种条件向付款人（进口人）交付商业单据，特别是具有物权凭证性质的运输单据，对国际货物买卖双方的权益关系重大。托收业务的交单方式，应由委托人在委托书上确定，由托收行、代收行、付款人按照执行。若付款人要求改变原委托书中的交单方式，必须循原路线逆向征求委托人的意见；在委托人没有有效的正式答复前，托收行、代收行无权擅自变更或通融。

跟单托收按银行向付款人交单的条件的不同，大体上可分为三种：付款交单、承兑交单、直接托收。

1. 付款交单

付款交单（Documents against Payment），简称 D/P，是委托人指示托收行、代收行在付款人付清托收款项后方能将单据交予付款人的方式。付款交单按付款时间可分为即期付款交单和远期付款交单。

（1）即期付款交单（Documents against Payment at Sight），简称即期 D/P，是付款交单中最常见的方式。它是代收行在收到托收行的单据和托收委托书后立即直接或通过提示行向付款人提示有关单据，付款人审核单据并决定接受或拒受单据。如付款人接受单据，付款人必须立即付款，代收行收款后交单；如付款人拒绝接受单据，付款人应提出拒付理由，单据由代收行暂代保管，并由代收行将拒付情况及理由电告托收行，等候其答复。

（2）远期付款交单（Documents against Payment at ×× Days after Sight），简称远期 D/P，是付款交单中颇有争议的托收方式。它是代收行在收到托收行的单据和托收委托书后，立即直接或通过提示行向付款人提示有关单据，付款人审核单据后决定接受或拒受单据。如付款人接受单据，他必须立即向代收行确定付款日期，到期付款人付款后才能从代收行取得单据。

这种托收，对委托人而言，既能保障物权转移必须在收妥款项时进行，不至于“钱货两空”，又能给予付款人一定的时间以筹措资金，不失为在贸易谈判中可供选择的“两全其美”的方法，但在实务中，对托收业务中的其他当事人如付款人、代收行似有不妥，这表现在：

对于付款人而言，这种托收方式，不像 D/P 或 D/A 权利与义务较为平衡，或者是付出货款，或者是作出付款承诺，都能拿到单据，只待货物到达目的港，他就能提货销售，取得货款及利润进行再周转。而远期付款交单，尽管付款人审核单据后作出了到期付款的承诺，尽到了作为远期付款人的义务，但又没有取得单据的权利，若要提前取得单据，特别是货物已经到港口而远期尚未到期，除非提前付款，或者请代收行用信托收据的办法借出提单（能否办到还得由代收行视付款人的资信情况而定），否则，只能眼睁睁看着货物搁置港口而无能为力。因此，付款人并不喜欢这种托收，往往在事情发生后，临时要求把交单方式改为远期承兑交单。

对于代收行而言，既要在收到托收行的单据时立即通知付款人并取得付款人的付款承诺，又要在远期到期前保管好单据，徒增手续与责任，若付款人要求代收行凭信托收据出借单据，事后代收行如远期到期收不到托收款，就有“钱货两空”的后果。因此，有些代收行认为，这种托收是委托人把一切责任推给代收行的不负责任的做法而不予认可。在实务中，特别是在亚洲某些国家，有的代收行在收到远期付款交单的托收后，要么擅自改成远期承兑交单并通知托收行，要么表示“不能理解”退回单据了事，或要求委托行澄清付款指示。当然，如果贸易双方一定要以远期付款交单作为结算方式，也未尝不可，建议其设置的远期期限与货物的航程相匹配，以免出现“到货不到期”，给付款人、代收行增添麻烦和责任。如假定货物到美国海运的时间需要30天，那么远期付款交单的期限不能超过30天，即可以表述为如下文句：Documents against Payment at 25 Days after Sight（见票后25天付款交单）。

2. *承兑交单*

承兑交单（Documents against Acceptance at ××Days after Sight 或 Documents against Acceptance at ××Days after B/L Date），简称D/A，是委托人指示托收行、代收行在付款人审单后决定接受单据时，由付款人在汇票上按远期天数办理承兑，代收行审查承兑手续齐全后留下汇票，单据即交付款人，待汇票到期，付款人再向代收行付款的托收方式。在实务中，承兑交单也可细分为两种：见票后××天承兑交单（Documents against Acceptance at ××Days after Sight）和提单后××天承兑交单（Documents against Acceptance at ××Days after B/L Date）。两者的主要区别在于：前者的付款日期，即到期日，由付款人见票后确定，付款人何时见票，收款人、托收行均不得而知，不能掌握主动；后者的付款日期是从提单日起算，收款人、托收行在单据寄出时即可确定到期日（一般托收行在托收面函上已表明了到期日），收款人、托收行均事先知晓，能掌握主动，只不过请付款人、代收行再次作出确认而已。另外，由于起算时间的不同，同一天数，前者的付款时间要晚于后者（举例详见本章第三节“托收业务的流程”中的第二点）。

3. 直接托收

直接托收（Direct Collection），是指委托人直接将托收指示书和有关单据寄给付款人的账户行，要求其代为收款的托收。由于托收是商业信誉，能否收妥款项，完全在于付款人的信誉，在普通托收项下，由于有托收行（一般为委托人的账户行）在关键时，能利用自己银行的代理行等关系帮助交涉、处理，因此，较少出现“钱货两空”的情形。而在直接托收时，催款、查询均由收款人自己独自处理，没有与自己关系密切的托收行作为“中介”，收款人缺少强有力的催款人，自己在国外又“人生地不熟”，因此“钱货两空”的情形随时可能出现。所以在实务中，直接托收方式现已较为罕见。

（四）跟单托收的特点

跟单托收的基本特征是商业信用，而商业信用的可靠性一般低于银行信用，因此在国际贸易中，只能是有条件地谨慎使用。跟单托收方式的特点主要有以下两方面：

1. 进出口贸易双方风险较大

跟单托收业务中的银行仅提供服务，而不提供任何信用担保。银行在传递单据、收取款项的过程中，不保证付款人（进口人）一定付款，对单据是否齐全、是否符合买卖合同规定也不负责，即使有的银行按“单同一致”的原则来审核单据，但仅仅是出于对委托人（出口方收款人）的“善意”和额外的服务。若单据与合同不一致时，托收行仅仅是提请委托人注意“单同不一致”，至于是否要修改，由委托人自行作出决定，银行对此没有强制性。对货物到达目的地后，遇到进口人拒不赎单而导致的无人提货和办理进口手续等情况，除非事先征得银行的同意，银行也无照管货物之责，因而，跟单托收作为一种国际贸易结算方式，对出口方收款人有较大的风险，对进口方付款人也有一定的风险。

（1）出口方收款人的风险。在跟单托收业务中，出口方收款人采用托收作为结算方式，所依靠的是进口方付款人的信誉，相信进口人在被提示汇票和单据时，会履行合同规定的付款或承兑及付款义务。若进口人能按时履约，贸易结算就能顺利进行；但如果进口方付款人违约，拒绝承兑或拒绝付款，或因种种原因无力付款，则出口方收款人将陷于极为被动的局面。常见的出口方收款人的风险有：

①进口方付款人破产、倒闭或失去偿付能力。

②进口地货物价格下跌或产生不利于货物交易的其他情形，进口方付款人借口拒付或承兑，甚至承兑到期后仍拒绝付款。

③伪称出口方收款人交付货物的质量、数量、包装、时间等不符合买卖合同规定，拒绝履行付款义务，或要求降低价格，甚至要求索赔。

④进口方付款人进口所在地国家限制或“有条件进口”的产品，需要凭“进口许可证”或类似的特别证明才能进口该类产品，但在货到目的地、单据到达或付款到期时，还未取得该类证明文件，使货物到达目的地时被禁止进口或被处罚，或在外汇管制国家，进口方付款人未能及时申请到外汇，不能按时付款取货。

⑤进口方付款人在承兑交单方式下，凭承兑汇票取得单据后，到期拒付，出口方收款人虽然可以凭进口人承兑的汇票要求其承担法律责任，但打一个跨国的“官司”，既费钱、费时又费力，有时收汇的款项还抵不上请律师的费用，或者就在此时进口方付款人已经破产、倒闭，最终可能仍然“钱货两空”，甚至倒贴各种费用。

（2）进口付款人的风险。在跟单托收业务中，由于银行并不担保出口人会按买卖合同交货，即使银行审核了单据并要求出口人做到“单同一致”（单据与合同一致），也仅仅是单据的表面与合同一致，而非实质的一致，因此进口人仍可能面临以下风险：

①在按合同规定对出口方收款人通过银行提示的单据付款或承兑后，凭单据提取的货物与合同不符；

②在远期付款交单项下，承兑汇票后，到期不能从代收行处取得单据，而自己却承担了到期付款的责任。

因此，在使用跟单托收方式时，进口方付款人虽也有一定的风险，但出口方收款人承担的风险要大得多。因而，为防止风险、减少损失，进出口双方事先均要调查对方的资信情况，而出口方收款人对进口方付款人的资信等情况更要了解得十分清楚，并确信安全可靠后才能使用托收方式，特别是对承兑交单方式则更应慎之又慎。

2. 进出口双方的资金负担不平衡

在跟单托收业务中，出口方收款人在订立合同后，就需垫付自己的资金进行备货、装运，然后通过银行收款。有的出口人尽管可以要求银行进行出口融资，但不是所有的银行都能提供这种服务，即使有此种服务，一般仅有不超过70%～80%的融资，同时，出口方收款人还承担了融资利息。而进口方付款人，在即期付款交单项下，只要付款便可得到单据并凭以提货，“一手交钱，一手取货”，并没有吃亏；在承兑交单项下，在承兑后即可取得单据并凭以提货，并往往在付款到期前完成了货物的销售或转卖，取得了货款，最后才向代收行付款，这等于是借出口方收款人的资金做了“无本的买卖”。

由于跟单托收有以上明显有利于进口方付款人、不利于出口方收款人的“厚此薄彼”的特点，以及银行费用大大低于信用证、略高于汇款业务，收费偏低的优点，在实务中受到了进口方付款人的广泛欢迎。而对于出口方收款人，尽管跟单托收方式相对不利于自身，但当出口产品滞销并处于买方市场，或新产品需要促销，采用这种结算方式，不失为一种提高自己竞争力、扩大营业额和利润的手段。

（五）跟单托收的风险防范

由于跟单托收有利于进口方付款人、不利于出口方收款人的显著特点，因此，跟单托收的风险主要是指出口方收款人的风险，出口方收款人如何在跟单托收结算方式下，趋利避害，安全收汇，一直是广大外贸工作者关注的焦点。作为出口方收款人，主要有以下几个方面必须把握：

1. 认真调查进口方付款人的资信状况和经营作风

在跟单托收业务中，出口方收款人能否顺利收回货款，完全依赖于进口方付款人的信誉，因此，出口方收款人对进口人的资信情况绝不能掉以轻心，出口方必须认真调查进口方付款人的资信情况，估计进口方付款人对进口货物的承受能力，以便妥然掌握成交和具体发货的数量、品种、金额等。当然，企业或个人的信用状况不是一成不变的，商场犹如战场，全球几乎每天都有企业产生、破产或消亡，因此也要及时了解进口人的动态信息，防患未然。调查进口方付款人通常分为以下几种：

（1）事先调查，特别是对于新客户，一定要事先调查。开发新客户固然可以扩大自己的营业额，但如果对方是不良企业，将势必给出口方收款人带来损失，因此交易前，一定要了解进口方付款人的“底细”，决定是否与之交易及交易量的大小。对新客户的资信调查，首先要确定该公司是否经过政府有关主管部门批准设立，最好能取得相应的登记证明、公司章程、股东名册等。其次要了解其组织背景、经营者的能力、往来客户及银行（账户行）对该公司的评价、年销售状况等。

（2）定期调查。资信调查是一项长期的工作，只要继续与客户往来交易，就必须持之以恒地做资信调查，随时了解客户的最新动态信息。

（3）临时性调查。当往来客户有异常情况时，如客户突然要求提高交易额度、要求改变付款方式或拖延付款时间，出口方收款人应及时做资信调查，并根据情况采取相应的措施。

至于调查的途径，一般要求客户提供自己的基本情况，如名称、地址、账户行名称、年营业额、经营范围等，然后通过其他途径进行查询、核实和补充客户的情况。查询通常有以下三个途径：

（1）上网查询。要求公司提供网址，直接上网查询，这是最方便、快捷、费用最便宜的查询方式，但由于是公司自制的网页，有自卖自夸之嫌，其可信度可能要打“折扣”。当然，对于有知名度的客户特别是大客户，在其政府的有关网站也有其相关的资料，其可信度较高。

（2）通过银行查询。要求客户提供业务往来的账户银行的名称、地址等，并将其提供给自己的账户行，请自己的账户行与客户的账户行联系（或双方账户行之间无代理关系转道第三家银行），查询客户的情况。尽管银行查询答复的内容一般比较简单，如仅仅描述为“××客户资信良好，没有不良记录”等，最后还加上了银行的免责条款，如“本银行及其工作人员对以上内容不负责任”等类似文句，但其可信度高，出口方可予高度信赖。

（3）通过专业的咨询公司查询。此方法现已相当普遍。咨询公司通过登录国外政府公用网站（如法院网站等）查询、专职调查员亲自上门拜访客户等，能获得被指定调查客户的较为翔实的资料，如相应的登记证明、公司章程、股东名册、公司规模、背景、经营者的能力、往来客户及银行（账户行）财务状况、年销售状况，甚至以往客户的分布地区等，最后还有咨询公司对该客户的总体评价，一般这类专业咨询公司的收费较高，并且给予咨询公司查询的时间越短，收费越高。例如，对我国香港地区的某客户进行咨询，要求内地的咨询公司3天内出具咨询报告，收费可高达2 000元人民币；若时间放宽，请咨询公司7天内出具该咨询报告，收费则降为1500元人民币。当然，为确保资料的真实可靠，一般应请知名的咨询公司做调查。

2. 了解出口商品在进口国的市场“行情”

出口方收款人贸易前，必须了解该出口商品在进口国的市场“行情”，根据不同的情况作出决策。如果出口的商品在进口国家属于滞销商品，出口人又急于将商品打入进口国市场，在进口人资信和经营作风良好的条件下，为了鼓励进口方付款人经营该商品的积极性，给予进口商一定的优惠，可考虑使用远期承兑交单；反之，出口的商品在进口国家属于畅销商品，进口方付款人又急于要货，在进口人资信和经营作风一般的条件下，可考虑使用付款交单。

3. 熟悉进口国的贸易管制和外汇管理法规

对于有进口管制的国家，应确定进口方付款人已获得有关法定部门的进口许可证明或类似文件；对于进口方所在国是有外汇管制的国家，或本国货币为不可自由兑换货币时，确定进口方付款人已取得相关的外汇额度，或该国外汇管理法规需要的证明文件。否则，一般不宜贸然发货，以免货到目的地后由于不准进口或没有许可证明不能进口，导致货物长期滞留港口或被处罚没收的情况；或由于缺乏外汇额度，导致进口方付款人无法付出外汇的情形。

4. 了解进口国银行的习惯做法

在跟单托收实务中，无论是银行还是企业，各当事人对即期付款交单和远期承兑交单的操作、各自应承担的义务和责任都趋于一致，没有多大的争议。但在远期付款交单项下，各当事人对各自应承担的义务和责任、具体的业务操作均有较大的分歧。由于《托收统一规则》第十一条 c 款明确指出，一方委托另一方提供服务时，应受外国法律和惯例规定的义务和责任的约束，并对受托方承担该项义务和责任赔偿之责。由于此条款向银行特别是代收行提供的宽容和支持的“习惯”，使代收行更肆无忌惮地按自己的“习惯”来操作业务，有时使出口方收款人的收汇徒增危险，这就需要出口方收款人对该国当事人，特别是托收业务中的银行的“习惯”做法有充分的了解。例如，一些南亚和拉美国家的代收行，基于当地的法律和习惯，对来自别国的远期付款交单方式的托收业务，通常在进口方付款人承兑汇票后就立即将单据交给进口人，即把远期付款交单擅自改为按承兑交单处理。他们认为，如果按一般远期付款交单的做法，进口人在代收行向其首次提示远期汇票时即履行“承兑”手续，但运输单据仍由代收行掌握，待付款到期日进口人付款后才予以交单。而根据票据法，汇票付款人一经承兑即成为汇票的主债务人，因此，代收行认为，进口人在尚未获取物权凭证之前就需承担债务，对进口人来说是不公平的。因而，代收行通常把受托按远期付款的跟单托收业务，按承兑交单来处理，这种做法虽然超越了委托人的授权，却符合当地法律的“对价”原则，其结果是使出口人的风险大为增加。在这种情况下，如进口人信守合同和票据法的规定，按时付款，则出口方收款人尚能安全收汇；若进口方付款人信誉不佳、市场疲软，或遇进口付款人居心不良甚至心存欺诈，出口方收款人就可能“钱货两空”。

5. 使用适当的价格术语，争取出口方收款人办理保险

在跟单托收业务中，出口方收款人应使用适当的价格术语，争取自己办

理出口货物的保险，以便应对日后的不利情况。在出口托收业务中，出口方应争取按 CIF（到岸价）或 CIP（运保付至……）条件达成协议或签订合同，这样顺理成章，出口货物的保险由出口人负责办理。如按 FOB（离岸价、起运港船上交货）、FCA（货交承运人）、CFR（成本加运费）、CPT（运费付至……）条件成交，则由进口人办理保险。尽管根据惯例，在这六种价格术语的贸易中，出口人承担的风险自货物在装运港越过船舷或交承运人时为止，以后的一切风险，包括货物在运输途中和必要的转运至目的港或目的地后装卸过程中由于自然灾害、意外事故及其他原因所造成的一切损失都应由进口人承担。无任由哪一方办理投保手续，一旦发生损失，需要向保险人索赔时均应由进口人办理。但是，在跟单托收这种不利于出口人的结算方式下，进口人拒付毁约较为容易，而出口人对之缺乏相应的有效的制约措施，因此，出口人不能不关心在货物装运后、进口人付款前，货物可能遇到的各种风险。如果以 CIF、CIP 作为价格条件，由出口人自己办理保险，万一货物出险，又遇进口人拒付，由于出口人掌握保险单，就可以据此向保险公司索赔；而如果采用 FOB、FCA、CFR、CPT 等价格条件，当货物出险，又遇进口人拒付时，其所有的损失有可能由出口人承受。另外，若商品的“行情”正走“下坡路”，进口人早就有毁约的打算，在货物装运时，进口人可能不办理投保手续。这时，虽然出口人有权与进口人交涉，但往往收效甚微。即使进口人已办理了保险，但由于保险单在进口人手中，虽运输单据因进口人的拒付仍为出口人所掌握，但要向保险人索赔，除非是进口人将保险单转让给出口人，否则，出口人无法取得保险公司的赔款，而往往在这时，双方的关系已经破裂，进口人能否合作，转让保险单给出口人很成问题，因此，较为妥当的办法是出口人自行办理保险。

6. 办理出口信用保险

出口信用保险是我国政府为了推动、鼓励出口贸易，保障出口企业的收汇安全而制定的一项由国家财政提供保险准备金的政策性保险业务，一般适用于付款期限不超过 180 天的承兑交单（D/A）、赊销（O/A）等结算方式项下的保险。出口信用保险可承担如下风险：

（1）商业风险。

①买方无力偿还债务或破产。

②买方拒收货物并拒付货款。

③买方拖欠货款。

（2）政治风险。

①买方国家禁止或限制汇兑。

②买方国家进口管制。

③买方国家撤销进口许可证。

④买方所在国或货款须经过第三国颁布延期付款令。

⑤买方国家发生战争、暴乱或革命。

⑥被保险人和买方均无法控制的其他非常事件。

这种保险，是将进口商的信用风险转由保险公司承担，因此，出口人办理出口信用保险不失为目前规避进口商风险的相对有效的手段之一。当然，出口信用保险收费较高，一般在1% ~2%；风险越高的国家或地区，手续费越高，相对于银行费用的1‰，多出10倍以上，因而，出口人也应权衡利弊后再做打算。

第五节 托收业务收费标准

一、某银行公示的对公托收业务收费标准（见下表）

某银行公示的对公托收业务收费标准

业务类别	收费项目	收费标准
1. 进口代收	进口代收	进口代收金额的1‰，最低200元/笔，最高2000元/笔
	代收单据转同业	200元/笔
	保付	保付金额的1‰，最低150元/笔，按月收取
	无偿放单	200元/笔
	退单	100元/笔
	提示承兑	150元/笔
	空运单放货证明/提单背书：银行收单前	货款金额的0.5‰，最低500元/笔
	空运单放货证明/提单背书：银行收单后	50元/笔

续表

业务类别	收费项目	收费标准
2. 出口托收	跟单托收	托收金额的1‰，最低200元/笔，最高2 000元/笔
	无偿放单	200元/笔
	退单	100元/笔
	异地配单	50元/笔
	修改托收指示	100元/笔
	转让货款划拨	200元/笔
	收汇款原币入收款人账	分行自定
	收汇款原币转往同业	分行自定
	催收	100元/笔（应客户要求的非常规催收）

二、某银行公示的对私托收业务收费标准（见下表）

某银行公示的对私托收业务收费标准

收费项目	收费标准
代售旅行支票	购买金额的1%
买汇	买汇金额的7.5‰，以原币收取
托收（不垫付资金）	参照“光票托收”收费标准
光票托收	托收金额的1‰，最低50元/笔，最高250元/笔；另收邮费
现钞托收	托收金额的5‰，最低20元/笔，最高250元/笔；另收邮费
退票	10元/笔
受益人要求将已解付款退汇或转汇境外银行	视同个人外汇汇出境外汇款
受益人要求将已解付款转汇境内银行	视同境内个人外汇划转

小知识

银行要不要审核托收项下的单据

有些较为传统的银行，在办理跟单托收业务时，要求企业提交贸易合同，银行内部的操作规定也要求经办人审核企业提交的单据，要求企业做到“单单相符、单同一致”，即单据与单据相符，单据与合同一致。有些银行则认为没有必要审核托收项下的单据。那么，银行究竟要不要审核托收项下的单据呢？根据国际惯例，无论银行是作为托收行还是代收行，均没有担保付款的责任，因此，银行在托收业务中，实际是扮演类似“业务通知人”和“业务传递人”的角色，不是信用证项下的“第一付款人”角色或者保函项下的“付款担保人”角色，只要自身在这个过程中没有过错，是可以免责的，不承担付款或者付款担保责任，收款人能否收到货款，关键是付款人是否要货，而不取决于提交的单据，与单据是否缺损、单据之间是否相互矛盾、单据与贸易合同是否相符等没有任何关系，因此，银行至少没有必要像审核信用证项下的单据那样按“镜中现象”仔细地、逐字逐句地去审核托收项下的单据。在实务中，银行只要看一下托收项下发票的金额与汇票的金额是否一致、发票与提单的商品名称是否一致（怕公司搞错）即可，也没有必要让企业提交贸易合同，更不必去研究单据与合同是否一致的问题。

本章小结

国际非现金结算方式，按资金的流向与结算工具的传递方向是否一致，区分为顺汇和逆汇。我们在第二章讲的汇款方式，是由汇款人（即进口人或债务人）将款额和汇款申请书交付给银行，委托银行使用某种结算工具，将款项支付给收款人（即出口人或债权人），因此，结算工具的传递方向与资金流向是一致的，所以称为顺汇。而本章讲解的托收方式，与第二章讲的不同，它是国际贸易中的另一种结算方式，即逆汇。这种方式是由收款人（即出口人或债权人）出具票据和填写“托收委托书”，委托银行向付款人（即进口人或债务人）收取款项，其结算工具的传递方向与资金流向正好相反，所以称为逆汇。本章就托收这一逆汇方式作了详细阐释，包括托收的含义和性质、托收当事人及其义务与责任、托收业务的流程、光票托收与跟单托收的利弊分析及如何趋利避害等。在托收业务中有委托人（债权人）、托收行（寄单行)、代收行、付款人（债务人）四个基本关系。其中，委托人和托收行、托收行和代收行之间的关系，都是一种委托代理的关系。托收行和代收行对托收的汇票能否收到款项，均不承担责任。所以，正确处理好委托人与付款人之间的关系，建立良好的商业信用，是保障进出口贸易便捷、有效地顺畅进行的关键所在。也就是说，在托收业务的诸多关系（矛盾）中，主要应以商业信用为基础，解决好委托人与付款人，即债权人与债务人之间的矛盾。这就要求进出口双方都要以诚信相待，特别是出口方必须事先了解掌握进口方的资信状况和经营作风，以便作出正确决策。当然，这并没有降低银行在托收业务中应起的桥梁和中介作用。无论是托收行还是代收行，都要熟悉和遵循《托收统一规则》和其他国际惯例，认真履行职责，引导债权与债务双方按章办事，自觉承担责任与义务，以促进国际贸易的健康发展。

思考与实训

1. 托收的含义、种类及特点。

2. D/P 远期与 D/A 的根本区别是什么？

3. 托收的主要风险有哪些？

4. D/A 作为客户之间融通资金的一种便利手段在业务中经常会用到，因此，有的托收行就千方百计地要求代收行承担担保进口商付款的责任，以便将商业信用转化为银行信用。作为代收行，应如何防范风险？

第四章 信用证

关键术语：信用证 不可撤销信用证 转让信用证 保兑信用证 偿付信用证 背对背信用证 循环信用证 即期信用证 远期信用证 议付信用证 假远期信用证

学习目标：了解信用证的含义、性质和特点，信用证各当事人及其义务与责任，掌握信用证业务的流程，以及不同信用证种类在国际贸易中的应用，分析其利弊，学会如何趋利避害，如何遵循《跟单信用证统一惯例》办理信用证业务。

信用证是国际贸易中重要的结算方式之一，它依托银行的信用，将结算和融资融为一体，为国际贸易提供综合服务，有着其他结算方式无法替代的功能。因此，尽管国际贸易结算方式随着经济的发展不断有新品涌现，但信用证结算方式在国际结算中仍占据着主导地位。

第一节 信用证的含义、格式及基本内容

一、信用证的起源

信用证结算方式有着悠久的历史，有的认为它起源于古罗马时代，由于经济的发展、商品交换的增加，在结算中出现了以汇票结算为基础的“商业信用证”——这就是信用证的前身。19 世纪 70 年代，国际贸易、航运、保险等迅猛发展，一些重要单据也逐渐条款化和格式化，大体内容趋于 致，并出现了“有价”单据，如代表物权的海运提单、代表保险权利的保险单等，使商品买卖发展成为单据买卖具备了必要的条件。同时，FOB、CIF 等价格条件也相继出现，进一步为信用证的运用创造了条件。在垄断资本主义时代，由于资本主义国家的经济危机和信用危机日益加剧，使银行的信用作用十分突出，因此，以银行信用为特征的跟单信用证支付方式取代商业信用证支付方式得到了重视，并迅速发展。

二、信用证的含义

什么是信用证（Letter of Credit，简称 L/C）？由于其基本内容因时代的不同而有所差异，因此，关于信用证的概念也是众说纷纭。例如，最早，信用

证被解释为"信用证是银行开立的以自己为付款行代替买方付款的文件"。直到 1993 年，国际商会重新修订了《跟单信用证统一惯例》（国际商会第 500 号出版物，简称"UCP500"），并规定在 1994 年 1 月 1 日起实行，之后各界对信用证的定义才有了比较一致的看法：

《跟单信用证统一惯例》对信用证的定义是：

就本惯例而言，"跟单信用证"及"备用信用证"意指一项约定，不论其如何命名或描述，系指一家银行（开证行）应客户（申请人）的要求和指示或以其自身的名义，在与信用证条款相符的条件下，凭规定的单据：

（1）向第三者(受益人）或其指定人付款，或承兑并支付受益人出具的汇票；

（2）授权另一家银行付款，或承兑并支付该汇票；

（3）授权另一家银行议付。

根据这个定义，信用证可以概述为：信用证是指开证行应开证申请人的要求并按其指示，或因其自身需要，向受益人开立的、载有确定金额的、在规定期限凭符合信用证条款规定的单据付款的书面保证文件。

2006 年 10 月 25 日，国际商会（ICC）对《跟单信用证统一惯例》进行了第六次修订，产生了 UCP600，并规定于 2007 年 7 月 1 日起正式使用，其中对信用证的定义进行了修改：信用证是指一项不可撤销的约定，无论其名称或描述如何，该项约定构成开证行对相符交单予以承付的确定承诺。

三、信用证的格式和内容

（一）信用证的格式

由于国际商会关于信用证的惯例不断修改，因此信用证的格式也随之不断变化，加上各银行又根据自身的具体情况进行修改和完善，因而，迄今为止，信用证的格式未能统一。这虽然符合《跟单信用证统一惯例》关于信用证的定义内容"……无论其如何命名或描述……"，但由于格式的不同，毕竟给信用证的处理带来了一定的麻烦，因此，我们不妨对信用证的较为知名的格式作一些了解：

（1）1922 年，美国"纽约银行信用证会议"制定了一套标准格式，称为 Commercial Credit Conference Form。

（2）1951 年，国际商会"银行与技术委员会"（Commission on Banking Technique and Practice）第 13 次大会通过了该委员会拟定的标准信用证格式（国际商会第 159 号出版物）。该格式着重统一了银行间函电用语，对信用证本身没有具体规定，但为信用证格式奠定了基础。

（3）1962 年，国际商会修订的《跟单信用证统一惯例》第 222 号出版物为世界上大部分国家的银行所采用。根据“222”的原则，银行委员会制定了“跟单信用证开立的标准格式”（Standard Forms for the Issuing of Documentary Credit）（国际商会第268号出版物），它是20世纪70年代的标准格式，当时为许多国家所采用。

（4）1978年，国际商会为配合重新修订的《跟单信用证统一惯例》第290号出版物，又制定了新的“标准跟单信用证格式”，（国际商会第323号出版物）。该格式适用于三种信用证的任何一种：付款、承兑、议付。

（5）1986年，国际商会为配合1983年第4次修订的《跟单信用证统一惯例》第400号出版物，又制定了新的“标准跟单信用证格式”（国际商会第416号出版物），简称“416格式”。当时，大多数银行开出的信用证均注明“本证根据《跟单信用证统一惯例》第400号出版物开立”（Subject to UCP No. 400 of ICC publication），而不注明类似文句的信用证，很难被有关当事人所接受。

（6）1994年，国际商会为配合第5次修订的《跟单信用证统一惯例》第500号出版物，又制定了适应新惯例的“最新国际商会标准跟单信用证格式”（国际商会第516号出版物），简称“516格式”，这是目前最新的格式。它与“416格式”相比，新增加了三项内容：

①在信用证的运输条款后，加列了“保险由买方负责”（Insurance to be covered by the buyer）；

②在货物起运港、目的港及最迟装船期一栏中，加注了运输符合UCP500第46条规定（Shipment as defined in UCP500 Article 46）；

③在信用证的末尾增加了“开证行的签名”（Signature of the Opening Bank）。

国际商会516号出版物在介绍时强调了以下几点：

①最新标准信用证格式的开立和操作考虑了方便国际银行间、国际商业界的沟通；

②标准格式使用了近年在国际贸易中被广泛采用的联合国标准代码（UN layout key）ISO；

③标准信用证格式与申请书设计一致，为申请人向开证行提供了完整的指示，可以减少申请书中常出现的不完整或错误；

④新格式使用UCP500语言，使信用证条款与惯例条文紧密结合，避免了差错和争议；

⑤标准格式对统一和简化跟单信用证起了决定性作用；

⑥标准格式避免了不必要的细节和复杂的规定；

⑦标准信用证格式分为给受益人的通知（Advice for beneficiary）和给银行的通知（For the advising bank）跟单信用证修改书标准格式。

以下为“516格式”样本。

样本一：不可撤销跟单信用证标准格式——致受益人

GUIDANCE NOTES AND STANDARD FORMS FOR BANKS

Noted Irrevocable Documentary Credit Form（Advice for the Beneficiary）

Name fo Issuing Bank （开证行名称）	Irrevocable Documentary （不可撤销跟单信用证） Number （号码）
Place and Date of Issue:（开证地点和日期） Applicant: （开证申请人）	Expiry Date and Place for Presentation of Documents （提交单据的有效期和地点） Expiry Date: （有效期） Place for Presentation: （交单地点）
Advising Bank: Reference no.: （通知行） （参考号）	
Partial shipments ☐ allowed ☐ not allowed （分批装运）（允许） （不允许）	Beneficiary: （受益人）
Transhipment ☐ allowed ☐ not allowed （转运） （允许） （不允许）	Amount: （金额）
☐ Insurance covered by buyers （由买方保险）	Credit available with Nominated Bank: （信用证适于指定银行） ☐ by payment at sight 即期付款 ☐ by deferred payment 迟期付款 ☐ by accptance of draft at 汇票承兑 ☐ by negotiation 议付 Against the documents detailed herein: 对于这里的详细单据 ☐ And Beneficiary's draft(s) drawn on: 及受益人的汇票
Shipment as defined in UCP500 Article 46 （运输根据《跟单信用证统一惯例》500第46条） From:（从……起运港） For transportation to:（到……目的港） Not later than:（不迟于……日期）	

Documents to be presented with ☐ days after the date of shipment but within the validity of the Cred it
（单据必须在装运后××天内提交，但提交的日期也应在信用证的有效期内）

We hereby issue the Irrevocable Documentary Credit in your favour.It is subject to the Uniform Customs and Practice for Documentary Credits (1993 Revision,International Chamber of Commerce,Paris,France,Publication No.500) and engages us in accordance with the terms thereof.The number and the date of the Credit and the name of our bank must be quoted on all drafts required. If the credit is available by negotiation,each presentation must be noted on the reverse side of this advice by the bank where the Credit is available.［我们兹开立以你方为受益人的不可撤销信用证，本证根据《跟单信用证统一惯例》(1993年修订本，国际商会在法国巴黎的第500号出版物）开立，并保证按此规定办理，请在所有汇票上注明本信用证号和开证日期及我行名称，若是议付信用证，请每次交单时在本信用证背面作出批注。］

This document consists of ☐ signed page(s)

（本信用证共××页）

Name and signature of the Issuing Bank

（开证行的名称和签字）

样本二：不可撤销跟单信用证标准格式——致通知行

GUIDANCE NOTES AND STANDARD FORMS FOR BANKS

Noted Irrevocable Documentary Credit Form（Advice for the Advising Bank）

Name fo Issuing Bank （开证行名称）	Irrevocable Documentary （不可撤销跟单信用证） Number （号码）
Place and Date of Issue:（开证地点和日期）	Expiry Date and Place for Pressentation of Documents （提交单据的有效期和地点） Expiry Date:（有效期） Place for Presentation:（交单地点）
Applicant:（开证申请人）	
A dvising Bank: Reference.no. （通知行）（参考号）	
Partial shipments ☐ allowed ☐ not allosed （分批装运）（允许）（不允许）	Beneficiary: （受益人）
Transhipment ☐ allowed ☐ not allosed （转运）（允许）（不允许）	Amount: （金额）
☐ Insurance covered by buyers （由买方保险）	Credit available with Nominated Bank: （信用证适于指定银行） ☐ by payment at sight 即期付款 ☐ by deferred payment 迟期付款 ☐ by accptance of draft at: 汇票承兑 ☐ by negotiation 议付 Against the documents detailed herein: 对于这里的详细单据 ☐ And Beneficiary's draft(s) drawn on: 及受益人的汇票
Shipment as defined in UCP500 Article 46 （运输根据《跟单信用证统一惯例》500第46条） From:（从……起运港） For transportation to:（到……目的港） Not later than:（不迟于……日期）	

Documents to be presented with ☐ days after the date of shipment but within the validity of the Cred it
（单据必须在装运后××天内提交，但提交的日期也应在信用证的有效期内）

We hereby issue the Irrevocable Documentary Credit in your favour.It is subject to the Uniform Customs and Practice for Documentary Credits (1993 Revision,International Chamber of Commerce,paris,France,Publication No.500) and engages us in accordance with the terms thereof.The number and the date of the Credit and the name of our bank must be quoted on all drafts required. If the credit is available by negotiation,each presentation must be noted on the reverse side of this advice by the bank where the Credit is available.［我们兹开立以你方为受益人的不可撤销信用证，本证根据《跟单信用证统一惯例》（1993年修订本，国际商会在法国巴黎的第500号出版物）开立，并保证按此规定办理，请在所有汇票上注明本信用证号和开证日期及我行名称，若是议付信用证，请每次交单时在本信用证背面作出批注。］

This document consists of ☐ signed page(s)

（本信用证共××页）

Name and signature of the Issuing Bank

（开证行的名称和签字）

样本三：不可撤销跟单信用证修改书标准格式

GUIDANCE NOTES FOR APPLICANTS AND STANDARD FORMS

Noted Irrevocable Documentary Credit Amendment Form

Name fo Issuing Bank （开证行名称）	Amendment to Documentary Credit （跟单信用证修改） Number（号码）
Date of amendment:（修改日期）	Place and date of issue （开证地点和日期）
Applicant:（申请人）	
Advising Bank: （通知行） Reference no.: （参考号）	Beneficiary:（受益人）
Shipment as defined in UCP500 Article 46 （运输按 UCP500 第 46 条） From:（从……起运港） For transportation to: （到达……目的港） Not later than:（不迟于……日期）	This amendment is to be considered as part of the above-mentioned Credit and must be attached thereto （本修改是上述信用证的一部分）
The above-mentioned Credit is amended as follows: （上述信用证修改如下） All other terms and conditions remain unchanged （所有其他条款不变） The above-mentioned Credit is subject to the Uniform Customs and Practice for Documentary Credits (1993 Revision,International Chamber of Commerce,Paris,France,Publication No.500)［上述信用证根据《跟单信用证统一惯例》(1993年修订本，国际商会在法国巴黎的第500号出版物) 开立］	
Please advise the Beneficiary （请通知受益人）	Advising Bank's notification （通知行的告示）
Name and signature of the Issuing Bank （开证行的名称和签字）	Place,date,name and signature of the Advising Bank （通知行的地点、日期、名称和签字）

（二）信用证的内容

在实务中，尽管各银行的信用证没有完全按照国际商会的标准格式开立，但其基本内容大体相同。在正常的国际贸易背景下，信用证通常包括以下几方面内容：

（1）信用证的性质和种类：可否撤销（一般为不可撤销）、可否转让、是否经另一银行保兑。

（2）信用证自身的信息：信用证的编号、开证日期，信用证的到期日（效期）、到期地点，交单期限等。

（3）信用证的当事人：开证行、开证申请人、受益人、通知行，有时还有开证行的指定银行、偿付行、付款行、议付行等。

（4）关于汇票的规定：汇票的出票人、受票人、付款期限、出票日期、票面应列货币种类及金额等。有些信用证不需要汇票的，则无此项内容。

（5）信用证的兑付方式：是即期付款、迟期付款（延期付款）、承兑还是议付，信用证应明确列明。

（6）货物描述：包括货物的名称、规格、数量、包装等，通常在这一栏里还包括货物的单价、总价、贸易术语等。

（7）信用证使用的货币和总金额：一般信用证使用的货币为全世界可自由兑换的货币，信用证的总额可以根据需要规定上下浮动的幅度。

（8）运输条款：规定起运港、目的港、转运港、最终目的地、最迟装运期、可否分批装运、可否转运等。

（9）与保险有关的条款：买方或卖方投保，投保的比例或金额、险种、适用的保险条款、赔付地点、赔付使用的货币种类等。

（10）要求提供何种单据的条款：通常要求提交商业发票、装箱单、运输单据、产地证明、保险单或投保通知、受益人证明等。

（11）附加条件：如货物需由指定船公司装运，运输船只不准停靠某港口，受益人装运后需寄一份副本单据给开证申请人，信用证限制在某银行议付，通知行需对本证加具保兑，信用证的有关银行费用由谁承担，等等。

（12）信用证偿付方式及寄单条款：是“单到付款”（单据寄到开证行后，由开证行按规定付款），还是指定偿付行付款，或指定付款行付款；议付行等寄单时，应是一次寄单还是二次寄单，邮递方式是快邮还是普通邮递，并列明开证行的收单地址。

另外，信用证通常还有“本证根据《跟单信用证统一惯例500》（1993年修订本）开立”或类似文句，表明开立信用证所依据的国际惯例。当然，

2007年7月1日后开立的信用证，该文句应表述为“本证根据《跟单信用证统一惯例600》（2007年修订本）开立”或类似文句。

四、信用证的基本特点

根据《跟单信用证统一惯例》（国际商会第500号出版物）及UCP600关于信用证的定义和内容，信用证有三个基本特点：开证行负第一性付款责任，信用证是独立文件，信用证处理的是单据。

（一）开证行负第一性付款责任

信用证结算方式是以银行信用为依托的一种结算方式，开证行以其自身的信用对有关当事人作出付款承诺。根据《跟单信用证统一惯例》（国际商会第500号出版物）第二条，或UCP600的相关条款，信用证无论怎样命名或描述，都是指一项约定，依据该约定，在与信用证条款相符的条件下，开证行凭规定的单据向受益人或其指定人付款，或承兑并支付受益人出具的汇票，或授权另一家银行付款，或承兑并支付该汇票，或授权另一家银行议付。因此，尽管信用证是应申请人的要求而开立，但一经开立，就承担了付款责任，即使事后申请人发生了破产等明显已无力付款的情况，开证行也不能因此而逃避第一性付款责任。例如，我国某外贸公司通过某银行B开立了100多万美元的90天远期信用证，用于进口国外高档厨房用品。签约3个月后，市场价格大幅度下降，该外贸公司的“下家”——最终经销商眼看着不仅无利可图，还要亏本，因此便撕毁与外贸公司的协议，拒绝付款提货，由于该外贸公司自身实力较弱，也向开证行表示无法支付货款。B银行看在眼里，急在心里，但由于外方受益人的单据做得与信用证严格一致，无可挑剔，亦苦无良策，最后为了维护自己在国际上的良好形象和信誉，不得不履行开证行的付款责任，垫付了该货款。另外，根据《跟单信用证统一惯例》（国际商会第500号出版物）第十九条，或UCP600第七条的规定，即使信用证有保兑行、偿付行等，若这些银行在单证相符的情况下拒绝付款，开证行也不能因此而免除其付款责任。

（二）信用证是独立文件

信用证是一项独立于有关契约以外的文件。在国际贸易结算中，银行开立的信用证虽然以进出口双方的贸易合同为基础，并且其中的条款大部分来自贸易合同，但信用证一经开立，就成为独立于贸易合同以外的具有法律效力的文件。贸易合同是进出口双方之间的契约，通常仅仅对进出口双方具有约束力，双方可依据各国的法律来处理可能出现的纠纷；而信用证是开证行与受益人之间的约定，并按照信用证指定的国际惯例来规范各当事人的义务和责任，对有关各方均具有约束力。《跟单信用证统一惯例》第三条a款规定："信用证与可能作为其依据的销售合同或其他合同，是相互独立的交易。即使信用证中提及该合同，银行也与该合同完全无关，且不受其约束。因此，一家银行作出付款、承兑并支付汇票或议付及/或履行信用证项下其他义务的承诺，不受申请人与开证行或与受益人之间在已有关系下产生索偿或抗辩的制约。"b款规定："受益人在任何情况下，不得利用银行之间或申请人与开证行之间的契约关系。"UCP600第四条a款也有相应的描述。依据上述规定，足以说明信用证是一项独立的自足性文件，开证行只对信用证负责，并仅在单证相符的条件下付款。

（三）信用证处理的是单据

《跟单信用证统一惯例》（国际商会第500号出版物）第四条规定："在信用证中，各有关当事人所处理的只是单据，而不是单据所涉及的货物、服务或其他行为。"UCP600第五条也规定："银行处理的是单据，而不是单据可能涉及的货物、服务或履约行为。"因此，信用证结算方式是一种纯单据业务，只要提交的单据与信用证相符，开证行就应承担付款责任，若货物有质量等与单据无关的问题，并不影响开证行的付款责任。例如，某外贸公司出口日本一批价值10多万美元的童装，货物到日本后，虽然进口商发现童装有质量问题，但日本的开证行经过认真审核单据，并没有发现不符点，因此开证行仍然及时进行了付款。当然，银行判别单据是否与信用证相符，是根据单据的"表面"，如同《跟单信用证统一惯例》（国际商会第500号出版物）第十三条a款规定："银行必须合理小心地审核信用证规定的一切单据，以确定是否表面与信用证条款相符合……"第十四条b款规定："开证行及/或保兑行（如有），或代其行事的指定银行，当收到单据时，必须仅以单据依据，确定单据是否表面与信用证条款相符……"UCP600第十四条规定："按指定行事的指定银行、保兑行（如果有的话）及开证行须审核交单，并仅基于单据本身确定其是否在表面上构成相符交单。"银行对单据的有效性不负责任。《跟单信用证统一惯例》（国际商会第500号出版物）第十五条规定："银行对于任何单据的形式、完整性、准确性、真伪性或法律效力，或对于单据上规定的或附加的一般性及/或特殊性条件概不负责；银行对于任何单据中有关的货物描述、数量、重量、质量、状况、包装、交货、价值或存在，对于货物的发运人、承运人、运输行、收货人或保险承保人或其他任何人的诚信、行为及/或疏忽、清偿能力、执行能力或信誉也概不负责。"UCP600第三十四条也做了类似的描述。以上规定的“表面”，就是指单据的“文面”，凡文面以外未予规定的东西，开证行是概不负责的。

第二节　信用证的当事人及其权利和责任

信用证涉及的当事人很多，从贸易角度来分析，主要有三方面的当事人：银行、买方和卖方；从纯理论的信用证角度而言，最主要的、基本的当事人为开证申请人、开证行、受益人三方，另外还有其他当事人，如通知行、议付行、保兑行、偿付行、付款行、信用证的第二受益人等。这些当事人在信用证中的地位、主要权利和责任如下：

一、开证申请人

开证申请人（Applicant），是指向开证行提出申请，要求开立信用证的人，在有些国家的信用证中又被称为“开证人”（Opener），通常是国际贸易中的买方（Buyer）或进口方（Importer）付款方（Accountee Party）。运输单据中的收货人（Consignee）及有时作为“被通知方”（Notify Party）；在少数国家的信用证中，开证申请人的英文表达还有 Holder、Order、Customer。

开证申请人的权利和责任为：

（1）在开证前与开证行充分接洽，确定用开证行的授信或交纳一定的保证金比例后开证，并向开证行提交开证申请书、合同及其他开证行要求的资料。

（2）在收到开证行的“单据到达通知书”后，在“单证相符”的情况下，及时到银行履行承兑或付款赎单手续；在单证不符的情况下，有权拒付，但必须及时向开证行提供单据的处理意见。

（3）收到货物后，尽管“单证相符”，但若发现货物的实际质量和数量与信用证不符，开证申请人不得向开证行索回已付的款项或收回已经作出的承兑。开证申请人可以通过法律途径（如诉诸法院或申请仲裁）向受益人要求赔偿或负法律责任。

（4）如出现由于运输、保险等责任范围内的问题，可以分别向运输公司、保险公司要求赔偿，也不得借此向开证行索回已付的款项或收回已经作出的承兑。

二、开证行

开证行（Opening Bank、Issuing Bank），是指接受开证申请人的委托和指示（或根据其自身需要）开立信用证的银行。一般由进口地银行担任开证行。

开证行的权利和责任为：

（1）开证行接受开证申请人的委托开立信用证后，即承担了开证责任及由此而引起的风险，因此，开证行有权向开证申请人收取手续费和开证保证金。如热门进口货物的市场行情或开证申请人的资信发生了不利于开证申请人的变化，开证行有权要求开证申请人补交开证保证金直至100%。在信用证金额有浮动幅度的情况下，按上限加收开证保证金，如信用证规定总金额有10%的上下浮动幅度，则银行收取100%保证金的实际含义应该为总金额的110%。

（2）开证行收到单据后，不能擅自转卖或作其他处理，只有在开证申请人拒绝赎单，或开证行无法向开证申请人索回开证金额时，才能使用这种权利。

（3）开证行负第一性付款责任。在“单证相符”的情况下，必须向受益人付款或承兑并支付受益人出具的汇票。不能无理拒付，或以“非实质性”的不符点拒付；不能以申请人无付款能力、未交保证金或手续费、有欺诈行为（法院认定并已出具“止付令”的除外）等为借口，拒绝履行其在信用证项下的付款责任。

（4）尽管议付行以“单证相符”为由，向开证行指定的偿付行索偿了款项，但当单据到达开证行时，开证行发现单据与信用证不一致时，开证行仍有权向议付行追回已被索偿的款项。

（5）除非开证行的差错，开证行审单付款后没有追索权。

（6）开证行的免责条款：

①对单据有效性的免责：对于任何单据的形式、完整性、准确性、真伪性或法律效率，或对于单据上规定的或附加的一般性及/或特殊性条件，概不负责；对任何单据中有关货物描述、数量、重量、质量、状况、包装、交货、价值或存在，对于货物的发运人、承运人、运输行、收货人或保险承保人或其他任何人的诚信、行为及/或疏忽、清偿能力、执行能力或信誉也概不负责。

②对文电传递的免责：开证行对由于任何文电、信函或单据传递中发生延误及/或遗失所造成的后果，或对于任何电信传递过程中发生的延误或其他差错，概不负责。开证行对专门性术语的翻译及/或解释上的差错，也不负

责，开证行保留不翻译的权利。

③对不可抗力的免责：开证行对于天灾、暴动、骚乱、战争或银行本身无法控制的任何其他原因，或对于任何罢工或停工而中断营业所引起的一切后果，概不负责。除非经特别授权，开证行在恢复营业中断期间已逾期的信用证，将不再据以进行付款、承担延期付款责任、承兑汇票。

三、受益人

受益人（Beneficiary），是信用证利益的享受者或信用证权利的使用者，通常是国际贸易中的卖方（Seller）或出口商（Exporter）；往往也是运输单据的发货人（Shipper），汇票中的出票人（Drawer）；也是信用证中的收件人（Addressee）。在转让信用证中，有第一受益人（First Beneficiary）和第二受益人（Second Beneficiary）之分。

受益人的权利和责任为：

（一）接受或不接受信用证的权利

在收到信用证时，发现信用证与合同不符，有权要求修改信用证，如修改后仍然不符，足以造成不能接受的，有权拒绝接受信用证，并有权不接受有关信用证的修改。

（二）装运出单的责任

受益人收到信用证后，应在规定的期限内装运发货，并按信用证的规定缮制由自己出具的单据（如发票、装箱单、重量单等）和备妥由有关各方出具的单据（如船公司或航空公司出具的运输单据、保险公司出具的保险单或保险证明、公证机构出具的证明等）。

（三）取得货款的权利

在“单证相符”的情况下，有权取得货款；在开证行无理拒付时，有权向开证行提出反驳意见并要求赔偿由此而引起的损失。在“单证不符”而尚在信用证的有效期和交单期内的情况下，有权更改或替换单据，努力做到“单证相符”。

（四）在特殊情况下将货物转卖他人的权利

如进口人破产或开证申请人和开证行均倒闭，受益人有权行使留置权（Lien）扣货、要求停运的权利；并在行使这些权利后，通知进口人，若进口人未能在合理时间内付款或有满意的回复，有权将货物转卖他人。

（五）特别情况下的权利

在开证行倒闭、议付行向受益人追索的情况下，受益人有权把单据交开证申请人要求付款，即使开证申请人已交了开证保证金，遭受了损失，并不影响受益人此项的权利；如信用证有保兑行，开证行倒闭后，可向保兑行要求付款。

（六）第一受益人和第二受益人的权利与责任

在信用证可转让的情况下，第一受益人可以要求授权付款、承担延期付款责任、承兑或议付的银行（统称“转让行”），或当信用证是自由议付时，可以要求信用证中特别授权的转让银行，将该信用证全部或部分转让给一个或数个受益人（第二受益人）使用。第一受益人在办理信用证转让时，可要求转让行对下列项目进行修改：减少信用证金额、降低货物单价、缩短交单期、提前信用证的到期日（有效期）和最迟装期、增加投保金额或投保比例；第一受益人有权以自己的名称替代原信用证开证申请人的名称（但是，原证中如明确要求原开证申请人的名称应在除发票以外的单据上出现时，该项要求也必须做到）；第一受益人有权用自己的发票（和汇票）替换第二受益人提交的发票（和汇票），其金额不得超过原信用证金额，如信用证对单价有规定，应按原单价出具发票，经过替换发票（和汇票），第一受益人可以在信用证下支取其发票与第二受益人发票间可能产生的差额；除非另有约定，转让银行的费用，包括手续费、成本费或其他开支，应由第一受益人支付。

第二受益人不得要求将信用证转让给其后的第三受益人；在第一受益人说明将不替换第二受益人的发票（和汇票）时，第二受益人可以直接要求银行办理付款或议付。

四、通知行

通知行（Advising Bank、Notifying Bank），是指接受开证行的委托，将信用证或信用证修改通知受益人的银行。通知行一般由在出口方所在地、与开证行有代理关系的银行担任。

通知行的权利和责任为：

（一）有权决定是否接受开证行关于通知信用证或修改的委托

开证行可以拒绝接受关于通知信用证或修改的委托，但它必须毫不延误地告知开证行；通知行决定通知信用证或信用证修改时，应合理审慎地核验所通知信用证的表面的真实性，否则须承担法律责任。例如，我国 B 银行收到美国一家银行的信用证时，未按正常操作程序核验所通知信用证的“表面”的真实性，便将该信用证通知了出口方受益人S；在随后的信用证修改通知时，仍然未核验其真实性，一个星期后，出口方受益人S在另一G银行办理了100多万元人民币的信用证项下的打包放款，并在半个月后到G银行办理议付，这时G银行由于要寄单，需查找开证行的详细地址，结果发现在有关的世界银行的名册上根本找不到信用证上的开证行，在联系作为通知行的B银行后，才发现B银行根本没有核对信用证及修改的真实性便通知了受益人，而所谓的“开证行”则是杜撰的。整个事件是国外骗子策划的骗货骗局，当其暴露时骗子已经凭受益人自寄的1/3提单提取了货物。于是，G银行立即要求受益人S归还100多万元的打包放款，但此时受益人根本无资金归还，并提出，自己也是该事件的受害者，G银行不得已，将受益人S和B银行作为被告告上了法庭，在法庭审理中，法院认为B银行作为通知行，未能按国际惯例尽“核验信用证及信用证修改表面真实性”的责任和义务，是导致骗子诈骗成功的根本原因，因此判决B银行承担大部分赔偿责任。B银行自觉理亏，对判决没有上诉。

（二）告知义务

通知行如不能核验所通知信用证或修改的“表面”的真实性，则必须不延误地告知开证行；在这种情况下，若通知行仍然决定将信用证或修改通知受益人时，也必须将这一事实告知受益人。在实务中，通知行一般在未能核对真实性的信用证或修改上加有“印押未符，请暂缓出运”或类似文句的专用章，以告知和警示受益人。

（三）有权收取通知费或因通知而产生的其他费用

如信用证中规定“开证行以外的费用由受益人承担”，而通知行因受益人拒付或其他原因，收不到该项费用时，可以向开证行收取，开证行不得拒付。

五、议付行

议付行（Negotiating Bank），又称押汇银行或贴现银行，是指开证行指定的，或自由议付信用证项下受益人请求的、对信用证项下汇票及单据承担议付或贴现义务的银行。

议付行的权利和责任为：

（1）在信用证的到期日内（有效期）和交单日内，接受受益人提交的单据，进行审单并垫付款项（押汇）。

（2）当发现单证不一致时，有权拒绝议付。

(3) 有追索权。无论开证行因何原因拒付，或倒闭，有权向受益人追回所垫款项；在需要汇票的信用证项下，由于议付银行承购或贴现信用证项下汇票后即成为该汇票善意持票人（Bona Fide Holder）或正当持票人（Holder in due course)，因此对开证行及付款行享有不受其他权益约束的请求权，对受益人也享有追索权。

六、保兑行

保兑行（Confirming Bank)，是指接受开证行的委托和要求，对开证行开出的信用证予以保证兑付的银行。保兑行通常由通知行兼任，但在实务中，由其他银行包括出口地、开证地或该信用证货币清算中心的著名银行担任保兑行也不罕见。

保兑行的权利和责任为：

(一) 选择权

有是否接受开证行的委托和要求，对指定信用证加具保兑的选择权。如认为开证行的信誉不佳，可拒绝接受开证行的加保要求。

(二) 付款责任

保兑行对不可撤销信用证加具保兑后，就构成了其对信用证在开证行以外的确定的付款责任，是信用证的第一付款人，必须对议付行和受益人独立负责。

(三) 无追索权

开证行倒闭，或开证行以单证不符为由对保兑行提出拒付时，保兑行不能借此对受益人拒付或追索。

(四) 不可撤销的责任

无论开证行发生怎样的变化，保兑行均不能单方面撤销或变更其保兑责任。

(五) 审单权

对受益人或议付行或其他指定银行交来的单据，有从交单次日起的至多五个银行工作日用以确定交单是否相符的权利，当单证不符时，有权要求受益人在一定的期限内更改单据，或对受益人拒绝付款。

七、付款行

付款行（Paying Bank)，是指被开证行指定的、担任信用证项下付款人，或充当汇票付款人的银行。在需要提供汇票的信用证中，付款行通常是汇票的受票人，因此也称受票行（Drawee Bank）。若信用证属于“单到付款”（受益人的单据到达开证行后，开证行确认“单证一致”后立即付款）方式，开证行则兼为付款行。在一般的情况下，付款行可以是保兑行，也可以由出口地、开证地或该信用证货币清算中心的银行担任。

付款行的权利和责任为：

（一）选择权

有是否接受开证行的委托和要求，作为指定信用证的付款行的选择权。如认为开证行的信誉不佳，可拒绝接受开证行的要求。在实务中，有的开证行信誉较差，在指定付款行时较为随意，未经拟作为“付款行”的银行同意，便擅自指定其为信用证的付款行，在这种情况下，所谓的“付款行”是不承担付款责任的。例如，南亚地区的某银行 A，在未征得我国境内的某外资银行 B 同意的情况下，指定 B 为信用证的付款行，并在信用证条款中作了明确规定，但由于 B 银行认为 A 信誉欠佳，因而不愿意被其指定为付款行，因此，尽管 B 被 A 单方面指定为信用证中的付款行，到时 B 银行仍然不承担付款责任。

（二）无须审单时，有追索权

信用证项下如要求有汇票，若付款行仅仅充当汇票的付款人，代付而不审单时，由于信用证受益人的单据与汇票分离，即单据仍然寄往开证行，以付款行为付款人的汇票寄往付款行。这种情况下，付款行没有义务也不可能对单据进行审核，也正因为没有审单，只是根据受益人的合格汇票付款，故而有追索权，即付款行付款后，一旦开证行发现单证不符，通知其对交单行或受益人已付的款项进行追索时，交单行或受益人必须归还已收到的款项。

（三）审单后付款，无追索权

若在付款信用证项下，当被开证行指定、自己也愿意作为开证行的付款行时，付款行收到交单行或受益人的单据后，有审核单据是否与信用证相符的权利。在单证不符的情况下，有拒付的权利；在单证相符的情况下，必须付款，且对受益人没有追索权，即付款行付款后，在将单据寄往开证行要求予以偿付时，若开证行发现单证不符，尽管作为开证行有权拒绝偿付或索回已被付款行借记的款项，但由于付款行在对受益人付款时自己认定“单证相符”，因此付款行对受益人仍然不能行使追索权，造成已付款但得不到偿付的后果，从而发生垫款的风险。在实务中，也由于付款行可能面临较大的垫款风险，因此付款行越来越趋于“名存实亡”，付款行往往把自己放到了“担保行”的地位，即作为付款行，在收到交单行或受益人的单据后，即使单证相符，也不对交单行或受益人付款，而是待收到开证行的付款后再履行付款之责；若开证行挑剔单据，以单证不符的理由来拒付，付款行可以凭同样的理由拒付交单行或受益人。这样，只有在开证行审核单据后，尽管认为单证相符但仍然不付的情况下，付款行才有可能发生垫款。事实上，开证行一般都以单证不符作为拒付理由，因此，付款行的垫款风险几乎为零。

八、偿付行

偿付行（Reimbursement Bank），是指接受开证行的委托和要求，为开证行偿还议付行索偿款项的银行，也称清算银行（Clearing Bank）。通常，偿付行在信用证货币的清算中心（如美元清算中心在纽约），或开证行在出口地的分支机构或联行，仅仅是为了付款或清算方便而设立的。如在开证行与议付行之间没有相应的货币账户关系，就特别需要借助偿付行达到付款与清算的目的。

偿付行的权利和责任为：

（一）选择权

有是否接受开证行的委托和要求，作为指定信用证的偿付行的选择权。如认为开证行的信誉不佳，可拒绝接受开证行的要求。

（二）有追索权

偿付行凭议付行或交单行电报索偿指示或邮寄的指示付款，并不需要审核单据（通常在有偿付行的信用证中，单据被要求寄往开证行，因而偿付行也无法审核单据），因此，偿付行在付款后，若开证行在见单后发现单证不符，偿付行可以直接向议付行或交单行追回已付的款项，有追索权。

（三）收取偿付费用的权利

除非信用证另有规定，偿付费用由开证行承担。

九、承兑行

承兑行（Accepting Bank），是指对信用证项下受益人所签发的远期汇票予以承兑，并在到期日付款的银行。在远期承兑信用证项下，承兑行可以是开证行本身，也可以是信用证所指定的其他银行，如在信用证货币的清算中心，或开证行在出口地的分支机构或联行，以便开证行顺利地进行付款或清算。

承兑行的权利和责任为：

（一）选择权

在承兑行为非开证行的银行担任时，被指定银行有是否接受开证行的委托和要求，承兑行有选择权。如认为开证行的信誉不佳，可拒绝接受开证行要求。

（二）审核单据以决定是否承兑的权利

承兑行收到交单行或受益人提交的单据时，有审核该单据的权利，若单证不符，可以拒绝承兑；若单证相符，再行承兑之责。在实务中，为了节约邮费，承兑行一般是通过加押的电文告知相关银行和受益人它已承兑汇票的事实，而不再将自己已经做过承兑手续的汇票（根据票据法，办理“承兑”手续，必须由承兑人在汇票正面加注“已承兑”字样和日期并签字）寄给交单行或受益人。当然，若交单行或受益人坚持要求得到已承兑的汇票，承兑行应满足此项要求。

（三）承担到期付款的责任

若开证行的指定银行为承兑行，无论开证行倒闭或发生支付困难，承兑行都要履行付款的责任。

十、交单行

交单行（Presenting Bank），是指接受受益人的委托，仅将单据交给信用证指定的银行进行议付或付款，自己既不承担议付，也不承担付款责任的银行。交单行在这里仅仅起了受益人与信用证指定的议付行或付款行之间的“桥梁”作用。有时交单行也被称为“局外议付行”、“再议付行”或“转押汇行”（Re－negotiation Bank）。作为交单行一般有两种情况：一是议付行的“化身”，或称为不作议付的议付行，按国际惯例，在信用证中，银行只有垫付了资金，才称得上是“议付”了单据，只审核单据不垫付资金不能叫“议付”，而仅仅是“处理”了单据。在实务中，许多银行尽管被开证行指定为议付行或付款行，但因开证行信誉不佳，或受益人资信不良、单据有不符点等，并不对单据垫付资金，而仅仅是审核了单据并将单据寄给了开证行，因此它们的确切“身份”应为交单行。二是在限制议付或付款信用证中，由于受益人与信用证的指定议付行或付款行没有往来关系，或受益人与信用证的指定议付行或付款行不在同一城市或地区，往来不便，或因某种原因不愿向指定银行请求付款或议付，这时往往会请自己的账户行代自己审核单据后将单据转递给信用证指定的议付行或付款行，此时，该账户行即为交单行。

交单行没有审核单据、垫付资金的责任和义务，它对受益人提交的单据进行审核，完全是一种额外的服务，因此，从严格意义而言，它进行审核单据、寄单等工作不能称为“议付”，而是“单据处理”；它收取的所谓“议付费”，其实质为“单据处理费”（Handling Charges）。

第三节　信用证的业务流程

信用证种类繁多，其详细的业务流程也较为复杂，为了方便不同层次的人员进行研究、学习和理解，在这里简单地分两类介绍：一类是根据国际商会515号出版物作介绍，较为复杂，便于专业人员研究；另一类根据实务，以议付信用证为例作介绍，便于广大业务人员学习和理解，并在实务中运用。

根据《跟单信用证业务指南》（国际商会第515号出版物），信用证的业务流程如下（见图4－1）：

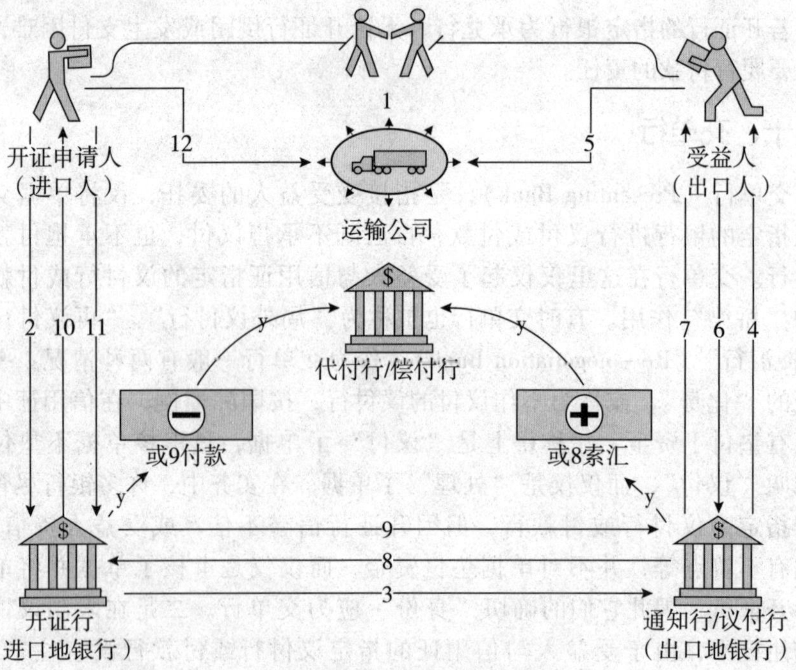

图4－1　信用证的业务流程示意图

①买卖双方签订合同；②进口人申请开立信用证；③开证行接受申请开出信用证；④通知行将信用证通知受益人；⑤出口人按信用证规定装运货物；⑥受益人按信用证的要求向指定银行交单；⑦指定银行根据自己的义务付款、承兑或议付；⑧指定银行向开证行寄单索汇或向开证行寄单并向偿付行索偿；⑨开证行向交单行或偿付行付款；⑩开证行通知开证申请人付款赎单；⑪开证申请人付款赎单；⑫开证申请人凭运输单据去运输公司提货。

以常见的跟单议付信用证为例，介绍信用证的业务流程如下（见图4-2）：

①买卖双方签订合同；②进口人申请开立信用证；③开证行接受申请开出信用证并将信用证交通知行；④通知行将信用证通知受益人；⑤受益人按信用证的要求向指定银行交单议付；⑥议付行议付受益人提交的单据并向开证行要求索偿；⑦开证行审核单据确认单证相符并向议付行付款；⑧开证行提示开证申请人付款并将单据交开证申请人，开证申请人付款赎单。

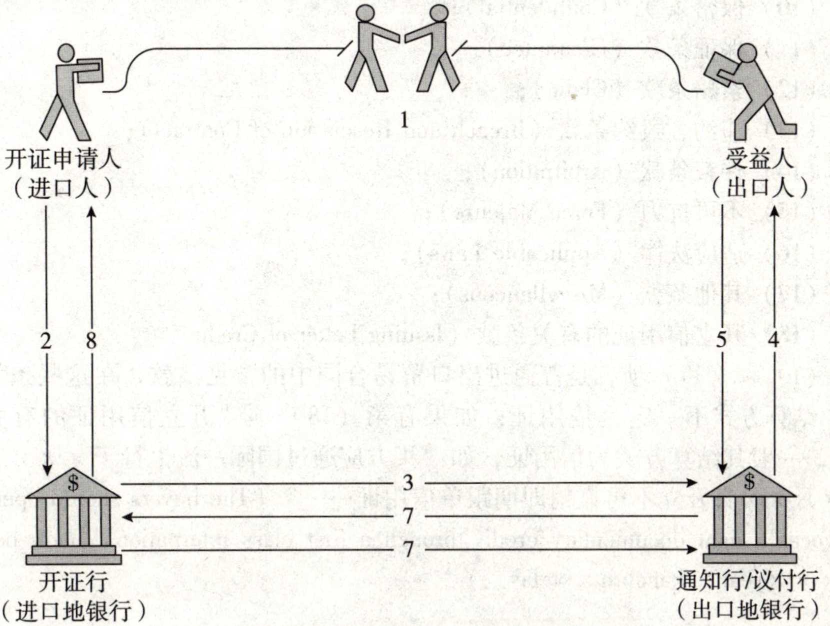

图4-2　跟单议付信用证的业务流程示意图

一、买卖双方签订合同

尽管信用证一旦开立，不受合同的约束，但信用证开立的依据是合同，因此信用证业务项下，买卖双方必须首先签订书面的贸易合同，用于确定本次贸易的货物名称、数量、规格等有关货物的要求；确定开立信用证的种类、金额、付款期限、到期日、开证日期等；并对拟将开立的信用证提出有关要求，等等。

在信用证项下，一般正式的合同包括18项内容：

（1）名称条款（Title）；

（2）总则（General Principal）；

（3）商品条款（Name of Commodity）；

（4）品质、数量和包装条款（Quality 、Quantity and Packing）；

（5）价格条款（Price）；

（6）保险条款（Insurance）；

（7）交货条款（Shipment and Dilivery）；

（8）付款条件（Payment）；

（9）检验条款（Inspection）；

（10）保密条款（Confidential）；

（11）保证条款（Guarantee）；

（12）索赔条款（Claim）；

（13）违约、毁约条款（Breach and Rescission of Contract）；

（14）仲裁条款（Arbitration）；

（15）不可抗力（Force Majeure）；

（16）适应法律（Applicable Laws）；

（17）其他条款（Miscellaneous）；

（18）开立信用证的有关条款（Issuing Letter of Credit）。

（1）~（17）项，是普通进出口贸易合同中的常见条款，在这些条款项下，结算方式不一定是信用证；如果有第（18）项“开立信用证的有关条款”，一般其结算方式为信用证，如“买方应通过国际一流银行于××××年××月××日开立不可撤销即期跟单信用证……”（The buyers should open an irrevocable sight documentary credit through a first class international bank before ××××year××month××day...）。

二、进口人申请开立信用证

贸易合同签订后，进口人必须在合同规定的期限内，选择银行开立信用证，一般有以下几项工作需注意：

（一）选择开证行

在我国，由于企业结算方便的需要或银行间的同业竞争，稍具规模的企业，通常在2~3家银行开立人民币或外汇账户，因此在选择开证行时，必须对开户银行进行认真筛选，一般首选为在国内外信誉较好的银行，使受益人乐于接受，并减少可能产生的费用（如选择信誉欠佳的银行，受益人可能要求对信用加具保兑行，由此而产生额外的保兑费等）；其次，在银行信誉相差无几的前提下，选择银行费用低、收取开证保证金金额或比例较低的银行为开证行。

（二）非100%保证金项下开证，必须与银行谈妥有关授信额度

进口开证，对于开证行是银行的“或有负债”，因此无论国内银行还是国外银行，均应将该业务归入授信业务或融资业务范畴加以管理，因而，非100%保证金项下开证，开证申请人必须与开证行洽谈开证的保证金比例，确定“敞口”部分（信用证金额减去保证金）是否要另加担保、抵押、质押等。

（三）认真填写开证申请书（Application for Letter of Credit）

开证申请书是开证行开立信用证的依据，也是日后万一开证行与开证申请人发生纠纷时，由法院处理的有效的法律依据，因此十分重要。开证申请书内容可分为正反面两部分：正面部分为开证申请书的主要内容，反面部分为开证申请人声明。

开证申请书的主要内容为：

（1）开证申请人；

（2）受益人；

（3）与货物运输有关的内容，如最迟装运日期、是否允许转运、是否允许分批装运、起运港、目的港等；

（4）关于信用证的性质，是议付、承兑、即期付款还是迟期付款；

（5）关于汇票内容，汇票金额是发票金额的多少比例、汇票的付款人是谁等；

（6）货名描述；

（7）装运唛头（用于识别货物的标记）；

（8）单据要求，如要求发票、提单、装箱单、产地证明等；

（9）其他指示，如银行费用由谁承担、单据须在什么时候提交、金额和数量可否上下浮动等；

（10）其他申请人根据合同要求需要加列的特殊条款。

以下为某银行开证申请书样式：

正面（原件为英文，由编者译为中文是为了便于读者正确理解）：

IRREVOCABLE DOCUMENTARY CREDIT APPLICATION
不可撤销跟单信用证申请书

TO：× × BANK

致：× ×银行

<table>
<tr><td colspan="2">BENEFICIARY（FULL NAME AND ADDRESS）：
受益人（全称和地址）</td><td colspan="2">APPLICANT（FULL NAME AND ADDRESS）：
申请人（全称和地址）</td></tr>
<tr><td>PARTIAL SHIPMENT
分批装运
□ALLOWED
允许
□NOT ALLOWED
不允许</td><td>TRANSHIPMENT
转运
□ALLOWED
允许
□NOT ALLOWED
不允许</td><td colspan="2">DATE OF SHIPMENT：
装运日期
DATE OF EXPIRY AND PLACE：
到期日和到期地点</td></tr>
<tr><td colspan="2">LOADING ON BOARD/DISPATCH/TAKING IN CHARGE
已装船 /发运 / 接受监管
FROM ______ TO ______
从______（装运港）到______（目的港）
PRICE TERM ______
价格条款______</td><td colspan="2">AMOUNT（BOTH IN FIGURES AND WORDS）
金额（小写及大写）</td></tr>
<tr><td colspan="4">CREDIT AVAILABLE WITH □ ADVISING BANK □______
信用证适于 通知行
□BY NEGOTIATION □BY ACCEPTANCE □BY SIGHT PAYMENT □BY DEFERRED PAYMENT AT ______ SIGHT
议付 承兑 即期付款 在______日迟期付款
□AGAINST THE DOCUMENTS DETAILED HEREIN AND BENEFICIARY'S DRAFT FOR ______% OF THE INVOICE VALUE AT ______ SIGHT ON ISSUING BANK.
对于所述的单据及受益人的金额为发票额的______%，期限为______，以开证行为付款人的汇票。</td></tr>
<tr><td colspan="2">DESCRIPTION OF GOODS
货名描述</td><td colspan="2">SHIPPING MARK
运输唛头</td></tr>
<tr><td colspan="4">DOCUMENTS REQUIRED（MARKED WITH ×）
单据要求（需要的打×）
1. □SIGNED COMMERCIAL INVOICE IN 5 FOLDS INDICATION LC NO. AND CONTRACT NO. ______.
签字的商业发票一式5份，表明信用证号及合同号______。
2. □FULL SET（3/3）OF CLEAN ON BOARD OCEAN BILLS OF LADING MADE OUT TO ORDER AND BLANK，ENDORSED MARKED "FREIGHT□TO COLLECT/□PREPAID"，NOTIFYING APPLICANT.
全套（3/3）洁净已装船的海运提单，做成来人（空白）抬头，进行空白背书，表明"运费□代收/预付"，通知申请人。</td></tr>
</table>

□AIR WAYBILL SHOWING "FREIGHT □TO COLLECT/□PREPAID" AND CONSIGNED TO ________.

航空运单显示"运费□代收/预付"，收货人为________。

3. □INSURANCE POLICY/ CERTIFICATION IN 2 FOLDS FOR 110% OF THE INVOICE VALUE, SHOWING CLAIMS PAY IN CHINA IN CURRENCY OF THE DRAFT, BLANK ENDORSED COVERING (□OCEAN MARINE TRANSPORTATION/□AIR TRANSPORTATION /□OVERLAND TRANSPORTATION) ALL RISKS, WAR RISKS AS PER ________ CLAUSE.

险单/保险证明 一式2份，金额为发票金额的110%，赔付地点在中国，赔付货币为汇票所使用的货币，空白背书，投保（海运□/□空运/□陆运）一切险、战争险按照______条款。

4. □PACKING LIST/WEIGHT LIST IN 3 FOLDS INDICATING QUANTITY/GROSS AND NET WEIGHTS.

装箱单/重量单一式三份，标明数量/毛重和净重。

5. □CERTIFICATE OF ORIGIN IN 3 FOLDS.

产地证一式三份。

6. □CERTIFICATE OF QUANTITY /WEIGHT IN 3 FOLDS.

数量/重量证一式三份。

7. □CERTIFICATE OF QUALITY IN 3 FOLDS ISSUED BY□MANUFACTURER□PUBLIC RECOGNIZED SURVEYOR /________.

质量证明一式3份，由制造商或公认的检查人员出具。

8. □BENEFICIARY'S CERTIFIED COPY OF TELEX/FAX DISPATCHED TO THE APPLICANT WITHIN × × DAYS/HOURS AFTER SHIPMENT ADVISING GOODS NAME, □NAME OF VESSEL/□FLIGHT NO., DATE, QUANTITY, WEIGHT AND VALUE OF SHIPMENT.

受益人证实的电传或传真副本，该电传或传真必须在装船后××天/小时内送达申请人，内容是通知货物名称，船名/航班号 、起飞日期，货物的数量、重量、价值。

9. □BENEFICIARY'S CERTIFICATE CERTIFYING THAT ONE SET OF NON－NEGOTIABLE DOCUMENTS.

受益人的证明，该证明必须声明一套副本单据。

(□INCLUDING 1/3 ORIGINAL B/L) HAS BEEN DISPATCHED TO APPLICANT DIRECTLY BY COURIER/SPEED POST.

（包括1/3 正本提单）已经通过快邮寄给申请人。

10. □OTHER DOCUMENTS, IF ANY:

其他单据，如有：

ADDITIONAL INSTRUCTIONS：附加指示：

1. □ALL BANKING CHARGES OUTSIDE THE ISSUING BANK ARE FOR BENEFICIARY'S ACCOUNT.

开证行以外的费用由受益人承担。

2. □DOCUMENTS MUST BE PRESENTED WITHIN ______ DAYS AFTER THE DATE OF SHIPMENT BUT WITHIN THE VALIDITY OF THIS CREDIT.

单据必须在装运以后××天内，但须在信用证的有效期内提交。

3. □BOTH QUANTITY AND AMOUNT ________% MORE OR LESS ARE ALLOWED.

允许数量和金额有________%的上下浮动。

4. □OTHER TERMS, IF ANY：其他条款，如有：

反面（原件仅为中文）：

开证申请人声明

×××银行：

我公司已办妥一切进口手续，现请贵行按我公司申请书第一页中的内容开出不可撤销跟单信用证。我公司声明如下：

一、我公司同意贵行依照国际商会第500号出版物《跟单信用证统一惯例》办理该信用证项下的一切事宜，并同意承担由此产生的一切责任。

二、我公司保证按时向贵行支付该证项下的货款、手续费、利息及一切费用等所需的外汇和人民币资金。

三、我公司保证在贵行单到通知书中规定的期限之内通知贵行办理对外付款/承兑，否则贵行可认为我公司已接受单据，同意付款/承兑，并有权主动直接从我公司在贵行的本、外币账户中扣款。

四、我公司保证在单证表面相符的条件下办理有关付款/承兑手续。如因单证有不符之处而拒绝付款/承兑，我公司保证在贵行单到通知书中规定的日期之前将全套单据如数退还贵行并附书面拒付理由，由贵行按国际惯例确定能否对外拒付。如贵行确定我公司所提拒付理由不成立，或虽然拒付理由成立，但我公司未能退回全套单据，贵行有权主动办理对外付款/承兑，并直接从我公司账户中扣款。

五、该信用证及其项下业务往来中如因邮递、电传、电讯发生遗失、延误、错漏，贵行当不负责。

六、该信用证如需修改，由我公司向贵行提出书面申请，由贵行根据具体情况确定能否办理修改。我公司确认所有修改当由信用证受益人接受时才能生效。

七、我公司在收到贵行开出的信用证、修改书副本后，保证及时与原申请书核对，如有不符之处，保证在接到副本之日起，两个工作日内通知贵行。如未通知，当视为正确无误。

八、如因申请书字迹不清或词义含混而引起的一切后果由我公司负责。

（盖章）

（授权人签字）

年　月　日

联系人：　　　　　　电话号码：

（四）备妥有关文件

开证行一旦开出信用证，只要单证相符，就承担了不可撤销的付款责任，因此，为了避免日后付汇时，因有关文件不具备而导致银行付汇与国家政策相矛盾的情况发生，因此，国家外汇管理局规定，申请人在申请开证时，就必须备妥有关文件，即将审核文件的“关口”前移。如进口商品属于我国许可证管理范围的，应提供许可证或登记证明、机电产品登记表等；申请人属于外管局需要进行“真实性审查”的企业，或不在外管局公布的“进口单位名录”（一般成立不满1年的新企业不能上该名录）里的企业，需要提供国家外汇管理局或其分支机构出具的备案表等。

三、开证行接受申请开出信用证并将信用证交通知行

开证行如接受申请人的开证委托，就必须在合理的工作日内开出信用证，并将信用证交通知行通知受益人。在实务中，开证行需注意以下几点：

（一）在开证前，开证行必须审核有关材料及其内容

1. 申请人的基本材料

银行通过审核申请人的基本材料，可了解申请人资信的基本状况。这些基本材料主要有：申请人营业执照；内资企业的经过外经局批准的允许其经营进出口业务的批文，或“三资”（外商投资、外商独资、外商合作）企业的外汇登证；国家质量技术监督局出具的申请人企业的组织机构代码证；企业的税务登记证（国税或地税均可）；申请人企业的各种印鉴样本，如公章、法人章、财务专用章、业务专用章等。

2. 审查该笔业务的贸易背景

开立无贸易背景的信用证必须在外管备案，而开立无贸易背景的信用证是各银行风险监控的重点，有的银行规定必须是总行才有权办理此类业务，省行作为一级分行和市行作为二级分行均无权办理。因此，一般情况下，开立信用证均需要有贸易背景。开证行应了解信用证项下的贸易情况，并对下列情况予以特别注意：

（1）热门商品（特别是已经明显形成炒买炒卖的商品）。由于价格变化时间短、幅度大，当市场价不利于开证申请人时，申请人拒付的可能性将大大增加，因此，开证行通常会对此类产品的进口开证谨慎处理。

（2）开立无货权凭证的信用证，如陆运的仓单、货物承运收据，空运的航空运单等。开证行由于无法掌握物权而可能面临申请人不付款而垫款，又不掌握货物的“钱货两空”危险，因此在这种风险较大的情况下，开证行更应谨慎处理。另外，对于有1/3提单必须在装船前由申请人自寄给受益人的条款的信用证，由于银行不一定能掌握物权，也需十分谨慎。

3. 审查申请人的保证金及付款计划

开证行与申请人谈妥保证金比例后，开证行必须在保证金到账后才能开立，并与申请人商谈“敞口”部分的资金到位时间或付款计划。

4. 审核开证申请人的开证申请书内容

银行一般对开证申请书的以下内容进行审核：

（1）受益人的名称和详细地址；

（2）信用证的种类：即期付款、承兑、议付或迟期付款；

（3）信用证开立的方式，尽量采用SWIFT方式开立；

（4）受益人应提交单据的种类、份数、出单人及措词等，各单据条款之间不能互相矛盾；

（5）货物名称及其价格条款等；

（6）起运港和目的港及转运港（如有），目的港在境内，需外管批准；

（7）货物的分批、转运条款；

（8）信用证的到期日（有效期）和到期地点、最迟装船日期。

另外，不得将与信用证无关的内容写入申请书中，也不得将模棱两可、可作弹性解释的或有争议的条款写入申请书中，对货物的描述不宜过于详细，等等。

（二）谨慎选择开证方式

开证有信开（Open by Airmail）和电开（Open by Telecommunication）两种。信开，是指开证行开立信用证后，以邮寄方式将信用证通知受益人或通知行；电开，是指开证行开立信用证后，以电讯方式通知受益人或通知行。如20世纪80年代使用的加注密押的电报（Cable）开立信用证、90年代前我国较多使用的加注密押的电传（Telex）开立信用证、90年代中后期至目前我国普遍使用的SWIFT开立信用证，均属于电开信用证。电开中又有全电开证（Full Cable）和简电开证（Brief Cable），开证行可根据申请人的要求，选择费用相对低廉、安全性好的开证方式。

（三）选择通知行

通知行有着特殊的地位。它不仅要承担通知行的义务和责任，并收取相应的通知费，而且有可能应申请人或开证行或受益人的要求，作为议付行、交单行、保兑行等参与信用证业务的进一步处理；同时，通过通知的信用证，通知行还能获取受益人等有关信息，使其在日趋激烈的同业竞争中取得先机，因此，通知行的选择对信用证项下的各方当事人都十分重要。在各方当事人中哪个有选择通知行的权利，国际惯例没有明确规定。在实务中，由于竞争的需要，开证申请人的意见通常占主导地位（只要申请人选择的该通知行不是由于其自身的原因而将妨碍信用证业务的正常操作），而由于申请人一般并不熟悉处于出口方国家的有关银行的资信情况，因此申请人的意见往往就是出口方受益人的建议。申请人在选择通知行（或电开中的收报行）时，通常尊重受益人的意见，选择受益人的账户行为通知行。当然，在申请人没有明确的选择意向时，可由开证行自主选择，或在一些不发达的国家或地区，申请人唯恐开证行开出的信用证不易被受益人接受，主动要求开证行选择信誉较佳的银行作通知行并兼负保兑行之责。

四、通知行将信用证通知受益人

当通知行收到开证行信开或电开的信用证后，根据国际惯例，并从维护国家和受益人的利益出发，通知行需做好以下几方面的工作：

（一）核验信用证的真伪

通知行收到开证行开来的信用证时，首先要核对印鉴（Specimen Signature）与密押（Test），即对信开信用证、简电开证中的简电证实书要核对印鉴；对电报或电传开立的信用证要核对密押；对SWIFT开立的信用证，在报尾有随报接收的“MAC”或“SWIFT，Authentication Successful with Primary Key”的标志，无须核验密押。对经核验印鉴与密押相符者，应在原函/电文上注明“印押相符”；对印鉴不符者，应根据具体情况向开证行或指定银行查询核实。在未核符之前，通知行如欲通知受益人，根据国际商会《跟单信用证统一惯例》（国际商会第500号出版物）及UCP600的相关条款，必须将印鉴暂不相符的情况如实告诉受益人，并在原信函或电文上注明“印或押不符，待证实”字样以警示受益人注意。

（二）审核信用证

1. 信用证的完整性审核

通知行首先应对信用证表面是否完整进行审核，如发现不完整、缺页、严重变字等，应及时向开证行发电查询，待收到表面完整一致的来证后方可正式通知受益人。

2. 政策性条款的审核

对外贸易，必须贯彻国家的方针、政策和法规。信用证作为结算方式的重要品种，而结算方式又是外贸业务中不可或缺的环节，因此，必须做好对信用证的政策性条款的审核。比如，凡我国规定不准与之进行贸易往来的国家和地区的银行开立的信用证不能接受；凡与我国签订政府间贸易协定、支付协定国家的人员进行的交易，有关信用证必须符合协定的规定。凡发现带有歧视性或政治错误的条款，通知行应向开证行交涉，并视具体情况进行相应的处理：或予以退回，或要求改正，或提请今后注意。

3. 开证行资信的审核

开证行的政治背景和资信情况、经营作风的好坏，直接关系到信用证能否安全收汇，因此，通知行必须了解开证行的资历、性质、在该国的地位；

了解所在国家、地区的政局是否动荡，经济情况是否恶化，是否受某国制裁等。如经审核后认为有风险，应提请受益人注意，并建议其视具体情况采取相应的措施：由其他大银行保兑，或由偿付行确认偿付，或要求加列电索条款，若信用证规定允许分批装运，则应尽可能分批出运，以降低风险。

4. 信用证可否撤销的审核

可撤销的信用证可以由开证行随时修改或撤销，不必事先通知受益人，对受益人的保障很少，因此，受益人一般不接受可撤销的信用证。若是可撤销信用证，通知行应提请受益人注意。根据《跟单信用证统一惯例》（UCP500），信用证只要不注明“可撤销”，即为“不可撤销”的信用证。而UCP600第二条，在信用证中的定义里就规定信用证是指一项不可撤销的约定，无论其名称或描述如何，该项约定构成开证行对相符交单予以承付的确定承诺，排除了可撤销信用证。在实务中，也有一些信用证以“不可撤销”之名，行“可撤销”之实。例如，在不可撤销信用证中加列了类似条款“货物需装指定船只，船名后告”，若开证行一直不告诉船名，信用证就一直无法执行，不可撤销信用证由于这一条款而形同空文，受益人需多加防范。

5. 信用证是否生效的审核

一般地讲，开证行开立的不可撤销信用证必须是已经生效的信用证（对开信用证除外），否则，开证行或指定银行不承担付款责任。但在实务中，常常会收到尚未生效的信用证：预通知信用证，在法律上是无效的；若信用证声明“详情后告”（或类似词语），或声明邮寄证实书将是有效的信用证文件，则该信用证是无效的；有的信用证上加列须待某规定事项完成后再行通知生效，如信用证规定待取得进口许可证、获得进口配额、收到受益人开立的对开信用证后生效等。对这类信用证，通知行也应提请受益人注意。

6. 信用证到期日和到期地点的审核

根据《跟单信用证统一惯例》（国际商会第500号出版物），所有信用证均需规定一个交单到期日和一个付款交单、承兑交单的地点。对自由议付信用证以外的议付信用证，尚须规定一个议付交单地点。UCP600第六条也作了类似的描述，若信用证没有规定到期日和到期地点，将引起各方的争议，对收汇产生不利影响。在实务中，由于信用证未规定到期日，可能产生有利于受益人而不利于开证行的解释，比如，可以解释为信用证一直有效，没有到期日，这样开证行的付款责任就一直无法解除，因此，一般开证行对到期日均有明确规定。在规定到期地点时，各开证行的做法有所不同。通常，大多数信用证规定在出口地到期，这对受益人比较公平合理，也便于受益人掌握主动；若信用证规定在开证行所在国或第三国到期，则开证行容易掌握主动权，但往往会引起受益人的不满，因为对于受益人而言，很可能因为单据传递延误造成过期交单，而遭受开证行或付款行的拒付，因而，在这种情况下，通知行应提请受益人注意，或要求申请人请开证行修改，或在申请人不同意修改的情况下，受益人适当提前交单，并将单据交信誉好、能上网查询到单记录的快件公司（如 DHL 在全国的分支机构）邮寄，以便正确估计邮递时间，掌握到单的时间和到单的证据，从而避免争议，顺利收汇。

7. 对信用证条款的审核

（1）凡信开、电传开立的信用证，审核其是否列明“根据 UCP500 开立”，或“根据 UCP600 开立”，或“根据最新国际惯例开立”的语句。

（2）若来证中带有软条款，应加以注明，提请受益人注意，如信用证附加生效条件、受益人无法控制或不易执行的信用证条款。

（3）若信用证条款不完整、相互间矛盾或含糊不清，应在通知信用证时提请受益人迳洽开证申请人要求开证行修改或澄清。

（4）对偿付条款进行审核。信用证中，若偿付路线和索汇路线迂回曲折、环节多以及有其他影响及时收汇的条款，要及时联系开证行予以修改。特别需要注意的是，如信用证开证行所在国家或地区属于被某国政府经济制裁，或其中内容（如产地、起运港、卸货港）有涉及被制裁国家、地区的，偿付路线应避开该国。例如，古巴是被美国制裁的国家，尽管全球的美元清算中心在美国纽约，但在古巴开出的美元信用证中，由于美国的制裁，进入该国的古巴美元将被强行冻结或没收，因此，古巴开证行不能指定美国的任何银行为偿付行或付款行，应避开美国，另辟蹊径，绕道他国。

（5）对信用证中费用条款进行审核。如规定费用由受益人承担，应提请受益人注意，如其不接受，由受益人迳洽开证申请人联系开证行修改。

（6）对信用证正、副本内容进行审核。信用证全套正、副本内容必须完整一致。在信开信用证中，有些国家的信用证的正、副本内容并不完全相同，而是相互补充，在这种情况下，通知行应在正本或副本上相应补齐。如南亚地区，有的信用证对议付行的关于偿付寄单方式的指示，仅在信用证副本上显示，为了避免出口地的议付行或交单行在凭正本信用证进行议付或处理信用证时，因通知行的遗漏而导致迟收汇甚至无法收汇，通知行（也往往同时担任议付行或交单行角色）必须将副本上关于偿付寄单方式的指示补充在正本信用证上。

（7）对信用证货币和金额审核。信用证的货币若为不可兑换的货币或金额大小写不一致，通知行应提请受益人注意。

（8）在信用证中对通知行的有关要求的审核。若信用证中指定通知行作为付款/承兑/延期付款/保兑银行，通知行须根据具体情况决定是否接受开证行的要求，承担有关责任。通常在实务中，对于是否保兑，情况较为复杂。信用证关于保兑，有三种描述："无须你行加保"（WITHOUT ADDING YOUR CONFIRMATION），"请你行加保"（ADDING YOUR CONFIRMATION），"你行可以加保"（YOU MAY ADD YOUR CONFIRMATION）。通知行在加保时，常常使用以下或类似的文句通知开证行及受益人："我行对信用证号为××、金额为××美元的信用证加具保兑，凡提交符合该证条款的单据并要求付款时，我行保证付款"（THE CREDIT NUMBER ×× FOR USD… BEARS OUR CONFIRMATION AND WE ENGAGE THAT DOCUMENTS PRESENTED FOR PAYMENT IN CONFIRMITY WITH THE TERMS OF THIS CREDIT WILL BE DULY PAID ON PRESENTATION），但通知行若因种种原因，在开证行要求加保的情况下，不愿意加具保兑，必须以快捷方式通知开证行，尽"告知"义务。

（9）对大额信开信用证的审核。对大额信开信用证（一般指等值10万美元以上），考虑安全因素，应联系开证行加押证实；对有疑问的信开信用证，也应联系开证行加押证实。

（三）通知行进行信用证登记，缮制通知面函

通知行必须将信用证有关内容进行登记以备用，并缮制通知面函，即信用证通知书（Notification of Documentary Credit）。

1. 通知面函的主要内容

通知面函的主要内容包括：通知日期、通知行编号、受益人名称、账号、开证行、偿付行、信用证编号、开证日期、有效期、金额、开证方式、索汇方式、寄单方式、页数、通知行费用负担方、通知行是否加具保兑等。通知面函上还应根据通知行审核的情况，分别说明：若为首次来证，请慎重处理；若信用证尚未生效，请切勿出货；若信用证印押未符，此证仅供参考，我行（通知行）已查询，待续告结果；若受益人要求第三家银行保兑，请与我行（通知行）联系；请注意我行（通知行）对来证中某些条款的提示，等等。

2. 通知面函上应加注注意事项

为了提请受益人注意通知行的有关做法，通知面函上应加注注意事项，如"贵司交单时，请将信用证及通知面函一并提交"；"我行保兑信用证，限向我行交单议付，否则保兑无效"；"非我行保兑信用证，不构成我行任何责任"；"费用由受益人负担时，对我行客户，我行会主动借记其账户，收取我行费用"，等等。

以下为某银行通知面函样式：

JSXT－2（二联）

中国银行

BANK OF CHINA

BANK OF CHINA ×××× BRANCH

ADDRESS：150 HEPING ROAD，

JIANGSU，CHINA

信用证通知书

NOTIFICATION OF DOCUMENTARY CREDIT

CABLE：CHUNGKUO

TELEX：361008 BOCCZ CN

SWIFT：BKCHCNBJ95E

FAX：0519－×××××

2003/08/18

TO 致：1186230 ×××× SEVEN STAR CO.，LTD		WHEN CORRESPONDING AD95E03A03637 PLEASE QUOTE OUR REF NO.	
ISSUING BANK 开证行 8500013 BANK OF CHINA（HONG KONG）LIMITED 3/F，BANK OF CHINA CENTRE，OLYMPIAN CITY，11 HOI FAI ROAD， WEST KOWLOON，HONG KONG		TRANSMITTED TO US THROUGH 转递行 REF NO.	
L/C NO. 信用证号 A－90－V－22100	DATED 开证日期 2003/08/13	AMOUNT 金额 USD31，350.00	EXPIRY PLACE 有效地 LOCAL
EXPIRY DATE 效期 2003/09/07	TENOR 期限 DAYS	CHARGE 未付费用 RMB0.00	CHARGE BY 费用承担人 BENE
RECEIVED VIA 来证方式 MAIL	AVAILABLE 是否生效 VALID	TEST/SIGN 印押是否相符 YES	CONFIRM 我行是否保兑 NO

DEAR SIRS，迳启者：

WE HAVE PLEASURE IN ADVISING YOU THAT WE HAVE RECEIVED FROM THE A/M BAND A（N）LETTER OF CREDIT，CONTENTS OF WHICH ARE AS PER ATTACHED SHEET（S）.

THIS ADVICE AND THE ATTACHED SHEET（S）MUST ACCOMPANY THE RELATIVE DOCUMENTS WHEN PRESENTED FOR NEGOTIATION.

兹通知贵司，我行收自上述银行信用证一份，现随附通知，贵司交单时，请将本通知书及信用证一并提示。

REMARK，备注：

PLEASE NOTE THAT THIS ADVICE DOES NOT CONSTTTUTE OUR CONFIRMATION OF THE ABOVEL/C NOR DOES IT CONVEY ANY ENGAGEMENT OR OBLIGATION ON OUR PART.

THIS L/C CONSISTS OF　　SHEET（S），INCLUDING THE COVERING LETTER AND ATTACHMENT（S）.

本信用证连同面函及附件共　纸

IF YOU FIND ANY TERMS AND CONDITIONS IN TIIE L/C WIHCH YOU ARE UNABLE TO COMPLY WITH AND OR ANY ERROR（S），IT IS SUGGESTED THAT YOU CONTACT APPLICANT DIRECTLY FOR NECESSARY AMENDMENT（S）SO AS TO AVOID ANY DIFFICULTIES WHICH MAY ARISE WHEN DOCUMENTS ARE PRESENED.

如本信用证中有无法办到的条款/或错误，请迳与开证申请人联系，进行必要的修改，以排除交单时可能发生的问题。

THIS L/C ADVISED SUBJECT TO ICC UCP PUBLICATION NO. 600.

本信用证之通知系遵循国际商会跟单信用证统一惯例第600号出版物办理。

此证如有任何问题及疑虑，请与国际结算部出口科联络，电话：81089001

YOURS FAITHFULLY.

FOR BANK OF CHINA

（四）通知行通知信用证

通知行在审核信用证、缮制通知面函后，必须以电话、快邮等快捷方式通知受益人到通知行取得信用证，或以特快专递方式直接将信用证寄交受益人。

五、受益人按信用证的要求向指定银行交单议付

（一）受益人审证发货

受益人收到信用证后，首先须对信用证进行审核，以确定信用证与合同是否一致。如信用证与合同相符，则备货发运；如信用证与合同不相符，须联系开证申请人，要求其请开证行修改信用证的有关条款或内容。

受益人审核信用证的要点为：信用证是否为不可撤销；信用证的到期日和到期地点是否合理；信用证是否已经生效；申请人、受益人的名称和地址是否正确；信用证金额是否准确，大小写是否一致；货物的名称、数量、质量、单价、价格术语是否与合同相符；是否可分批装运、转运；信用证规定的单据能否出具；付款条件；是否根据《跟单信用证统一惯例》（国际商会第500号出版物）开立；通知行的身份，即通知行是否就是付款指定银行，或限制议付行、保兑行等。

受益人在审核信用证无误后，即可根据信用证的要求在规定的期限内发货。

（二）受益人缮制和备妥规定的单据

受益人发运货物以后，须按信用证的要求缮制和备妥规定的单据。

由受益人缮制的单据，主要是指受益人有权出具的，并且信用证未明确规定出单人的单据，如发票、装箱单、装船通知、受益人证明、没有明确规定由第三方出具的产地证等。受益人在缮制单据时须注意下列要点：

1. 对发票的要求

（1）发票的抬头一般应为开证申请人（除非信用证另有规定）；

（2）由于发票是“中心单据”，因此发票必须尽可能完整地反映信用证的规定和要求，不但货名描述、数量、单价、价格术语、总值等与货物或货物价值有关的要素必须明确表明，而且与货物或货物价值似乎无关的，但信用证通常在“货名描述”一栏提及的内容也必须显示在发票上，如进口许可证号、贸易合同号等；

(3) 金额总分额之间不能互相矛盾，要和信用证规定相符合。

2. 对汇票的要求

(1) 金额与发票、信用证规定不矛盾。在实务中，由于明佣、暗佣的存在或其他原因，汇票金额可能与信用证有所差异，但这种差异不能与发票、信用证规定相矛盾。

(2) 付款人符合信用证的要求。在实务中，尽管根据《跟单信用证统一惯例》，“开立信用证时不应以申请人作为汇票付款人。如信用证仍规定汇票付款人为申请人，银行将视此汇票为附加的单据”，但一些亚洲国家的银行仍然以申请人为付款人，或有的以开证行和申请人作为共同付款人。在这种情况下，由于单证相符是开证行付款的唯一条件，因此，受益人制作汇票时，付款人必须符合信用证的要求。如南亚某银行开立的信用证条款规定，“...DRAFT DRAWN ON ABC BANK FOR ACCOUNT OF THE APPLICANT”，则付款人不能表示为“ABC BANK”，而应表示为“ABC BANK FOR ACCOUNT OF THE APPLICANT”才符合信用证的要求。

(3) 在信用证规定的有效期内出具。

(4) 不能遗漏背书，背书必须正确。受益人必须备妥的单据，是指受益人无权出具的信用证规定的单据，如由运输公司出具的提单、由保险公司出具的保险单或保险证明、由国家商检局出具的检验证等。这类单据尽管不是由受益人缮制，但受益人仍然须负责它们的正确性，及与信用证规定的一致性，必须进行认真的审核。开证行在挑剔不符点时，并不因为单据由谁缮制而区别对待，即无论何种单据，只要与信用证规定不符，存在不符点，均可拒付。

单据制作详见第七章“国际结算中的单据”。

(三) 受益人交单议付

受益人缮制和备妥信用证规定的单据后，经单证部门的初步审核即可到银行交单议付。

受益人交单时需注意选择议付行：

1. 信用证限制指定银行议付

在信用证规定由指定银行议付时，受益人须将单据、信用证正本及信用证的修改（如有）直接交指定银行议付；但在受益人与议付行不在同一城市或地区时，可交在同一城市或地区的账户行担任交单行，由其在单据初审后转交指定银行办理议付。值得注意的是，限制议付或类似指令，必须由开证行或保兑行（如有）发出才对受益人具有约束力，其他银行强加于信用证的有关这方面指令均可视为无效。在实务中，由于银行的竞争，有些银行，特别是作为通知行的银行，通过通知信用证了解了受益人的有关信息，进一步希望争取受益人在该行办理信用证的议付业务，因此，往往在信用证或通知面函上加注“本证限制在我行议付”（This L/C available with by us for negotiation）或类似的字样、印章等，对此类条款，受益人完全可以置之不理。

2. 信用证未限制指定银行议付，为自由议付信用证

当信用证为自由议付信用证时，受益人可根据情况选择议付行。由于议付行对受益人能提供融资便利，并负责对信用证议付项下货款的索偿、催收等，因此，选择议付行对受益人颇为重要。受益人一般宜选择信誉好、审单业务能力强、结算方便快捷、收费低廉的银行作为议付行。

六、议付行议付受益人提交的单据并向开证行要求索偿

（一）议付行议付受益人提交的单据

所谓议付（Negotiation），是指议付行买进受益人提交的单据或受益人出具的汇票及所附单据，在我国俗称“出口押汇”或“有追索权的买单”。根据《跟单信用证统一惯例》（国际商会第500号出版物），“议付是指被授权议付的银行对汇票及/或单据付出对价的行为。只审核单据而不付出对价不构成议付”。UCP600第二条规定：“议付是指指定银行在相符交单下，在其应获偿付的银行工作日当天或之前向受益人预付或者同意预付款项，从而购买汇票（其付款人为指定银行以外的其他银行）及/或单据的行为。”因此，议付的实质是议付行对受益人的垫款。在大多数情况下，此类垫款是以受益人提供符合信用证规定的单据为前提条件的。当然，在实务中，也有些银行，考虑到受益人的信誉较好；同时，开证申请人是受益人多年的贸易伙伴，或与受益人有密切的母子、兄弟关系（如我国的许多外商独资、合资、合作“三资”企业与国外企业就是这种关系），因此尽管单据出现了实质性的不符点，如过装期、效期等，这样，即使单据与信用证不符，但收汇风险仍然较小，银行也将根据受益人的还款保证或申请人的付款保证作信用证项下的议付（除非信用证明令禁止），即“凭保议付”（Negotiation under the guarantee）。另外，由于在议付时，受益人需承担一

定的利息[①]，因此它也是一种票据（汇票）的贴现行为。

议付行办理议付后成为汇票的善意持票人，如遇开证行拒付，有向其前手即受益人进行追索的权利。

议付行议付后，为监控信用证议付金额，防止重复议付，应在信用证正本的背面将有关议付的内容作记录，通常须包括议付日期、本次议付金额、信用证目前尚有余额、银行的审单人员签名等，俗称“背批”（Endorsement），而不管信用证有否此项背批要求。

（二）议付行索偿

议付行议付受益人的单据后，必须立即向开证行或保兑行（如有）寄单，同时向偿付行索偿；若无偿付行，则向开证行寄单索偿。议付行寄单索偿时，必须缮制面函（Cover Letter，Documentary Remittance），俗称 BP（Bill of Purchase），并将面函与单据装订在一起寄往开证行。

议付面函是议付行索偿的依据和指示，主要内容如下：

（1）抬头致收单行（一般为开证行或保兑行），并详细注明其名称、地址。

（2）议付的金额、扣费情况，如银行费用由申请人承担，还需列明银行费用；如银行费用由受益人承担，不需列出银行费用。

（3）关于单证一致的声明，根据何种惯例议付（通常为 UCP500 或 UCP600）。

（4）显示信用证号码、开证行、受益人名称、受益人参考号（通常为受益人的发票号）。

（5）寄单说明，面函中通常以固定格式说明各种单据的名称、份数，是一次寄单还是二次寄单。

（6）付款指示，包括要求将款项付到议付行或其总分行在哪家银行的哪个账号，用什么方式划拨等。

以下为某银行的议付面函样式：

---

① 利息的计算公式为：押汇金额×押汇利率（年息）×押汇天数［即期为单据邮寄到开证行的天数+开证行审核单据的合理时间，即通常为7天（UCP600 为5天）+开证行或指定银行的付汇工作日，即通常为3天；远期为到期日减押汇日的天数+开证行或指定银行的付汇工作日，即通常为3天］/360天

×××　BANK
CZBF
ADDRESS: 150 HEPING SOUTH ROAD
JIANGSU,CHINA
CABLE: CHUNGKUO
TELEX: 361008 BOCCZ CN
SWIFT: BKCHCNBJ95E

DOCUMENTARY REMITTANCE

FAX: 0519　-8108903
2003/08/08　YEAR -MONTH -DAY

WHEN CORRESPONDING
PLEASE QUOTE OUR REF. NO.　BP95E03A07143

REIMBURSING/DRAWEE BANK

HONGKONG AND SHANGHAI BANKING CORPORATION LTD.,
LEVEL5,HSBC MONGKOK,673
NATHAN ROAD,MONGKOK,KOWLOON HONGKONG
ATT.TRADE SERVICES KWD DIV.TEAM 1

DEAR SIRS,
WE ENCLOSE THE FOLLOWING DOCUMENTS NEGOTIATED BY US UNDER THE CREDIT MENTIONED BELOW AND CERTIFY THAT ALL TERMS AND CONDITIONS OF THE CREDIT HAVE BEEN COMPLIED WITH UNLESS
OTHERWISE SPECIFIED HEREUNDER.

CREDIT NO.: BBCLCK119323
ISSUED BY: HONGKONG AND SHANGHAI BANKING CORPORATION LTD.,HONGKONG
BENE: INTERNATIONAL CORP.,OF ECONOMIC AND TECHNICAL CORP LTD.,
BENE'S REF: CIC03 -DD081A

TENOR: AT SIGHT		MATURITY://	VALUE DT://			AMOUNT	1,990.47
							0.00
P.ADV	ADV/CONF	AMEND	NEG/PAY/ACCEP	POST	CABLE	NET AMT	1,990.47
0.00	0.00	0.00	0.00	0.00	0.00	OUR CHG	0.00
						TTL AMT	USD1990.47

DOCUMENTS:

DRAFT	COMM INV	CUST INV	PACKWT LIST	ORIG CERT	G.S.P FORM A	QUAL/QUAN CERT	INSP/ANALY CERT	EL/SHIP CERT
	4/4		2/2					
INS POLICE DECLAR	BL/AWB PPR/CR	N-N BL/CR	TLX/FAX CABLE	BENE LTR.CERT	SSCO CERT	POST RECEIPT		
		1/1		1/1*2				

ADV NO:AD95E03A00030

IN REIMBURSEMENT:

PLEASE PAY THE TOTAL AMOUNT TO BANK OF CHINA,NEW YORK FOR CREDIT OUR JIANGSU BRANCH ACCOUNT WITH THEM VIA CHIPS① ABA②326 ACCOUNT UID③200257 UNDER ADVICE TO US QUOTING OURREFERENCE NUMBER MENTIONED ABOVE

INSTRUCTION TO THE REIMBURSING BANK

REMARKS:
DOCUMENTS PRESENTED WITH DISCREPANCIES

Yours faithfully,
For ××× BANK

Authorized signature(s)

Unless otherwise specified the negotiation is subject to ICC500

注：①CHIPS 是一个私营的、依靠大规模电脑网络进行运行的支付清算系统，它的全称为“Clearing House Interbank Payment System”（同城银行间清算系统）。

②ABA全称为“American Bankers Association Numbers”（美国银行协会号码）。

③UID是“CHIPS”为每个客户编制的六位数代码，以方便“CHIPS”自动处理收付款，它的全称为“Universal Identification Number”（统一身份证号）。

七、开证行审核单据确认单证相符并向议付行付款

（一）开证行审核单据

开证行收到议付行寄来的单据后，根据 UCP600，必须在交单次日起的至多5个银行工作日内审核单据，以确定交单是否相符。银行审核单据时需注意以下几个方面：

1. 审单原则

（1）表面一致的原则。根据《跟单信用证统一惯例》（国际商会第500号出版物）及 UCP600 的相关条款，银行必须合理小心地审核一切单据，以确定其表面是否符合信用证条款和条件的要求，各种单据之间表面上不一致将被视为表面上与信用证条款不相符。银行只管表面不管实质，是信用证结算方式区别于其他方式的显著特点。对此，受益人必须有足够的认识。例如，我国某外贸公司出口国外一批价值为 USD50 000.00 的红枣，信用证规定的货名描述为“二级红枣”，由于受益人库存没有二级红枣，只有品质好于二级的一级红枣，为了与国外贸易商建立长久的合作关系，受益人决定在信用证规定的价格等不变的情况下，将一级红枣当二级红枣出口给外商，在单据上货名描述显示为“一级红枣”，但单据到达开证行后，开证行以“货名描述‘一级红枣’与信用证规定的‘二级红枣’不符”为由拒绝付款。受益人追悔莫及。又如，我国某外资企业出口某地区一批电器产品，发票的货名描述为“某电器及样品说明书”，而信用规定的货名描述为“某电器”，出口地议付行曾劝说受益人将货名描述更改为与信用证相符的“某电器”，但受益人认为说明书称不上是“货物”，又已经是与申请人第二次做生意，因此拒绝修改。但开证行收到单据后，还是进行了拒付。

（2）关于单据与信用证“严格符合”与“实质符合”的分歧。众所周知，单据只有在符合信用证要求的情况下，开证行或保兑行（如有）才承担第一性付款责任，但单据与信用证的“符合”是“严格符合”还是“实质符合”，在国际结算中颇有争议。

“严格符合”，要求单据与信用证“严格符合”，即“照镜子现象”，单据与信用证的要求、描述“一模一样”，单据中的明显拼写错误（如“sea - land ”误拼成“sae - land”）、同一含义用不同的词语表达（如同是花生，信用证用“groundnut”，单据用“peanut”），均将被视为不符合信用证的要求。这种观点的产生没有理论依据，国际商会的许多案例表明：国际商会的专家们并不支持这种观点。但它的产生，有其现实根源：由于进口人很容易在市

场行情下跌时，以单据不符合信用证条款为由拒收银行已经接受的，并凭已作出付款或承兑的单据，而银行经营的是金融业务，不是货物买卖业务，一般不熟悉有关货物特定行业的做法或惯例等，也不可能具备各行业的专门知识，进口人拒收单据的结果势必将导致银行处于极大的困境，因此，银行特别是作为开证行只有将单据审核的标准定得极为严格，才能掌握主动，有效避免因单证是否相符的争议而产生垫款的情况。

“实质符合”，对单据要求比较宽松，只要单据与信用证的要求大体相符，即可视为单证相符，这种观点，得到了国际商会大多数专家的认同。但专家的认同并不能成为制单的依据、解决纠纷的有效武器，因此，在实践中还需要根据不同的情况正确处理。

在实务中，作为出口方受益人或出口地的银行（如议付行），为了顺利从开证行或保兑行（如有）处得到货款，必须准备开证行或保兑行（如有）或开证申请人的挑剔，将单据做到与信用证要求“严格符合”；而作为进口方开证申请人或开证行或保兑行（如有），为了维护自己的良好形象和信誉，不宜过分苛求单据与信用证的严格一致，应坚持“实质符合”的观点。

（3）对出单人而言的模糊用语，如信用证使用了诸如“第一流”（first class）、“著名”（well known）、“合格”（qualified）、“独立”（independent）、“正式”（official）、“有资格”（competent）、“当地”（local）及类似（and the like）意义的词语来描述信用证项下应提交的任何单据的出单人，只要所提交的单据表面与信用证其他条款相符，且并非由受益人出具，银行将照予接受。

（4）对出单人或单据内容未作规定。当要求提供运输单据、保险单据和商业发票以外的单据时，若信用证对出单人或单据内容未作规定，只要所提交单据的内容与提交的其他规定单据不矛盾，银行将接受此类单据。如产地证，若信用证没有规定由谁出具、内容是什么，则受益人可以自己出具，内容只要表明货名描述、货物产自何地即可。

（5）关于正、副本。除非信用证另有规定，银行应接受表面已注明“正本”的，如必要时已加签字的，看来用影印（Reprographic）、自动处理（Automated）、电脑处理（Computerized systems）及复写方式（Carbon copies）制作的单据作为“正本单据”。

除非信用证另有规定，银行将接受标有副本字样或没有标明正本字样的单据作为副本单据。

如信用证根据 UCP600 开立，根据其第十七条，如果信用证要求提交单据的副本，提交正本或副本均可。

（6）单据的份数。信用证规定的每一种单据须至少提交一份正本；信用证要求提供多份单据时，如一式两份（Duplicate）、两套（Two folds）、两份（Two copies），可以提交一份为正本，其他用副本单据来满足，但单据本身另有显示者除外。

2. 对主要单据的审核

（1）汇票的审核。汇票应具备法定记载事项，并由出票人签署；出票人应为信用证的受益人；汇票期限应与信用证所规定的相符；汇票金额大小写必须相符，并与信用证规定、发票相符；正确列明开证行、信用证号码、开证日期；适当背书；票面不宜涂改等。

（2）商业发票的审核。

①除非信用证另有规定、或者转让信用证项下，商业发票的出具人与汇票的出票人相同，在绝大多数情况下为信用证的受益人。

②除非信用证另有规定，抬头为开证申请人。

③显示的合同号与信用证规定一致。

④唛头符合信用证要求，或在信用证没有规定时，与其他单据一致。

⑤金额在总、分之间互不矛盾，并与信用证规定、汇票相符。

⑥注意上下浮动幅度，如信用证的金额、单价、商品数量前有“大约”（About、Circa）字样，则有关金额、单价、数量允许有10%上下浮动幅度；除非信用证规定货物的数量不得增减外，在所支款项不超过信用证金额的条件下，货物的数量准许有5%上下浮动幅度，但当信用证规定数量以包装单位或个体计数时，此项浮动不适用。

⑦货名描述应完整、正确，与信用证规定相符。

⑧提供的单据份数不能少于信用证规定的数量。

（3）运输单据的审核。

①运输单据的种类必须与信用证规定相符。

②运输单据应具备法定条件并由运输公司（如船公司、航空公司等）或其代理人签名。

③除非信用证另有规定，必须提交全套提单。

④收货人和被通知人名称、地址、起运港、目的港、装运日期等，应符合信用证规定。

⑤除非信用证另有规定，发货人（Shipper）通常为受益人或转让信用证中的受让人，但若是受益人以外的一方作为发货人，也可接受。

⑥除非信用证另有规定，银行应接受的运输单据的种类为：涵盖至少两种不同运输方式的运输单据（Transport Document Covering at Least Two Different

Modes of Transport)、提单（Bill of Lading），不可转让的海运单（Non－Negotiable Sea Waybill），租船合同提单（Charter Party Bill of Lading），空运单据（Air Transport Document），公路、铁路或内陆水运单据（Road，Rail or Inland Waterway Transport Documents），快递收据，邮政收据或投递证明（Courier Receipt，Post Receipt or Certificate of Posting）。

⑦除非信用证另有规定，银行不接受的提单种类为：不洁净提单（Unclean B/L）、帆船提单（Sailing Vessels B/L）、货装舱面提单（On Deck B/L）。

⑧提单签发日期不能早于保险单日期。

⑨提单货名可以用通称（General term），唛头、数量、重量、船名、线路等应与信用证相符，并与其他单据一致。

⑩提单上价格条款或有关运费的记载必须与信用证及其他单据一致。如CIF 、CAND F，相应的费用记载应为“Freight Prepaid”（运费已预付），或“Freight Paid”（运费已付）；FOB ，相应的费用记载应为“Freight Collect”（运费代收）或“Freight payable at destination”（目的地支付运费）。

⑪提单抬头若为“To order of shipper”、“To shipper's order”、“To order”，均应做背书。

⑫收妥备运提单（Received B/L），必须于货物实际装船后，加注“On Board”（已装船）字样及已装船日期。

⑬修改提单，必须在更正处加盖更正章及船公司或其代理人、船长的小签（Initial Signature，即签上姓氏）。

⑭提交的单据份数完全符合信用证规定的数量。

（4）保险单的审核。

①应明确标明保险单的全套正本份数，并且除非信用证另有规定，必须提交全套正本保险单。

②保险单据必须由保险公司（Insurance Company）或承保人（Underwriters）或他们的代理人（Agents）开立及签署，除非信用证另有规定，银行不接受由保险经纪人（Broker）签发的暂保单（Cover Note）。

③保险单日期必须早于或等于提单的日期。

④除非信用证另有规定，保险单显示的金额、币别必须与信用证要求一致。

⑤投保的险种必须符合信用证的要求。若信用证使用了含义不明确的条款，如“通常险别”（Usual Risks）或“惯常险别”（Customary Risks），银行当按照所提示的保险单予以接受。

⑥除非信用证另有规定，银行将接受证明受免赔率（Franchise）或免赔额约束的保险单据。

⑦当信用证规定“投保一切险”时，银行应接受含有任何“一切险”批注或条文的保险单据，不论其有无“一切险”标题，甚至表明不包括某种险别。

⑧保险单的船名、航程、装运港、目的港、唛头等应与提单、发票等其他单据一致。

⑨应表明赔付地点、在目的地的支付赔款代理人、支付的货币种类。信用证如无此项规定，赔付地点可以选择在进出口人的任何一方。

⑩信用证要求保险单（Insurance Policy）时，不得以保险凭证（Insurance Certificate）代替。

⑪份数完全符合信用证的规定。

（5）装箱单、重量单的审核。

①单据的名称和份数必须和信用证要求相符。

②货物的名称、规格、数量及唛头等，必须与其他单据相符，可以相互补充，不可互相矛盾。

③数量、重量及尺码的小计必须吻合，并与信用证、提单、发票等单据相符。

④提供的单据份数不能少于信用证规定的数量。

（6）产地证的审核。

①必须由信用证指定的机构出具，若信用证无此项规定，可以由包括受益人在内的任何人出具。

②内容必须符合信用证的要求，并与其他单据不矛盾。如信用证规定货物为某地生产，则产地证必须表明为某地生产。

③含有检验意义的产地证的日期不能迟于提单，特殊产地证的格式必须符合进口国惯例的要求。

④提供的单据份数不能少于信用证规定的数量。

（7）检验证的审核。

①必须由信用证规定的检验机构检验并出具检验证。

②检验项目及内容必须与信用证要求相符，检验结论不能为“不符合合同要求”或类似表明货物有瑕疵的叙述。例如，出口货物为服装的信用证中要求提供“断针检验报告”，检验证上的检验结论不能为“有断针”；出口货物为化学品的信用证中要求提供“化学成分检验报告”，检验结论不能为“某元素没有达到合同要求”等。

③检验日期一般不能迟于提单（特殊情况除外）。

④份数不能少于信用证规定的数量。

(8) 领事发票的审核。

①由信用证指定的机构、级别签署。

②内容必须与发票及其他单据一致。

③日期一般不能迟于提单。

④提供的单据份数不能少于信用证规定的数量。

(二) 开证行偿付或拒付

开证行经审核认为与信用证相符，应将款项和银行费用（如有）付给议付行；若开证行发现单据与信用证不一致，可以拒绝付款，但必须在交单次日起的至多5个银行工作日内（根据UCP600）通知议付行，表示拒绝接受单据，同时告知凭以拒付的不符点，并声明单据是否退回或代为保管、听候处理。如超过合理时间不表态，也不提出拒付，开证行即丧失拒付的权利，单据即使有不符点，开证行也不能拒付；如开证行延迟付款，议付行有权加收利息。开证行一旦付款，即是终局性付款，对有关各方均无追索权，即不能事后发现不符点而要求退款。在实务中，因银行不同，具体操作而有所不同：在国外许多银行及我国的绝大部分银行，开证行通常不主动审单，而是借单给申请人，由申请人审单，即便个别开证行按国际惯例规定行审单之责，但在审单后发现单据与信用证规定不符时，往往也不是立即提出拒付，而是征求开证申请人的意见，如开证申请人接受，开证行即予以付款，如开证申请人不接受，开证行才拒付；而在我国港澳地区，绝大部分开证行，由自己审核单据，并首先独立作出是否要拒付的决定，如单证不符，不待征求开证申请人的意见，便先行通知议付行表示拒付，而后才将单据情况通知开证申请人以等待申请人的进一步指示，若开证申请人接受单据，开证行才予付款，并扣除相应的不符点费用（一般在45~60美元）。

(三) 偿付行偿付

当开证行在信用证中指定第三家银行为偿付行，要求议付行向偿付行索偿时，必须向其指定的偿付行发出偿付授权书（Reimbursement Authorization），如该行愿意作为开证行的偿付行，则议付行须向开证行寄单，同时以快捷方式（如电讯、快邮等）向偿付行索偿。偿付行收到索偿通知书后，只要索偿金额不超过开证行的偿付授权书金额，就应立即根据指示向议付行付款。如果索偿行未能得到偿付行的偿付，开证行须承担最终的付款责任；如偿付行未能及时偿付，开证行应承担由此而引起的议付行的利息损失。根据《跟单信用证项下银行间偿付统一规则》(国际商会第525号出版物)(the Uniform Rules for Bank - to - Bank Reimbursements under Documentary Credits, ICC Publication No. 525),偿付行和索偿行应该注意以下几个方面:

1. 偿付行

(1)如果偿付行收到索偿指示但不准备履行偿付责任时,它必须毫不延迟地以电讯方式(若不可能,则以其他快捷方式)通知这一事实,该项通知应发送给索偿行和开证行。如有偿付保证时,必须告知不履行偿付的原因。

(2)除非经偿付行和索偿行同意,偿付行只将索偿行的索偿款项支付给索偿行。

(3)当索偿指示中含有"凭保付款、承兑或议付"或类似词语的批注时,偿付行可不予置理。

(4)偿付行应有不超过收到索偿通知书3个工作日的合理时间处理偿付,营业时间外收到的索偿将被视为下一个工作日收到。

(5)偿付行对索偿行倒起息(早于索偿日起息)的请求可以不予置理。

2. 索偿行

(1)索偿方式必须符合信用证的要求。在实务中,日本等一些国家的信用证通常规定"电索不允许"(T/T Reimbursement Not Allowed),在这种情况下,索偿行必须邮寄索偿通知取得偿付,不能以电讯方式代替;即使在不符点单据项下,开证行通知了议付行并授权其可以"凭保索偿"的情形下也是如此。

(2)索偿指示必须清楚明确。必须明确注明信用证号及开证行名称,必须注明索偿的本金、附加金额及费用。

(3)逐笔索偿,即不能在同一索偿指示中包含多笔业务进行索偿。

(4)若远期汇票以偿付行为付款人,索偿行必须将汇票连同索偿指示送偿付行处理。若信用证或偿付保证规定,索偿指示还必须包括其他内容时,索偿行必须满足此项要求。在实务中,有的信用证规定议付行在索偿时,必须告之本次议付的货物名称、产地、数量、起运港、目的港等,在这种情况下,担任索偿行的议付行必须照办。

(5)索偿时间的掌握。索偿指示必须注明预定偿付日。索偿指示不应在早于预定偿付日的偿付行10个工作日之前发给偿付行;若索偿指示早于10个工作日提示给偿付行,偿付行可不予处理。

八、开证行请受益人付款并将单据交受益人

开证行履行付款责任后,应立即通知开证申请人付款赎单,开证行的赎

单通知被银行的业内人士称为"AB单"（Accepted Bill）。

开证申请人在接到开证行的赎单通知后，必须立即到开证行付款赎单，当然在赎单之前可以审核单据，如发现不符点，也可提出拒付，但拒付理由必须是单据表面的"单证不符"（单据与信用证不符）或"单单不符"（单据与单据内容不符），诸如属于货物质量等非单据表面问题，不能作为拒绝付款的理由；同时，作出拒付还必须在规定的时间内。另外，如开证申请人已向银行申请出具提货担保，则无论单据有否实质性的不符点，均不能拒付。

开证申请人取得单据后，若货物已到达港口，可以凭提单到运输公司立即取得货物；若货尚未到达，可先查询到货日期，待到货时凭单提货。开证申请人取得货物后，如发现货物的实际质量、数量或包装等与贸易合同或信用证要求不符，甚至与单据表面描述的不一致，开证申请人不能因此向开证行提出赔偿要求，而只能根据不同的情况进行处理：若属于出口方受益人过错或过失造成，可向受益人提出赔偿；若属于运输公司过错或过失造成，可向运输公司提出赔偿；若属于保险公司过错或过失造成，可向保险公司提出赔偿，等等。必要时，可申请仲裁或向法院起诉。

【案例】国内某贸易公司收到一份由国外K银行开出的一份信用证，在信用证中存在"软条款"："装运只有在收到本证修改书，指定运输船名和装运日期时，才能实施"（SHIPMENT CAN ONLY BE EFFECTED UPON RECEIPT OF AN AMENDMENT OF THIS CREDIT ADVISING NAME OF CARRYING VESSE/AND SHIPMENT DATE）。装船前，申请人来产地验货，以货物质量不合格为由，拒绝签发"装运通知"，致使货物滞留产地，贸易公司根本无法发货收汇。

【分析】类似这种带有"软条款"的信用证，使得主动权掌握在申请人手中，而受益人却面临若申请人拒发装运通知，则无法提交全套单据给银行议付的风险。另外，在实务中也存在由于申请人出具的签名不符，而被议付行拒付的案例。因此，通知行收到"软条款"的信用证，应及时向受益人进行相关风险提示。

第四节　信用证的种类

常见的信用证按其用途、性质、付款期限、流通方式、可否转让、是否循环使用等情况，大体可以分为如下类别。

一、按用途及是否随附单据，可分为光票信用证（Cash/Clean Credit）和跟单信用证（Documentary Credit）

（一）光票信用证

光票信用证，是指不随附单据的信用证，其主要用于非贸易项下，如个人消费、旅游、使领馆经费等。它的产生和使用早于跟单信用证，曾在历史上发挥过很大作用，但目前，由于国际结算方式的不断演变和发展，其功能已被旅行支票和信用卡取代，现在已经很少见到。

光票信用证的主要内容是：申请人向银行申请开立信用证，并交受益人，受益人可在信用证有效期内，在信用证总额的范围内，一次或数次向指定银行凭汇票或支取收据支取现金。其主要业务程序为：

（1）开证。申请人向银行申请开立信用证，交押金（Margin），留印鉴，开证银行开出信用证。

（2）兑付。取现时受益人出示信用证，印鉴卡，填写支款收据或汇票。议付行核对信用证印鉴，核对受益人签字后，用买入外汇汇价折算，减去贴息后付受益人现金。信用证金额如未使用完毕，议付行背批后交还受益人自己保存；如信用证已过效期或金额已用完，则信用证不再退还受益人。议付行议付后根据信用证偿付条款向开证行索偿。

（3）挂失。受益人如将信用证丢失，可直接向开证行挂失，也可通过议付行向开证行挂失，由开证银行通报所有议付行止付。

光票信用证只能由信用证指定银行兑付，没有旅行支票方便，支付手续也不如旅行支票和信用卡简便、严密。

（二）跟单信用证（Documentary L/C）

在付款、承兑和议付时不仅凭汇票，还需要随附商业单据，如发票、提单、装箱单、保险单等。国际贸易结算中使用的信用证绝大多数都是跟单信用证，通常所讲的信用证，也是指跟单信用证。跟单信用证的核心是单据，银行通过掌握货权单据来掌握货权，通过转移货权单据转移货权，根据单据提供信贷，保证付款，促进国际贸易的发展。

二、按性质可分为可撤销信用证和不可撤销信用证

（一）可撤销信用证

可撤销信用证（Revocable L/C），是指开证行开立信用证后，不必征得受益人同意，根据开证申请人的要求，可以随时撤销和修改的信用证。开证行

在撤销后，甚至可以不必将信用证已撤销的事实通知受益人，但必须通知信用证的通知行，只有在通知行收到有关通知后，才能生效。当然，根据《跟单信用证统一惯例》（国际商会第500号出版物），在这种情况下，必须有前提条件，即通知行在此期间还未办理信用证项下的付款、议付或承兑。也就是说，只有当通知银行在没有接受单据的情况下，收到撤销或修改通知，开证申请人对开证银行应负的责任才告终止。反之，如果通知行已经议付了出口商的汇票和单据，开证行仍需负责偿付。这一点在可撤销信用证上都要注明。

根据《跟单信用证统一惯例》（国际商会第500号出版物），可撤销信用证可根据申请人要求规定到期日，也可不规定，如不规定到期日，从银行通知受益人日起算，有效期为6个月。这个期限其实没有实际意义，因为进口商对出口方所交货物或交货日期，或任何其他方面有不满意时，都可以对信用证加以修改或撤销（A revocable credit may be amended or cancelled at any moment without prior notice to the beneficiary）。

《跟单信用证统一惯例》（国际商会第500号出版物）及以前的国际惯例承认可撤销的信用证主要基于以下三方面的原因：

（1）由于贸易双方需受合同的约束，单方不履约将被罚款并因此而影响自己的信誉。因此，尽管从理论上而言，信用证可以随时撤销，但考虑到双方的合作关系等，开证申请人不会轻易动用"可以随时撤销"这个权利。

（2）利用可撤销信用证，有助于出口商推销某些滞销货物及新产品促销。若出口商有库存产品，接到此类信用证后可以马上发货交单，或在信用证开出之前就已发货制单［根据《跟单信用证统一惯例》（国际商会第500号出版物）第二十二条，除非信用证另有规定，银行将接受出单日期早于信用证日期的单据］，以便及时取得货款或开证行的承兑，因此可撤销信用证有其存在的合理性和实用性。

（3）开立可撤销信用证是有些国家的习惯。如美国及南美各国，在买卖双方相互信赖、开证申请人在开证行又有多年良好信誉的情况下，开证行就愿意开立可撤销的信用证，并且在这种情况下，开证申请人不必向开证行交纳过多的开证保证金，节约了申请人的资金。但在实务中，这种可撤销信用证极为罕见。在我国，作为开证行，一般不开立可撤销信用证；作为出口方受益人一般也不接受国外开来的可撤销信用证。于2007年7月1日后实行的UCP600不支持可撤销信用证。

（二）不可撤销信用证

不可撤销信用证（Irrevocable L/C），是指信用证一经开出，即使开证申请人提出了修改或撤销的要求，如果未征得开证行、保兑行（如有）以及受益人同意，信用证既不能修改也不能撤销。对不可撤销信用证而言，在其规定的单据全部提交指定银行或开证行，并符合信用证条款的条件下，便构成开证行一项确定的付款保证（An irrevocable credit constitutes a definite undertaking of the issuing bank to pay），即只要受益人提供与信用证条款相符的单据，开证行必须履行其付款责任。因此，不可撤销信用证对受益人收取货款较有保障，在国际贸易结算中使用最为广泛。

任何信用证必须规定是可撤销还是不可撤销的，如果没有明确表示，就将被认为是不可撤销信用证。可撤销信用证和不可撤销信用证在保证文句上有本质的差别：不可撤销信用证“单证相符，保证付款”。可撤销信用证还有一个附加条件，“在接到撤销通知前，单证相符，保证付款”（We undertaking to honour your drafts drawn and negotiated in conformity with the terms of this credit，if such negotiation has been made prior to receipt by you of notice of cancellation）。

在实务中，受益人在收到不可撤销信用证后，应与贸易合同进行核对，并参照国际惯例的规定进行审核。如果可以接受，不必向开证行或通知行确认；如果发现信用证中含有与贸易合同不相符合且又不利于自己的内容，应及时向开证申请人提出，要求其通过开证行按合同规定修改。当收到开证行通过通知行转来的信用证修改通知时，无论该修改是根据受益人提出的，还是开证申请人或开证行主动提出的，均应进行审核。

根据《跟单信用证统一惯例》（国际商会第500号出版物）第九条d款中的第Ⅲ点：“在受益人向通知修改的银行表示接受该修改之前，原信用证（或先前已接受修改的信用证）的条款对受益人仍然有效。受益人应提供接受或拒绝接受修改的通知。如受益人未提供上述通知，当它提交给指定银行或开证行的单据与信用证以及尚未表示接受的修改的要求一致时，则该事实即视为受益人已作出接受修改的通知，并从此时起，该信用证已作修改。”UCP600第十条也表达了类似的含义。因此，受益人接到信用证修改后，虽然应该向通知行表明是否接受该修改，但也可不表态。如不表态，信用证原条款仍有效。受益人提交的单据不论是与修改一致，还是与原条款一致，都将被视为单证一致，其他有关银行不得因此而拒付。如与修改一致，便被认为受益人接受了修改，而且信用证此时才被认为已被修改了，下一次交单便须与该修改一致；如果与原条款一致，便被认为受益人尚未接受修改，原条款仍然有效，以后哪一次交单与修改一致，那时才被认为受益人接受了修改，而且信用证才认为已经被修改了。

在实务中，受益人接到修改通知后，有时不能很快判断自己能否做到与信用证修改一致，或该修改对自己有利还是不利，所以不能很快决定是否接受，甚至要到交单时才能决定是否接受。在这种情况下，受益人可充分利用本条款对自己的“宽容”，对信用证修改采取“不表态”的做法。另外，对同一信用证修改通知中的修改内容不允许部分接受，根据 UCP500，部分接受修改内容当属无效；而根据 UCP600，部分接受将被视为拒绝修改的通知。如某信用证的修改内容有三条：一是延长最迟装船日期（装期）；二是延长信用证的到期日（效期）；三是减少信用证的总金额和数量。对于第一、二条，放宽了履约时间，显然对受益人有利，而第三条，由于减少了总金额和数量，受益人可能将因此而减少利润甚至遭受损失，对受益人不利，但在这种情形下，受益人不能仅仅接受第一、二条的内容而不接受第三条的内容。

三、按信用证是否有另一银行加以保证兑付，可分为保兑信用证和不保兑信用证

（一）保兑信用证

保兑信用证（Confirmed L/C），是指除开证行以外，还有另一家银行对信用证承担保证兑付责任的信用证。这家参加保兑、承担保证兑付责任的银行称为保兑行（Confirming Bank），保兑行通常是通知行，但也可以是其他银行。

保兑的做法起源于英国，当英国出口方受益人收到国外银行开出的，并经英国银行通知的不可撤销信用证时，若认为国外开证行的资信较差，并对信用证的偿付能力表示怀疑，就要求英国本地的通知行保证兑付，从此，保兑信用证逐步被推广使用。有的英国银行认为自己资力雄厚、偿付能力可靠，一定能即期或到时兑付，于是便将自己开出的不可撤销信用证称为“保兑信用证”，因此，许多英国银行以前曾习惯用“保兑”字样来代替“不可撤销”，将“保兑信用证”等同于“不可撤销信用证”。但事实上，由于这种信用证只是开证行自己保兑，因此，在性质上仍然属于一般的不可撤销信用证。判断某一信用证是不是保兑信用证，不能根据它是否具有“保兑”的名称，而是看是否有另外一家银行承担了与开证行一样的

"第一性付款责任"。

保兑的手续通常是由保兑行在信用证上加列保兑文句。常见的如"此证由我行保兑"(THIS CREDIT IS CONFIRMED BY US),"我行兹对该证加具保兑并保证在提交与信用证相符的单据时付款"(WE HEREBY ADD OUR CONFIRMATION TO THIS CREDIT AND WE UNDERTAKE THAT DOCUMENTS PRESENTED FOR PAYMENT IN CONFIRMITY WITH THE TERMS OF THIS CREDIT WILL BE DULY PAID ON PRESENTATION)。若仅仅是通知的文句,不可视为对信用证的保兑。如通知行在信用证上加具"此仅为上述信用证的通知于本银行不承担责任"(THIS IS ONLY AN ADVICE OF CREDIT ISSUED BY THE ABOVE MENTIONED BANK WHICH CONVEYS NO ENGAGEMENT ON THE PART OF THIS BANK)等类似文句,不可视为对该证的保兑。

对不可撤销信用证加具保兑,可以由受益人提出,也可以由开证行自己要求。受益人一般在对开证行的资信不够了解或不信任,或对进口国家的政治或经济形势有所顾虑时,很可能提出保兑要求;而有的开证行,由于没有足够的自信,唯恐本身开出的信用证不能被受益人接受或不易被其他行议付、叙做买断业务等,因此也可能主动要求另一家银行对该信用证加具保兑,这种情形现已日益增多。当然,被授权加具保兑的银行可以不保兑信用证,但必须及时告知开证行。保兑信用证须获开证行同意,并由开证行要求另一银行或由受益人指定的银行办理保兑手续。保兑行在信用证上加具保兑后,未经任何有关方同意,不能自行修改或撤销保兑。

信用证经另一家银行保兑后,对出口方受益人而言,就取得了两家银行的付款保证,在收汇中处于较为有利的地位。根据《跟单信用证统一惯例》(国际商会第500号出版物),信用证一经保兑,即构成保兑行在开证行之外的确定的承诺,保兑行对受益人承担必须付款的责任。在此,保兑行不似偿付行等,是开证行的代理付款性质,而是以独立身份对受益人负责,并对受益人负首先付款责任,也就是说,受益人不必先向开证行要求付款,可以直接向保兑行提交单据要求付款,只要提交的单据符合信用证条款的规定,保兑行就有付款的义务。在付款后,即使开证行倒闭或无理拒付,保兑行对受益人也没有追索权。

尽管保兑信用证有两个银行的付款保证,对出口商最为有利,但在实务中,不能滥用。一是因为其昂贵的保兑费用,使受益人望而却步。通常保兑行收取的保兑费在1% ~5%之间,与银行的其他费用如议付费在0.1% ~0.125%相比,高出10倍以上,因此,高昂的保兑费用往往使受益人难以承受而放弃保兑；二是大多数受益人认为，只要开证行资信好，能够承担付款责任，就没有必要加保兑；三是开证银行考虑到主动要求加保有可能影响自己的信誉，因此一般也不愿轻易对自己开出的信用证请另一银行加具保兑；四是有些保兑行为了收取高额的保兑费用，又不愿承担开证行拒付的风险，往往无理挑剔单据，使受益人既付出了高额的保兑费用，又得不到保兑行的额外付款保证，要求加保的积极性大为减弱。近年来，有加保兑要求的某些受益人是出于其所在国的法律、会计制度等原因而不得已为之。如一些上市公司（即以发行股票筹集资本金），为了出口后就得到无追索权的资金，要求本国、本城市的银行加保兑，又由于开证行和开证人不愿接受，就演变出“沉默保兑”（Silence Confirmation），即无须开证行知道的局外保兑，仅仅是受益人与本地保兑行之间的契约关系（Silent confirmation represents an agreement between a bank and the beneficiary for that bank to add its confirmation to the Documentary Credit despite not being so authorised by the Issuing Bank）。在我国出口业务中，除非开证行是资信不佳或该国政治经济明显不稳定，一般不要求对信用证加具保兑；在进口业务中，我们相信我国的银行信誉较好，一般不愿意主动要求国外银行对自己开出的信用证加具保兑；如国外强烈要求加保时，仅仅在信用证里加具“可以加保”（MAY BE CONFIRMED）条款。

（二）不保兑信用证

不保兑信用证（Unconfirmed L/C），是指没有另外一家银行加以保证兑付的信用证，即仅有开证行承担付款责任。在国际上使用的信用证中绝大多数是不保兑信用证，因为只要开证行信誉好，付款是有保证的。加保兑是非正常情况下的变通做法。

四、根据受益人对信用证的权利是否可转让，分为可转让信用证和不可转让信用证

（一）可转让信用证

可转让信用证（Transferable L/C），是指信用证的受益人（第一受益人）可以要求授权付款、承担延期付款责任、承兑或议付的银行（统称“转让银行”），或当信用证是自由议付时，可以要求信用证中特别授权的转让的银行，将该信用证全部或部分转让给一个或数个受益人（第二受益人）使用的信用证。

1. 可转让信用证的产生

可转让信用证的产生是随着中间商的产生而出现的。在国际贸易中，信用证的出口方受益人与开证申请人的关系，不一定是货物的制造商与进口商的关系，即受益人不一定是制造商。在许多贸易流程中，出口方受益人是“中间商”，他要从制造商或供货人处先买进货物，然后才能向买主交货。作为出口方“中间商”，在买进货物时需要一定的资金，但他手头并不始终掌握资金。如果实际供货人要求在交货时立即付款，而他又无法通过信贷途径取得货款时，他的资金周转就会出现困难；同时，中间商还试图通过这笔交易谋取利润，但又不愿让实际供货人与进口商进行直接贸易，了解货物价格等重要的贸易信息。为了达到这个目的，出口方中间商往往要求买方开立可转让信用证，使其能把转售货物得来的货款中的大部分转让给实际供货人，货款中的另一部分顺利地转化为他的利润。

对于真正的制造商或供货商而言，尽管他是可转让信用证的第二受益人，不能与进口方直接往来，并由于第一受益人的介入而不能取得丰厚的利润，但是借助于第一受益人，可以扩大自己的货物销售量，特别在货物供过于求、找不到买方时，可依靠第一受益人的帮助，拓展市场，广开贸易渠道。另外，通过转让信用证，第二受益人可以了解有关贸易信息，为将来自己与进口方的直接贸易打下基础。

对于进口方而言，开立转让信用证也是利大于弊的。尽管他与供货商双方互不认识，但通过开立转让信用证，不仅能顺利取得自己需要的货物，还能通过可转让信用证获得供货商的有关信息，为与供货商的直接贸易奠定基础。

基于以上原因，开立转让信用证对主要当事人，包括第一受益人、第二受益人、进口商等均有益处，也正因为如此，转让信用证至今常盛不衰。

2. 可转让信用证中供货人、中间人、买者三方之间的关系

原供货人，为信用证中的第二受益人，是信用证所规定的某些利益的被让予者，他的发票被第一受益人（中间商）所持有，在第一受益人（中间商）欲取得中间差价时，其出立的发票金额小于第一受益人的发票金额，并将被第一受益人的发票替换；中间商，为信用证中的第一受益人，由其通知付款、承兑或议付的银行转让部分或全部利益给一个或数个供货人，并更换第二受益人的发票，支取中间差额；最终的买者是信用证的开证申请人，为中间商的利益而向银行申请开立可转让信用证，接受中间商所开立的发票。

3. 可转让内容

可转让信用证在第一受益人要求转让时，可以改变信用证的以下内容：

（1）减少信用证金额；

（2）降低单价；

（3）提前信用证的到期日和最迟装运日，即提前信用证的效期和装期；

（4）缩短交单日，一般是要求提单日后几天必须交单（×× days after B/L date）；

（5）增加保险单的金额或投保比例；

（6）用第一受益人名称替代原申请人名称。

4. 转让方式

可转让信用证业务比较复杂，转让方式很多，有时相互交错，一般有以下几种：

（1）全额转让（Total Transfer），即将信用证全部转让给一个第二受益人，通常是货源来自一家厂商，而且信用证不准分批装运。

（2）部分金额转让（Partial Transfer），即将可转让信用证金额的一部分转让给多个第二受益人，由各受益人分别装运，并分别依信用证规定办理议付、承兑或付款。

（3）不替换发票及汇票（如有）的转让（Transfer without substitution of invoice and draft），即第一受益人将信用证金额的全部或一部分转让给第二受益人（受让人），由第二受益人装运货物并备妥所需单据，通过第一受益人或以第二受益人的名义直接向议付银行申请办理议付或付款，第一受益人的收益不是通过替换第二受益人的发票及汇票（如有）方式实现，而是通过另外的途径如回扣等方式赚取。此种方式较为简便，在国际贸易实务中较为常见。

（4）替换发票及汇票（如有）的转让（Transfer with substitution of invoice and draft），即第一受益人采用替换发票的方式，不让第二受益人与买主直接接触，以避免泄露商业秘密。其具体做法是：第二受益人装运货物后，以自己的名义向议付或付款银行交单，银行收到单据后立即通知第一受益人以自己的商业发票、汇票（如有）来替换第二受益人提示的发票、汇票（如有）。第一受益人所提示的发票、汇票（如有）金额应大于第二受益人的发票、汇票（如有）金额，两张发票、汇票（如有）的差额为第一受益人的利润。议付行议付后，将第一受益人所提示的发票、汇票（如有）及其他单据一并寄往开证行索偿。

（5）国内或地区转让。第一受益人将信用证的使用权利转让给与自己在同一国家或地区的第二受益人，称为国内或地区转让。在这种情况下，信用证应载明如下文句：本信用证仅限于向同一国家或地区的第二受益人转让（This credit is transferable only to a second beneficiary in the same country）。

（6）国外或地区转让。第一受益人将信用证使用的权利转让给另一国家或地区的第二受益人，称为国外或地区转让。在这种情况下，信用证应载明如下文句：本信用证可向××国家或地区的第二受益人转让（This credit is transferable to a second beneficiary in ××）。

（7）银行转让，是指由银行转让或通过银行办理转让手续，即由第一受益人向转让银行（通常为通知行）提出转让申请书，经银行审查同意后，向第二受益人发出转让通知书（Advise of Transfer）。在国际贸易中，绝大多数的信用证转让都是银行转让。

（8）私人转让，是指第一受益人与第二受益人之间的私人转让，而不是通过银行办理转让，第一受益人给第二受益人书面的私人转让通知书（Letter of Personal Transfer）。采用私人转让方式，通常是因为第一受益人与第二受益人有长期合作的基础，互相信任。在具体操作中，第一受益人须注意两方面：一是将拟转让的信用证的原本复印件提供给第二受益人，以证明可转让信用证已收到，使其放心；二是在第二受益人交货装船后，第一受益人及第二受益人共同签署转让申请书，请转让银行在收妥该款项后直接转让给第二受益人。

5. 转让中的注意事项

（1）只有开证行在信用证中明确注明“可转让”（transferable），信用证方可转让。使用诸如“可分割”（divisible）、“可分开”（fractionable）、“可让渡”（assignable）、“可转移”（transmissible）之类的措辞，并不能认为信用证是可转让的。

（2）除非转让银行明确表示同意接受第一受益人的转让申请，否则银行无义务办理转让。

（3）可转让信用证在转出前，第一受益人必须不可撤销地指示转让银行，说明它是否保留拒绝允许转让行将所转让的信用证项下未来的修改书通知第二受益人的权利。如转让行同意按此条件办理，它必须在办理转让时，将第一受益人关于修改事项的指示通知第二受益人。

（4）如信用证转让给一个以上的第二受益人，其中一个或几个第二受益人拒绝接受信用证的修改，并不影响其他第二受益人接受修改。对于拒绝接受修改的第二受益人而言，该信用证视作未被修改。

(5) 除非另有规定，转让银行所涉及的转让费用，包括手续费、成本费、邮费等其他开支，应由第一受益人承担。

(6) 除非信用证另有规定，可转让信用证可以由第一受益人一次转让给多个第二受益人，但第二受益人不得要求将信用证转让给其后的第三受益人。

(7) 当第一受益人需要提供自己的发票、汇票（如有）以替换第二受益人的发票、汇票（如有）时，但第一受益人未能在首次要求时按此办理，则转让银行有权将所收到的已转让信用证项下的单据，包括第二受益人的发票、汇票（如有）交给开证行，并不再对第一受益人负责。

(8) 在实务中，如开证申请人被受益人要求开立可转让信用证，开证申请人一定要了解第二受益人的情况，为了安全，也可考虑在信用证中使用特别条款以限制第二受益人，如注明本信用证只能转让给某国、某地区、某商人或只能在哪个范围内转让等。

（二）不可转让信用证

不可转让信用证（Non－Transferable L/C），是指信用证项下的权利只能是受益人本人享有，不能以转让形式给他人使用。如受益人不能执行信用证条件，信用证只能过期作废。凡信用证未注明“可转让”字样（This credit is transferable）的信用证都是不可转让信用证。

五、背对背信用证

背对背信用证（Back to Back L/C），是指中间商收到进口人开来的，以其为受益人的信用证后，要求原通知行或其他银行以原证为基础，另外开立一张内容相似的，以其为开证申请人的新的信用证给另一受益人。背对背信用证又称为对背信用证、转开信用证、桥式信用证（Bridge L/C）、从属信用证（Subsidiary L/C，Secondary Credit）、补偿信用证（Compensation）或抵押信用证（Counter Credit）。在国际贸易中，主要是在信用证不允许转让的情况下，或者实际供货人不接受买方国家银行信用证作为收款保障时，出口中间商凭他为受益人的、国外开立的信用证作为抵押品，要求他的往来银行开立以实际供货人为受益人的信用证。例如，中国香港中间商收到了一出口孟加拉国的纺织面料的信用证，但真正的供货商在中国内地，于是，中国香港中间商以该孟加拉国的信用证作抵押，向中国香港某银行申请要求开立以自己为开证申请人、中国内地供货商为受益人的信用证，新证的内容与孟加拉国的来证内容相似，该新证就是背对背信用证。

（一）背对背信用证的注意点

在实务中，处理背对背信用证要注意掌握以下事项：

（1）背对背信用证条款内容必须与来证相符，并加注特别条款，以保证开证行的利益；

（2）只适用于货物由供货商港口直运买方港口的情况，如在中间商所在地卸货转运的则不能开立；

（3）作为抵押的国外开来的信用证不能带有软条款；

（4）背对背信用证一般不宜转让；

（5）中间商要求开立背对背信用证时，需交开证申请书和正本出口信用证，并签署有关法律文件。

（二）背对背信用证与可转让信用证的比较

1. 背对背信用证和可转让信用证的主要共同点

（1）均有中间商和第二受益人，中间商能使真正的供货商与进口商互不见面，保守相关的商业秘密，顺利取得差价；

（2）费用可以由中间商支付；

（3）中间商均可以改变信用证金额、单价、装期和效期。

2. 背对背信用证和可转让信用证的主要不同点

（1）背对背信用证是两个独立的信用证，二者同时存在；而可转让信用证是根据原证转开，新老证有直接关系。在实务中，若新开的背对背信用证没有在信用证条款中明确注明“本证是根据原证号码为××开立”（This L/C is issued by L/C No. ××）或“本证是××证的背对背信用证”（This L/C is Back to Back L/C No. ××）等类似文句，一般从信用证的表面不能判断出该信用证是否为背对背信用证；而转让信用证则不然，它有显著的特征并能从表面判断是否为转让信用证，如是否有“可转让”字样、是否出现明确的第一受益人及第二受益人名称等。

（2）开立可转让信用证，中间商要得到开证行、开证申请人允许方可转让，即进口商开出的信用证首先须明确“可转让”，中间商才能办理转让，若信用证不允许转让，中间商无法转让信用证；而背对背信用证，中间商可以在开证行、开证申请人完全不知悉的情况下开立，不存在开证行、开证申请人是否同意或允许的问题。

（3）在开证形式上，转让信用证中，许多转让银行采用修改原证条款的方法办理新证；而背对背信用证一般均采用开立新证的方法。

（4）中间商的地位变化不同。在转让信用证中，中间商的受益人“身份”几乎没有改变，仅仅从“受益人”变成了“第一受益人”，相应的权利义务基本没有改变；或者严格地说，中间商只是作为第一受益人与其作为受益人比较，其权利被稍稍扩大了（如可以替换单据等）。而在背对背信用证中，中间商在新旧证的地位中有根本性的改变，即在原证中，中间商是受益人，而在新证中，其已变为开证申请人，有关的权利义务也随之改变。

（5）对于供货商（第二受益人），接受背对背信用证比接受可转让信用证更有利，收款更有保障。在转让信用证中，转让银行在信用证中一般均明确注明“待开证行支付该款项后，我行即付款”（We undertake that we will effect payment upon receipt the issuing bank's proceeds），即处于第二受益人地位的供货商即使做到了“单证相符、单单相符”，也不能掌握收汇的主动权，不一定能顺利收妥货款，收汇明显具有不确定性，没有保障，能否收汇取决于原开证行能否付款，而开证行能否付款很大程度上又取决于第一受益人在替换单据后，能否做到“单证相符、单单相符”等。因此，只要有某一环节做得不好，第二受益人的收汇就有可能发生问题。而背对背信用证，是按国际惯例开立的新的信用证，从其表面看，与原信用证没有过多的关联，并且供货商在贸易的实质上虽然处于第二受益人地位，但在信用证中依然是与普通信用证没有区别的“受益人”，因此在收汇中，完全可以掌握主动，只要做到“单证相符、单单相符”，开证行（事实上的中间商的开证行）必须付款，收汇就有保障。

背对背信用证和可转让信用证的流程比较如图 4－3 所示。

六、循环信用证

循环信用证（Revolving L/C），是指信用证被全部或部分使用后，仍可恢复原金额再使用的信用证。它与一般信用证的根本区别在于：一般信用证在全部使用后，若没有以信用证修改形式增加信用证金额，则该信用证即可被视为已执行完毕而注销；而循环信用证可多次反复使用，直到规定的次数或总金额被用完为止。

（一）循环信用证的特点

循环信用证的主要优点在于：买卖双方在订立长期合同，并准备均衡地分批交货的情况下，进口方开出此种信用证可节省手续费、邮电费、保证金等，降低业务费用和成本；而出口方也可省去等待进口方开证或催证的麻烦。

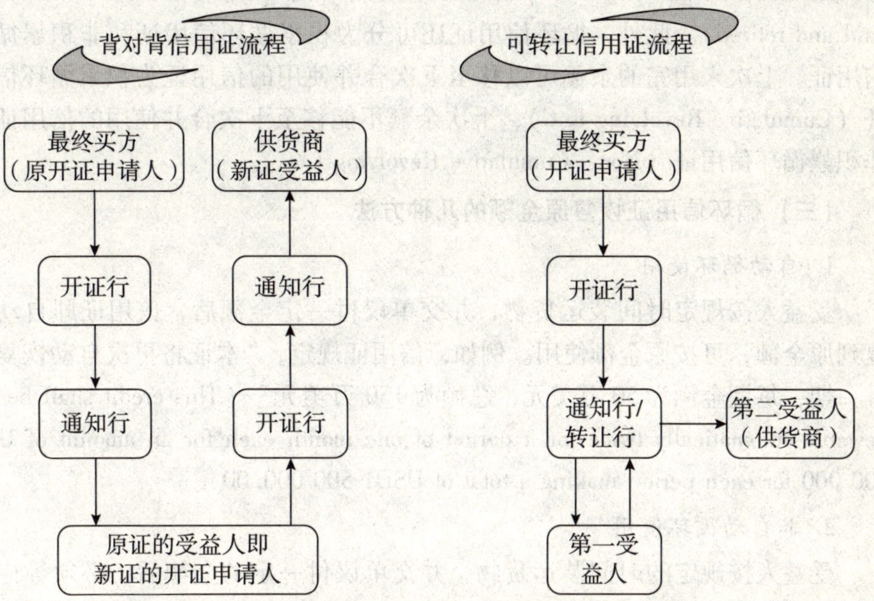

图 4－3 背对背信用证和可转让信用证的流程比较

但目前，由于国际电讯的发达和银行费用的降低，循环信用证已不多见。

（二）循环信用证的种类

循环信用证有按时间循环和按金额循环两种。按时间循环的信用证是受益人在一定时间内（如一个月）可支取信用证规定的金额，支取后在下次的一定时间内仍可支取。如“本证为按月循环信用证，每月可支取最高不超过 10 万美元，并于每个日历月的第一天被自动恢复。本行在此循环信用证项下的最大责任不超过 12 个月总值为 120 万美元，每个月未使用的余额不能移至下一月合并使用”（This is a monthly revolving credit which is available for not exceeding the amount of USD100，000. 00 per month，and the full amount will be automatically renewed on the 1ST of each succeeding calendar month. Our maximum liability under this revolving credit does not exceed USD120 000. 00 being the aggregate value of twelve months. The unused balance of each month is non－cumulative to the succeeding month）。按金额循环的信用证是受益人在一定的金额使用完毕后，仍可在信用证规定的条件下，恢复支取一定的金额。如“本证为循环信用证，我行一收到单据并作出付款后，将发送加押证实的通知电，告知汇票已被买方付讫，金额将被恢复”（This is a revolving letter of credit. Upon receipt of documents and payment has been made，we will send an authenticated notification that the drafts has been paid and retired by the buyer and the draft has been paid and retired)。此外，循环信用证还可分为积累循环信用证和非积累循环信用证。上次未用完的余额可以移至下次合并使用的信用证为积累循环信用证（Cumulative Revolving L/C），上次余额不能移至下次合并使用的信用证为非积累循环信用证（Non－Cumulative Revolving L/C）。

（三）循环信用证恢复原金额的几种方法

1. 自动循环使用

受益人按规定时间装运货物，并交单议付一定金额后，信用证即自动恢复到原金额，可按原金额使用。例如，信用证规定，“本证将再次自动恢复每月一期，每期金额为50万美元，总额为150万美元”（This credit shall be renewable automatically twice for a period of one month each for an amount of USD 500 000 for each period making a total of USD1 500 000.00）。

2. 非自动循环使用

受益人按规定的时间装运货物，并交单议付一定的金额后，必须等待开证行的通知到达才能使信用证恢复至原金额，供受益人再次使用。例如，信用证中规定，“本金额须在每次议付后收到开证行的可以恢复的通知时方可恢复”（The amount shall be renewal after each negotiation only upon the receipt of issuing bank's notice stating that the credit might be renewal）。

3. 半自动循环使用

受益人每次交单议付后，在某天内开证行未提出终止循环通知，信用证即自动恢复至原金额并可再次使用。例如，信用证规定：“议付行在每次议付后15个工作日内未被通知终止恢复，则信用证未用的余额即增至原金额”（Should the negotiating bank not be advised of stopping renewal within 15 working days, the unused balance of this credit shall be increased to the original amount）。

七、按信用证受益人收到货款时间的先后和兑付方式，可分为预支信用证、即期付款信用证、远期信用证和议付信用证

（一）预支信用证

预支信用证（Anticipatory L/C，Prepaid L/C），是指受益人在装运货物前，可开立汇票向指定银行（通常为通知行）收款的信用证。其实质是进口方对出口方的装船前融资。出口人收款在前、交单（货）在后，而进口人付

款在前、收货在后，是一种对出口方极为有利的信用证。进口人愿意开立预支信用证，主要是当货物处于卖方市场，即货物紧缺时，为了取得货物而给予卖方的优惠。凭该信用证，出口方受益人能掌握一部分资金以便随时在当地收购现货，既能在有货时及时买到货物，又能取得有利的价格；进口人有时还能利用出口人缺少资金的弱点，以开立预支信用证预付一部分货款的方法争取到较为低廉的价格。如20世纪初，澳大利亚和南非生产的羊毛属于紧俏物资，进口人为了以低廉的价格争取货源，开立了预支信用证，让发货人（出口方受益人）先从银行支取货款，以便从牧民那里买到羊毛，然后在发运货物后根据信用证条款进行交单议付，议付行（垫款行）从汇票款中扣除预付款及其利息后将余款交受益人。又如，英国早期同缅甸、泰国等国的粮食贸易也采用了预支信用证结算方式：英国进口商在谷物还是未成熟的青苗时，就从银行开立预支款信用证，以预支款项作为收购谷物的资金，待谷物成熟后，出口方受益人办理出口押汇时还款。

预支款信用证的主要内容包括：允许受益人预支的最高额度（一般为信用证金额的30%～40%）；预支时受益人必须保证按时装货交单，而预支行（垫款行）应将预支的金额、日期、利率通知给开证行；受益人必须向预支的银行交单收款（为保证受益人向预支银行交单，通常在预支时预支行将信用证正本留下），预支行从中扣除预支款及利息；如在信用证有效期内受益人未能交单，预支行可向开证行索偿，开证行保证立即偿还预支行垫款本息及各项费用。

部分预支信用证也称红条款信用证（Red Clause L/C）、绿条款信用证（Green Clause L/C），这是由于开证行按有关的“预支指示”（如授权通知行或指定银行，凭受益人开立的光票和以后补交单据的声明书预支部分货款等指示）在信开信用证中被特别描成红色或绿色，红条款或绿条款的信用证因此而得名。随着通信技术的发展和普及，目前信开信用证已不多见，并且由于观念的改变，一般的“预支指示”也以与信用证其他文字相同的颜色来代替，因此，在实务中，红条款或绿条款的信用证已难觅踪影。

预支信用证有时还被称为“打包信用证”（Packing L/C）。美国的预支信用证是用于对华贸易，其代理商到中国采购毛皮，因为付现金才能取货，然后打包运往美国，所以也称打包信用证。

（二）即期付款信用证

即期付款信用证（Sight Payment L/C），是指开证行或指定行收到符合信用证条款的即期汇票及单据后立即履行付款义务的信用证。许多付款信用证不需要受益人提供汇票，只凭信用证规定的单据付款。付款行凭单付款后，对受益人没有追索权，因此这种信用证对受益人极为有利。

（三）远期信用证

远期信用证（Usance L/C），泛指开证行或指定行收到符合信用证条款规定的单据或远期汇票及单据后，不是立即付款，而是承付单据或承兑汇票，待汇票到期或承付到期日时才履行付款责任的信用证。在实务中，远期信用证是相对于即期信用证的一种通俗称呼。根据《跟单信用证统一惯例》（国际商会第500号出版物）或UCP600的相关规定，信用证可以分为即期付款信用证、延期付款信用证、承兑信用证和议付信用证四类，并没有“远期信用证”这种分类。但根据国际信用证结算的实际情况，远期信用证包括延期付款信用证和承兑信用证两类。

1. 延期付款信用证

延期付款信用证（Deferred Payment L/C），简称DEF信用证，是指开证行或指定银行收到受益人符合信用证条款规定的单据后，在将来可确定的日期履行付款责任的信用证，也称迟期付款信用证。它是受益人在跟单信用证的基础上，同意进口商延期付款，而出口方受益人的货款通过开证行或保兑行在信用证上开列的到期付款的承诺而得到可靠的保障。在延期付款信用证中，不要求受益人在交单时提交汇票，因此，它的实质是不用汇票的远期信用证。

（1）延期付款信用证的产生和使用情况。延期付款信用证最初是用于资本货物交易，如大型成套设备的进口，价值很高，进口商一般要在投产或安装之后才付款，付款期限较长，有的超过1年，最长可达数年。而银行通常贴现的期限较短，不超过6个月，出口人往往不能用短期贴现来解决其资金周转的困难，而需要利用当地银行的中长期贷款为资金来源，有的还需要与政府的出口信贷相结合。另外，有的国家法律规定，期限超过6个月的承兑汇票不能在市场上贴现，远期汇票几乎没有融资功能。再者，在欧洲一些国家，由于出具汇票必须交纳印花税，为了“合理避税”，在远期信用证中也以发票代替汇票作为付款凭证，因此，在这些情况下，一种不要汇票的远期信用证——延期付款信用证便应运而生。当然，随着时间的推移，在实务中，使用延期付款信用证，不再是资本货物贸易及长期融资的需要，而主要是考虑到它具有可以节省印花税的功能，目前，延期付款信用证在一般普通的贸易中已经被广为使用，如土耳其等欧洲国家近年来开立的远期信用证几乎均为延期付款信用证。

（2）延期付款信用证的期限。延期付款信用证的期限通常有“交单后若干天”（...payment will be effected at × × days after presentation documents），“装运日后若干天”（...payment will be effected at × × days after the date of shipment）、“开证行收到单据后若干天”（...payment will be effected at × × days after our received the documents）。

（3）延期付款信用证对进出口双方的利弊。对于出口方受益人，由于延期付款信用证不使用汇票，受益人在交单后，不能掌握由银行承兑的汇票，事后万一有纠纷，受益人不能根据有关票据法取得票据项下的相应权利，如作为善意持票人的权利等，因此，对于受益人而言，延期付款信用证从法律上缺少了一道安全屏障，较之一般的有汇票的承兑信用证风险要大一些。如开证行资信不佳，可考虑使用其他类型的信用证或适当采取安全防范措施（如要求对信用证加具保兑等）。

对于进口方申请人，不但得到了远期付款的优惠，还在出现纠纷时，由于没有汇票，不受有关票据法的约束，容易在处理中占据主动的有利地位。因此在远期信用证中，进口方更愿意开立延期付款信用证而非承兑信用证。

2. 承兑信用证

承兑信用证（Acceptance L/C），是指开证行或指定银行收到符合信用证条款的远期汇票及单据后，不立即付款，而是承兑汇票，待汇票到期时才履行付款责任的信用证。这是一种需要提供汇票的远期信用证。

（1）承兑信用证的特点。承兑信用证的特点是开证行或指定银行收到符合信用证条款规定的远期汇票及单据后，必须对汇票履行承兑手续。根据国际惯例，汇票的付款人必须是银行，因此，这种信用证又称为“银行承兑信用证”（Banker's Acceptance）。由于有票据的承兑，当事各方除了必须按国际惯例处理业务外，还必须接受有关票据法的约束。

（2）承兑信用证的期限。承兑信用证的期限与延期付款信用证类似，通常有“交单后若干天付款”（...payment will be effected at × × days after presentation documents）、“装运日后若干天付款”（...payment will be effected at × × days after the date of shipment）、“开证行承兑日后若干天付款”（...payment will be effected at × × days after the date of our acceptance）三类。

（3）承兑信用证对进出口双方的利弊。相比其他方式的远期信用证，承兑信用证对于受益人较为有利。一方面，受益人得到银行承兑的汇票，就等于获得了银行不可撤销的远期付款的承诺，万一出现纠纷，可根据国际惯例和有关票据法处理，占据有利地位，获得双重的保护，收款较有保障；另一方面，在承兑信用证项下，受益人较易获得融资，信用证的变现能力强。在各品种的远期信用证项下，一般银行对于装船前的融资，如打包等，没有太大的差异，受益人较易获得，但装船后的融资，即出口地银行根据开证行（或保兑行）的承兑或承付，办理有追索的融资（押汇或贴现）或无追索权融资（买断票据或称“福费廷业务”）时，因远期信用证的品种不同而有较大的差异，除非开证行或保兑行信誉较差，一般地，银行均愿意办理在承兑信用证项下的各种融资，尤其是愿意办理其中对受益人极为有利的无追索权的融资（如受益人可提前办理出口退税，避免汇率风险、收汇风险等）。但在其他远期信用证，特别是在延期付款信用证项下，许多银行不愿意办理装船后的融资，即使是对受益人有追索权融资（押汇或贴现），出口地银行也要考虑再三才能决定是否办理，更不用说对出口地银行风险较大的无追索权的融资了，因此有的银行干脆明文规定不得办理在延期付款信用证项下的无追索权的融资（买断票据或称“福费廷业务”）；承兑信用证项下的银行承兑的汇票可以被无追索权地贴现，即受益人可随时将汇票变现。与此不同，延期付款信用证没有汇票，也就没有变现能力。

对于进口方而言，由于承兑信用证有其他远期信用证无法比拟的诸多优越性，在谈判时，在同等条件下可得到一点让价或折扣。

（四）议付信用证

议付信用证（Negotiation L/C），是指开证行在信用证中请其他银行买入汇票及/或单据的信用证。当受益人提交的单据符合信用证条款规定时，议付行扣除利息后将票款付给受益人。一般信用证明确规定“适于议付”（Available by negotiation），即为议付信用证。

议付信用证按是否限制议付，可分为限制议付信用证和自由议付信用证。

1. 限制议付信用证

限制议付信用证（Restrict negotiation credit），是指只能由开证行在信用证中指定的银行进行议付的信用证。一般地，限制议付信用证有如下类似文句“本证限制在×××银行议付”（This credit is restricted with ××× bank by negotiation）。限制议付信用证的产生主要有三个原因：一是开证行认为自己资历尚浅，不能为多数银行所信任，信用证可能缺乏议付的可能性时，才予使用；二是开证行对受益人所在国家或地区的多数银行不够了解，为了尽可能避免收到伪造的单据，遭受损失，通常会指定一家自己比较熟悉的银行来限制议付信用证；三是开证行为了给自己在受益人所在国家或地区的分支机构、联行或代理行招徕业务而使用。

值得出口方受益人注意的是，在实务中，有的限制议付的指示不是开证行的本意，而是通知行在信用证表面通过盖章的方式表示限制议付之意，如“本证限制在通知行议付”（This credit is restricted with advising bank by negotiation），或“限在本行议付，可免收议付费”（This credit is restricted with our bank by negotiation，negotiation fee is free）等，在这种情况下，由于限制议付是通知行为了招揽业务而未经开证行同意的一相情愿的做法，受益人完全可以置之不理。

限制议付信用证使受益人丧失了自由选择议付行的权利，对受益人极为不利；不仅如此，由于开证行通常指定的限制议付的银行远离受益人所在地，给受益人带来了许多不便，增加了受益人的成本和费用。如某国外银行开来的信用证，限制在广州某外资银行议付，而受益人在江苏，若按信用证的规定，江苏的受益人需到广州去议付，那么，受益人须比一般信用证多花时间、精力和费用（如差旅费等）。在实务中，受益人处理限制议付信用证一般有以下几种方法：

（1）若限制议付的银行与受益人在同一城市或地区，则受益人须尽可能满足开证行的要求，将单据交指定的限制议付的银行议付，这种方式，收汇的安全系数最大。

（2）若限制议付的银行与受益人不在同一城市或地区，为节约费用，受益人通常采用两种方式交单议付：一是自己将单据寄往限制议付的银行办理议付，但这种方式将给受益人带来不便，如单据出现不符点时，不能及时更改等；二是将单据交自己的账户行处理，即由与自己关系良好、地理位置较近的账户行作为“交单行”首先对单据进行审核，单证无误后直接由其寄往限制议付行进行议付，这样既可以避免单据不能及时更改等情况的发生，又可以节省受益人的费用。

（3）受益人授权账户行将单据直接交开证行办理议付，不再通过限制议付行办理议付。即受益人将单据交自己的账户行处理，账户行对单据进行审核，单证无误后寄往开证行办理议付。在这种情况下，账户行作为交单行必须在其交单面函的中“批注栏”（Remark）注上类似文句“根据受益人声明，单据未交于限制议付行办理议付”（According to beneficiary's declaration，they did not presented the documents to the restricted bank for negotiation）。

(4) 受益人要求开证申请人通过开证行修改信用证的限制议付条款。

2. 自由议付信用证

自由议付信用证（Freely Negotiation Credit），是指可以在任何银行议付的信用证，也被称为公开议付信用证（Open Negotiation Credit）。开证行一般在信用证中规定，“本证可由任何银行议付”（This credit is available with any bank by negotiation），并在信用证的后部注明以下类似的保证文句，“我行兹保证对信用证项下的出票人、背书人及善意持票人履行付款责任，只要提交的汇票及单据符合信用证条款要求”（We hereby engage with the drawers, endorsers and /or bona fide holders that drafts drawn and documents presented in conformity with the terms of this credit will be duly honored on presentation）。

(1) 议付与付款的主要区别。议付行在议付后如因单据与信用证条款不符或其他原因不能向开证行收取款项时，可以向受益人行使追索权；而付款行（包括开证行、保兑行）一经付款，即无权向受益人追索。因此，无论限制议付信用证或自由议付信用证，银行在议付后，若不能从开证行取得相应款项，则可向受益人追索。但如议付行为开证行或保兑行，议付单据后均对受益人无追索权。国际惯例对此作出了明确的规定，如《跟单信用证统一惯例》（国际商会第500号出版物）第九条规定，“开证行对议付信用证——根据受益人依照信用证出具的汇票及/或提交的单据，向出票人及/或善意持票人履行付款，不得追索……”；“保兑行对议付信用证——根据受益人依照信用证出具的汇票及/或提交的单据，向出票人及/或善意持票人予以议付，不得追索……”；UCP600也有类似的规定。当然，开证行开立信用证时不应以申请人为付款人。如信用证仍然规定汇票的付款人为申请人，银行将视此汇票为附加的单据。

(2) 议付信用证对各方的利弊。议付信用证对受益人不是最佳的方式。由于议付行议付款是有追索权的，因此受益人不得不等待开证行的最终付款；开证行和申请人处在最有利的地位，在单证相符的单据到达柜台之前不需付款；通知行不负任何责任，但如果接受受益人议付请求，就须代受益人审核单据。

八、对开信用证和伊士克罗信用证

(一) 对开信用证

对开信用证（Reciprocal L/C），是指在贸易中，通过相互向对方开立信用证进行结算的方式。其主要特点是：双方同时开证，第一张信用证的受益人是第二张信用证的申请人，第一张信用证的通知行是第二张信用证的开证行，反之亦然。两张信用证的金额可以相等或不同，可以同时或分别生效。

对开信用证在来料加工、来件装配贸易中使用较为广泛。特别是在我国，由于劳动力资源十分丰富、价格较为便宜、成本费用相对发达国家较低廉，因此，来料加工、来件装配业务十分发达，作为成品出口方和原料进口方，使用此类对开信用证较多。在使用时，一般作为成品出口方 A 收到成品进口方 B 以 A 为受益人的信用证后，才能开出向成品进口方 B 以 B 为受益人进口原料的信用证，且通常前证为即期信用证，后证为远期信用证，但在贸易双方互不熟悉的情况下，往往成品出口方 A 被成品进口方 B 要求先行开立以 B 为受益人的进口原料的信用证，A 在这里仅仅收取加工费。因此，对于 A 而言，开立进口信用证，是考虑到需要最终出口成品给 B 才进口 B 的原料，倘若 A 开出进口原料的信用证后，B 不能按时开出以 A 为受益人的成品信用证，A 将面临巨大的风险：一方面，由于 A 开立了进口原料的信用证，到期不得不履行付款责任；另一方面，由于未收到 B 的信用证，成品无法出口，没有了收汇来源。此外，还由于来料加工、来件装配往往是根据成品进口商 B 的设计制造和生产的，产品难以转卖，因此，若成品出口方 A 被成品进口方 B 要求先行开立以 B 为受益人的进口原料的信用证，为了有效避免风险，则 A 必须在信用证的生效时间上加以控制，开证时通常应加列下述类似文句，“本信用证待××银行开立了以××为受益人、金额为××、货物由××地运至××地的对开信用证后生效。本证生效方式将由××银行用 SWIFT 通知受益人××”（This credit shall not be available unless and until the reciprocal credit is established by ×× for a sum of ×× covering shipment from ×× to ××. This reciprocal credit in effect shall advise by SWIFT from ×× Bank to Beneficiary）。例如，我国某服装出口企业 A 收到了日本某服装进口商 B 的服装订单，日商 B 对服装的要求是必须使用他提供的面料，结算方式为信用证。在这种情况下，一般有两种方式来操作：一是在 B 对 A 较为放心，甚至双方已经是多年贸易关系的情况下，服装出口企业 A 在收到日本进口商 B 的货物名称为服装的、以 A 为受益人的信用证后，A 才开出以 B 为受益人的、货物名称为面料的信用证，用于向 B 进口面料。使用这种方式，A 是定了买家再进原材料，到时只要做到“单证相符”，成品出口的收汇风险较小，对 A 较为有利。二是在 A、B 双方互不了解、谁也不愿意先开出信用证的情况下（因为谁首先开，谁先承担付款责任），A 为了争取 B 的业务，不得不满足 B 的“A 首先开出信用证”的要求，才首先开立了用于进口面料的、以日商 B 为受益人的信用证，但考虑到 B 有可能不守信誉，不及时或根本就不想开出以自己（A）为受益人、用于进口服装的信用证，因此一般在开出的信用证上对信用证的生效时间加以控制，规定自己开出的用于进口面料的信用证暂不生效，只有当 B 开出用于进口服装信用证后才能生效。

对开信用证的流程（假定以成品为货物名称的信用证为第 1 证、以原料为货物名称的信用证为第 2 证）如图 4－4 所示：

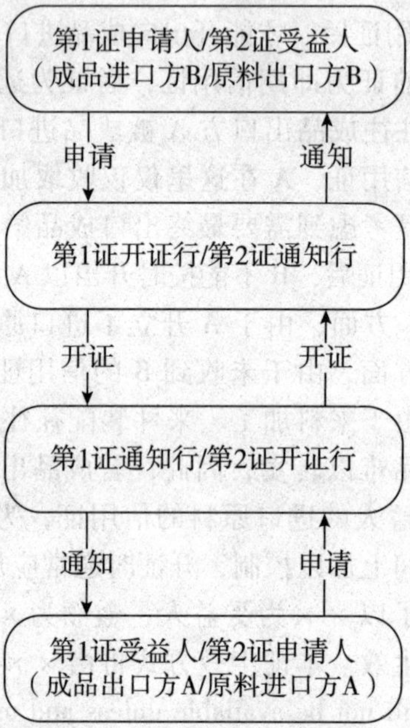

图 4－4　对开信用证流程示意图

对开信用证和背对背信用证的比较：对开信用证和背对背信用证有许多类似之处，如同一人身兼二职，既是这一信用证的受益人又是另一信用证的开证申请人；同一贸易背景下，开立了相互独立的两个信用证，等等。但二者的区别也是显而易见的：一是贸易背景不同。背对背信用证通常在中间贸易下使用；而对开信用证通常在来料加工、来件装配业务中使用，并且一般不存在中间商的参与，是进出口双方直接的贸易。二是信用证中货物的名称不同。在背对背信用证中，前后两个信用证的货物名称相同，只是装期、效期等与货物本身无关的条款不同；而对开信用证前后两个信用证的货物名称不同，一个是成品，一个是原料。三是信用证生效的时间要求不同。在背对背信用证中，前后两个信用证的生效时间是确定的，只要开立信用证，就已生效，而对开信用证的生效时间是不确定的，开立了信用证，未必一定生效，需要根据信用证的条款规定来判断生效时间。

（二）伊士克罗信用证

伊士克罗信用证（Escrow Credit），是指用于两个国家间对销贸易结算的信用证。通常由一国先开立信用证，信用证的支付条款是“该信用证项下申请人所付款项，将以国外受益人之名义存放开证银行，并用于支付该受益人从开证行国家的进口货物”，亦称有条件支付信用证或对转信用证。它是日本银行在第二次世界大战后最先使用的。伊士克罗信用证的开证银行为国外受益人开立的账户叫“专户保管”账户（Private Import Escrow Account），简称 P. I. E. 账户。

近年来，伊士克罗信用证在我国也有使用。其大体分为两个循环或两个阶段来操作，下面举例说明：

我国与 R 国签订贸易协定，我国进口公司 A 从 R 国某公司 B 进口大型设备，采用的是信用证结算方式，但 A 的货款不直接付给 B，而是以 B 的名义存放在我国 C 行，仅用于 B 支付因进口我国企业生产的货物的款项。因此，B 而后又从我国另一出口商 N 处进口货物。

第一阶段：A 从 R 国某公司 B 进口大型设备，B 出口货物，得到货款。

A 首先通过我国银行 C 开立以 B 为受益人的信用证用于进口大型设备；开证行 C 开证并通知 R 国的通知行；R 国的通知行将信用证通知 R 国的出口方 B；B 此时担当第一阶段中的信用证的受益人和出口供货商，因此接到信用证后，一方面将货物运输至我国的进口方 A 处，另一方面向 R 国的通知行交单索款；R 国的通知行此时作为交单行向开证行 C 转交单据并索款；进口方 A 付款赎单；开证行 C 从 A 的账户扣划货款并对 B 付款，即 B 出口货物，得到货款。但这里的“付款”并不是通常地将款项付至 B 在 R 国的账户，而是以 B 的名义，将款项存放在开证行 C 处，即此时 B 的出口款项转化成在 C 行的 P. I. E. 存款，但 B 不能支取现金，只能用于支付进口我国境内企业生产的货物的款项。

第二阶段：R 国的 B 从我国的另一出口商 N 处进口货物，B 得到货物，付出货款。

B 作为与 N 的贸易商、信用证结算中的进口方、开证申请人，要求银行开出信用证，该银行在第一证中担任通知行的角色，此时已经变为开证行；开证行（第一证中的通知行）开出信用证并将信用证发送至我国的一通知行；

通知行将信用证通知我国的另一出口方N；N接到信用证后，一方面将货物运输至R国的进口方B处，另一方面向我国的通知行交单议付；我国的通知行此时作为议付行向R国开证行转交单据并索款；R国开证行一边将单据交进口方B（此时，B可凭单取得货物），一边通知C付款；C从B的存放在自己那里的P.I.E.账户中划出货款并直接付给同样在我国的N的议付行（此时，B付出了货款）；议付行将款项付给我国的出口方N。

伊士克罗信用证操作流程如图4-5所示。

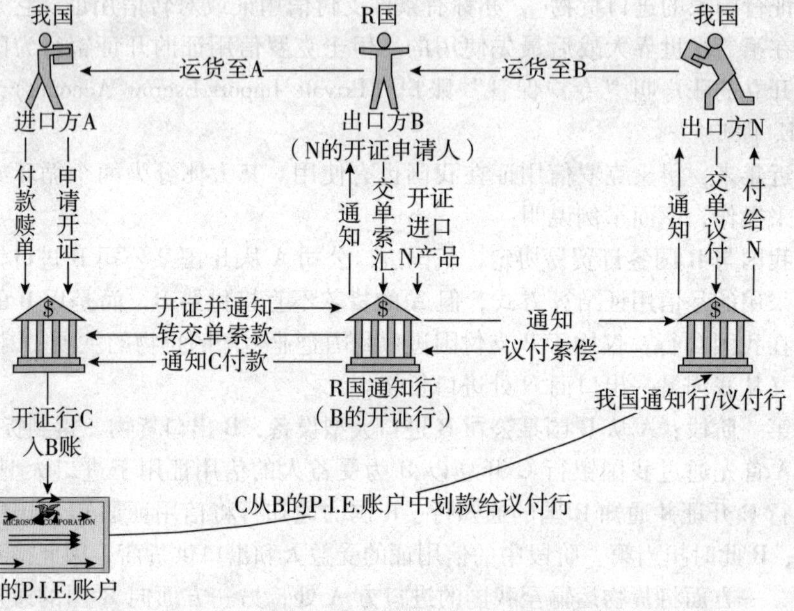

图4-5 伊士克罗信用证操作流程示意图

伊士克罗信用证的特点是平衡进出口贸易收支，但在具体交易中很难做到进口产品与出口产品的金额完全一致，故该种信用证对收入支出金额的差额规定是：小额贸易不得超过P.I.E.A/C账户的1%或不超过1 000美元，大宗贸易差额可视情况由买卖双方通过谈判协商解决。伊士克罗信用证实质上是两国之间以现汇方式易货的一种结算方式。

伊士克罗信用证与对开信用证的比较：

伊士克罗信用证与对开信用证突出的相似之处在于，作为这一证的受益人又是另一证的开证申请人，作为这一证的通知行又可能是另一证的开证行等。但其不同处也十分明显：一是二者的贸易背景不同，前者为国与国之间的特殊贸易背景，而后者是来料加工、来件装配的贸易背景；二是对于具有双重身份的贸易方（即第一证的出口方和第二证的进口方）而言，贸易的实质不同，前者是以货易货，不存在现实货币的收付，类似于记账贸易，而后者必须以实际货币来收付；三是前者的第一证的内容如货物描述等和第二证没有关联，B 出口的是机械设备，进口的可以是食品等，但后者的第一证与第二证的内容联系十分密切，如货物名称必须一证是原料，另一证是该原料的产成品，而开证的时间、信用证的生效时间等必须衔接；四是贸易涉及的当事人不同，前者的当事人除了银行通常涉及三方，即第一证进口方、第一证出口方（第二证的进口方）、第二证出口方，前者是“三方贸易”，而后者是“双方贸易”，仅仅涉及两方，即第一证出口方（第二证进口方）和第一证进口方（第二证的出口方）。

九、偿付信用证

偿付信用证（Reimbursement Credit），是指开证行指定第三家银行作为偿付行（Reimbursing Bank）的信用证，也称为向第三家银行索汇信用证（Reimbursement to Third Bank Credit），或清偿信用证（Clean Reimbursement Credit）。当开证行与它指定的付款、承兑、延期付款和议付银行之间没有账户关系，或是由于开证行与它指定的银行都不在信用证所使用货币的清偿地时，指定行为了拉直索汇路线，要求开证银行开立偿付信用证，即信用证授权指定银行在付款或议付后，将单据直接寄给开证银行的同时，向信用证指定的第三家银行索偿。

偿付信用证与一般信用证比较，有两个显著的特点：

（一）收汇快捷

偿付信用证的收汇比非偿付信用证快捷。在偿付信用证项下，指定银行或议付行的索偿，一般是在确认“单证相符”后，立即以电讯方式要求偿付行偿付，同时将单据直接寄给开证行，由于单据与偿付电分离，偿付行不需要也不可能根据单据情况来作是否付款的决定，而是仅仅凭指定银行或议付行的指示付款，并通常也以电讯方式支款。因此，这种收付往来均以电讯方式的偿付信用证，其收汇速度大大提高，据某银行统计，收汇时间最短为 1 天，最迟为 5 天，平均收汇时间在 2.5 天左右。而无偿付行的信用证，指定银行或议付行必须在将单据寄给开证行（或保兑行）待开证行（或保兑行）在合理的工作日（根据 UCP600 为不超过 5 天，UCP500 为不超过 7 天）内审核并确认“单证相符”后，才能得到偿付，这样，寄单的邮程加上开证行的审单及付款时间，收汇一般在 7 天以上，有的达 20 多天，平均也在 12 天左右。

（二）收汇安全

在同等条件下，偿付信用证的收汇较非偿付信用证安全。由于偿付行不审核单据，仅凭指定银行或议付行的指示付款，因此指定银行或议付行很容易在开证行作出单证是否相符的结论前取得货款，若开证行以非实质性不符点要求退款，指定银行或议付行此时款已在手，可以根据国际惯例、国际商会有关出版物慢慢交涉，杜绝了开证行无理拒付的可能，收汇安全较有保障。另外，由于偿付行通常在信用证货币清算地的发达国家或地区，不受外汇管制，资金充裕，信誉优良，国际结算中常见的国家或地区风险、政策风险、资金风险、银行风险等风险较小，即使信用证的开证行信誉欠佳，由于付款人首先是偿付行而非开证行，因此，只要"单证相符"，收汇一般不受影响。

由于偿付信用证以上两个显著的特点，很受受益人的欢迎。但在实务中，往往会出现假偿付信用证——虽然信用证有偿付行，但开证行未给偿付行适当的指示或授权，偿付行不知道自己已被开证行指定为它的偿付行，或因种种原因不愿意做该开证行的偿付行而承担偿付责任（根据国际惯例，银行可以不同意被开证行指定为偿付行的请求），到时指定银行或议付行向所谓的"偿付行"索偿时，"偿付行"根本不承担偿付责任，不得不向开证行索偿，这种信用证尽管貌似偿付信用证，其实质还是由开证行作为首先付款人的非偿付信用证。因此，受益人需要对偿付信用证加以认真甄别，并采取必要的措施。如某发展中国家的银行 S 开立了以我国 E 公司为受益人的信用证，信用证的偿付行为某外资银行，对议付行的付款指示为："你可向偿付行索偿，只要单证相符"（You can reimburse yourself from Reimbursing Bank after you presenting the documents which complied with the L/C），到时议付行向 S 指定的外资银行索偿时，该外资银行以"不知道自己已被开证行指定为它的偿付行"为由，对议付行的偿付要求不予理睬。最后，议付行不得不向开证行索偿，E 希望的提前、安全收汇均成为泡影。

在实务中，受益人为了有效识别真假偿付信用证，保护自身权益，需要注意几个方面的工作：一方面，受益人收到偿付信用证后，可以通过议付行书面联系信用证中的偿付行，要求偿付行确认到时偿付，若偿付行不予确认，可联系开证行要求修改信用证，另选偿付行；若偿付行予以确认，则议付行在索偿时，偿付行不能再以自己"不知情"、"不愿意"为由来推卸偿付责任。另一方面，为了确保偿付行承担偿付责任，受益人可要求开证行转请偿付行出具偿付保兑："应×××开证行的要求，我行开立不可撤销的偿付保兑，我行保证对议付行在×××号、金额为USD×××、有效期为×××的信用证项下的议付索偿进行付款，只要议付行证明单证相符"[At the request of ××× Bank (issuing Bank), We issue our irrevocable reimbursement undertaking to honor negotiating Bank's claim subject to their certification that all credit terms have been complied with for USD××× (amount) for negotiation made by them not later than y/m/d (expired date) under their letter of credit no×××]，这样，通过偿付行之口，确认了偿付行已知晓自己被开证行指定为偿付行这一事实，并进一步明确了偿付行的责任和义务，议付行以后的索偿也就有备无患了。

偿付信用证对受益人而言是有百利而无一害的，但对开证行的风险较大，它面临着款项已被议付行索偿，但有可能收到的是有不符点的单据而遭开证申请人的拒付，进而不得不垫款的危险局面。因此，尽管《跟单信用证统一惯例》（国际商会第500号出版物）第19条第b款规定"开证行不应要求索偿银行向偿付行提供单证相符的证明"（Issuing Banks shall not require a claiming bank to supply a certificate of compliance with the terms and conditions of the credit to the reimbursing bank），UCP600也有类似的规定，但在实务中，开证行往往仍然在信用证中要求指定银行或议付行在向偿付行索偿时，提供单证相符的证明。对此，指定银行或议付行为了顺利收汇，必须照办。

十、假远期信用证

假远期信用证（Usance Credit Payable at Sight），是指要求受益人出具远期汇票，但可以即期收汇的信用证。即在远期信用证项下，尽管受益人开立的是远期汇票，但议付行可为受益人即期索偿，受益人如同履行即期信用证一样，可以在提交与信用证条款相符的单据后立即取得款项。它的实质是开证行对进口商提供的融通资金便利。

判断某一信用证是否为假远期信用证，通常是根据信用证是否具有"远期信用证可即期议付"等内容的条款来确定，如信用证中有以下类似内容的条款，"远期汇票按即期议付，贴现及承兑费由进口商承担"（Usance draft can be negotiated at sight, discount and acceptance fee will for account of the applicant），"远期汇票按即期议付，利息由买方承担"（Usance draft can be negotiated at sight, interest will be bore by the buyer），"本信用证项下开立的远期汇票可按即期议付"（Usance draft under this credit can be negotiated at sight），等等，

均可视为假远期信用证。

假远期信用证对受益人较为有利，它可以避免远期信用证具有的汇率风险，因付款期较长而可能产生的开证行国家或地区的政治、经济风险，甚至战争风险等。因此，在国际贸易中，若出口方受益人不能争取即期信用证作为结算方式，能以假远期信用证来结算也是十分有利的。

十一、劣质信用证

劣质信用证（Bastard Letter of Credit），泛指信用证中带有对受益人不易掌握主动、不利条款的信用证，俗称“软条款”信用证。常见的“软条款”可归纳为以下四种：

（1）变相可撤销信用证条款。开证银行在某种条件不能满足时（如没有收到对方的汇款、信用证或担保函等），可随时单方面解除其付款责任。

（2）暂不生效条款。信用证开出后并不生效，要待开证银行另行通知或以修改书通知方生效。

（3）有条件付款条款。信用证付款要经有关当局验货批准，如某国进口信用证中的软条款为“本信用证在接到开证申请人通知，已从海关提货，并经有关卫生当局验货以前不能付款”（No payment will be effected under this letter of credit until we receive our principals advice that goods has been released from customs and are approved by ×× health authorities）。该条款虽然要求提供的是开证申请人的“通知书”，而非单据，但由于该通知须申请人提供，主动权掌握在申请人手中，如申请人不按时通知开证行，或卫生当局不能按时验货或检验结果为不符合要求，这些均将使受益人失去开证银行的付款保证。

（4）有客检条款，受益人不能掌握主动。如有的信用证中要求受益人提供客户（买方）的检验证明，如客户因故没有检验而使受益人提供不了检验证，尽管责任不在受益人，但开证行仍然可以因此作为“单证不符”的理由来拒付。在这种条款下，受益人无法主动做到“单证相符”，也就丧失了主动收汇的权利。

软条款信用证的主动权完全掌握在开证行和开证申请人手中，对受益人很不利：一是在银行的融资功能差，无论是装船前的融资如打包放款，还是装船后的融资如押汇或贴现等，因为有该条款，其融资的额度、可能性均要大打折扣；二是收汇的安全性较差，能否做到“单证相符”，受益人无把握，以致出现收汇的不确定性。因而，在正常情况下，除了开证申请人，信用证其他各当事人都不愿受理软条款信用证，而开证行开立软条款信用证也将影响自己的信誉，因此也不鼓励申请人开立软条款信用证。

十二、快速跟单信用证

快速跟单信用证（Quick Documentary Credit），简称 QDC，是指受益人将全套正本单据直接寄给开证申请人，议付行凭副本单据议付、开证行仅凭议付行的单证相符的加押电进行付款的一种跟单信用证。快速跟单信用证是近期北欧一些银行创办的一种新的跟单信用证，这种跟单信用证改变了传统的跟单信用证项下，由银行控制单据的做法，缩短了单据处理和传递的时间，以保证买方及时办理提货和卖方早日收妥货款。

（一）QDC 的操作程序

（1）申请人向开证行申请开立 QDC。

（2）开证行开立 QDC，并由指定银行通知受益人。

（3）受益人接 QDC 后发货、制单或备单。

（4）受益人将全套正本单据直接寄给开证申请人（运输单据的收货人如为开证行，一般交银行）。

（5）受益人向指定银行交单议付，所交的单据一般是：寄给申请人的正本单据的全套复印件；正本货运单据（如运输单据上收货人为开证行）；向申请人寄送单据的邮局快递收据；受益人出具的证明，证明信用证规定的单据已用快件邮寄给申请人，所提交的副本单据与直接寄给申请人的正本单据完全一致。

（6）指定银行审核单据后，向开证行索偿，同时用 SWIFT 或加押电传通知开证行，证明申请人所提交的副本单据与 L/C 条款和条件相符。如单据存在不符点，还需表明不符点内容。

（7）开证行付款。开证行的付款仅凭指定银行的单证相符的加押电，而不需要再次审单。另外，QDC 可规定将向指定议付行提交的副本单据保留在指定行，也可寄给开证行。具体视信用证条款而定。

（8）申请人收到受益人的单据后，到开证行支付货款，办理担保提货，或在运输单据中收货人为开证行的情况下，须请银行对提单背书后提取货物。

（9）如开证行付款后，申请人收到受益人直接寄来的单据与信用证不符，开证行可要求指定行将副本单据寄开证行核对，如有欺诈行为可采取法律手段（因申请人已声明他直接寄给申请人的正本单据与提交指定行的副本单据一致）。

（二）QDC 对主要当事人的利弊

1. 对开证申请人

在快速跟单信用证项下，对开证申请人较为有利，由于受益人发货后，直接向开证申请人寄送正本单据，省略了指定银行或议付银行的审单这个环节，大大缩短了单据流转时间，避免了因提单迟于货物到港而带来的压船、压货和申请人不能及时出售货物的风险和费用，因此，对申请人极为有利。

2. 对受益人

在快速跟单信用证项下，对受益人有利有弊：一方面，对受益人收汇较为有利。由于受益人发货后立即向申请人寄送正本单据，然后就可以向指定银行交单，指定银行审单确认单证相符后用 SWIFT 或电传向开证行索偿，省去了单据的邮寄时间，即客观上，由普通的“信索”改为“电索”，大大缩短了收汇时间，加快了受益人的资金周转速度。另一方面，对受益人风险较大。由于受益人将单据直接交给了申请人，从理论上而言，申请人可以去提货而不付款。因此，受益人面临“钱货两空”的危险，除非买卖双方是长期合作伙伴，关系良好，相互信赖，受益人一般不愿意采用 QDC 方式结算。

3. 对开证行

开立快速跟单信用证，对开证行风险较大。一方面，由于受益人将单据直接交给了申请人，开证行不掌握单据，即不能控制物权；另一方面，开证行仅凭指定银行或议付行的 SWIF 或电传就必须付款，即在付款前通常看不到正本的单据，单证相符的判断仅仅凭指定银行或议付行的“一面之词”。因此，如果申请人拒不付款，开证行将面临“钱货两空”的危险。因而，一般银行也不愿意开立 QDC 信用证，除非申请人向其交纳了 100% 的保证金或申请人在银行的信誉极佳。

十三、按信用证开立的方法，分为信开信用证、简电开证和电开信用证

根据信用证开立的方法，信用证可以分为信开信用证、简电开证和电开信用证

（一）信开信用证

信开信用证，是指开证行用信函格式开立的信用证，并以航邮方式将信用证传递给通知行或受益人的方式。由于通信技术的发达，现信开信用证已不多见。

以下为信开信用证示例：

××银行 香 港 分 行

正本

19 年 月 日

通知行：中 国 银 行

☒信开 ☐已简电通知

受益人：ABC 对外贸易公司

江苏省××市

不可撤销信用证第 J-01-L-0497 号

金额不超过：US＄12，768.00

申请人：香港 DEF 贸易公司

凭受益人按 100% 发票价值开具之

即期汇票以开证行为付款人，载明本信用证号码及开证日期，并附交下

列注明"X"标记之单据支款：

☒发票一式三份；

☐全套洁淨"已装船"提单/载明车号及装车日期运输行火车承运货物收据，以我行为抬头人，通知申请人，注明运费付讫；

☒保险单或保险凭证按 110% 发票价值保妥下列各险：

☐平安险（即全损险）

☐水渍险（即基本险）

☒全险［即综合险（海运）］

☐陆上运输综合险（陆险）

☐淡水雨淋险

☐破碎险

☒海运加保战争险

☐盗窃及提货不著险

☐ F. R. E. C.

☐重量单一式三份；

☐装箱单一式三份；

☐受益人证明书，证明装货时已将船名或车号、数量、及装运日期直接电告买方，直接传真通知申请人；

☒受益人证明书证明 1/3 套提单已随船付运，

证明装运下列货物：

NO. 414 尼龙刷子，熨金，ETCREN

数量 11，200 打

每打一纸盒，50 打装一纸箱

每个纸盒用黄板纸盒外加白纸糊上。

合约号码 98B-035

自 ANY PORT OF CHINA 至 香 港

价格条件：C. I. F. 香港

装运日期不得迟于 1998 年 12 月 15 日

准/禁分批装运 海运准/禁转运

汇票至迟须于 1998 年 12 月 25 日议付

其他条款（有"X"标记者）：

☐金额及货运数量准比例增减 %

☐此证限于通知行议付。

☐详见附页。

议付银行于议付本信用证项下汇票后，须将议付金额在本信用证背面签注，并须将汇票及单据直接寄交我行。

凡根据本信用证所列条款开具之汇票向我行提示者，我行同意对其出票人、背书人及善意持有人按照下列规定履行偿付：

即期汇票：人 民 币—议付行可于议付时借记我册。

其他货币—于我行收到汇票及单据后偿付。

远期汇票：人 民 币—议付行可凭我行承兑通知书于汇票到期日自动借记我册。

其他货币—于汇票到期日偿付。

本信用证适用国际总商会出版物第 500 号

跟单信用证统一处理规则（1993 年修订本）

××银行 香港分行

（二）简电开证

简电开证（Brief cable L/C），是将信用证的主要内容以电讯方式传递给通知行或受益人，同时将内容全面的信用证证实书（Confirmation）以邮寄方式传递给通知行或受益人，通常也被称为“预通知信用证”（Pre－Advice L/C）。这种信用证就传递方式而言，它既有邮寄方式又有电讯方式，实质上是“电＋信”方式开立的信用证，日本使用较多，其他国家或地区较为少见。使用这种方式，主要是申请人考虑到使用电讯方式传递信用证，虽然费用较邮寄高，但电信传递速度快；另外，日本与我国的贸易许多属于来料加工、来件装配贸易，规定的装船期较短，需要用传递较快的方式开立信用证，因此，为了使费用和速度达到最佳的结合，遂出现了这种介于信开和电开的简电开立的信用证。

以下为简电开信用证示例：

1. 简电

MTS705　　PRE－ADVICE OF A DOCUMENTARY CREDIT

PAGE 0001

APPLICATION HEADER 0　705 1035　030605

USER HEADER	SERVICE CODE	103：	
	BANK. PRIORITY	113：	
	MSG USER REF.	108：	
	INFO. FROM CI	115：	
FORM OF DOC. CREDIT	＊40 A	：	IRREVOCABLE
DOC. CREDIT NUMBER	＊20	：	H－520－2035835
DATE OF ISSUE	31 C	：	030605
EXPIRY	＊31 D	：	DATE 030730 PLACE AT THE COUNTRY OF NEGO BANK
APPLICANT	＊50	：	DEF BUSSAN CORPORATION HOMMACHI 3－CHOME，CHUO－KU，OSAKA，JAPAN 9061 SECT.，FAX NO.：6－6244－8 6－3，MARUNOUCHI 2 CHOME CHIYODA－KU， TOKYO
BENEFICIARY STOCK CO.，LTD. JINGCHUAN SOUTH ROAD， QINGTAN， P. R. OF CHINA.	＊59	：	ABC INDUSTRIAL
AMOUNT USD AMOUNT 106，045.15	＊32 B	：	CURRENCY
POS./NEG. TOL.（%）	39 A	：	05/05
AVAILABLE WITH/BY BY NEGOTIATION	＊41 D	：	ANY BANK ON SIGHT BASIS
LOADING IN CHARGE	44 A	：	SHANGHAI，CHINA TRANSPORT TO…44 B：NAGOYA，JAPAN
LATEST DATE OF SHIP.	44 C	：	030715
DESCRIPT. OF GOODS MEN'S GARMENTS TRAILER	45 A	：	

2. 信用证证实书

THE BANK OF T—M，LTD.

	Number *H-520-2035835*
CHUO-KO OSAKA JAPAN **OSAKA,JAPAN** Cable Address: TO H BANK,BANK MITSUBISHI Telex No.: **J63229 J63** Swift Address: **BOTKJPJTOSA**	**OPERATIVE CREDIT INSTRUMENT IN CONFIRMATION OF OUR TELETRANSMISSION OF JUNE，05，2003** Date and Place of Expiry:
Place and Date of Issue: **OSAKA, JUNE 05, 2003**	**SEPTEMBER 4, 2003 AT COUNTER OF NEGOTIATING BANK.**
Applicant: **DEF BUSSAN CORPORATION** **HOMMACHI 3-CHOME, CHUO-KU,** **OSAKA, JAPAN** **9061 SECT., FAX NO.:6-6244-8**	Beneficiary: **ABC INDUSTRIAL STOCK CO., LTD.** **JINGCHUAN SOUTH ROAD,** **QINGTAN,** **P. R. OF CHINA.**
Advising Bank: **XXX BANK** **CHANGZHOU BRANCH,** **JIANGSU PROV., P.R.CHINA**	Amount: **USD 106,045.15** **(U.S.DOLLARS ONE HUNDRED SIX THOUSAND FORTY FIVE 15/100)**
Partial Shipments: **ALLOWED**	Amount Specification: **<PER CENTAGE CREDIT AMOUNT TOLERANCE>** **5 PERCENT MORE LESS ALLOWED.**
Transhipment: **PROHIBITED** **INSURANCE IS TO BE EFFECTED BY BUYER** Shipment From: **SHANGHAI, CHINA** For Transportation To: **NAGOYA, JAPAN** Not Later Than: **JULY，15,2003** **DOCUMENTS MUST BE PRESENTED WITHIN 15 DAYS AFTER THE DATE OF SHIPMENT BUT WITHIN VALIDITY OF THE CREDIT**	Credit Available: **WITH ANY BANK** **BY NEGOTIATION AGAINST THE DOCUMENTS DETAILED HEREIN AND BENEFICIARY'S DRAFTS AT SIGHT** **DRAWN ON THE BANK OF T—M, LTD. OPERATIONS DIV. KITAHAMA CHUO-KU OSAKA JAPAN**

<DOCUMENTS REQUIRED>

+SINGNED COMMERCIAL INVOICE IN 3 COPIES INDICATING APPLICANT'S PREFERENCE NO. CT0381/9061-41 AND/OR CT0385/9061-41

+FULL SET OF CLEAN ON BOARD OCEAN BILLS OF LADING MADE OUT TO ORDER OF SHIPPER AND BLANK ENDORSED MARKED FREIGHT PREPAID NOTIFY APPLICANT.

+PACKING LIST IN 3 COPIES.

+WEIGHT LIST IN 3 COPIES, INDICATING GROSS AND NET WEIGHT.

+OTHER DOCUMENTS AS PER ATTACHED SHEET.

<SHIPMENT OF GOODS>

ORDER NO. FEA-2333/2344
3,653 PCS OF WOVEN SCHOOL WEAR
AS PER CONTRACT NO.CT0381 AND/OR CT0385
C&F KOBE/OSAKA, JAPAN

— TO BE CONTINUED —

We hereby issue this Documents Credit in your favor, subject to the Uniform Customs and Practice for Documentary Credits (2007 Revision, International Chamber of Commerce, Publication No. 600)and engaging us in accordance with the terms thereof, especially in accordance with the terms of Article 9. The number and date of the credit and the name of our bank must be quoted on all drafts required. If the credit is available by negotiation, each presentation must be noted on the reverse of this advice by the bank at wihic the credit is available.

The Bank of T-M,Ltd.

Authorized Signature

<table>
<tr><td></td><td>Continuation of
Irrevocable
Documentary Credit</td><td>Number
H-520-2035835</td></tr>
<tr><td>Applicant:
DEF BUSSAN CORPORATION
HOMMACHI 3-CHOME, CHUO-KU,
OSAKA, JAPAN
9061 SECT. . FAX NO:6-6244-8</td><td colspan="2">Beneficiary:
ABC INDUSTRIAL STOCK CO., LTD.
JINGCHUAN SOUTH ROAD,
QINGTAN, CHANGZHOU,
P. R. OF CHINA</td></tr>
</table>

<ADDITIONAL CONDITIONS>

+ALLOWANCE OF 5 PCT MORE OR LESS IN QUANTITY AND AMOUNT IS ACCEPTABLE.

+OTHER CONDITIONS AS PER ATTACHED SHEET.

<CHARGES>

ALL BANKING CHARGES OUTSIDE JAPAN ARE FOR ACCOUNT OF BENEFICIARY.

<INSTRUCTION TO THE PAYING/ACCEPTING/NEGOTIATING BANK>

REIMBURSEMENT BY TELECOMMUNICATION IS PROHIBITED.

NEGOTIATING BANK MUST SEND DRAFTS AND ALL DOCUMENTS TO US.

THE BANK OF T—M, LTD . , 2-3, KITAHAMA 4-CHOME, CHUO-KU, OSAKA AND/OR C.P.O.BOX 38, OSAKA IN TWO LOTS.

IN REIMBURSEMENT WE SHALL REMIT PROCEEDS ACCORDING TO YOUR INSTRUCTIONS.

FOR EACH PRESENTATION OF DISCREPANT DOCUMENTS UNDER THIS CREDIT, A FEE OF USD47.00 SHOULD BE DEDUCTED FROM THE PROCEEDS.THISEFFECTMUSTBE EVIDENCEDON COVERINGLETTER. ANY INSTRUCTIONS TO THE CONTRARY. THIS FEE SHOULD BE FOR A/C OF THE BENEFICIARY.

PLEASE ADVISE BENEFICIARY WITHOUT ADDING YOUR CONFIRMATION.

——END OF MESSAGE——

The bank of T—M, Ltd.

Authorized Signature

（三）电开信用证

电开信用证，是指开证行用电信方式传递信用证内容的开证方式。相对于简电开证，有时也被称为“全电开证”。常见的电开信用证有 SWIFT 或电传开证。由于电传开立的费用高、安全性差，故目前已被逐渐淘汰。以 SWIFT 方式发送电文，其成本特别低廉，例如，从我国以电报（Cable）发往美国的 300 个字符（大约 50 个单词）成本价格为人民币 180 元（50×3.6=180 元），以电传（Telex）发出成本价格为 25 元（1 分钟×25=25 元），以 SWIFT 发出成本价格为 2.27 元（以 325 个字符为一个收费单位，每一个收费单位的价格为 EUR0.315 即大约 2.27 元），不仅如此，而且其安全性十分可靠。因此，目前 SWIFT 信用证被广泛使用，但在不能使用 SWIFT 的国家或地区，仍使用电传开证。

SWIFT 是一个国际银行同业间非赢利的国际合作组织，全称为“环球同业银行金融电讯协会”（Society for worldwide Interbank Financial Telecommunication S. C，简称 SWIFT）。其总部设在比利时的布鲁塞尔。该组织成立于 1973 年 5 月，由北美和西欧 15 个国家的 239 家银行发起，董事会为最高权力机构。目前，SWIFT 在全世界拥有会员国 197 个，会员银行 6000 多家，其环球计算机数据通讯网在荷兰和美国设有运行中心，在各会员国设有地区处理站，共连接了 7300 多家用户，日处理 SWIFT 电讯 671 万多笔，为 SWIFT 会员提供安全、可靠、快捷、自动化、标准化的通讯服务。

SWIFT 电文是格式化的，用 0～9 的数字区别电文业务性质。“0”代表 SWIFT 系统电报，“1”代表客户汇款与支票（Customer Payment & Cheques），“2”代表银行头寸调拨（Financial Institution Transfers），“3”代表外汇买卖、货币市场及衍生工具（Foreign Exchange，Money Markets & Deviratives），“4”代表托收业务（Collections & Cash Letters），“5”代表证券业务（Securities Markets），“6”代表贵金属和银团贷款业务（Precious Metals and Syndications），“7”代表跟单信用证和保函（Documentary Credits and Guarantees），“8”代表旅行支票（Travellers Cheques），“9”代表银行和客户账务（Cash Management & Customers Status）。每一类包含若干组（Group），每一组又包含若干格式（Type），每个电报格式代号由三位数字构成。如 MT700 代表信用证业务，其中电文第一位数字代表业务，第二、三位也分别代表不同意思。如 N99 代表自由格式，N95 代表查询，N96 代表查询答复等。N 代表数字（Numbers），可以换成 0～9 中的任何数字，如 799 就是有关信用证业务的特殊电文。关于信用证，大致可由以下几种电文来完成：

MT700/701 开立信用证。

MT705 跟单信用证预先通知。

MT707 跟单信用证的修改。

MT710/711 通知由第三家银行开立的跟单信用证。

MT720、721 跟单信用证的转让。

MT730 确认。

MT732 单据已被接受的通知。

MT734 拒付通知。

MT740 偿付授权。

MT742 索偿。

MT747 修改偿付授权。

MT750 通知不符点。

MT752 授权付款、承兑或议付。

MT754 已付款、承兑或议付的通知。

MT756 通知已偿付或付款。

SWIFT 信用证，主要是指以 MT700 或 MT701 开立的信用证，以下是 MT700 和 MT701 这种两种格式中的代号和栏位名称对照表：

1. 以 MT700 开立跟单信用证

MT700 ISSUE OF A DOCUMENTARY CREDIT

M/O	代号（Tag）	栏位名称（Field Name）
M	27	报文页次（Sequence of Total）
M	40A	跟单信用证类别（Form of Documentary Credit）
M	20	信用证编号（Documentary Credit Number）
O	23	预先通知编号（Reference to Pre – Advice）
O	31C	开证日期（Date of Issue）
M	31D	到期日及到期地点（Date and Place of Expiry）
O	51A	开证申请人的银行（Applicant Bank）
M	50	申请人（Applicant）
M	59	受益人（Beneficiary）
M	32B	信用证的货币及金额（Currency Code，Amount）
O	39A	信用证金额允许浮动的范围（Percentage Credit Amount Tolerance）

续表

M/O	代号（Tag）	栏位名称（Field Name）
O	39B	信用证金额最高限额（Maximum Credit Amount）
O	39C	附加金额（Additional Amounts Covered）
M	41A	指定的有关银行及信用证的兑付方式（Available with…by…）
O	42C	汇票付款期限（Draft at）
O	42A	汇票付款人（Drawee）
O	42M	混合付款条款（Mixed Payment Details）
O	42P	迟期付款条款（Deferred Payment Details）
O	43P	分批装运条款（Partial Shipments）
O	43T	转运条款（Transhipments）
O	44A	货物运输的起点（非海运、非空运）（Place of Taking in Charge/Dispatch from…/Place of Receipt）
O	44B	货物运输的终点（非海运、非空运）（Place of Final Destination/Place of Delivery）
O	44E	货物运输的起点（海运、空运）（Port of Loading/Airport of Departure）
O	44F	货物运输的终点（海运、空运）（Port of Discharge/Airport of Destination）
O	44C	最迟装运日期（Latest Date of Shipment）
O	44D	装运期（Shipment Period）
O	45A	货物/劳务描述（Description of Goods and/or Services）
O	46A	单据要求（Documents Required）
O	47A	附加条款（Additional Conditions）
O	71B	费用负担（Charges）
O	48	交单期限（Period for Presentation）
M	49	保兑指示（Confirmation Instructions）
O	53A	偿付行（Reimbursing Bank）
O	78	给付款行、承兑行或议付行的指示（Instructions to the Paying/Accepting/Negotiating Bank）
O	57A	通知行（Advise Through Bank）
O	72	附言（Sender to Receiver Information）

2. 以 MT701 开立跟单信用证

MT701 ISSUE OF A DOCUMENTARY CREDIT

M/O	代号（Tag）	栏位名称（Field Name）
M	27	报文页次（Sequence of Total）
M	20	信用证编号（Documentary Credit Number）
O	45B	货物/劳务描述（Description of Goods and/or Services）
O	46B	单据要求（Documents Required）
O	47B	附加条款（Additional Conditions）

注：以上表格中的“M”为“Mandatory”，指电文中该项目内容必须填写；“O”为“Optional”，指电文中该项目可以选择填写或不填。

当跟单信用证内容超过 MT700 报文格式的容量时，可以使用一个或几个（最多 3 个）MT701 报文格式传送有关跟单信用证条款。

第五节　常见世界各国信用证解析

为了让不同英语水平（甚至没有入门）的读者能尽可能快速地、正确地学会信用证业务，在此将常见的世界各国（日本、澳大利亚、法国、南非、美国）的 5 种信用证进行翻译和解析（斜体字为作者译文及解析），希望读者通过具体信用证的实践，掌握信用证业务。同时，为了再现信用证本色，保持“原汁原味”，在举例中，对随机样本信用证的错误与遗漏，特别是单词的拼写错误与遗漏未予更改，但笔者将尽可能加注说明。

一、日本的信用证

以下为日本某银行的信用证实例：用 SWIFT 开立的即期议付信用证、自由议付信用证、由第三家银行付款的信用证。开证行：日本某银行；开证申请人：日本某公司；受益人：中国某公司。

2007APR27 14：19：42　　LOGICAL TERMINAL CZEX

MT S700　　ISSUE OF ADOCUMENTARY CREDIT　　PAGE 00001

FUMC JSCZEXMG

UMR 17341634

MSGACK DWS765I AUTH OK，KEY B1060917D74E574A，BKCHCNBJ SMBC****　RECORD

（报头：用 SWIFT700 格式开立跟单信用证）

BASIC HEADER F 01 BKCHCNBJA95E 1497 770940

(基本报头:)【注意：在基本报头里出现的银行，在 SWIFT700 格式中通常为收报行，也是通知行或者第一通知行】

APPLICATION HEADER 0 7 00 1441110427 SMBCJPJTAOSA 2314 220920 070427 1341 N

* SUMITOMO MITSUI BANKING CORPORATION

* OSAKA

* (OSAKA)

(应用报头:)【注意：在应用报头里出现的银行，在 SWIFT700 和 701 格式中通常为发报行，也是开证行】

USER HEADER	SERVICE CODE	103:
	BANK. PRIORITY	113:
	MSG USER REF.	108: 438LCS - 60667302
	INFO. FROM CI	115:

(用户报头:)

SEQUENCE OF TOTAL *27: 1/1

(连续的总页数：1/1)

FORM OF DOC. CREDIT *40 A : IRREVOCABLE

(信用证的形式：不可撤销)

DOC. CREDIT NUMBER *20: 438LCS - 60667302

(信用证号码：438LCS - 60667302)

DATE OF ISSUE31 C: 110427

(开证日期：2011 年 4 月 27 日)

APPLICABLE RULES *40 E: UCP LATEST VERSION

/

(信用证适用规则：跟单信用证统一惯例最新修订本)

EXPIRY *31D: DATE110615 PLACE AT THE NEGOTIATING BANK

(信用证截止日期：2011 年 6 月 15 日在议付银行截止)

APPLICANT *50: NOZAWA SANGYO CO. , LTD. 374 - 8
HANAJIRI,
BESSHO - CHO, MIKI - CITY, HYOGO - PREF. ,
JAPAN. FAX NO. 0794 - 83 - 2103

(开证申请人：……)

BENEFICIARY *59: C D IMP. AND EXP.
CORP. , LTD.
15XIANXUE STREET, CHANGZHOU,
JIANGSU, CHINA

(信用证的受益人：……)

AMOUNT *32 B：CURRENCY USD AMOUNT 31.046，80
（信用证的金额为：美元31.046，80）
POS. / NEG. TOL. （%）39 A：05/05
（议付金额允许5%的上下浮动）
AVAILABLE WITH/BY *41 D：ANY BANK
BY NEGOTIATION
（信用证适用于：可以由任何银行议付）
DRAFTS AT …42 C：AT SIGHT
（汇票：即期见票）
DRAWEE42 A ：SMBCUS33
*SUMITOMO MITSUI BANKING CORPORATION
*NEW YORK，NY
（汇票付款人：……）
PARTIAL SHIPMENTS 43 P：ALLOWED
（分批装运：允许）
TRANSHIPMENT 43 T：ALLOWED
（转运：允许）
PORT OF LOADING 44 E：
CHINA PORT
（装运港：中国港口）
PORT OF DISCHARGE 44F：
KOBE，JAPAN
（卸货港：神户港）
LATEST DATE OF SHIP. 44C ：110531
（最迟装运日期：2011年5月31日）
DESCRIPT. OF GOODS45 A：
HOE AS S/C NO. CDY0706404. CDY0706404 -2.
RAKE AS S/C NO. CDY0706404 -1
TRADE TERMS. . CIFKOBE，JAPAN
（货物名称描述：……）【注意：以上的货物名称描述、数量、金额、货号、价格术语 TRADE TERMS. . CIF KOBE，JAPAN、按照销售合同号……必须被原样显示在发票上】

DOCUMENTS REQUIRED46 A：
（单据要求：）

COMMERCIAL INVOICE IN 3
（商业发票三份）

2/3 SET OF CLEAN ON BOARD OCEAN BILL OF LADING MARKED FREIGHT PREPAID MADE OUT TO ORDER OF THE SHIPPER BLANK ENDORSED NOTIFY APPLICANT

（全套的 2/3 洁净已装船海运提单，表明运费已预付，做成发货人指示抬头，空白背书，通知申请人）【注意一：2/3 是指，一套提单共 3 张，提供 2 张正本；注意二：空白背书，并不是不要背书，而是在提单背面盖上受益人的公司名称和有权签字人的章，不特别指定背书给谁】

PACKING LIST IN 3

（装箱单三份）

INSURANCE POLICY OR CERTIFICATE IN DUPLICATE ENDORSED IN BLANK WITH CLAIM PAYABLE IN JAPAN IN THE CURRENCY OF THE DRAFT COVERING 110 PERCENT OF THE INVOICE VALUE INCLUDING INSTITUTE WAR CLAUSES INSTITUTE CARGO CLAUSES（ALL RISKS）INSTITUTE S. R. C. C. CLAUSES

（保险单或者保险证明一式二份，空白背书，显示赔付地点在日本，赔付货币为汇票使用的货币，投保金额为发票金额的 110%，投保协会货物条款的战争险、一切险、罢工暴动民变险）

ADDITIONAL COND. 47 A：

（附加条件：）

T. T. REIMBURSEMENT：UNACCEPTABLE

（电索不允许）【注意：本信用证是议付信用证，但因为汇票的付款人（DRAWEE）不是开证行，而是上述的 SUMITOMO MITSUI BANKING CORPORATION NEW YORK，NY。在开证行未收到单据前，该付款行就必须根据议付行的汇票和指示付款，为了不让议付行过早地索取款项，日本银行一般不允许电索，议付行须将索偿指示邮寄给付款行要求付款。这是在日本信用证中常见的用汇票索偿的“票索”信用证】

X）1/3 ORIGINAL B/L SHOULD BE SENT TO APPLICANT DIRECTLY.

（1/3 正本提单应被直接寄给申请人）

2007APR27 14：19：43 LOGICAL TERMINAL CZEX

MT S700 ISSUE OF A DOCUMENTARY CREDIT PAGE 00002

FUNC JSCZEXMG

UMR 17341634

（报头）

DETAILS OF CHARGES 71 B：ALL BANKING CHARGES AND COMMISSIONS

INCLUDING REIMBURSEMENT COMM.

OUTSIDEJAPAN ARE FOR A/C OF

BKNEF ICIARY.

（费用细节：日本以外的所有银行费用包括偿付费均由受益人承担）

PRESENTATION PERIOD 48 : DOCUMENTS TO BE PRESENTED WITHIN 15
DAYS AFTER THE DATE OF SHIPMENT BUT
WITHIN THE VALIDITY OF THE CREDIT.
（交单期限：在出具运输单据后的15天内交单，但必须在信用证的有效期内）

CONFIRMATION *49：WITHOUT
（保兑指示：无）
REIMBURSING BANK53 A：SMBCUS33
*SUMITOMO MITSUI BANKING CORPORATION
*NEW YORK，NY
（偿付行：）
INSTRUCTIONS 78：
TO NEGOTIATING BANK：
ALL DOCUMENTS MUST BE SENT TO US（4-6-5 KITAHAMA，CHUO-KU，OSAKA，
JAPAN OR CPO BOX 45 OSAKA，JAPAN）BY COURIER OR REGISTERED AIRMAIL
IN ONELOT. PLEASE CLAIM YOUR REIMBURSEMENT FROM
OURNEW YORK BRANCH，277 PARK AVENUE，NEW YORK，NY 10172，U. S. A.
WE CHARGE USD 50.00 FOR EACH DOCUMENT FOUND NOT IN COMPLIANCE
WITH LC TERMS WHETHER OR NOT WE TAKE UP THE SAME AT OUR SOLE
DISCRETION. PLEASE DEDUCT THE CHARGE FROM YOUR REIMBURSEMENT
CLAIM，DESPITE ANY OTHER TERMS HEREOF TO THE CONTRARY IF ANY.
THE CHARGE NOT THUS DEDUCTED WILL BE BILLED TO YOU.
REIMBURSEMENT IS SUBJECT TO ICC URR 525.
（偿付指示：所有单据必须一次用快邮或航空邮寄给我行。请从我纽约分行获得偿付，不管如何规定，若单据有不符点费用，我行将扣除50美元的不符点费用。请在扣除不符点费用后向偿付行偿付）
TRAILER ORDER IS <MAC：><PAC：><ENC：><CHK：><TNG：><PDE：>
MAC：C52C23A6
CHK：1393145066CD
（报尾）

二、澳大利亚信用证

以下为澳大利亚某银行的信用证，是用SWIFT开立的远期议付信用证。开证行：澳大利亚某银行；开证申请人：澳大利亚某公司；受益人：中国某公司。

JUN22 08：59：38 LOGICAL TERMINAL CZEX

MTS700 ISSUE OF A DOCUMENTARY CREDIT PAGE 00001

FUNC JSCZEXMG

（报头：用 SWIFT700 格式开立跟单信用证）

UMR 17822326

MSGACK DWS7651 AUTH OK，KEY B10705203B7C1BCC，BKCHCNBJ WPAC**** RECORD

BASIC HEADER F 01 BKCHCNBJA95E 1517 727093

（基本报头：）【注意：在基本报头里出现的银行，在 SWIFT700 和 701 格式中通常为收报行，也是通知行或者第一通知行】

APPLICATION HEADER 0 700 1759 070620 WPACAU2SAXXX 4991 881746 110620 1612 N

* WESTPAC BANKING CORPORATION
* SYDNEY
* （FOR ALL NEWSOUTH WALES BRANCHES）

（应用报头：）【注意：在应用报头里出现的银行，在 SWIFT700 和 701 格式中通常为发报行，也是开证行】

USER HEADER	SERVICECODE	103：
	BANK. PRIORITY	113：
	MSG USER REF.	108：
	INFO. FROM CI	115：

（用户报头：）

SEQUENCE OF TOTAL *27 ：1/1

（连续的总页数：1/1）

FORM OF DOC. CREDIT *40 A：IRREVOCABLE

（信用证的形式：不可撤销）

DOC. CREDIT NUMBER *20 ：CD3BM890881

（信用证号码：CD3BM890881）

DATE OF ISSUE31 C：110615

（开证日期：2011 年 6 月 15 日）

APPLICABLE RULES *40 E：UCPURR LATEST VERSION

/

（信用证适用规则：跟单信用证统一惯例及银行间偿付统一规则的最新修订本）

EXPIRY *31 D：DATE 110731 PLACE AUSTRALIA

（信用证截止日期：2011 年 7 月 31 日在澳大利亚截止）

APPLICANT *50 ：G GLOBAL MACHINERY COMPANY
45 - 55 SOUTH CENTRE ROAD，
MELBOURNE AIRPORT，MELBOURNE

AIRPORT, VICTORIA, AUSTRALIA 3045

(开证申请人：……)

BENEFICIARY *59 : C MACHINERY AND
EQUIPMENT IMP. AND EXP. CO., LTD
1 FEIBEI RD, CHANGZHOU, JIANGSU

(受益人：……)

AMOUNT *32 B : CURRENCY USD AMOUNT 207.285, 14

(信用证的金额为：美元207.285，14)

MAX. CREDIT AMOUNT 39 B : NOT EXCEEDING

(最大不超过上述金额)

AVAILABLE WITH/BY *41 D : ANY BANK
BY NEGOTIATION

(信用证适用于：可以由任何银行议付)

DRAFTS AT …42 C : 90 DAYS AFTER BILL OF LADING D
ATE

(汇票：提单日后90天付款)

DRAWEE 42 D : WESTPAC BANKING CORPORATION
SYDNEY, AUSTRALIA

(汇票付款人：……)

PARTIAL SHIPMENTS 43 P : PARTAL SHIPMENTS ARE ALLOWED

(分批装运：允许)

TRANSHIPMENT 43 T : TRANSHIPMENTS ARE ALLOWED

(转运：允许)

PORT OF LOADING 44 E :
ANYCHINESE PORT

(装运港：任何中国港口)

PORT OF DISCHATGE 44 F :
AUSTRALIA

(卸货港：澳大利亚)

LATEST DATE OF SHIP. 44 C : 110715

(最迟装运日期：2011年7月15日)

DESCRIPT. OF GOODS 45 A :

PO SHIP DATE PART DESCRIPTION QTY
1900930/06/07 GEN 85OW 2 STROKE GENERATOR 2508
42 UNITS OF THE GEN 85OW 2 STROKE GENERATOR ARE FREE OF CHARGE
1901130/06/07 G125 GENERATOR INVERTER 470
10 UNITS OF THE GENERATOR INVERTER ARE FREE OF CHARGE.

FOB. ANY CHINESE PORT.

(货物名称描述：……)

【注意：以上货物名称描述、数量、货号、价格术语等必须被原样显示在发票上】

DOCUMENTS REQUIRED 46 A：

(单据要求：)

DOCUMENTS REQUIRED IN DUPLICATE UNLESS OTHERWISE STATED：

(除非另有规定，下列单据一式二份。)

+SIGNED COMMERCIAL INVOICES IN THREEFOLD.

(签字的商业发票一式三份。)

+PACKING LIST IN ORIGINAL AND ONE COPY.

(装箱单一份正本和一份副本。)

+ORIGINAL GSP CERTIFICATE OF ORIGIN FORM A AND ONE COPY

(GSP FORM A 产地证一份正本和一份副本。)

+ORIGINAL AUSTRALIAN PACKING DECALRATION AND ONE COPY

(澳大利亚包装声明一份正本和一份副本。)

+3/3 CLEAN ON BOARD NEGOTIABLE BILLS OF LADING CONSIGNED TO ORDER AND BLANK ENDORSED MARKED FREIGHT COLLECT AND NOTIFY APPLICANT.

(3/3 全套洁净已装船海运提单，做成不记名指示抬头，空白背书，表明运费代收，通知申请人。)

+FULL SET OF DOCUMENTS EMATLED TO BRETT AT GMC

(将全套单据内容发电子邮件给 BRETT AT GMC。)

ADDITIONAL COND. 47 A：

(附加条件：)

+INSUARNCE BUYERS CARE.

(由买方负责保险。)

+A DISCREPANCY FEE OF USD 50.00 OR EQUIVALENT WILL BE DEDUCTED FROM PROCEEDS OF DISCREPANT DOCUMENTS PRESENTED UNDER THIS

(在本证项下，每次提交不符点单据将被扣除 50 美元或者等值 50 美元的不符点费用。)

2007JUN22 08：59：39 LOGICAL TERMINAL CZEX

MT S700 ISSUE OF A DOCUMENTARY CREDIT PAGE 00002

FUNC JSCZEXMG

UMR 17822326

(此为“报头”，受益人不用理会。)

DOCUMENTARY CREDIT. DEDUCTION WILL BE MADE EVEN WHERE THE TERMS OF RHE CREDIT INDICATE THAT SOME OR ALL OF THE CHARGES ARE FOR THE ACCOUNT OF THE APPLICANT.

（即使在信用证表明某些或者所有费用均由申请人承担的情况下，也是如此。）

+KINDLY COLLECT YOUR ADVISING COMMISSION BEFORE RELEASING THIS DOCUMENTARY CREDIT TO THE BENEFICIARY.

（将本证交给受益人之前请收通知费。）

+THIS DOCUMENTARY CREDIT IS SUBJECT TO THE UNIFORM RULES FOR BANK－TO－BANK REIMBURSEMENTS UNDER DOCUMENTARY CREDITS.

（本跟单信用证遵守银行间偿付统一规则。）

+ALL OTHER BANK CHARGES，EXCEPT ESTABLISHING BANK CHARGES，ARE FOR ACCOUNT OF ：BENEFICIARY

（除了开证行之外的费用均由受益人承担。）

+FOR TERM CREDITS，DISCOUNT CHARGES，FINANCE CHARGES INTEREST AND ACCEPTANCE COMMISSION，WHERE APPLICABLE，ARE FOR ACCOUNT OF：BENEFICIARY

（远期信用证可能产生的折扣费用、融资费用和利息、承兑费用均由受益人承担。）

PRESENTATION PERIOD 48 ：DICUMENTS MUST BE PRESENTED
WITHIN 15 DAYS AFTER ISSUANCE
OF THE TRANSPORT DOCUMENT BUT
WITHIN THE VALIDITY OF THIS CREDIT

（交单期限：在出具运输单据后的 15 天内交单，但必须在信用证的有效期内。）

CONFIRMATION ＊49 ：WITHOUT

（保兑指示：无）

INSTRUCTIONS 78 ：

（指示：）

PLESE FORWARD FULL SET OF DOCUHENTS BY COURIER TO：INTERNATIONAL TRADE SERVICES LEVEL 4/80 GEORGE ST.，PARRAMATTA（LOCKED BAG NO 5100）PARRAMATTA NSW 2124 AUSTRALIA

[请将全套单据寄往 INTERNATIONAL TRADE SERVICES LEVEL 4/80 GEORGE ST.，PARRAMATTA（LOCKED BAG NO 5100）PARRAMATTA NSW 2124 AUSTRALIA]

UPON RECEIPT OF DRAFTS AND DOCUMENTS IN COMPLIANCE WITH THE TERMS OF THIS LETTER OF CREDIT WE SHALL ADVISE YOURSELVES OF DUE DATE AND EFFECT REIMBURSEMENT AS PER YOUR INSTRUCTIONS AT MATURITY. OUR REIMBURSEMENT CHARGE OF USD65.00 OR EQUIVALENT WILL BE DEDUCTED FROM THE PROCEEDS OF EACH CLAIM. OUR ACCEPTANCE/DEFERRED PAYMENT COMMISSION OF 0.125 PERCENT PER MONTH OR PART THEREOF MIN USD50.00 WILL BE DEDUCTED FROM

THE PROCEEDS OF EACH CLAIM.

（一收到相符的单据，我行将通知你行到期日，并在到期日按你行指示付款。我行的偿付费用 65 美元或者等值 65 美元将在每次偿付时从款项中扣除。我行的承兑费或延期付款费每月 0.125% 最低 50 美元也在每次偿付时从款项中扣除。）【注意：受益人承担的费用有些不合理，因为本证是 90 天的远期信用证，让申请人在没有付款而仅是承兑的情况下就提取了货物，本来就已经照顾了申请人的利益，再要由受益人承担额外的费用似乎不合理】

"ADVISE THROUGH"　57 D：BANK OFCHINA
NO 19 DONG ANMEN STREET
DONGCHENG DISTRICT，BEIJING
CHINA

（通知行：……）

SEND. TO REC. INFO. 72：THE NUMBER AND DATE OF THE CREDIT
AND THE NAME OF OUR BANK MUST BE
QUOTED ON ALL DRAFTS REQUIRED.

（附言：本证号码和日期，开证行名称必须显示在汇票上。）

TRAILER　ORDER IS <NAC：> <PAC：> <ENC：> <CHK：> <TNG：> <PDE：>
MAC：E05E5369
CHK：1B7FBC5F6F70
A - FM BKCHCNBJAXXX 0706201612
FROM：940 TO：95E 2007/06/21 14：16：03

（报尾）

三、法国信用证

以下为法国某银行的信用证，是用 SWIFT 开立的即期议付信用证，在中国自由议付的信用证。开证行：法国某银行；开证申请人：法国某公司；受益人：中国某公司。

2011MAR28 09：35：17 LOGIACL TERMINAL CZEX
MT S700 ISSUE OF ADOCUMENTARY CREDIT PAGE 00001
FUNC JSCZEXMG
UMR 17062760
MSGACK DWS7651 AUTH OK，KEY B1061217D16BCOCB，BKCHCNBJ CCBPFRPP RECORD

（报头：用 SWIFT700 格式开立跟单信用证）

BASIC HEADER F 01 BKCHCNBJA95E
1488 022907

（基本报头：）【注意：在基本报头里出现的银行，在 SWIFT700 和 701 格式中通常为收报行，也是通知行或者第一通知行】

APPLICATION HEADER 0 700 0945110327 CCBPFRPPBNAN 1116 060008 110327 1551 N

＊BANQUE POPULAIRE ATLANTIQUE

＊NANTES

(应用报头:)【注意：在应用报头里出现的银行，在 SWIFT700 和 701 格式中通常为发报行，也是开证行】

USER HEADER SERVICE CODE 103：

BANK. PRIORITY 113：

MSG USER REF. 108：NATW086094421001

INFO. FROM CI 115：

(用户报头)

SEQUENCE OF TOTAL ＊27 ：1/1

(连续的总页数：1/1)

FORM OF DOC. CREDIT ＊40 A ：IRREVOCABLE TRANSFERABLE

(信用证的形式：不可撤销)

DOC. CREDIT NUMBER ＊20 ：D387163

(跟单信用证号码：D387163)

DATE OF ISSUE31 C ：110327

(开证日期：2011 年 3 月 27 日)

APPLICABLE RULES ＊40 E ：UCP LATEST VERSION

/

(信用证适用规则：跟单信用证统一惯例最新修订本)

EXPIRY ＊31 D ：DATE110618 PLACE IN BENEFICAIRY'S COUNTRY

(信用证截止日期：2011 年 6 月 18 日在受益人国家截止)

APPLICANT ＊50 ：TE DE MARINS

Z. I. LA BERGERIE－BP 16

49280LA SEGUINIERE

FRANCE

(开证申请人：……)

BENEFICIARY ＊59 ：C F TRADE BASES IMP.

AND EXP. CO，LTD－8F，SOUTH

BUILDING，NO 388，JINLING MIDDLE

ROAD，C，JIANGSU，CHINA

(信用证的受益人：……)

AMOUNT ＊32 B ：CURRENCY USD AMOUNT 169. 569，8

(信用证的金额为：美元 169. 569，8)

POS. /NEG. . TOL. (%) 39 A ：5/5

（信用证金额允许上下浮动5%）

AVAILABLE WITH/BY ＊41 D：WITH ANY BANK INCHINA

BY NEGOTIATION

（信用证适用于：可以由中国的任何银行议付）

DRAFTS AT …42 C：AT SIGHT

（汇票：即期见票）

DRAWEE42 A：CCBPFRPPNAN

＊BANQUE POPULAIRE ATLANTIQUE

＊NANTES

（汇票付款人：……）

PARTIAL SHIPMENTS 43 P：SEE FIELD45 A

（分批装运：见45A）

TRANSHIPMENT 43 T：ALLOWED

（转运：允许）

PORT OF LOADING 44 E：

ANY PORT/AIRPORT INCHINA

（装运港：中国的任何海港或空港）

PORT OF DISCHARGE44 F：

LE HAVRE PORT/PARIS AIRPORT（FRANCE）

（卸货港：LE HAVRE PORT 或者法国巴黎机场）

LATEST DATE OF SHIP. 44C：110615

（最迟装运日期：2011 年 6 月 15 日）

DESCRIPT. OF GOODS45 A：

3660 PCS REF JECISTE（GIRL PANTS）AT USD 5，80/PC +3120 PCS REF JOALLIERE（GIRL SKIPTS）AT USD 5，10/PC +6420 PCS REF BAGUE（LADY SKIRTS）AT USD 6，84/PC + 2100 SETS REF BIS + BAIOQUE AT USD 17，82/SET +5400 PCS REF BIS（LADY PANTS）AT USD 7. 60/PC + 250 SETS REF BIS TG + BAIOQUETG AT USD 21. 42/SET +500 PCS REF BIS TG（LADY PANTS）AT USD 9. 40/PC I. E. TOTAL AMOUNT USD 169569，80

TO BE SHIPPED BY SEA AT THE LATEST ON JUNE 8TH2007，TO BE SENT BY AIR FROM JUNE 9TH 2007，TO JUNE 15TH 2007. AFTER 15TH JUNE 2007，ORDER WILL BE CANCELLED

CIFLE HAVRE // CIP PARIS（FRANCE）

（+/ -5 PCT IN QUANTIAY AND AMOUNT IS ACCEPTABLE）

PARTIAL SHIPMENTS：ALLOWED IN 1 TIME BY SEA AND/OR IN 1 TIME BY AIR

（货物名称描述：……）【注意：以上的货物名称描述、数量、单价、金额、价格术语 CIF

LE HAVRE // CIP PARIS（FRANCE）……必须被原样显示在发票上】
DOCUMENTS REQUIRED46 A：
（单据要求：）
1）COMMERCIAL INVOICE IN 3 COPIES INDICATING THE GLOBAL DISCOUNT (IF ANY) MENTONNED ON "OK PROD" CERTIFICATE AND THE TOTAL AMOUNT TO PAY
（商业发票三份，如有折扣表明折扣，表明"OK PROD"及需支付的总额。）
2）IF SHIPMENT BY SEA：FULL SET CLEAN BILL OF LADING ISSUED BY IFL/IFB LTD，SHANGHAI OFFICE FLAT F，11/FL，WEST TOWER，SHANGHAI HITECH KING WORLD，668 BEIJNG ROAD EAST－SHANGHAI，TO ORDER OF
（如用海运，全套洁净的，由 IFL/IFB LTD，SHANGHAI OFFICE FLAT F，11/FL，WEST TOWER，SHANGHAI HITECH KING WORLD，668 BEIJNG ROAD EAST－SHANGHAI 出具的海运提单，做成 BANQUE POPULAIRE ATLANTIQUE 指示抬头）
2011MAR28 09：35：17　LOGICAL TERMINAL CZEX
MT S700 ISSUE OF ADOCUMENTARY CREDIT PAGE 00002
FUNC JSCZEXMG
UMR 17062760
（报头）
BANQUE POPULAIRE ATLANTIQUE NOTIFY APPLICANT AND HERPORT LE HAVRE，MARKED FREIGHT PREPAID WITH MENTION ON BOARDDULY DATED AND SIGNED，INDICATING SHIPMENT BY FULL CONTAINER（IN CASE IFB/IFL WAS NOT USED，A MARINE BILL OF LADING WOULD HAVE TO BE PRESENTED）
（通知申请人和 HERPORT LE HAVRE，注明运费已预付，表明已装船并加注日期和签字，表明货装整集装箱，在不使用 IFB/IFL 运输的情况下，必须提交海运提单）
3）IF SHIPMENT BY AIR：AIR WAYBILL CONSIGNEE BANQUE POPULAIRE ATLANTIQUE，NOTIFY APPLICANT，MARKED FREIGHT PREPAID WITH MENTION DULY SIGNED INDICATING THE ACTUAL DATE OF DESPATCH AND FLIGHT NUMBER
（如用空运，空运提单做成 BANQUE POPULAIRE ATLANTIQUE 为抬头，通知开证申请人，注明运费已预付，并加注签字和实际的发送日期、航班号。）
4）WEIGHT NOTE IN 3 COPIES
（重量单三份。）
5）PACKING LIST IN 3 COPIES INDICATINGTHE CONTAIN OF EACH PACK WITH ONLY 10 PER CENT UNASSORTED CARTONS ALLOWED
（装箱单三份，表明 THE CONTAIN OF EACH PACK WITH ONLY 10 PER CENT UNASSORTED CARTONS 是可以接受的。）
6）COPY CERTIFICATE OF ORIGIN CAT 6，27，29 ISSUED BY COMPETENT

AUTHORITIES

（副本产地证，显示 CAT 6，27，29，由有资格的权威机构出具。）【注意一："CAT"为"CATEGORY NUMBER"的缩写，意指"商品的类别号"；注意二："ISSUED BY COMPETENT AUTHORITIES"（有资格的权威机构出具），在我国，一般地，中国商会（China Chamber of International Commerce）出具的就满足了此要求。】

7）COPY CERTIFICATE OF ORIGIN GSP FORM A ISSUED BY COMPETENT AUTHORITIES

（GSP FORM A 产地证副本，由有资格的权威机构出具。）【注意："GSP FORM A"是指"普惠制项下的原产地证明书格式 A 证书"，它由联合国贸易发展会议优惠特别委员会统一制定的格式。在我国，一般由中华人民共和国出入境检验检疫局设在各地的出入境检验检疫局负责签发。】

8）COPY OF EXPORT LICENCE CAT 6 ISSUED BY COMPETENT AUTHORITIES

（出口许可证副本，类别号 6，由有资格的权威机构出具。）

【注意：在我国，一般地，出口许可证由中华人民共和国商务部（MINISTRY OF COMMERCE OF THE PEOPLES REPUBLIC OFCHINA）代表国家统一签发。】

9）BENEFICIARY'S ATTESTATION CERTIFYING THAT THE ORIGINAL E/L + ORIGINAL CERTIFICATE OF ORIGIN + ORIGINAL CERTIFICATE OF ORIGIN GSP FORM A HAVE BEEN SENT TO TERRE DE MARINS BY EXPRESS MAIL AT THE LATEST 10 DAYS AFTER SHIPMENT DATE IF SHIPMENT BY SEA AND AT THE LATEST THE DAY OF SHIPMENT IF SHIPMENT BY AIR (ACKNOWLEDGEMENT OF RECEIPT OF THIS EXPRESS MAIL IS ALSO REQUIRED)

（受益人的证明，证明正本出口许可证、正本产地证、正本 FORM A 产地证已经在海运情况下，在装运后的最迟 10 天内、在空运情况下，在装运后的一天内用快递寄送给 TERRE DE MARINS，快递收据也必须提供。）

10）INSURANCE POLICY OR CERTIFICATE COVERING ALL RISKS AND WAR FOR 110 PER CENT OF CIF OR CIP GOODS VALUE TO 49280LA SEGUINIERE

（保险单或者保险证明，投保一切险和战争险，投保金额为货物 CIF 或者 CIP 金额的 110%，抬头为 49280 LA SEGUINIERE。）【注意：结合前文，"49280 LA SEGUINIERE"应为开证申请人名称地址的一部分。但在没有得到开证行的确认前，稳妥谨慎的做法是将保险单的抬头仍然打成"TO 49280 LA SEGUINIERE"，不要增加文字或者内容。】

11）AGREEMENT FACTORY DULY COMPLETED AND SIGNED BY C F TRADE BASES IMP AND EXP CO LTD

（由 C F TRADE BASES IMP AND EXP CO LTD 出具和签署的生产协议。）

12）ACKNOWLEDGEMENT OF RECEIPT DULY COMPLETED AND SIGNED BY C F TRADE BASES IMP AND EXP CO LTD

（由 C F TRADE BASES IMP AND EXP CO LTD 出具和签署的收据。）

13）BENEFICIARY'S CERTIFICATE ATTESTING THE ORIGIN OF RAW MATERIAL，ACCESSORIES AND PROCESS（MANUFACTURING，IRONING，PACKAGING，ETC …）

（受益人的证明，证明原、辅料的产地，生产、熨烫、包装的程序等。）

14）SHIPMENT CONFORMITY CERTIFICATE SIGNED AND STAMPED BY TERREDE MARINS

（由 TERREDE MARINS 签字盖章的装运一致证明。）

ADDITIONAL COND. 47 A：

IF THE PRESENTATION PERIOD IS NOT RESPECTED，3 PCT DISCOUNT OF TOTAL AMOUNT OF INVOICE WILL BE DEDUCTED.

DOCUMENTS MUST BE SENT TO US BY THE NEGOTIATING BANK BY EXPRESS MAIL TO THE FOLLOWING ADDRESS：

BANQUE POPULAIRE ATLANTIQUE

1 RUE FRANCOISE SAGAN – SAINT HERBLAIN

44919NANTES CEDEX 9 – FRANCE

AN EXTRA COPY OF EACH ABOVE DOCUMENTS IS REQUIRED FOR ISSUING BANK'S FILE.

（附加条件：假如没有按期限交单，总额将被扣除3%。单据由议付行用快递提交我行，地址如下……提交额外的一套上述单据的副本供开证行留档。）

DETAILS OF CHARGES 71 B：ALL BANKING CHARGES OUT OFFRANCE

ARE TO BE PAID BY BENEFICIARY

EVEN IF L/C IS NOT USED. IF

DISCREPANT DOCUMENTS ARE PRESENTED

A FEE OF USD 70 WILL BE DEDUCTED

FROM THE AMOUNT CLAIMED.

（即使信用证未使用，法国以外的所有费用由受益人承担。提交不符点单据将被扣除70美元的不符点费用。）

2011MAR28 09：35：17 LOGIACL TERMINAL CZEX

MTS700 ISSUE OF ADOCUMENTARY CREDIT PAGE 00003

FUNC JSCZEXMG

UMR 17062760

（报头）

PRESENTATIONPERIOO *48：DOCUMENTS MUST BE PRESENTED AT THE

LATEST 10 DAYS AFTER SHIPMENT DATE

IF SHIPMENT BY SEA AND ON THE DAY

OF SHIPMENT IF SHIPMENT BY AIR.

（在海运的情况下，装运日后最迟10天内提交单据；在空运的情况下，装运日后的同一天提交单据。)

CONFIRMATION *49 : WITHOUT

(保兑指示：无)

INSTRUCTIONS 78 :

WE WILL COVER YOU AS PER YOUR INSTRUCTIONS

(指示：我行将按你行指示付款。)

"ADVISE THROUGH" 57 A : BKCHCNBJ95E

* BANK OF CHINA

* CHANGZHOU

(CHANGZHOU BRANCH)

(通知行：......)

SEND. TO REC. INFO. 72 : DOCUMENTS DATED BEFORE THE OPENING OF L/C PROHIBITED. THIRD

PARTY DOCUMENTS ACCEPTABLE.

(附言：禁止单据日期早于信用证的开证日期。第三方单据可接受。)

TRAILERORDER IS 〈MAC:〉〈PAC:〉〈EMC:〉〈CHK:〉〈TNG:〉〈PDE:〉

MAC: CD357FFA

CHK: 528BOCF1FFD1

(报尾)

四、南非信用证

以下为南非某银行的信用证，是用 SWIFT 开立的延期付款信用证。开证行：南非某银行；申请人：南非某公司；受益人：中国某公司。

08: 46: 26　　　　LOGICAL TERMINAL CZEX

MT S700　　　　ISSUE OF A DOCUMENTARY CREDIT　　　　PAGE 00001

FUNC JSCZEXMG

UMR 17962386

MSGACK　DWS765I AUTH OK, KEY　B00612174F686567, BKCHCNBJ ABSAZAJJ RECORD

(报头：用 SWIFT700 格式开立跟单信用证)

BASIC HEADER　　　　F　01 BKCHCNBJA95E 1521　532803

(基本报头:)【注意：在基本报头里出现的银行，在 SWIFT700 和 701 格式中通常为收报行，也是通知行或者第一通知行】

APPLICATION HKADER 0 700 1021　110704 ABSAZAJJACWI　9512 143747 110704 1621N

* ABSA BANK LIMITED

* JOHANNESBURG

*（CORPORATE BANKING SERVICES -

* WITWATERSRAND/235）

（应用报头:）【注意：在应用报头里出现的银行，在 SWIFT700 和 701 格式中通常为发报行，也是开证行】

USER HEADER SERVICE CODE　103：

BANK. PRIORITY 113：

MSG USER REF. 108：

INFO. FROM CI 115：

（用户报头）

SEQUENCE OF TOTAL *27：1/1

（连续的总页数：1/1）

FORM OF DOC. CREDIT *40 A ：IRREVOCABLE

（信用证的形式：不可撤销）

DOC. CREDIT NUMBER *20：175 - 01 - 0209043 - G

（信用证号码：175 - 01 - 0209043 - G）

DATE OF ISSUE31 C：110704

（开证日期：2011 年 7 月 4 日）

APPLICABLE RULES　*40　E ：UCP LATEST VERSION

（信用证适用规则：跟单信用证统一惯例最新修订本）

EXPIRY　*31　D ：DATE 110810 PLACE　INCHINA

（信用证截止日期：2011 年 8 月 10 日在中国截止）

APPLICANT　*50 ：G DISTRIBUTORS（PTY）LTD

13CHRIS STREET ALRODE ALBERTON

1449REPUBLIC OF SOUTH AFRICA

（申请人：……）

BENEFICIARY　*59 ：C ASIAMARK I/E CO LTD

NO. 5 NORTH WUQING ROAD

CHANGZHOU，JIANGSU

CHINA

（信用证受益人：……）

AMOUNT *32 B ：CURRENCY USD AMOUNT 40. 107，

（信用证的金额为：美元 40. 107，）

MAX. CREDIT AMOUNT 39 B ：NOT EXCEEDING

（信用证允许的最大金额：不超过上述金额）

AVAILABLE WITH/BY *41 D ：ANY BANK INCHINA

BY DEF PAYMENT

（信用证适用于：可以由在中国的任何银行延期付款）

DEFERRED PAYM. DET. 42 P : 60 DAYS AFTER SIGHT AT ISSUING BANKS COUNTER

（延期付款信用证：在开证行柜台见单后60天付款）

PARTIAL SHIPMENTS 43 P : ALLOWED

（分批装运：允许）

TRANSHIPMENT 43 T : ALLOWED

（转运：允许）

TAKING CHARGE PLACE44 A :

MAIN PORT IN CHINA

（装运港：中国主要港口）

PORT OF DISCHARGE 44 F :

DURBAN

（卸货港：德班）

FINAL DESTINATION 44 B:

JOHANNESBURG

（最终目的地：约翰内斯堡）

LATEST DATE OF SHIP. 44 C : 110731

（最迟装运日期：2011 年 7 月 31 日）

DESCRIPT . OF GOODS 45 A :

MERCHANDISE AS PER PROFORMA INVOICE JSMKX270605 - 1

OF CHINESE ORIGIN

CIFJOHANNESBURG（INCOTERMS 2000）

（货物名称描述：按照形式发票 JSMKX270605 - 1 中国产商品，CIF 约翰内斯堡）【注意一：这里没有货物具体名称的描述，也没有单价等，一般是贸易双方出于信息保密而为，在制作发票时，货物名称描述可以按上述原样照抄，也不必显示货物具体名称、单价等；注意二："INCOTERMS 2000" 是指 "2000 年国际贸易术语解释通则"，在发票上也需原样照抄 "CIF JOHANNESBURG（INCOTERMS 2000）"，不能省略 "（INCOTERMS 2000）"】

DOCUMENTS REQUIRED46 A :

（单据要求:）

+SIGNED COMMERCIAL INVOICES, 1 ORIGINAL（S） AND 3 COPY（IES）, STATING THAT MERCHANDISE IS IN ACCORDANCE WITH PRO - FORMA INVOICE JSMKX270605 - 1

（签字的商业发票，一份正本，三份副本，表明商品是根据形式发票号 JSMKX270605 - 1.）

+FULL SET OF AT LEAST 3/3 ORIGINAL CLEAN 'ON BOARD' NEGOTIABLE MARINE BILLS OF LADING EVIDENCING SHIPMENT, MADE OUT TO

APPLICANT, QUOTING THEIR NAME AND ADDRESS AS EVIDENCED IN FIELD 50 ABOVE, NOTIFY SAFCOR PANALPINA MARLENE/JACOB (011) 570 6000 MARKED FREIGHT PREPAID'

【全套至少3/3洁净已装船海运提单，做成开证申请人抬头，按照本证50场里提供的信息，注明其名称和地址，通知SAFCOR PANALPINA MARLENE/JACOB（011）570 6000，表明“运费已预付”。】

+MARINE INSURANCE POLICY OR CERTIFICATE, ORIGINAL AND 2 COPY (IES), FOR THE FULL INVOICE VALUE PLUS 10 PERCENT, ENDORSED IN BLANK, FOR TRANSPORT INSURANCE FROM PLACE OF DISPATCH TO PLACE OF DESTINATION COVERING THE APPLICABLE TRANSPORT RISKS, WAR RISKS, STRIKES, RIOTS AND CIVIL COMMOTIONS AND ALL RISKS. ALL CLAIMS PAYABLE TNSOUTH AFRICA

（保险单或者保险证明一份正本和二份副本，投保金额为发票金额的110%，空白背书，运输保险自始发地起至最后目的地止，投保合适的运输险、战争险、罢工暴动民变险和一切险，赔付地点在南非。）【注意一：此保险条款未注明保险按照“伦敦协会货物保险条款”（ICC）还是“中国保险条款”（CIC），则受益人一般宜投保“中国保险条款”（CIC）；注意二：“COVERING THE APPLICABLE TRANSPORT RISKS”，不是特有的保险条款，仅仅是“投保合适的运输险”之意，可以认为投保了战争险、罢工暴动民变险和一切险后，就已经投保了合适的运输险，因此，可以不用理会。当然更为谨慎的做法是，在保险公司同意的情况下，将“COVERING THE APPLICABLE TRANSPORT RISKS”也抄在保险单上。】

46: 27　　　　　　　　　　　　　　　　LOGICAL TERMINAL CZEX

　　ISSUE OF A DOCUMENTARY CREDIT　　　　PAGE 00002

FUNC JSCZEXMG

UMR　17962386

（此为“报头”，受益人不用理会。）

ADDITIONAL COND. 47 A:

（附加条件：）

+ALL DOCUMENTS TO BE ISSUED IN ENGLISH

（所有单据用英语出具。）

+A　DISCREPANCY FEE OF USD80. 00 OR EQUIVALENT WILL BE DEDUCTED FROM THE REIMBURSEMENT CLAIM/PROCEEDS UPON EACH PRESENTATION OF DISCREPANT DOCUMENTS. ACCEPTANCE OF SUCH DISCREPANT DOCUMENTS DOES NOT ALTER THE TERMS AND CONDITIONS OF THE CREDIT

（提交含有不符点的单据，每套将被从偿付款或者货款中扣去80美元或者等值80美元的不符点费用，接受不符点并不意味着改变信用证的条款和条件。）

+APPLICANT'S ADDRESS AND NAME TO READ: G DISTRIBUTORS

(PTY) LTD, 13 CHRIS STREET, ALRODE
【申请人的名称和地址是：G DISTRIBUTORS (PTY) LTD, 13 CHRIS STREET, ALRODE。】

+ALL PARTIES TO THIS LETTER OF CREDIT ARE ADVISED AND WARNED THAT CERTAIN GOVERNMENTS, INCLUDING THE GOVERNMENT OF THE UNITED STATES OFAMERICA, HAVE IMPOSED CERTAIN ECONOMIC AND OR OTHER SANCTIONS AGAINST CERTAIN COUNTRIES, GOVERNMENTS, ENTITIES AND INDIVIDUALS REGISTERED, WHO ARE CITIZENS AND OR RESIDENTS OF, OPERATE IN AND OR OTHERWISE SUPPORT, WHETHER FINANCIALLY OR OTHERWISE, SUCH SANCTIONED COUNTRIES. UNDER SUCH SANCTIONS, ABSA BANK LIMITED AND ITS AFFILIATES ARE AND OR WILL BE PROHIBITED FROM ENGAGING IN AND OR CONCLUDING TRANSACTIONS WITH SUCH SANCTIONED COUNTRIES, SUCH ENTITIES AND SUCH INDIVIDUALS THAT MAY FALL WITHIN THE AMBIT OF SUCH SANCTIONS. ABSA SHALL NOT BE LIABLE FOR ANY LOSS SUFFERED BY ANY RELEVANT PARTY AND OR ANY THIRD PARTY WHICH IS IN ANY WAY RELATED TO SUCH RELEVANT PARTY ARISING OUT OF ABSA'S COMPLIANCE WITH SUCH SANCTIONS, INCLUDING BY REFRAINING FROM DOING ANYTHING WHIGH IS PROHIBITED BY SUCH SANCTIONS.
(本信用证的有关各方请注意，包括美国在内的某些政府对某些政府、团体、个人进行了经济或者其他方面的制裁，本行及本行的分支机构禁止与这些被制裁的政府、团体、个人发生业务往来，否则由此引起的一切损失本行及本行的分支机构不承担责任。)
【注意：这是一项关于制裁的条款，无须在单据中体现，但议付银行在索偿时得注意使用的代理行不在被制裁之列的名单里。】
DETAILS OF CHARGES 71 B : +ALL BANK CHARGES OUTSIDE SOUTH AFRICA INCLUDING THE DEFERRED PAYMENT INTEREST ARE FOR BENEFICIARY'S ACCOUNT.
(费用细节：除南非之外的所有银行费用包括延期付款利息均由受益人承担。)
PRESENTATION PERIOD 48 : DOCUMENTS TO BE PRESENTED WITHIN 10 DAYS AFTER ISSUANCE OF TRANSPORT DOCUMENTS, BUT WITHIN THE VALIDITY OF THE CREDIT
(交单期限：出具运输单据后 10 天内提交单据，但必须在信用证的有效期内。)
CONFIRMATION *49 : WITHOUT
(保兑指示：无)
INSTRUCTIONS 78 :

（指示：）

+NEGOT BANK IS TO SEND ALL DOCS BY COURIER IN TWO LOTS TO（ABSA BANK LIMITED IB CENTREJOHANNESBURG 4TH FLOOR 4S，ABSA TOWERS NORTH 180 COMMISSIONER ST. JHB，2001 REPUBLTC OFSOUTH AFRTCA）

（议付行必须以 2 次寄单方式将单据寄往 ABSA BANK LIMITED IB CENTRE JOHANNESBURG 4TH FLOOR 4S，ABSA TOWERS NORTH 180 COMMISSIONER ST. JHB，2001 REPUBLTC OFSOUTH AFRTCA。）

+PLEASE ADVISE PRESENTATION OF COMPLIANT DOCS BY AUTHENTICATED MEANS TO OUR SWIFT ABSAZAJJCWI OR TLX 4－89521 . AT MATURITY，WE WILL REIMBURSE YOU IN ACCORDANCE WITH THE INSTRUCTIONS CONTAINED IN YOUR REMITTANCE ADVICE. IN CASE OF DISCREPANT DOCS SEND ON AN APPROVAL BASIS. ONLY AFTER OUR ACCEPTANCE OF DISCREPANCIES WILL WE REIMBURSE YOU AT NATURITY.

（议付行在寄单后必须以加押电通知我行，我行的 SWIFT 号是 ABSAZAJJCWI，电传号是 4－89521，在到期日，我行将根据你行的偿付指示付款，但在单据有不符点的情况下，得事先经我行的同意才能提交，我行才会在到期日付款。）

ADVISE THROUGH" 57 D：BANK OF CHINA
C BRANCH 50 HEPING SOUTH
RD，CHANGZHOU，JIANGSU PROVINCE，CHINA
AC：33849208093001，SWIFT：BKCHCNBJ9SE

（通知行：C 银行，地址……）

TO REC. INFO. 72：/REC/PLEASE ACKNOWLEDGE RECEIPT
//TEL：+86 519 82 1518
//CONTACT：MR XU JIAN

（附言：）

TRAILER ORDER IS <MAC：><PAC：><ENC：><CHK：><THG：><PDE：>
MAC：4AB4AOE7
CHK：DD12325AA118

（报尾）

五、美国信用证

以下为美国某银行的信用证，是用 SWIFT 转让的即期议付信用证。开证行：美国某银行；信用证申请人没有显示；第一受益人：美国某公司；第二受益人：中国某公司。

MSGACK DWS7651 AUTH OK，KEY B0060618DFFC7B18，BKCHCNBJ NARAUS6L RECORD
BASIC HEADER F 01 BKCHCNBJA95E 1501 511412

（基本报头:）【注意：在基本报头里出现的银行，在 SWIFT 格式中通常为收报行】

APPLICATION HEADER 0 720 1837 110511 NARAUS6LAXXX 0031 389889 110512 0937 N
* NARA BANK
* LOS ANGELES，CA

（应用报头:）【注意：在应用报头里出现的银行，在 SWIFT720 格式中通常为发报行，也是转让银行。SWIFT720（或 721）格式是在受益人要求将跟单信用证转让给第二受益人时，由被授权通知该跟单信用证的转让的银行发送给通知第二受益人的银行，用以通知所转让的跟单信用证的全部或者部分条款的报文格式。】

USER HEADER　　SERVICE CODE　103：
BANK. PRIORITY　113：
MSG USER REF.　108：NBME30070162 - T1
INFO. FROM CI 115：

（用户报头）

SEQUENCE OF TOTAL　　*27 ：1/1
（连续的总页数：1/1）

FORM OF DOC. CREDIT　　*40 B ：IRREVOCABLE
WITHOUT OUR CONFIRMATION
（信用证的形式：不可撤销，不加我行保兑）

TRANSFER　BANK'S REF　　*20　：NBME30070162 - T1
（转让银行的参考号：NBME30070162 - T1）

DOC. CREDIT NUMBER　*21　：　SLCO7 - 2980925199
（跟单信用证号码：SLCO7 - 2980925199）

DATE OF ISSUE　　31 C ：110509
（开证日期：2011 年 5 月 9 日）

APPLICABLE RULES　　*40 E ：UCP LATEST VERSION
/
（信用证适用规则：跟单信用证统一惯例最新修订本）

EXPIRY　　*31 D ：DATE 110531 PLACE AT USA
（信用证截止日期：2011 年 5 月 31 日在美国截止）

ISSUING BANK　　52 A ：SAEBUS6LXXX
* SAEHAN　BANK
* LOS ANGELES，CA
（开证行：SAEHAN　BANK　LOS ANGELES，CA）

FIRST BENEFICIARY　　*50　：QUEST INTERNATIONAL TRADING，INC.
2140E. 25TH STREET
VERNON，CA 90058

TEL：323－583－0211 FAX：323－583－0266

（第一受益人：……）

SECOND BENEFICIARY ＊59 ： CHANGZHOU FOREIGN TRADE STORE
TRANS. IND. CO.
15 CHANGQI RD. CHANGZHOU，JIANGSU，
CHINA

（第二受益人：……）

AMOUNT ＊32 B ： CURRENCY USD AMOUNT 13.804，00

（信用证的金额为：美元 13.804，00）

POS./NEG. TOL. （％） 39 A ： 3/3

（信用证议付金额：可以上下浮动3％）

AVAILABLE WITH/BY ＊41 D ： ANY BANK
BY NEGOTIATION

（信用证适用于：可以由任何银行议付）

DRAFTS AT … 42 C ： AT SIGHT

（汇票：即期见票）

DRAWEE 42 A ： SAEBUS6LXXX
＊SAEHAN BANK
＊LOS ANGELES，CA

（汇票付款人：……）

PARTIAL SHIPMENTS 43 P ： ALLOWED

（分批装运：允许）

TRANSHIPMENT 43 T ： ALLOWED

（转运：允许）

TAKING CHARGE PLACE 44 A ：
CHINA

（装运地：中国）

FINAL DESTINATION 44 B ：
DOUBLE ZERO，INC.'S WAREHOUSE

（最后目的地：DOUBLE ZERO，INC.'S WAREHOUSE）

LATEST DATE OF SHIP. 44 C ： 110523

（最迟装运日期：2011 年 5 月 23 日）

DESCRIPT. OF GOODS 45 A ：
PO NO. STYLE NO Q' TY UNIT PRICE TOTAL
4354 CD7097 WOMEN'S DRESS 2，380PC USD5.80 USD13，804.00
FOBCHINA

（货物名称描述：……）

DOCUMENTS REQUIRE　　　　D46 A：

（单据要求）

+SIGNED COMMERCIAL INVOICE IN TRIPLICATE

（签字的商业发票一式三份。）

+AIR WAYBILL CONSIGNED TO SAEHAN BANK AND MARKED FREIGHT COLLECT AND MARKED NOTIFY DOUBLE ZERO INC.

（空运单据，做成 SAEHAN BANK 为抬头，表明运费代收，通知 DOUBLE ZERO INC。）

+PACKING LIST IN TRIPLICATE

（装箱单一式三份。）

+FAX COPY OF CERTIFICATE OF ORIGIN IN TRIPLICATE.

（产地证传真副本一式三份。）

+CERTIFICATE OF INSPECTION IN TRIPLICATE SIGNED BY QUALITY CONTROLLER OF DOUBLE ZERO，INC.

（检验证一式三份，由 QUALITY CONTROLLER OF DOUBLE ZERO，INC. 签字。）

ADDITIONAL COND.　　　　47 A：

（附加条件：）

+AIR WAYBILL MUST NOT SHOW ANY US DOLLAR AMOUNT.

（空运单据不能显示美元金额。）

+ACCOUNTEE'S NAME ON THE DRAFT（S）MUST BE DOUBLE ZERO，INC. INSTEAD OF QUEST INTERNATIONAL TRADING，INC.

（在汇票上申请人的名称显示为 DOUBLE ZERO，INC.，而非 QUEST INTERNATIONAL TRADING，INC。）

+ALL DOCUMENTS MUST INDICATE　L/C NO. SLC07－2980925199

（所有单据必须表明 L/C NO. SLC07－2980925199。）

+ONE ADDITIONAL COPY OF ALL DOCUMENTS ARE REQUIRED TO BE PRESENTED TOGETHER WITH THE DOCUMENTS FOR ISSUING BANK'S RETENTION. USD20.00 WILL BE DEDUCTED IF EXTRA COPY OF REQUIRED DOCUMENTS NOT PRESENTED.

（所有单据的一套副本应该与正本单据一起被寄给开证行留存，否则将被从货款中扣除 20 美元。）

+WHERE APPLICABLE，THE MARINE/OCEAN BILLS OF LADING MUST CONTAIN THE FOLLOWING ADDITIONAL STIPULATLON AS AN ON BOARD NOTATION：

"ON BOARD DATE（INSERT DATE），
LOADED ON BOARD（INSERT NAME OF VESSEL）
THE PORT OF SHIPMENT（INSERT PORT OF LOADING）AND INSERT
SIGNATURE"

AS PER UCP600

[根据UCP600，海运提单在“已装船”的批注后，还有如下附加要求：装船日期（插入日期）、已经装船（插入船名）、装运港（插入装运港和签字）]。

+ALL DOCUMENTS MUST BE IN ENGLISH LANGUAGE.

(所有单据用英语描述内容。)

+DOCUMENTS RECEIVED AFTER 2：00 P. M. LOCAL TIME WILL BE CONSIDERED AS PRESENTED ON THE NEXT BANKIHG DAY.

(在当地时间下午2：00以后收到的单据将被看做是下一个银行工作日提交的单据。)

DETAILS OF CHARGES 71 B： +ALL CHARGES IN CONNECTION WITH THIS TRANSFERRED L/C OTHER THAN THOSE OF NARA BANK ARE FOR THE ACCOUNT OF THE SECOND BENEFICIARY

(除了NARA BANK银行以外的费用包括转让信用证的费用均由第二受益人承担。)

PRESENTATION PERIOD 48 ：DOCUMENTS MUST BE PRESENTED AT PLACE OF EXPIRATION NOT LATER THAN 7 DAYS AFTER THE DATE OF SHIPMENT BUT WITHIN VALIDITY OF THE CREDIT

(交单期限：单据必须在信用证的截止地、装运后的7天内，并在信用证的有效期内提交。)

CONFIRMATION *49 ：WITHOUT

(保兑指示：无)

INSTRUCTIONS 78 ：

+ALL DOUMENTS MUST BE FORWARDED TO (NARA BANK，3731 WILSHIRE BLVD.，SUITE 460 LOS ANGELES，CA 90010，U. S. A. ATTN：INT'L L/C DEPT.) IN ONE EXPRESS MAIL.

(所有单据被一次提交给NARA BANK，3731 WILSHIRE BLVD.，SUITE 460 LOS ANGELES，CA 90010，U. S. A. ATTN：INT'L L/C DEPT。)

+PLS QUOTE THIS L/C NO. A ND OUR REF NO. ON ALL CORRESPONDENCE.

(在所有的联系单上表明本信用证号和我行的参考号。)

+ANY AMENDMENT WILL BE FURNISHED UPON REQUEST OF THE1ST BENEFICIARY.

(一接到受益人的要求，我行将立即将修改通知告知你行。)

+DISCREPANCY FEE OF USD100 +USD30 (WIRE) +USD50 (PYMT COMM) OR EQUIVALENT WILL BE DEDUCTED FROM PAYMENT PROCEEDS.

(提交有不符点的单据将被从款项中扣除100美元不符点费用+30美元的电报费+50美元

的付款费。）

+THIS IS SOLELY AND ADVICE OF TRANSFER UNDER THE LETTED OF CREDIT. THEREFORE, WE CONVEY NO ENGAGEMENT UNDER THIS TRANSFER AND PAYMENT WILL ONLY BE EFFECTED AFTER RECEIPT OF FUNDS FROM THE ISSUING AND/OR PAYING BANK.

（这是信用证的转让通知，对于转让我行不承担任何义务和责任，只有在收到开证行或者付款行的款项后，我行才能付款。）

SEND. TO REC. INFO.　　72　：+THIS CREDIT IS SUBJECT TO UCP 600.

（附言：本证根据 UCP600 开立。）

TRAIER　　ORDER IS <MAC：> <PAC：> <ENC：> <CHK：> <TNG：> <PDE：>

MAC：F1867270

CHK：BC32DB2EF490

（报尾）

第六节　信用证项下常见不符点及其处理

由于种种原因，信用证项下的单据，可能出现各种各样的不符点，给信用证中的受益人带来极大的危害：轻则扣去了不符点费用（一般不超过 100 美元），不能从银行取得融资等；重则不能收回货款，因此，受益人特别是从事外贸业务或单证人员特别关注信用证项下常见不符点及其处理。

一、信用证项下常见不符点

信用证项下常见不符点，一般有三类：

（一）出口方无法更改的错误

出口方无法更改的错误，是指与信用证本身有关，并当出口方受益人发现错误后，也没有办法更改的错误。如当受益人将单据交到信用证指定的银行或议付行时，信用证已过“三期”：装期、效期、交单期，或单据的货物描述与信用证不同等，除非修改信用证有关条款，如相对于上述的延长“三期”、修改货物描述等，受益人无法更改。

（二）受益人或出单人疏忽造成的差错

这类错误通常由于受益人粗心大意造成，如由于受益人的疏忽，其出具的发票，装箱单的总数量，毛、净重相互不一致；由于船公司的疏忽，其出具的提单内容与其他单据不一致，等等。

(三) 技术错误

技术错误，是指由于制单人员不了解国际惯例，缺乏有关业务知识等而出现的共性问题。其主要包括以下6种：

1. 发票的抬头与信用证不符

信用证要求发票抬头做成指定人（MADE OUT IN THE NAME OF…及 ISSUED IN THE NAME OF…），被错误理解成发票的出单人。

2. 检验证日期迟于提单

除非另有规定，一般应该早于提单。

3. 提单

（1）提单更改后未加小签（提单更改后应加盖更正章，并加注小签）。

（2）不明确显示承运人，用含糊的“承运人如上”（CARRIER：NAMED ABOVE）来表达；签字人不表明身份，签字人身份自相矛盾，既是“承运人”（CARRIER），又是“承运人的代理”（ON BEHALF OF CARRIER）。

而事实上，提单上承运人正确的签字方式有如下4种：

*承运人签字：

承运人公司名称（COSCO SHIPING CO）

签字 （张三）

AS CARRIER（THE CARRIER）

**承运人的具名代理人签字

代理人公司名称（×××AGENCY）

签字 （张三）

AS AGENT FOR（AS AGENT ON BEHALF OF）

承运人公司名称

THE CARRIER

***船长签字：签字 （张三）

船长姓名（张三）

MASTER OF

承运人公司名称（COSCO SHIPING CO）

THE CARRIER

****船长的具名代理人签字：

代理人公司名称（×××AGENCY）

签字 （张三）

AS AGENT FOR（AS AGENT ON BEHALF OF）
船长姓名（张三）
MASTER OF
承运人公司名称（COSCO SHIPING CO）
THE CARRIER

（3）收妥备运提单（RECEIVED B/L），未加“ON BOARD”及装船日期。

（4）在船名、港口前有“预期”（INTENDED，PRE－）字样，未在提单上另外批注船名、港口。

（5）“转运”用字不当：习惯用“VIA”（经由）来表示“转运”，实际上应该规范地用“TRANSHIPMENT”来表示。

（6）需区别“转运港”（PORT OF TRANSHIPMENT）和“卸货港”（PORT OF DISCHARGE）的不同含义，两者不能混用。

（7）需区别“地点”（PLACE）和“港口”（PORT）的不同含义，如“PLACE OF RECEIPT”表示“收货地”而非“装运港”（PORT OF LOADING），“PLACE OF DELIVERY”表示“发货地”，等等；当“收货地”（PLACE OF RECEIPT）与“装运港”（PORT OF LOADING）后的地名不同时，应该重新在提单上批注装运港名称。

（8）注意提单的种类区别，有的信用证规定“运输行提单不接受”，在这种情况下，提单表面注明为“HOUSE BILL”、“FORWARDING BILL OF LADING”的均不符合规定。

（9）未表明提单正本的份数（NUMBER OF ORIGINAL），提单一般“全套”（FULL SET）为3份，但也有少数信用证“全套”不是3份，需要根据信用证规定和实际情况注明和提交。

（10）提单没有“正本”字样或“正本”的表达有争议，“正本”应该是“ORIGINAL”，但有的提单使用“FIRST ORIGINAL”、“SECOND ORIGINAL”、“THIRD ORIGINAL”来表示“正本”概念，很不规范，在实务中屡遭开证行拒付。

4. 溢短装掌握问题

如信用证规定总金额、数量可以多装或少装5%（5% MORE OR LESS），是指在总金额、数量不溢短5%的前提下，每个款式（STYLE）不能溢短5%，不能有的款式超过或低于5%以上，否则是不符点。

5. 航空运单

（1）如信用证根据UCP600开立，要求“实际发运日”（ACTUAL DATE

OF DISPATCH)，空运单的出单日期不能代替实际发运日，必须在航空运单表面重新批注；如信用证根据 UCP600 开立，根据其第二十三条“标明出具日期。该日期将被视为发运日期，除非空运单据载有专门批注注明实际发运日期，此时批注中的日期将被视为发运日期”。

(2) 空运单也必须明确注明“承运人”(CARRIER)。由于航空运单不是物权凭证，其要求往往被受益人降低，在大多数空运提单中，仅仅加盖了航空公司的章，未注明“承运人”，因此被开证行拒付的情况较为严重。

6. 保险单日期迟于提单

应该不迟于提单或为同一天。另外，必须明确注明保单的份数（NUMBER OF ORIGINAL)，并全数提交（因原有国际惯例没有这样的要求，出口方受益人容易疏忽)。

二、信用证项下常见不符点的处理

对于第一类错误，即出口方无法更改的错误，为了减少损失，避免收汇风险，最好请申请人要求开证行修改信用证有关条款；对于第二类错误，即受益人或出单人疏忽造成的差错，业务经办人员中有不断提高责任心、认真仔细地办理业务才能避免错误；对于第三类错误，即技术错误，业务经办人员只有不断提高业务素质，学习并掌握有关的国际惯例、国际商会有关文件才能避免，对于发现的错误需及时更改。

第七节 信用证常见问题答疑

一、如何对待信用证中的限制议付？

在信用证业务中，越来越多地出现了限制议付信用证，它给银行、进出口企业带来了一些麻烦，有时也给出口收汇造成一定的影响。那么什么是限制议付信用证，尤其在限制议付信用证中，银行、企业究竟应如何处理才能最大限度地规避风险一直是困扰广大银行及企业单证人员的问题，笔者就此谈些拙见。

（一）限制议付信用证的概念及表现方式

凡只能由开证行在信用证中指定的银行进行议付的信用证称为限制议付信用证。它通过限制议付条款来体现它限制议付的性质。通常有两种表述：“...AVAILABLE WITH ××× BANK BY NEGOTIATION...”或“NEGOTIA-

TION UNDER THIS CREDIT IS RESTRICTED WITH…BANK”。这样或类似的限制议付条款有时出现在信用证的开首部分（如在 SWIFT 方式中，通常出现在“41D”的位置），有时出现在信用证的结尾部分。值得注意的是，不管它出现在信用证的首部还是尾部，它必须是开证行的本意，是通过开证行开出信用证（或修改）条款来体现，而不是开证行以外的银行强加于信用证的条款。在实务中，有的通知行在信用证表面或信用证的条款中加列限制议付条款并不构成限制议付信用证，对信用证当事各方均没有约束力，是无效条款，它的实质是通知行为了争揽业务一相情愿的行为。

（二）开证行开立限制议付信用证的原因

限制议付信用证有的是因为开证行资信不佳，不能为大多数银行所信任，即信用证缺乏议付可能性（NEGOTIABILITY）时才开立；有的是开证行为了降低或避免因自由议付而带来的风险而开立；有的是开证行给自己的分支机构、联行或代理行争揽业务而开立。由于现代银行对中间业务（或称收费业务）的激烈竞争，因此在实务中大多数是属于后者的原因才开立的。

（三）进出口业务中，企业如何使用限制议付信用证

在进口业务中，由于大多数开证行是因银行竞争，特别是对风险较小的信用证议付业务的竞争原因而开立限制议付信用证，因此企业可根据具体情况而定：若开证行指定的议付行在国外受益人的同一城市，不太可能给受益人带来额外的费用支出，并考虑到和开证行的合作关系，一般应满足开证行的要求（特别在企业没有交纳足额开证保证金的情况下）；若开证行指定的议付行不在国外受益人的同一城市，很可能给受益人带来额外的费用支出（如因路途较远产生额外的交通费等）和麻烦，应与银行协商，尽量不要开立限制议付信用证为妥。

在出口业务中，我方作为受益人收到限制信用证时，应根据具体情况作出相应的处理：若信用证限制在自己的账户行或同一城市银行议付，可予接受；否则可要求开证申请人更改或取消信用证的限制议付条款。但在实务中，因信用证的更改会产生费用，开证申请人考虑到和开证行的合作关系，这种条款更改不易。若受益人接受了不是限制在自己账户行的银行议付的信用证，在交单时应如何处理？

1. 出口方受益人可以邮寄或直接上门交单给限制议付行进行议付

这种方式的优点是收汇较安全。由于遵循了作为第一性付款责任的开证行的指示，并且因为开证行和被限制议付行的特殊亲密关系，一般不会以单

据的非实质性不符点拒付，即使观点有所分歧，也会“好商好量”，妥然解决，因此出口收汇较有保证。这种方式的不足是由于不是在就近的账户行议付，有可能产生额外的费用和麻烦。

2. 出口方受益人可以委托自己的账户行作为交单行，在审单后交限制议付行议付

这种方式的优点与上述第 1 点相同，不同的是经过账户行的审单，可以事先避免一些不符点，省去一些麻烦。这种方式的不足是由于经过账户行审单，账户行会收取和议付相同费率的“单据处理费”，受益人虽然省去了额外的邮寄或交通费，但实质上付出了两倍于议付费金额的费用。

3. 出口方受益人可以委托账户行作为交单行审单后交开证行议付

尽管这种跳过限制议付行，由开证行议付的操作方式在理论上是有依据的：根据 ICC NO. 469 R150，“假如开证行指定了一家银行为议付行，单据却没有被提交给指定银行，但通过第三家银行提交给了开证行，则开证行必须付款，只要提交的单据与信用证条款相符，并在信用证的有效期内提交”（IF THE ISSUING BANK HAS NOMINATED ANOTHER BANK AS THE NEGOTIATING BANK AND DOCUMENTS ARE NOT PRESENTED TO THAT NOMINATED BANK BUT ARE FORWARDING TO THE ISSUING BANK THROUGH A THIRD BANK, THE ISSUING BANK MUST PAY PROVIDED THAT THE DOCUMENTS ARE COMPLIANT AND HAVE BEEN RECEIVED BY THE ISSUING BANK WITHIN THE VALIDITY OF THE CREDIT AND PERIOD FOR PRESENTATION）。但由于没有按开证行的指示办理，开证行有所不快，因此在实务中，采用这种方式开证行以种种理由迟付，故意挑剔单据甚至拒付的现象时有发生，给安全收汇带来了一定的风险，大额信用证（一般在 10 万美元以上）不宜使用。但单笔金额较小的信用证只要委托银行处理恰当，则可以采用这种方式，并达到既省麻烦又省费用的目的。

4. 受益人直接邮寄开证行要求议付

这就是受益人的“柜台交单”或“自寄单据”，由于受益人一般缺乏银行方面的专业知识，一旦出现问题，没有银行做“帮手”，难与开证行沟通，更何况大多数开证行对受益人这种交单方式心存疑虑，未经过小心谨慎的审单、证实是不会轻易付款的。在实务中，这种方式的收汇率要大大低于其他方式。因此，笔者建议慎用此方式。

（四）银行应如何处理不限制在自己银行议付的信用证

当银行处于“非限制议付行”的地位时，处理信用证最好事先与受益人

充分协商，并晓之利弊，由受益人决定选择哪种方式办理，以免在业务处理中处于被动的地位，甚至卷入不必要的纠纷。当受益人选择自己的银行作为交单行，处理单据并授权寄交限制议付行议付时，除了对单据进行严格审核外，还应在寄单面函中表明："我行仅为交单行"，以表明自己的身份和地位；当受益人选择自己的银行作为交单行，处理单据并授权寄交开证行议付时，除了对单据进行严格审核外，还应在寄单面函中表明两层意思："我行仅为交单行"——以表明自己的身份和地位，及"根据受益人称单据未交其他行议付"——以表明受益人不可能重复交单，同时密切注意开证行的信息，加紧收汇查询并保持和受益人的联系。

总之，在信用证业务中，银行和企业必须正确识别限制信用证条款，若属于通知行加列的条款，无论是银行还是企业可不予理会；若是开证行的要求，原则上特别是大额信用证应按开证行的要求办理，以便稳妥收汇；小金额的、开证行信誉较好的信用证也可不按开证行的要求由指定银行办理议付，而由非指定银行或直接由开证行办理议付，但在这种情况下，银行和企业必须密切配合、谨慎操作，并根据具体情况制定相应的措施，以便消除隐患，为顺利收汇打下良好的基础。

二、转让信用证中的第二受益人如何防范风险？

在国际贸易中，一些中间商常常采用转让信用证方式，来达到减小风险、多赚取中间利润的目的。

常见的转让信用证（Transferable Credit）有两种情况：一是信用证的第一受益人为我国境内的出口公司，第二受益人仍为我国境内的、具有进出口经营权的外贸公司或实际供货的企业，转让银行为我国境内的通知行。在大多数情况下，由于第一受益人不赚取中间差价，或即使赚取中间差价也不通过置换单据的方式明目张胆地实现，因此，第一受益人并不替换第二受益人的发票、汇票等，第二受益人可直接请议付行按开证行有关指示索汇，第二受益人使用这种转让信用证与使用普通信用证相差无几，风险较小。即使偶有麻烦，也易与国内第一受益人商议处理。二是第一受益人为国外或中国港澳地区的中间商，实际供货方为第二受益人，转让银行为第一受益人所在地的通知行。这种转让信用证，尽管也是信用证的一种方式，但对于第二受益人而言，风险比一般信用证大得多，笔者这里所讨论的转让信用证，主要是指后一种情况。其风险主要表现在以下几个方面：

（一）第二受益人收款无保障

1. 第二受益人难以做到“单证一致”

根据UCP600第三十八条e款“任何转让要求须说明是否允许及在任何条件下允许将修改通知第二受益人。已转让信用证须明确说明该项条件……”即第一受益人可以不允许将修改通知第二受益人，让第二受益人无从得知信用证的修改内容。在实务中，为了对自身更有利，许多第一受益人（中间商）在信用证中加列“转让人保留拒绝允许转让银行将修改通知受让人的权利”（Transferor retains ments to the transferee），这样，如果原证已被修改，而第二受益人不知晓原证的有关修改，就不能做到“单证一致”，这也就丧失了在信用证项下，“单证一致”这个开证行必须付款的条件。另外，由于中间商要有足够时间替换第二受益人的有关单据，往往把第二受益人的交单时间、效期规定得过短，使第二受益人难以做到，从而使第二受益人的单据出现不符点，成为第一受益人（中间商）收到款而不付、迟付的最好借口。

2. 对于第二受益人而言，出口货物即使做到“单证一致”，并不一定能及时收到货款

第一受益人（中间商）为使自己不垫付资金、减小风险，一般在信用证中规定“一俟收到开证行的货款后即按你们指示付款”（Upon receipt of funds from the issuing bank we shall remit proceeds to you in accordance with your instruction），这样，把“开证行的付款”作为转让银行对第二受益人付款的前提条件，等于是个不定时、不定额的“软条件”，因为开证行什么时候付、付多少，我方第二受益人不得而知，因而在收款中处于极其被动的地位。在实际业务中，转让银行无理迟付、扣款的事例屡见不鲜。

（二）钱货两空的风险增加

在转让信用证项下，第一受益人是不垫资金、不出货物的中间商，但货物（物权提单）和货款都需经中间商之手，如果中间商信誉不佳、作风不良，出口方很容易面临“钱货两空”的危险。

（三）很难得到出口地银行的资金融通

在转让信用证项下，由于出口地银行不能以“单证一致”为由，主动向转让银行催收货款，由于收款中的被动性、时间和金额上的不确定性，使出口地银行如果要根据转让信用证对供货的第二受益人进行如打包放款、出口押汇等资金融通，就要承担比对一张普通信用证的受益人进行任何资金融通大得多的风险。国内的一些银行甚至明文规定，原则上不对转让信用证的第

二受益人进行资金融通。这就使第二受益人，特别是急需资金周转的第二受益人本来可以凭信用证作抵押，而从议付行获得低利率的资金融通的愿望很难实现。

诚然，对于我国境内出口方作为转让信用证的第二受益人来说，做转让信用证具有较大的风险，但在转手贸易盛行的今天，我们不可能因为有风险而放弃这类贸易，那么，如何采取适当方式，趋利避害，防范其风险呢？

首先，如果中间商因种种原因强调要开立转让信用证，我国出口方作为第二受益人可请我方银行对转让银行、中间商进行资金、经营作风等的调查，如经营作风良好、信誉优良，可大胆接受，反之则需谨慎考虑，必要时可放弃。

其次，可洽中间商开立背对背信用证（Back to Back L/C）。背对背信用证，是指一个信用证的受益人（这里可以是中间商）以这个信用证为保证，要求一家银行开立以该银行为开证行，以这个受益人为申请人，以实际供货人为受益人的信用证。由于背对背信用证与原证相比是两个信用证，由两个不同的银行分别保证付款，对于我方作为实际供货人而言，与做普通信用证一样，只要“单证一致”，即可主动向新的开证行索汇。而对于中间商，它既可以得到原开证行的保证付款（只要单证一致），又可以隔离供销“两头”，保守商业秘密，同时因为开新证（背对背信用证）可以以原证作抵押，可以少付或不付开立普通信用证所需的保证金，因此在转手贸易中，要求中间商开立一张背对背信用证，不失为一种两全其美的方法。

总之，当我国实际供货方作为转让信用证的第二受益人时，对转让信用要有足够的认识，在对外贸易中，遵循互惠互利原则的同时，要增强风险意识，采取适当防范措施，以免给企业带来损失。

三、如何处理信用证中的“软条款”

通常，我们把在信用证中出现的，受益人不容易做到或无把握做到的条款（如交单期过短等）俗称为“软条款”。它常常使受益人在议付时处于被动地位，进而遭受开证行拒付，所以“软条款”已引起议付行、受益人的重视。但信用证要求客商签字单据，似乎未被归入“软条款”之列。然而近年来，由于种种原因，使客商签字单据逐渐染上“软条款”的色彩，对此受益人难以掌握，议付行或代付行也难以捉摸。

在出口信用证中，国外开证行根据开证申请人的指示，往往要求受益人提供由客商（通常为开证申请人指定的某个人）签字的单据，如要求受益人提供的发票由客商会签，要求提供由客商签字的检验证等。一般来说，开证申请人出于掌握货物质量情况、装运情况等目的，要求受益人提供这类单据作为议付所必须提供的单据的一部分，本也无可非议，但有些银行（如中国香港、美国等一些银行），把签字单据作为信用证迟付、拒付的借口，如以有关签字单据不是由信用证指定人签字等为由，而使我方出口公司屡遭降价、迟付、拒付等损失，尽管我方出口公司强调签字确系信用证指定人所签，但也无济于事，这是不是申请人故设“陷阱”呢？出口方不得而知。银行作为进出口贸易双方的信用中介，从维护受益人的正当权利出发，应如何对待这些信用证条款呢？

（1）为了避免产生这类签字与信用证要求符与不符的争议，最好让受益人请开证申请人联系开证行取消这类条款，改由我国境内官方机构（如中国进出口商品检验检疫局），或较有影响力的商会（如贸促会等）进行会签或出具检验证。虽然该项修改由于是受益人主动要求的，因而很可能由受益人负担修改费用，但相对于因信用证中有此条款而产生争议，遭迟付、降价、拒付的风险来说，受益人这一负担还是值得的。这是保证受益人安全、及时收汇的最佳方法。当然这种方法可能不易被开证申请人所接受。

（2）同意接受该条款，但需要坚持两个原则：①坚持有关客商签字样本掌握在我方银行（信用证来证时为通知行，出口公司交单时即为议付或代付行）的原则。对于未声明有关签字样本随后即寄我方银行的电开信用证，或未附签字样本的信开信用证，我方银行在审证时，要提请开证行注意，并要求该行从速寄样本给我方银行；对于声明签字样本已寄我方通知行，但我方银行迟迟未见样本的信用证，我方银行可进行查询，多次查询仍未取得样本，可请公司自行处理，并晓之以利弊。②坚持签字样本与有关单据是否一致的确认权掌握在我方银行的原则。怎样做到这一点呢？笔者认为，只要请开证行在信用证中加列有关条款，如只要议付行或代付行声明单据上签字与样本上的一致，开证行即视为单据上签字与样本上的一致等。这样，既满足了开证申请人要求亲自验货签单、会签等要求，又充分体现了银行的信用中介作用，减小了受益人的风险，这无论是开证申请人、开证行还是受益人都是乐于接受的。如某市某合资企业，收到美国某银行一来证，要求提供客商签字单据——客检证，虽然我方银行在审单议付时，曾核对签字样本，并询问该公司提供的检验证是否确为指定客商所签，在得到肯定答复后才寄单索汇，但该信用证开证行仍以“检验证不是信用证指定人签字”为由，五次拒付，公司不得不降价销售，并被开证行扣去了相当可观的“不符点处理费”。这究竟是开证行故意刁难，还是我方出口公司伪造签字，我方银行实在难以分辨。鉴于这种情况，我方银行建议出口公司请开证行加列“凭议付行声明而确认单据上的签字与样本上的是否相符”的条款，我方银行在议付时，经过仔细核对签字，并确认相符后，在寄单面函（即BP面函上）的“批注”（Remark）一栏注上“申请人的签字与留档样本相符”（The applicant's signature complied with the specimen in our file）等的类似声明，这样，在以后的议付中，再也不会因此而遭受拒付。

总之，尽管客商签字单据有“软条款”之嫌，但我们只要处理适当、正确把握，是可以减少或杜绝因此而产生的拒付情况的。另外，我方银行也要加强对出口公司的业务指导，使其对这类条款有清醒的认识，防患未然。如果在洽谈贸易时知道客商有验货单、会签等要求，可在合同中就规定客商在开证时应加列有关条款，以免在出口收汇中处于被动地位，若以后再要求修改信用证，虽属亡羊补牢，但毕竟增加了麻烦和额外的费用。

四、信用证加具保兑的利弊

信用证是一种以银行信用为基础的结算方式，由于它对贸易各方都较为有利，特别是对于直接贸易的买卖双方来说，至少没有“钱货两空”的危险，因而在国际贸易中被广泛采用。然而，信用证是由开证银行以自己的信用作出的付款保证，因此，对于贸易双方，开证行的信誉就显得至关重要，假如信用证的受益人对开证行的资信不够了解，对信用证的偿付能力不够信任；或开证申请人及开证行本身唯恐所开出的信用证不能被受益人所接受；或在出口地不易被其他银行议付时，它们通常都希望由另一家银行给信用证加保兑，使开证行和保兑行同时作为信用证的信用担保。而对于受益人而言，就获得了两家银行的付款保证，似乎可以高枕无忧了。

其实不然，信用证被加具保兑后，它的受益人的收汇反而很可能会“两头不着实”。保兑行一旦对信用证加具保兑，它就不可避免地承担了和开证行相同的第一性付款责任，但就承担的风险而言，较开证行更大。一方面，它必须对受益人在提供了和信用证相符的单据后进行付款（或承兑）；另一方面，它要防止自己在向开证行寄单索汇时，开证行挑剔单据而以“单证不符”的理由来拒付（或无理拒付），得不到相应的偿付，因而保兑行在处理它自己保兑的信用证时特别严格，甚至可谓是百般挑剔，以便用“单证不符”这种冠冕堂皇的理由来拒付，把信用证变成不符点项下的托收，从而达到既收了受益人的保兑费等有关费用，又不承担第一性的付款责任的目的。如我国香港银行，应我国境内受益人的要求，对孟加拉国达卡的“Islami Bank Bangladesh Ltd”来证进行保兑，在我境内议付行议付寄单后，它竟提出诸如信用证过期（其实并未过期，虽然待全套单据寄达银行时，效期已过，但信用证规定到期地点在我方），发票未显示装运线路及船名、受益人电话号码、单单之间不一致等18个不符点，并借此拒付，要求开证行授权付款。又如，新加坡某行，应申请人的要求，对阿联酋的“Investment Bank For Trade and Finance Pls”来证加具保兑，我方受益人虽然不希望该信用证被加具保兑，但未及时采取修改信用证条款等措施，且在议付时仍指示我行单据交寄保兑行，结果保兑行也挑出了4个令人啼笑皆非的“不符点”，并电告我行业已要求开证行授权付款。这两个拒付案例，虽然最终由于开证申请人欣然接受所谓的“不符点单据”而得以解决，但是，暂不说让受益人虚惊一场，更重要的是拖延了收汇时间，且被保兑行索取了数目相当可观的保兑费、电报费、不符点处理费等名目繁多的费用。

那么，是不是任何信用证都不需要加具保兑了呢？

不是，笔者认为要慎选保兑行，这里所说的“慎选”，有两个含义：一是对于信用证是否有必要进行保兑加以慎重考虑；二是如果信用证有必要进行保兑，对于让哪家银行作为保兑行应加以慎重考虑。

对于第一点，信用证是否有必要加具保兑，可以由申请人与受益人的关系是否良好、开证行信誉是否较好来决定。如果申请人与受益人关系良好，是多年的贸易伙伴，受益人即使对开证行信誉不甚了解，也不必对信用证加具保兑，因为在信用证中，开证行虽然负有第一性的付款责任，但开证行的付款是属于为开证申请人垫付的性质，换言之，信用证的最终付款人仍是开证申请人，因此，只要开证申请人主动接单付款，信用证即使有不符点，开证行仍是会根据申请人的要求付款，更不用说单证一致的情况了。另一方面，如果开证行的信誉较好，信用证也不必加具保兑，信誉是任何银行的立足和发展之本，一家值得客户信赖的银行，在处理业务时，应是公正的，在审核信用证项下的单据时，应按照UCP600第十四条“单据审核标准……”各款来合理审核单据，因此不大会有无理拒付的可能。

对于第二点，信用证如有必要加具保兑，必须谨慎选择信誉卓越的银行作为保兑行。例如，日本的大部分银行信誉极佳，无理拒付极为罕见，假如由这类银行加具保兑，确实能起到收汇的“双保险”作用，如果选择了某些信誉不佳的银行作为信用证的保兑行，往往可能会事与愿违，收汇不仅得不到保障，反而为信用证埋下了迟付甚至拒付的祸根。

总之，对于信用证，要不要加具保兑，或选择哪家银行做保兑行，受益人必须慎之又慎，必须对开证行或保兑行的信誉有所了解，当然，受益人要了解国外银行的信誉，不仅是通过国内有关银行的信托资信部门向其了解有关简单的资信情况，更重要的是了解该行在国际结算业务处理方面的一贯作风，如有些银行，虽然是发展中国家的银行，并在有关世界银行的排行榜上名次不够理想，或根本榜上无名，但在国际结算方面的信誉尚可，由于有世界银行对之的优惠贷款或国际金融机构的资助等原因，在一般信用证项下，它们的付汇速度仍属较快之列，无理拒付的情形也不多，因此如果它们作为开证行，信用证又无软条款或特殊情况，也不必加具保兑，以免费力费钱。

五、如何处理高风险国家、地区的信用证

在国际贸易结算中，由于一些国家的政治、经济不稳定或其他复杂的原因，银行的信誉较差，特别是在信用证结算方式中，这些国家、地区的银行作为开证行却千方百计地逃避第一性付款责任，或迟付，或无理拒付，使出口方受益人蒙受损失。在实务中，这种情况屡见不鲜，致使有些受益人谈之色变，觉得像这样高风险国家、地区的信用证无“信用”可言，还是少“碰”为妙，因而也失去了一部分商机。那么，对于高风险国家、地区的信用证真的无药可救，只能放弃了吗？答案当然是否定的，事实上，根据不完全统计，在一些中等城市的信用证结算方式中，这些高风险国家、地区的信用证仍占总量的5%左右，有些专业外贸公司，这个比例达到了10%以上。但如何处理高风险国家、地区的信用证，一直是困扰广大外贸工作者的问题，现笔者就此谈些愚见。

（一）正确选择开证行

在信用证业务中，受益人能否安全收汇，与负有第一性付款责任的开证行的信誉有关，因而选择开证行至关重要，一般而言，最好选择在当地的外资银行作为开证行，特别是全球性的信誉较好的大银行。一些全球性的大银行，历史悠久，资金过剩，并且由于当地政府出于吸引外资的目的，对其外汇管制也较为宽松，有的甚至出现了“超国民待遇”，即使有意外情况，如该国的外汇管制突然严格，由于它的分支机构遍布全球，“条条道路通罗马”的道理，也使得它的付汇不会有障碍。因此，不太可能出现因资金问题、外汇管制问题而出现不能履行开证行付款责任的问题。当然，受益人要求开证申请人选择外资银行作为开证行会有一定的难度，如外资银行可能要求的开证保证金比例较高、收费较高等，使申请人难以承受。其次可选择国内的中资银行在国外的分支机构。中资银行在国外的分支机构除了有其他外资银行的优势外，国内银行在国际结算上的信誉较好，一旦出现问题，也没有语言障碍，容易沟通，但不足也是显而易见的：目前由于种种原因，中资银行在国外的分支机构一般规模较小，业务品种较少，要求将其作为开证行，申请人

不容易接受。最后可选择规模较大、信誉较好的申请人所在国家、地区的银行。在实务中，大多数的信用证都是申请人所在国家、地区的银行开出的，但通常这些国家、地区的银行信誉较差，有些国家、地区的银行，除了一些历史、习惯等因素，外汇资金不足，或因国家外汇管制调拨资金有困难，是其难以按时付汇、履行开证行付款责任的最重要的原因之一，受益人请申请人选择这些银行作为开证行实属“不得已而为之”的无奈之举。

（二）要求在信用证中加列偿付行并要求偿付行出具偿付保兑

在信用证中，设立偿付行，最初是为了开证行顺利付汇，但近年来，由于偿付行的特殊地位及它特有的优点：如偿付行见索即付，无须审核单据以判断单证是否一致（根据偿付统一规则 525），仅凭议付行的索偿指示付款；偿付行一般为付款货币清算地的银行，如以美元计价的信用证，偿付行通常为在纽约的某银行，银行信誉较好；有偿付行的信用证付汇速度较快，等等，因而越来越多地被用来作为规避受益人收汇风险的手段之一，很受受益人的欢迎，因此要求申请人请开证行在信用证中加列偿付行是有百利而无一害的。

然而，当我们收到一张由高风险国家、地区的银行作为开证行，但有信誉卓越的全球性大银行作为偿付行的信用证时，是否就可以高枕无忧了呢？否也。在实务中，有些开证行虽然开出的信用证含有偿付行，但仅仅是“含有”而已，并未按惯例规定经偿付行的同意，并将有关信息通知偿付行或将资金及时调拨给偿付行，指定偿付行只是开证行的一厢情愿或仅仅是做做“表面文章”，偿付行形同虚设。因此，到时出口地议付行的索偿被偿付行告之“没有开证行的授权”或“本行未同意在该证项下作为偿付行”而遭拒付，这种情形，在高风险国家、地区的银行来证中特别明显。为了避免和识别这种有名无实的偿付信用证，我们可要求开证行请偿付行出具偿付保兑，一般内容如下：“应×××开证行的要求，我行开立不可撤销的偿付保兑，我行保证对议付行在×××号、金额为 USD×××、有效期为×××的信用证项下的议付索偿进行付款，只要议付行证明单证相符”（At the request of ×××Bank（issuing Bank），We issue our irrevocable reimbursement undertaking to honor negotiating Bank's claim subject to their certification that all credit terms have been complied with for USD×××（amount）for negotiation made by them not later than y/m/d（expired date）under their letter of credit No. ×××）。这样通过偿付行之口，确认了偿付行已知晓自己被开证行指定为偿付行这一事实，并进一步明确了偿付行的责任和义务，议付行以后的索偿也就有备无患了。

（三）叙做“福费廷”（FORFAITING），即买断业务

在信用证业务中，尽管信用证可分为议付、付款、承兑信用证，但绝大多数出口地银行与受益人的结汇方式仍为“收妥结汇”，换而言之，在单证相符的条件下，受益人在信用证项下的收汇风险取决于开证行，开证行信誉较差，收汇风险也就较高。为了将收汇风险降到最低甚至为零，受益人可要求出口地银行叙做“福费廷”，即买断业务。具体操作是：受益人在出口交单后，向出口地银行提出叙做该项业务的申请，银行在审核单据并确认单证相符后，在代理行授信额度内叙做，除非受益人欺诈或当地法院出具止付令，受益人便可立即收汇，再无后顾之忧，并可根据国家外管有关政策，办理核销、退税等。然而，由于高风险国家、地区的银行信誉较差，其他行给予它的授信额度较小，因此，即使受益人向出口地银行提供了相符的单据，也并不是受益人的所有买断申请均会被银行接受。目前，国内的国有商业银行对这类高风险国家、地区的信用证仍不办理“福费廷”，仅是国内的某些外资银行的分支机构根据代理行授信情况办理部分买断业务。

（四）要求对信用证加具保兑（Confirmed）

开证行信誉较差，受益人可要求开证行请另一家信誉较好、实力雄厚的银行作为信用证的保兑行。根据 UCP600 第八条的规定，当信用证规定的单据提交到保兑行时，在完全符合信用证规定的情况下，构成保兑行在开证行之外的确定付款承诺，即保兑行与开证行同样负有第一性付款责任，受益人增加了另一个可索偿的银行。在实务操作中，议付行议付后通常将单据寄往保兑行而非开证行要求索偿。当然，在选择保兑行时，也要谨慎，以防止少数保兑行收了高额的保兑费却千方百计地挑剔单据，找不符点拒付，逃避第一性付款责任。

（五）可考虑在该国设立办事处，派遣驻点人员

若受益人在高风险国家、地区常年有较大的业务量，为了联系方便，可考虑在该国设立办事处，派遣驻点人员，一方面可以进一步拓展业务；另一方面可在开证行拒付、迟付的情况下，直接与开证行、申请人商洽，解决问题，这在实务中也是行之有效的。像中东一些国家比较讲究“兄弟情谊”，面对面地协商沟通往往会有意想不到的效果。

总之，高风险往往伴随着高收益，尽管一些国家、地区的信用证风险较大，但利润空间也较大，不能轻言放弃，在处理这些高风险国家、地区的信用证时，不仅要了解你的客户，也要在实务操作中“谨小慎微”，根据具体情况如费用、申请人能否接受等，灵活采取防范措施，以取得较好的效果。

六、如何看待即期信用证中的“隐形远期”现象

即期信用证，是指开证行、保兑行（如有）或代其行事的指定银行，凭收到的符合信用证条款规定的汇票和单据立即付款，或在西欧一些银行来证中，仅凭符合信用证条款规定的单据立即付款的信用证。

但“立即付款”的时限究竟是几天或几个工作日？有关的国际惯例对开证行、保兑行或代其行事的指定银行的审核单据的时间作出了明确的规定，UCP500 规定为收到单据的第二天起算 7 个银行工作日，UCP600 规定为收到单据的第二天起算 5 个银行工作日，但对即期付款的付款时间并未明确规定，各国银行的“立即”（Prompt、Immediately、As soon as possible）有不同的解释，有的理解为 3 ~ 5 天，有的认为是 8 ~ 10 天，更有甚者，有些银行认为 30 天之后付款仍是“立即付款”。在实务中，一些开证行由于可能发生筹资困难、开证申请人信誉不佳等，以各种形式，千方百计设法拖延即期信用证项下付款时间的现象亦是屡见不鲜，这里，姑且称之为即期信用证中的“隐形远期”。冠之以“隐形远期”之名，除了开证行言即期信用证之名，行远期付款之实外，是因为开证行在即期信用证中规定远期付款的条款出现的位置不容易引起受益人的注意，一般在附加条款或偿付条款中出现。其主要表现方法有两种：

一是开证行通过信用证条款规定，在即期信用证中，规定迟付条款（不同于迟期付款信用证和假远期信用证）。如南亚某行来证规定为“提供受益人开立以我行为付款人的即期汇票” （BENEFICIARY'S DRAFTS AT SIGHT DRAWN ON US…），根据该条款，我们可以确定该信用证为即期信用证，但在该证的附加条款中又规定“收到正本单据 15 天之内付款” （PAYMENT WILL BE EFFECTED WITHIN 15 DAYS FROM THE DATE OF RECEIPT OF THE ORIGINAL DOCUMENTS）。在对议付行的指示中又规定“请向我行索偿，一俟收到与信用证条款相符的单据后，我行立即按你行指示付款” （IN REIMBURSEMENT，PLEASE DRAWN ON US，WE SHALL IMMEDIATELY ON RECEIPT OF DOCUMENTS OF THE CREDIT REMIT THE PROCEEDS AS PER YOUR INSTRUCTIONS）。根据这些条款，显而易见，它虽是一个即期信用证，但它又不是真正的“立即”付款，而是要收到相符单据后 15 天付款，它是即期信用证的“隐形远期”（在该笔信用证的实际操作中，受益人的收汇时间被推迟了 15 天左右）。

二是开证行通过条款强行规定起息日或工作日，授权代其行事的指定银

行迟付。如某行开立了一即期跟单信用证，在其偿付指示中规定“授权你行在收到与信用证条款相符的单据后，借记开证行在该行的账，起息日为收到单据后 10～20 个工作日”（YOU ARE AUTHORISED TO DEBIT OUR ACCOUNT WITH YOU VALUE 10～20 WORKING DAYS FROM THE DATE OF YOUR RECEIPT OF DOCUMENTS COMPLIED WITH L/C…）。根据该条款，出口方受益人收汇的时间至少是交单后起算 10～20 天（因为是工作日，当地的节假日不计在内），加上单据到达指示银行的时间（如邮程等），因此，从受益人的收汇时间上考虑，这和它执行一张 10～20 天远期信用证或迟期付款信用证并无多少差别。

以上两个例子，很显然是开证行利用“立即”这个并不十分确切的字眼，使受益人虽然收到即期信用证，但并未实际享受到即期信用证项下即期付款的“待遇”，从某种程度上而言，受益人被巧妙地欺骗了。

其实，尽管有关惯例未明确规定“立即付款”究竟是几天，但根据 UCP600 第十四条 b 款的规定，“代其行事的指定银行、保兑行（如有）及开证行各有从交单次日起的至多五个银行工作日用以确定交单是否相符，这一期限不因在交单日当天或之后信用证截止日或最迟交单日届至而受到缩减或影响”，可以看出，开证行、保兑行或指定银行用于确定单据是否相符，并相应地通知寄送单据的另一方的时间为 5 个银行工作日，用一个简单算式可表示为：5 个工作日 = 合理的审单时间 + 通知寄送单据的一方的时间（单证相符时，该通知即为付款通知）。因此，笔者认为，“立即付款”不应超过这 5 天的银行工作日。另外，不容忽视的是，在这条条款之前，没有像 UCP600 其他许多条款一样，前面有一个条件状语：“除非信用证另有规定……”也就是说，无论信用证规定与否，如何规定，只要该证是根据 UCP600 而开立的，就必须遵守它的第十四条 b 款规定，开证行、保兑行（如有）或代其行事的指定银行处理即期信用证时，必须在 5 个银行工作日内完成：要么以不符点拒付，要么凭相符的单据进行付款。

总之，即期信用证项下的付款，必须是名副其实的立即付款——笔者认为是最迟不超过 5 个工作日的付款，超过 5 个工作日的付款，不是真正意义上的即期信用证，有“隐形远期”之嫌，对之我们外贸业务员应引起高度重视。若信用证来证时，开证行已在即期信用证的条款中规定了相应的付款时间，受益人可要求申请人请开证行修改；在收汇时，若开证行超过规定时限，以各种理由迟付，受益人必须敦促为其办理出口业务的银行向开证行追索货款和因其迟付款而产生的利息。

七、如何防范远期信用证方式下的融资诈骗

近年来，境内外一些不法分子利用远期信用证，诈骗银行资金的事件屡有发生，一时间，被大家认为比较公平、有银行信用作保证的、风险较小的远期信用证结算方式的含“金”量在贸易界、金融界人士的心目中已大打折扣，有的金融部门甚至谈“证”色变，因而如何控制远期信用证的融资风险，防范不法分子利用远期信用证进行非法融资、诈骗，支持和维护正常的国际贸易融资，已成为近年来的“热门”话题。

（一）远期信用证融资诈骗的特点

1. 期限为远期，付款时间、效期一般较长，大部分超过 90 天

这里需要说明的是，金融界、贸易界把非即期称为远期，但外汇管理部门习惯把见票后、出立提单后、交单后 90 天付款的信用证视为远期信用证，因为远期信用证的付款期限长、效期长，诈骗者往往能达到通过合法途径进行长期融资、短期内不被人怀疑的目的，同时，其诈骗得逞后也有充足的时间进行资金转移。

2. 金额较大，一般在 10 万美元以上

一些不法分子，做贼心虚，骗一笔是一笔，因而往往单笔金额较大，从利益上考虑，愿意铤而走险。

3. 代理业务居多

应该说，具有进出口经营权的大部分企业是合法、合规经营的，并不存在诈骗之心，特别是一些大型外贸企业，长期以来在银行的信誉较好。但因政策、环境等因素，这些企业也普遍存在着为了扩大创汇规模，多做代理业务、对代理业务监管过宽的问题，一些不法分子也正好把握并利用了外贸等企业在银行信誉较好，又急于扩大创汇规模的心理，借外贸等企业之手，骗取银行的资金。

（二）远期信用证项下诈骗融资的方式

远期信用证项下诈骗融资的方式主要有三种：打包放款、以出口来证作进口开证抵押和假单出口押汇。

1. 打包放款

银行收到境外或保税区的来证，经审核无误后，根据受益人的信誉，一般给予信用证受益人不超过信用证金额 80% 的贷款，目的主要是让受益人用于组织生产或收购，融资期限的长短是根据信用证的付款期限长短而定的。

这种融资方式在20世纪80年代末90年代初并不普遍，知之者寥寥，因各方信誉较好，中国人民银行甚至可凭以再贴现，那时这种融资方式的风险较小，几乎没有诈骗情况发生。随着改革开放的深入，各种贸易、融资方式逐渐增多，到20世纪90年代的中后期，打包放款这种融资方式已广为人知，银行凭之为一些企业，特别是大型企业的出口创汇提供了可靠的资金保障，但同时，这种融资方式为一些无孔不入的不法分子所利用，成为诈骗资金的一种新工具。

2. 以出口来证作进口开证抵押

跟单信用证最基本的特点之一是开证行一旦开出信用证，只要单证一致，就负有“第一性付款责任”。也正是在这个意义上，信用证业务对于守信誉、按国际惯例行事的银行而言是一项风险业务，一般均需要纳入授信管理范畴。我国的任何银行，特别注重银行自身在国际上的信誉，也都是按国际惯例办理信用证业务的。因此，国内银行作为开证行，也会负有“第一性付款责任”，其开证业务也纳入了银行授信业务范畴，但银行的授信方式很多，如凭房产、有价证券作抵押，给予授信额度、担保、以出口来证作进口开证抵押，等等，其中以出口来证（将来的收汇款）作进口开证抵押，是近年来银行对信誉较好的企业凭以开立进口信用证的较为普遍的一种授信方式。使用这种方式，企业不必交纳足额或较多的保证金，就能开立信用证，减少了资金占用，节约了资金成本。对于银行，因凭预期的出口信用证项下的收汇款作保障而开立的信用证，从理论上而言，只要用于抵押的出口来证与进口所开立的信用证在期限上衔接好，应该没有太大的风险，因此广为银行所使用。同时，这种授信方式也为不法分子所利用，他们内外勾结，造成出口信用证有意不履行或无法履行，国内开证行凭以抵押开证的出口信用证形如空文，收汇款无法到位，造成进口信用证项下的资金无法落实，最后开证行被追垫款。

3. 假单出口押汇

出口押汇是银行的另一种融资方式，银行凭受益人交来的全套与信用证相符的单据，在议付当日，扣除银行费用和押汇利息后，将100%的发票额有追索权的付给受益人（押汇期限的计算方法为信用证的付款期加上开证行的工作日），尽管这种方式对于受益人而言，银行有追索权，不是国外开证行或保兑行的没有追索权的最终付款。但在实务中，由于种种原因，许多公司把押汇所得款项视为“已收汇”来进行内部考核，因此押汇业务做得比较频繁，对于银行，由于有代表货物所有权的出口单据作抵押，又没有一般贷款“规模”制约，因而控制不甚严格，也为一些不法分子所利用，他们伪造单据，用假单以押汇方式诈骗银行资金，这种诈骗方式比前两种较为少见，但近年来时有发生。

（三）防范远期信用证融资诈骗的措施

1. 对于企业

特别是外贸企业及其他国家批准有进出口经营权的企业，首先，要端正企业自身的经营思想，正确对待银行的融资行为，合规合法经营。其次，要谨慎对待代理业务，不要因片面追求企业的创汇规模而忽视了对代理业务的严格监管，对代理业务不仅要从“纯”业务角度考虑其风险，而且要充分了解委托人的资信情况，特别是异地代理业务，尤要引起注意。从大多数案例来看，一旦发生诈骗情况，企业受损不仅仅是经济上的，关键还有企业的无形资产，如企业苦心经营多年才在银行、政府各部门建立的较好信誉等。

2. 对于银行

办理国际结算业务固然需要根据国际惯例，如开证行在进口信用证项下的“第一性付款责任”，处理单据只管表面、不管货物和合约等，但在任何融资的问题上，要谨慎从事，不仅要从信用证本身考虑其风险程度，如出口项下国外开证行的资信、信用证的条款等，还要充分了解该业务的背景，如是否代理业务，受益人是否有生产、收购能力等；是代理业务的，还要查看代理协议，了解委托人的资信情况，适当加收进口信用证下的保证金，或落实担保、抵押，尽可能让委托方出立含有“某证项下，委托方负连带付款责任”等类似文句的声明或证明，以便发生纠纷时据此依法将委托人和代理人（开证申请人）都作为债务人追偿。其他融资应落实担保、抵押等，以防不测，遇有异常情况，一定要多问几个为什么。

3. 对于国家有关管理部门

对融资诈骗行为一定要严惩不贷，通过立法加大对有关责任人的查处力度，如委托人的诈骗融资行为，作为其代理人有没有责任？值得探讨和研究。

总之，远期信用证项下的融资是一把“双刃剑”，风险控制得好，企业、银行便利多多，益处多多，能促进企业、银行的发展；风险控制得不好，很可能给企业、银行带来巨大损失，对于有些企业来说甚至是毁灭性的打击。因此对于企业、银行要有效控制风险，要“防”重于事后的“补”，建立健全并加强内控制度，防患于未然，防患于自身。

第八节　进出口信用证业务收费标准

某银行公示的进出口信用证业务收费标准如下表所示：

业务类别	收费项目	收费标准
1. 进口跟单信用证	开证	基本费率 1.5‰，最低 500 元；效期三个月以上的按照授信情况及风险程度每三个月增收部分费用，该费用不低于信用证金额的 0.5‰
	简电开证	除开证手续费外，另加收 100 元/笔
	修改增额	增额的收取比照开证收费标准收取，唯最低收费为 100 元/笔
	修改效期	效期三个月以上每三个月增收 0.5‰，增收部分按信用证余额收取，最低 100 元/笔。收足全额保证金者除外，按其他修改手续费 100 元/笔收取
	其他修改	100 元/笔
	撤证	100 元/笔
	承兑	承兑金额的 1‰，按月收取，最低 150 元/笔
	退单	200 元/笔
	提货担保	提货担保金额的 0.5‰，最低 500 元/笔，按季收取
	空运单放货证明/提单背书：银行收单前	货款金额的 0.5‰，最低 500 元/笔
	空运单放货证明/提单背书：银行收单后	50 元/笔
2. 出口跟单信用证	撤证	100 元/笔
	通知/转递	200 元/笔
	修改通知	100 元/笔（如系保兑信用证下增额修改，参照保兑费率计收，最低 100 元/笔）

续表

业务类别	收费项目	收费标准
2. 出口跟单信用证	预先通知	100 元/笔
	保兑	保兑金额的 2‰，最低 500 元/笔，按季收取（可按国家、银行风险程度上浮）
	付款	付款金额的 1.5‰，最低 200 元/笔
	承兑	承兑金额的 1‰，按月收取，最低 150 元/笔
	转让信用证	信用证金额的 1‰，最低 500 元，最高 1 000元/笔
	转让货款划拨	200 元/笔
	款项让渡：国内	300 元/笔
	款项让渡：国外	500 元/笔
	审单	审单金额的 1.25‰，最低 300 元/笔
	异地配单	50 元/笔
	退单	200 元/笔
	催收	100 元/笔
	收汇款原币入收款人账	分行自定
	收汇款原币转往同业	分行自定
	融资处理费	议价
	补制遗失出口信用证	100 元/笔
3. 协定结算	政府间协定结算	协定结算金额的 1.25‰
	地方易货	易货金额的 3‰，最低 200 元/笔
	边境贸易	边境贸易金额的 3‰，最低 200 元/笔
	货款援助	100 元/笔

本章小结

本章详细阐释了信用证这一结算方式的特点、内涵、定义与外延分类、格式与内容、信用证当事人的权利和责任、办理信用证的业务流程，以及信用证项下常见的弊病及其解决办法等。我们可以从中看出，信用证结算同第三章讲的托收结算一样，同属于逆汇，其结算工具的运行方向与资金的流动方向是相反的。同时，无论是托收结算还是信用证结算，都要依托银行和其他金融机构作为媒介，去开展出口商与进口商之间的贸易活动，这是它们的共同点。其不同点是：托收结算主要是以商业信用（工商企业之间在买卖商品时，以商品形式提供的信用）为基础的，银行的职责是做好托收业务，接受委托人（出口商）的票据向付款人（进口商）收取款项，但委托人最终能否收到款项，银行是不承担责任的。而信用证结算则主要是以银行信用（银行和其他金融机构提供的信用担保）为基础的，开证银行应开证申请人（进口商）要求开立信用证后就负有第一性付款责任，在单证相符（单据与信用证相吻合）、单单相符（各种单据内容互相吻合），也就是证单之间、单单之间"表面"互不矛盾的情况下，向受益人（出口商）履行付款的承诺。由于信用证结算在国际贸易结算中具有其他结算方式不能取代的特殊作用，因此普遍受到进出口商的欢迎和使用。这种特殊作用表现在：一方面，它在进出口双方之间起着促进改选商业合同、如期清理债权债务的保障作用；另一方面，它还在进出口双方之间起着融通资金的作用。进口商在开始时如银行同意可以只交部分保证金，单据到达后，赎单时才付清差额；出口商凭信用证在货物装运前后可向当地银行申请打包贷款或出口押汇。银行的上述保障和资金融通作用，对进出口双方都是非常有利的。所以，信用证结算方式较之托收和汇款这两种结算方式，尽管费用高一些，其手续、程序也较为繁杂，但在国际贸易中仍广为采用，成为当前国际结算的最主要方式。

鉴于银行采取信用证结算方式，是以提供资金担保的方式促进买卖双方履约的，因此是要承担相当风险的。比如，进口方无力偿还债务、拒收货物、拒付或拖欠货款，或者进口方国家或地区政治动荡、经济危机、进口实行管制，等等，这些商业风险和政治风险在实行信用证结算的条件下，将转化为银行的信用风险。为此，银行特别是开证行应当兴利避害，严防信用风险的发生。要站在全局的高度，对于进出口商的资质信用、商贸经营，以至其所在国家或地区的政治、经济状况都要有所了解，明察客观环境和信用对象是否有利于提供信用担保。一旦决定开立信用证后，要引领从业人员增强大局意识、责任意识，按照信用证结算方式的要求和程序，合法合理、一丝不苟、精益求精地做好每个环节的工作，杜绝任何粗心大意或业务不熟造成的差错。这不仅能使信用证结算方式在国际贸易中的作用得到进一步的扩展，而且会使银行信用的水准和影响力得到不断的提高。这是毫无疑义的。

思考与实训

1. 信用证的特点和作用，它与合同、货物之间的关系是什么？

2. 托收与信用证两种支付方式，对于卖方来说如何选择？

3. 信用证项下有哪些常见的不符点？

4. 开证行如何判定信用证修改是否被受益人接受？

5. 案例分析题：

[**案例1**] 某中行收到新加坡某银行电开信用证一份，金额为100万美元，购花岗岩石块，目的港为巴基斯坦卡拉奇，证中有下述条款：

A. 检验证书于货物装运前开立并由开证申请人授权的签字人签字，该签字必须由开证行检验；

B. 货物只能待开证申请人指定船只并由开证行给通知行加押电通知后装运，而该加押电必须随同正本单据提交议付。

请分析：该信用证存在的风险，是否可以接受？

[**案例2**] 中方A公司与美国某公司达成一项出口交易。之后A公司收到美国花旗银行开来的信用证，证上最大金额为15 000美元，但A公司在装运出口时，实装不同规格、不同单价的货品的总金额为15 042美元，超出了信用证允许的最大金额，议付行不同意接受，而A公司以该外商资信较好为由，认为区区小数不会计较，遂具保请银行寄单，后果由出口人负责。结果遭到开证行的拒付。请问，在本项交易中A公司应吸取什么教训？

第五章　保函和备用信用证

关键术语： 保函　备用信用证　资信证明　预付款保函　投标保函　履约保函　预留金保函　质量保函　关税保付保函　付款保函　延期付款保函　借款保函　透支保函　保释金保函　补偿贸易保函　来料加工保函　租赁保函　票据保付保函　费用保付保函

学习目标： 了解保函的种类、内容和作用，掌握各类保函的特点与要求、保函有关当事人应承担的责任与义务、开立保函不可或缺的基本内容与格式，以及规避风险的办法。

与汇款、托收、信用证等结算方式一样，保函也是国际贸易中重要的结算方式之一，它依托银行的信用，更灵活地适应了国际贸易的发展，不仅成为一种较为新型的国际结算形式，而且对合同项下，有关当事人的义务和责任的履行起了积极的保证作用。

第一节　保函

一、保函的概念及主要作用

保函（Letter of Guarantee），简称 L/G，是保证人关于款项支付的信誉承诺，是一种货币支付保证书。在国际贸易中，由于交易双方往往处于不同的国家和地区，因此，常常会出现双方之间互不信任、互有疑虑的现象，致使合同难以达成，或即便达成了也难以执行下去。为此，就需要有一个信誉卓著的、为合同双方都能接受的第三者来介入交易并充当担保人，该第三者凭借其本身的良好信用向交易的当事人提供担保，承诺在该担保项下的受益人履行了其所应履行的合同义务后，一旦该担保的申请人未能履行合同，将保证支付一定金额的、经合同双方同意的款项，作为对受益人一方履约的报酬及遭受损失的赔偿，同时，作为对申请人违约的惩罚。这种由第三者作出的、代表和体现了第三者信用的书面付款保证承诺，就是通常所说的“保函”。

保函作为一种金融信用工具，不仅是一种结算形式，也可以用来作为国际结算的手段，还更多地被使用在买卖合同、借贷合同、劳务承包合同中充当合同义务履行的保证。即保证货款与货物的正常交换，使合同价款的清偿能得到保障只是保函的基本功能之一。此外，保函还通常被用来保证合约的正常履行，预付款项的归还，贷款及利息的偿还，合同标的物的质量完好，关税、佣金、费用等的及时支付，被扣财物的保释，等等。因此，保函从其本质而言，具有以下主要作用：

（一）支付保证作用

保函作为合同价款支付保证作用。如买卖合同及劳务承包合同项下的付款保函、逾期付款保函，补偿贸易合同项下的补偿贸易保函，租赁合同项下的租金保付保函，借贷合同项下的还款保函，以及其他诸如佣金、关税等的保付保函，票据保付保函等，都是用来保证合同项下的付款责任方按期向另一方支付一定的合同价款，保证合同价款与所交易的货物、劳务、技术等的交换，保证借贷资金及利息的偿还及清偿。这是保函的一个重要职能，也是保函之所以能够成为国际结算方式之一的基本原因。

（二）违约补偿或惩罚作用

保函的另一个重要职能，是用来作为合同发生违约时对受害方补偿的工具或对违约责任人的惩罚手段。比如，履约保函、投标保函、预付保函、质量保函、维修保函、预留保函、保释金保函等，都能起到这方面的作用。这是保函有别于普通的跟单信用证（不包括作为保函替代形式的备用信用证）的一个重要方面，也是保函之所以能够产生并迅速得到广泛应用的重要原因。

（三）避免诉讼麻烦、节约费用

贸易商既可以用保函来充当各种业务支付的保证手段，以解决各种交易中的合同价款及费用的支付问题，又可以利用它来作为对履约责任人必须按期履行其合同义务的制约手段和对违约受害方的补偿保证工具，可以从一定程度上避免或减少合同项下违约情况的频繁发生，省却了为解决争端而进行诉讼或仲裁的麻烦，以及由此而引起的费用开支。

（四）使用范围和担保职能

保函的使用范围和担保职能要远远大于一般的商业信用证，能够解决一些普通商业信用证（不包括备用信用证）所无法解决的问题，起到一些商业信用证所无法起到的信用。例如，信用证通常被用来作为买卖合同中的支付保证工具，但在承包合同、租赁合同、来料加工合同和费用保付等合同项下，由于凭以支付的单据种类的不规范和难以提供，用信用证来进行结算有时难度较大，但借助于保函的形式来作为支付的保证手段就能使交易获得成功。又如，在买卖合同项下，由于买方担心资金占压、授信额度被挤占以及高额手续费支出，有时只同意采用汇款、托收等商业信用结算方式作为合同支付方式，但卖方期望得到一种银行信用形式作保证以避免风险，因而与买方发生矛盾，在这种情况下，信用证就无法满足买卖双方的不同要求，而保函则因其分别具有第一性付款和第二性付款的不同种类，能够作为商业信用支付方式的补充保证手段合理地解决这一矛盾。

二、保函的有关当事人

保函通常有三个主要当事人，在某些情况下还可能出现其他当事人。

（一）主要当事人

1. 申请人

申请人（Applicant、Principal），是指向银行申请开立保函的当事人。由于合约的规定，或考虑到对方对自己不信任，合约的一方当事人往往会作为保函的申请人，要求银行或金融机构向对方出具保函，凭借银行信用或第三方的良好信誉，来取代和补充自己的商业信用。保函开出后，申请人有义务按期向担保银行支付各种手续费、担保费，以及函电往来所发生的其他的通讯费用。在业务正常情况下，申请人在保函项下的职责，是必须根据保函的条款规定履行合约；在保函项下一旦发生支付时，必须偿还银行的垫付款。

2. 受益人

受益人（Beneficiary），是指保函项下担保权益的享受者，即有权凭借保函并依照其条款的规定向担保银行提出索赔要求的合同一方的当事人。

3. 担保人

担保人（Guarantee），也称保函的开立人，是指接受申请人委托，向受益人开立保函，并据此承担第一性或第二性付款责任的银行，或其他金融机构。保函开立后，担保人在向受益人构成一种或有负债的同时，也从申请人那里获得了一种或有债权。在收到来自受益人的符合保函条款规定的索赔要求时，他们必须立即进行付款，但同时也可立即向申请人进行追偿。担保人是为交易双方提供信用中介的第三者。

（二）其他当事人

除了以上三个主要当事人之外，保函项下有时还会出现一些其他的有关当事人或关系人：

1. 反担保人

反担保人（Counter Guarantor），是指接受申请人的委托，而向受益人所在地银行发出开立保函的委托指示，并同时保证在受托行（保函的担保人）遭到索赔时立即予以偿付的银行或其他金融机构，或称“指示方”（Instructing Party）。在国际贸易往来中，由于申请人与受益人分处不同的国家、地域，而某些国家的受益人又往往对国外银行或其他金融机构不了解，只希望接受其本国银行或其他金融机构所开立的保函，因此，在办理保函业务中，申请人通常求助于本地银行的帮助，请其转托受益人所在地银行开出保函。在保函业务中，反担保人不直接接受受益人提出的任何索赔，而仅是向担保人承担责任，对担保人负责，凭担保人（也可称转开行）提出的要求予以偿付，并同时享有对申请人进行追偿的权利。

在我国，由于各银行设置的业务权限不同，在实务中，往往造成了一笔保函业务不得不出现反担保人的情况。如A银行为二级分行，总行（或它的直接管辖行）授予它的权限为只能出具国内保函，而不能开立任何外汇保函，在这种情况下，若A银行的客户B公司需开立外汇保函，则尽管B公司直接向A银行申请开立保函，但由于A银行受自身保函权限的制约，不得不作为反担保人再向其上级行（一级分行或总行）要求出具该保函。因而，最后B公司拿到的是由A银行的上级行出具的保函。由于A银行仅仅是该保函的反担保人，A银行的上级行才是保函的担保人，因此，在出现国外受益人索赔的情况下，首先由A银行的上级行根据保函的有关规定对外赔付，然后A银行的上级行向A银行要求赔付，再由A银行向保函的申请人B公司追索。

2. 保兑人

保兑人（Confirming Party），是指应邀为保函加具保兑并额外承担了付款责任的另一银行或其他金融机构。保函开立后，由于受益人对担保人的信誉和信用的不信任，担保人为消除其的不信任感，或者由于受益人所在国的法律规定，要求担保人邀请保兑人作为其他第三者介入该保函业务中，即要求保兑人以其本身的信用，在担保人已于保函项下所作出的付款保证之外加具保证，承诺一旦发生担保人无故拒绝付款，或因破产、倒闭等原因无力付款的情况时，由保兑人代为履行付款责任。由于保兑人是按担保人的指示而为保函加具保兑的，因此，保兑人在发生付款行为后，有权向担保人进行追偿，并拥有要求担保人支付由此而产生的一切费用和额外开支的权利。

3. 通知人

通知人（Advising Party），是指受担保人之托，办理保函的通知或转递手续的银行，也称为转递行（Transmiting Bank）。在担保银行与受益人分别在两地甚至两国的情况下，担保银行开出保函后，往往不得不借助受益人所在地的银行，请其代为通知或传递至受益人处。通知人并非保函的实际当事人，而只是保函业务处理过程中的辅助方而已。通知行除需负责核验保函的真伪，并严格按担保人的要求和指示及时将保函通知受益人之外，并不承担任何的支付保证责任。因此，在发生索赔情况时，通知行除可代替受益人向担保银行转交索赔文件或其他书面单据外，它本身并不受理任何的索赔。

三、保函的格式及主要内容

（一）保函的格式

在国际贸易中，迄今为止，没有一种为世界上绝大多数国家所认可的保函格式。在实务中，保函的格式通常也是多种多样的：有明确规定凭提交某种单据付款的；也有凭某种客观事实的成立、事件的发生进行支付的；有将担保责任条款、赔付条件逐一详细列明的；有略去一切具体条件不提，而只作笼统担保声明的；有担保人承担第一性责任的；也有担保人只作第二性付款的；有无条件“见索即付”的，也有内中设定某些单据条件以保护申请人一方权益的，等等。这是由于保函的类别众多，各种保函的内在责任各不相同，并且每一类保函又有许多阐述各异的文字规定和条款安排所致；同时还是由于各国不同的习惯做法和不同的法律要求所带来的结果。不同的国家可以有不同的保函格式，不同的客户可以拟定不同的格式条文，即使在同一个国家或地区的不同的银行、不同的商业合约的当事人之间，对保函文本的要求也不尽相同，再加上不同种类担保项下不同的责任描述，因此是无法要求对每一类型的担保去确定一种或几种模式并期望在任何交易场合机械地加以套用的，而只能根据交易的具体要求、具体规定，区别不同的情况、不同的客户来分别采用不同的保函格式。当然，世界上也有某些国家或地区的企业，为了保护其自身的利益，拟定了许多对保函申请方及担保人甚为不利的固定格式，要求与之进行交易的各有关方面照此开出保函，若违背了这些文字条款的要求，哪怕只是语言措辞或顺序上微不足道的改变，都可能招致受益人方面的拒绝，而导致交易难以达成。因此，这就需要从事对外贸易、对外经济合作、对外劳务承包和其他国际业务的企业和公司的人员广泛收集资料，熟悉保函业务的各种做法，熟悉各个国家、各个地区、各种类型保函的不同格式，做到心中有数，而后根据每一笔具体交易的要求，有针对性地选择条款，遵循国际惯例和不同国家或地区的惯常做法，以维护自己的正当权益，保证业务的顺利进行。

尽管由于基础交易不同、种类不同、各个国家或地区的习惯做法不同，导致保函格式有所差异，但归纳起来看，万变不离其宗，各种保函之间却有着许多“惊人相似”之处。这是由于保函作为一种具有法律效力的信用凭证，除了可以通过明确规定某些条款来限定担保人的责任外，还具有默示条件所推定的一些职责和义务。这些职责和义务，虽然未在保函中作出明文规定，但根据默示推定的原理，依照每一类担保的性质和特点是客观存在的。如在投标保函中，担保人的责任通常有三种：首先，保证投标人在其报价有效期内不撤标、不改标；其次，一旦中标后，保证投标人在规定的期限内提交履约保函；再次，保证投标人在中标后的若干期限内与业主签订合约。投标保函项下担保人的这三项担保职责乃是作为投标保函这类文件所必须包含的内容。这三项责任，既可以通过明确规定某些条款的形式在保函中作出说明，也可不明确规定，但不管是否明文规定，只要担保文件中标明了其为“投标保函”的，则其项下担保人所承担的就是这三项基本责任，因为“投标保函”所应具有的默示条款已包含了该责任。也由于该原因，各种保函就可能不再逐条详细列明担保人的各项担保义务，而只需笼统地作出付款保证承诺并标注上保函类别，而使各种类型的保函看起来有一个类似的格式。因此，如果求大同而存小异，保函还是可以有一个较为“趋同”的格式：

首先，保函一般应明确表明保函的种类。由于保函可根据默示推定的原理，依照每一类保函各自的性质和特点，推定有关当事人的职责和义务，因此，确定所开立的保函的种类十分重要。我们常见的有投标保函、履约保函、预付款保函、付款保函、关税保付保函等。

其次，保函的开首部分，应列明申请人的名称、开立行的名称及地址、受益人的名称。

再次，保函的正文部分，应明确规定保函的担保金额及所使用的货币，表明保函项下支付或赔付的责任限度、违约赔付方式、提供何种单据等。

最后，保函的结尾部分，应明确规定保函的担保期限，即保函的有效期。在信开保函的方式下，还需保函出具行的两个有权签字人签字，其中一个签字人的级别一般必须是 B 级或 B 级以上。

以下为中国银行的预付款保函样式：

BANK OF CHINA
ABC BRANCH
142 ZHONGSHAN NANLU
NANJING，210005
CHINA

TO：CHINA INTERNATIONAL IRON AND STEEL CORP
(BENEFICIARY)
RE OUR IRREVOCABLE LETTER OF ADVANCE PAYMENT GUARANTEE NO. LG001/03

WITH REFERENCE TO CONTRACT NO TPJZ0003（HEREIN AFTER CALLED THE "CONTRACT"）SIGNED BETWEEN THE BENEFICIARY AND THE JIANGSU COMPLETE MACHINERY CORP（HEREIN AFTER CALLED THE "SUPPLIER"），ON AUGUST 8，2003，FOR SUPPLY OF FACILITIES FOR THE EFFLUENT TREATMENT（HEREIN AFTER CALLED THE "GOODS"）AMOUNTING TO U. S. DOLLARS SEVEN HUNDRED AND TWENTY THOUSAND ONLY.

WE，AT THE REQUEST OF THE SUPPLIER，HEREBY OPEN OUR IRREVOCABLE LETTER OF GUARANTEE NO. LG001/03 IN FAVOUR OF THE BENEFICIARY.

WE UNDERTAKE THE GUARANTEE AS FOLLOWS：

(A) OUR LIABILITY UNDER THIS LETTER OF GUARANTEE SHALL BE LIMITED TO USD 72 000.00（SAY U. S. DOLLARS SEVENTY TWO THOUSAND）ONLY PLUS INTEREST AT RATE OF EIGHT PERCENT PER ANNUM COUNTING FROM THE DATE ON WHICH SUPPLIER RECEIVED THE DOWN PAYMENT UP TO THE DATE ON WHICH THE REFUND IS MADE.

(B) IF YOU DECLARE THAT THE SUPPLIER FAILE TO DELIVER ALL THE REQUIPMENT IN ACCORDANCE WITH THE CONTRACT，SUPPLIER SHALL WITHIN SEVEN DAYS AFTER RECEIPT OF YOUR FIRST WRITTEN DEMAND，UNCONDITIONALI REFUND TO YOU ANY AMOUNT UP TO U. S. DOLLARS SEVENTY TWO THOUSAND ONLY PLUS INTEREST AT RATE OF EIGHT PERCENT PER ANNUM COUNTING FROM THE DATE ON WHICH SUPPLIER RECEIVED THE DOWN PAYMENT UP TO THE DATE ON WHICH THE REFUND IS MADE AND FOR WHICH THIS LETTER OF GUARANTEE IS STILL VALID ACCORDING TO POINT BELOW.

(C) THIS LETTER OF GUARANTEE SHALL BECOME EFFECTIVE AS SOON AS WE RECEIVE THE DOWN PAYMENT AND SHALL AUTOMATICALLY REDUCE BY PERCENTAGE OF THE INVOICE VALUE OF EACH SHIPMENT WITHOUT ANY CONFIRMATION FROM THE BENEFICIARY.

THIS LETTER OF GUARANTEE EXPIRES 30（THIRTY）DAYS THE LAST CONTRACTUAL

DELIVERY DATE, I. E, ON AUGUST 30, 2004, IN CASE THE CONTRACTUAL PARTIES AGREE TO EXTEND THE PERIOD FOR THE DELIVERY OF THE EQUIPMENT WHICH WILL BE PROVED BY PRESENTATION OF RESPECTIVE AGREEMENT TO US, THE VALIDITY OF THIS GUARANTEE FORMALITY, THE EXTENSION HAS TO BE BROUGHT TO OUR KNOWLEDGE PRIOR TO EXPIRATION OF THIS GUARANTEE.

THIS LETTER OF GUARANTEE HAS TO BE RETURNED TO US AFTER THE VALIDITY EXPIRES.

YOURS FAITHFULLY,

FOR BANK OF CHINA

Authorized Signature

（二）保函的主要内容

一般情况下，保函的内容可以分为基本内容和附加内容两个方面。

1. 基本内容

基本内容，即一般保函通常具有的内容，主要有以下几点：

（1）保函的受益人名称及其地址；

（2）保函的申请人名称及其地址；

（3）保函的担保人名称及国别与详细地址；

（4）保函的种类及保函的担保目的；

（5）与保函相关的合同号、协议号、招标号及/或有关的工程项目名称，即对凭以开立保函的背景交易的简略介绍及有关的参考号；

（6）保函担保的金额、使用的货币；

（7）保函的有效期；

（8）保函的付款承诺及有关索赔条件的具体规定。

2. 附加内容

在实务中，由于保函所涉及的基础交易类别及具体情况不同，保函的担保标的不同，合同当事人对保函的文字要求以及各种类型保函项下担保责任也都不尽相同。因此，在许多保函项下，除了具有保函必不可少的要素外，还经常有各种附加内容，对担保人的担保责任起着补充、完善和附加说明的作用，同时也使保函项下的付款条件、赔付前提、责任和风险变得各不相同。常见的附加内容主要有以下几种：

（1）保函的生效条款。在保函中加列生效条款，目的是更准确地限定担保人的责任起讫时间。该条款通常与保函的失效条款联系在一起，共同构成对保函有效期的有关描述。一般情况下，对于保函的生效时间，若保函本身对此未作相反的声明或未作出特别的解释，均应视其为开出之日即行生效。可是，就某些类别的保函（如预付款保函、履约保函、货款偿还保函及预留金保函等）而言，保函一经开出即行生效的做法可能意味着申请人将承担某种额外的风险，尤其是在无条件“见索即付”的保函项下则更是如此。在这种情况下，受益人可能会利用其握有已经生效之保函的有利条件，在其本身拒不履行属于其应先予履行某种合同义务的，就以没收保函来要挟申请人，胁迫申请人不得不单方面去履行合约，从而导致后者蒙受损失。为防止这种情况的出现，在预付款保函中经常可见类似这样的生效条款：“此保函将于申请人收到第一批预付款之日起生效，其项下的有效余款将与申请人实际所收到的预付款项总额相等”（THE GUARANTEE SHALL BECOME EFFECTIVE AS FROM THE DATE WHEN THE APPLICANT IS IN ERCEIPT OF THE FIRST INSTALLMENT OF THE SAID ADVANCE PAYMENT, AND THE AMOUNT AVAILABLE HEREUNDER SHALL ALWAYS CORRESPOND TO THE TOTAL ADVANCED SUM THE APPLICANT HAS ACTUALLY RECEIVED...）；在履约保函项下，也往往会加列诸如“只有当卖方收到其可予接受的信用证后保函方可生效”的条款（THIS PERFORMANCE BOND WILL COME INTO FORCE ONLY WHEN THE SELLER HAS RECEIVED A LETTER OF CREDIT ACCEPTABLE TO HIM）。这样做，是为了防范由于受益人资信不佳所带来的不测事件，减少发生无理索赔的事件。因此，担保银行在签发保函时，常常根据具体情况特意加上一定的生效条款，规定只有在受益人已经履行了一定的合约义务之后，或在某一事件发生后，某种单据或某种书面文件提交时，或在担保行作出明确表示之后，保函方才生效。通过加列生效条款，能从一定程度上减少申请人一方的风险，起到了对各方权益人的均衡保护作用，因而在实务中使用十分频繁。

（2）保函的减额条款。有些保函的金额并不是自始至终一成不变的，而是随着基础交易合同的正常进行逐步递减的，在预付款保函项下往往规定：“本保函金额将随着卖方逐批发运货物、根据发票中所显示的金额等比例自动减少”（THE GUARANTEED AMOUNT OF THIS L/G SHALL BE DEMINISHED AUTOMATICALLY AND PROPORTIONALLY IN ACCORDANCE WITH THE VALUE OF EACH SHIPMENT AS SHOWN IN THE RELEVANT INVOICES）。类似这种表明担保金额逐步递减的减额条款通常还在付款保函、延期付款保函、贷款归还保函、来料加工及补偿贸易保函中较为普遍地使用，这类条款的列入，对申请人十分有利，而对合同双方也较为公平合理。

（3）保函的自动展期条款。在实务中，某些保函在开立时，由于保函的到期日难以确定，或由于受益人担心申请人不愿根据具体情况而延长保函的有效期，通常要求担保人在所开立的保函已明确列明到期日的情况下，另行加具保函自动展期条款，用于保护自己、约束申请人。例如，有的保函加具了如下类似的文句“若在本保函效期或任何延展期届满之时，担保人尚未收到受益人有关解除担保人责任的通知，本保函将自动延展三个月”（THIS GUARANTEE SHALL BE AUTOMATICALL EXTENDED FOR ANOTHER THREE MONTHS IF THE GUARANTOR SHALL NOT HAVE RECEIVED BY THE END OF THE VALIDITY HEREOF OR OF ANY EXTENSION THERETO，ANY CONFIRMATION FROM ITS OBLIGATION HEREUNDER），或“若在本保函的效期之内，业主同意对承包人延展合同效期，或由于承包人未能在合同所规定的工期内完成工程建设、或未能解除其自身的义务、或补偿损失，则本保函将在与原来相同的条件下自动延展，直至我行收到你方有关保函失效和责任解除的声明”（AT THE TIME DURING THE PERIOD IN WHICH THIS GUARANTEE IS STILL VALID，IF THE EMPLOYER AGREES TO GRANT A TIME EXTENSION OF THE CONTRACT TO THE CONTRACTOR，OR IF THE CONTRACTOR SHALL FAIL TO COMPLETE THE WORKS WITHIN THE TIME OF COMPLETION AS STATED IN THE CONTRACT，OR FAIL TO DISCHARGE HIMSELF OF THE LIABILITIES OR DAMAGES，IT IS UNDERSTOOD THAT THIS GUARANTEE WILL BE AUTOMATICALLY EXTENDED UNDER THE SAME CONDITIONS UNTIL WE RECEIVE FROM YOU A DECLARATION THAT IT CAN BE NULL AND VOID AND RELEASED BY YOU）。

（4）法律条款。保函开出后，若发生纠纷难以解决时，究竟应依据哪个国家或地区的法律，在何处提起诉讼或提交仲裁？由于各国或地区的法律规定的不同，目前尚无定论，为了避免有关此类的纠纷，保函通常明确所适用的法律以及诉讼的专属管辖地，或规定适用本国或本地区法律，或以担保行/反担保行所熟悉的并认为对其有利的第三国法律为准，或以该地法院作为诉讼/仲裁的排他性管辖地。如“本保函受某某国家法律之约束，同时也仅受某某法院的司法管辖”（THIS GUARANTEE IS GOVERNED BY THE LAW OF ××× COUNTRY，AND IS SUBJECT TO THE EXCLUSIVE JURISDICTION OF THE COURT OF ×××），又如：“此保函适用某某国家的法律，诉讼也只能在某某法院进行”（THIS BOND SHALL BE SUBJECT TO THE LAW OF ××× COUNTRY，AND THE PROCEEDINGS SHALL BE EXECUTED EXCLUSIVELY IN THE COURT OF×××），等等。目前，这种规定在保函中必须含有受某国或地区法律管辖，特别是须受受益人所在国家或地区法律管辖的条款的做法较为盛行，如中东地区、东南亚地区等。

（5）鉴定真实条款。保函的受益人是保函项下唯一的索赔权利享有者，只有受益人才能凭借保函所赋予的权利提出索赔。为了防止保函被他人非法动用而让申请人遭受损害，同时也为了避免担保银行因无法核实受益人的索赔文件是否确系该受益人所出具而陷入被动境地，保函中通常也加具这样类似的条款，如："为了鉴定真实性，你方的索赔要求须经由某某银行证实其签字后转交我行，或由该行以加押电证实后受理"（FOR AUTHENTICATION PURPOSE, YOUR WRITTEN DEMAND, IF ANY, SHALL BE SENT TO US THROUGH XXX BANK AFTER ITS CONFIRMATION OF YOUR SIGNATURE, OR SHALL BE CONFIRMED BY XXX BANK IN THE WAY OF ITS TESTED TELEX TO US)。

（6）担保责任不变条款。为了明确担保人的责任将不受基础合约本身之效力的影响，也不随基础交易条件的更改而变化，有的保函还根据受益人的要求，加上了有关担保责任不变的条款，如："我行同意：合同双方之间所达成的对合同条款、合同项下交易及合同文件的任何变更、增加或其他修改，在任何情况下也不能解除我行在本保函项下所承担的责任，我行并且在此放弃要求获得有关这种变更、增添或修改内容之通知的权利……"（WE FURTHER AGREE THAT NO CHANGE OR ADDITION TO OR OTHER MODIFICATION TO THE TERMS OF THE CONTRACT OR OF WORKS TO BE PERFORMED THEREUNDER OR OF ANY OF THE CONTRACT DOCUMENTS, WHICH MAY BE MADE BETWEEN THE CONTRACTUAL PARTIES SHALL IN ANY WAY RELEASE US FROM ANY LIABILITY UNDER THIS GUARANTEE, AND WE HEREBY WAIVE OUR RIGHT TO ASK FOR THE NOTICE OF ANY SUCH CHANGES, ADDITIONS OR MODIFICATIONS...)。又如，"你方与申请人之间对任何合同条款所作出的放弃、展期、修改及其他类似的行为与方式，无论如何都将不能减少我行在此保函项下的责任，也不能使本保函失效"（NO WAIVER, EXTENSION OF TIME, OR MODIFICATION OF ANY TERMS OR CONDITIONS OF THE AGREEMENT BETWEENT YOU AND THE APPLICANT SHALL IN ANY MANNER DETRACT FROM ANY OF OUR OBLIGATIONS HEREUNDER, NOR IN ANY MANNER WHATSOEVER SHALL IN ANY SUCH SIMILAR ACTIONS BETWEEN YOU AND THE APPLICANT VOID THIS L/G)。

（7）连带责任条款。由于种种原因，如受益人对担保人本身资信的担忧，或是为适应法律方面的某种规定等，有的保函需要加注连带责任条款，将担保人与申请人的责任联系在一起，各自分别地、连带地向受益人承担付款义务；与此同时，还将他们可能的继承人、受让人以及担保法人的执行者、管理者等的责任均包括在内。这样，即使担保人破产或倒闭，由于相关各方均分别承担或承担连带责任，因此就可避免或减少受益人可能的风险及损失。如“众所周知，我们担保人和申请人，包括我们的后嗣、受让人、执行人、管理人及继承人在此凭下列条件，分别地、连带地、肯定地向受益人保证将予支付一笔金额为××美元的款项……”（KNOW ALL MEN BY THIS BOND THAT WE（THE GUARANTOR）AND THE APPLICANT ARE HELD AND FIRMLY BOUND ONTO THE BENEFICIAREY IN THE SUM WELL AND TRULY TO BE MADE, THE APPLICANT AND US BIND OURSELVES, OUR HEIRS, ASSIGNS, EXECUTORS, ADMISNISTRATORS AND SUCCESSORS JOINTLY AND SEVERALLY BY THESE PERSENTS...）。类似这样的条款，在实际务中，亚洲地区使用较多，如印度、巴基斯坦、孟加拉国等。

（8）利息条款。在预付款保函及贷款归还保函项下，通常含有利息条款，它是对担保标的本身金额的一种利息保付承诺。如在贷款归还保函中，担保人不仅要负责贷款本金的偿还，还要负责贷款利息的支付，此时一般应规定利息条款。如“我行将对本保函项下的任何迟付金额以借款人应付的利率水平支付利息，该付息期间的计算从你方索偿之日起，至实际付款日止”（WE SHALL PAY INTEREST ON ANY AMOUNT DUE UNDER THIS GUARANTEE FROM THE DATE OF DEMAND TO THE DATE OF ACTUAL PAYMENT BEFORE AND AFTER JUDGMENT AT THE RATE OR RATES WHICH WOULD BE PAYABLE BY THE BORROWER）。在预付款保函中，特别是大额的预付款保函，也往往含有利息条款，这是因为受益人预先支付了预付款项，若由于申请人未能履约而造成其资金被占用，受益人理应有权要求连本带息予以收回，如“无论任何理由，一旦上述担保发生退款情况，我行将支付你方所索款项及利息，该利息将按年率××%计算，计息天数从申请人收到预付款起，至我行退款日止”（IF DUE TO ANY REASON WHATSOEVER, A REFUNDMENT IS GOING TO BE MADE TO YOU ACCORDING TO OUR ABOVE UNDERTAKING, AN INTEREST AT THE RATE OF ××% PER ANNUM SHALL ALSO BE PAID TO YOU TOGETHER WITH THE PROCEEDS OF YOUR CLAIM, COUNTING FROM THE DATE ON WHICH THE APPLICANT HAS RECEIVED THE SAID ADVANCE PAYMENT UNTIL THE DATE OF ITS REFUND）。

（9）保函到期归还条款。有些国家（如巴基斯坦、泰国等），其法律曾明确规定：在保函项下，即使保函效期已过，受益人仍可在保函失效后的若干期限内（从3年、5年到60年不等）继续保留向担保人提出索赔的权利。对此，作为开立保函及担保人的银行往往感到难以接受，因为这实际上是使得担保人的风险扩大化，且难以避免。因此，有些银行为了应对这种规定，就不得不在保函中加上到期归还条款，通过这些条款来明确限制其自身所可能承担的无限责任。如“保函一旦到期即告失效，应立即退回我行予以注销。继续保留保函正本及其任何修改的行为并不能使受益人得到在保函项下继续提出索赔的权利”（UPON ITS EXPIRATION，THIS L/G SHALL BE NULL AND VOID，AND SHALL BE IMMEDIATELY TO US FOR CANCELLATION. ANY ACTION OF MAINTAINING THE ORIGINAL OF THIS GUARANTEE OR ANY OF ITS AMENDMENTS SHALL THEN GIVE NO RIGHT TO THE BENEFICIARY FOR LODGING ANY MORE CLAIM HEREUNDER）。

（10）无条件付款条款。为了使保函索偿简单化，并具有较强的可操作性，目前，许多保函为无条件“见索即付”的保函，担保人在独立担保项下只能凭单付款，而不能凭事实提出任何抗辩。如“我行在此保证：一旦收到你方书面索赔后，无论申请人是否对此持有异议或是否反对，将立即向你方付款，你方不必对此提出任何证据，也不必通过司法的或行政的诉讼来支持你方的索赔行为”（WE HEREBY UNDERTAKE TO PAY YOU IMMEDIATELY UPON RECEIPT OF YOUR WRITTEN CLAIM NOTWITHSTANDING ANY CONTESTATION，DEFENCE，OR OBJECTION FROM THE APPLICANT AND WITHOUT IT BEING NECESSARY FOR YOU TO PRODUCE OR ADDUCE ANY PROOF（S）OR ANY JUDICIAL OR ADMINISTRATIVE PROCEEDINGS WHATSOEVER IN SUPPORT OF YOUR CLAM...）。又如，“一旦接到受益人的书面付款命令，担保人就有义务向其支付上述金额，以弥补由于承包人的缺陷和不足使其所承担的责任和蒙受的损失，以及由此而引起的受益人对上述合同的其他各方面所可能承担的债务，而不管这种缺陷、不足和债务等究竟是现实存在的，或是预期发生的。担保人将立即支付受益人所索要的款项，而不必由受益人事先发出通知，或经过司法的或行政的程序，也不必向担保人来证实这种缺陷、不足或债务的客观存在”（THE GUARANTOR IS ENGAGED TO PAY TO THE BENEFICIARY ANY AMOUNT UPTO AND INCLUSTIVE OF THE AFOREMENTIONED FULL SUM UPON WRITTEN ORDER FROM THE BENEFICIARY TO INDEMNIFY HIM FOR ANY LIABILITIES OR DAMAGES RESULTING FROM THE DEFECTS OR SHORTCOMINGS OF THE CONTRACTOR，OR THE DEBTS HE MAY HAVE INCURRED TO ANY PARTIES INVOLVED IN THE WORKS UN-

DER THE CONTRACT MENTIONED ABOVE, WHETHER THESE DEFECTS OR SHORTCOMINGS OR DEBTS ARE ACTUAL OR ESTIMATED OR EXPECTED. THE GUARANTOR WILL DELIVER THE MONEY REQUIRED BY THE BENEFICIARY IMMEDIATELY WITHOUT DELAY AND WITHOUT THE NECESSITY OF A PREVIOUS NOTICE OR OF JUDICIAL OR ADMINISTRATIVE PROCEEDINGS, AND WITHOUT BEING PROVED TO THE GUARANTOR THE DEFECTS OR SHORTCOMINGS OR DEBTS OF THE CONTRACT)。

（11）不可转让条款。保函可以是转让或不可转让的，在信用类保函中，保函的转让就意味着申请人可能承担着更大的风险，如保函的受让人出于自身利益的考虑而在申请人并未违约的情况下，利用保函提出无理索赔。因此，在一般情况下，担保人和申请人均不希望看到保函项下任何索赔权利的转让，不愿意开立可转让保函。在实务中，为了强调保函不可转让的性质，通常可使用如下类似文句："此保函既不准议付，也不能办理转让，只有本保函项下指定的受益人的索赔才能得到我行的受理"（THIS SURETY BOND IS NEITHER NEGOTIABLE NOR TRANSFERABLE, AND THE BENEFICIARY NOMINATED HEREUNDER SHALL BE THE ONLY ONE WHOSE CLAIM, IF ANY, WILL BE DULY ENTERTAINED BY US)，或"无论我行或申请人事先是否知悉，或是否事先同意，本保函禁止转让，我行将仅对指定的受益人负索赔之责"（TRANSFER OF THIS GUARANTEE IS FORBIDDEN TO TAKE PLACE NO MATTER WHETHER WITH OR WITHOUT THE KNOWLEDGE OR PRIOR CONSENT OF US OR OF THE APPLICANT, AND WE WILL ONLY BE RESPONSIBLE TO THE CLAIM LODGED BY THE BENEFICIARY STATED HEREIN)。

（12）担保人的第一性责任承诺条款。在保函项下，担保人的付款责任可以是第一性的，也可以是第二性的。担保人负第一性付款责任的保函是指，担保人一旦收到受益人的索赔后立即付款，而无须检查受益人的实际履约情况，也不必等申请人拒付后担保人方予支付。因此，这种保函通常是受益人较为理想的保函。在实务中，体现这种第一性付款责任的条款，如"我行兹同意作为第一责任人而不仅仅只是作为保证人……"（WE HEREBY AGREE TO STAND AS A PRIMARY OBLIGOR, AND NOT MERELY AS A SURETY...），或"我行担保：一旦收到受益人的索赔，将作为主债务人而不是附属债务人来支付此保函项下的任何应付款项……"（WE UNDERTAKE AS A PRINCIPAL AND NOT AS AN ACCESSORY DEBTOR, TO MAKE PAYMENT OF ANY AMOUNT DUE HEREUNDER UPON OUR RECEIPT OF WRITTEN DEMAND

FROM THE BENEFICIARY...)。

（13）保函的金额保全条款。金额保全条款是指在保函中规定其项下的支付金额不得出于任何原因而被扣减，其实际支付总值将永远等于保函已承诺之数额的一种保证条款。这种条款实质上是担保人在保函中所作出的一种附带保证，其目的是为了消除受益人对担保人由于种种原因而不能或不愿足额付款的担忧。在有些国家，特别是发展中国家，由于法律、外汇管制，或税收等方面的有关规定，银行作为担保人在实施付款时，有时不得不从保函金额中，或从受益人的索赔款额中作出某项扣除，或由于该受益人本身对担保行或申请人的其他债务，担保银行也可能从赔付款中进行某种抵扣。受益人为了限制这类扣留或抵扣行为的发生，保全其本身的利益，通常在保函中加入这类文句："在此保函项下的支付将不得作出任何扣留或抵扣，不管是目前的、或将来的税款、费用、以前的债务或任何其他性质的扣款，也不管它由谁强制规定，都将不得影响此保函项下的支付。若由于某种原因，这种扣付将不可避免，我行则在此保证对你方进行补偿，以便使你方能获得所索的全部赔偿数额"（ANY PAYMENT HEREUNDER SHALL BE MADE FREE AND CLEAR OF AND WITHOUT DEDUTION，SET-OFF FOR OR ON ACCOUNT OF ANY PRESENT OR FUTURE TAXIES，DUTIES，CHARGES，FEES，PREVIOUS DEBTS，DEDUCTIONS OR WITHHOLDINGS OF ANY NATURE WHATSOEVER AND BY WHOMSOEVER IMPOSED. IF SUCH DEDUTION OR WITHHOLDING IS INEVITABLE BY WHATSOEVER REASON，WE PROMISE TO HOLD YOU COMPENSATED FOR THE SUM THUS DEDUCTED OR WITHHELD SO AS TO KEEP YOU ALWAYS IN THE POSITION TO RECEIVE THE WHOLE AMOUNT OF YOUR CLAIM）。

（14）保函的权益让渡条款。保函的权益让渡条款，是指在受益人保留索赔权利的前提下，同意将保函项下的权益，即接受款项支付的权利转让给某一第三者的条款。这种条款对受益人较为有利，他可以凭其向银行或其他财团融通资金、满足贷款人风险抵押的要求等。在实务中，通常所见的权益让渡条款如以下类似文句"我行兹不可撤销地同意受益人将其在本保函项下可能获得的款项让渡予×××"（WE HEREBY IRREVOCABLY AGREE THAT THE PROCEEDS RESULTING FROM A CLAIM，IF ANY，LODGED BY THE BENEFICIARY SHALL BE ASSIGNED TO ×××），或"在我行收到你方符合本保函条款的书面索赔的前提下，×××将有权从我行获取你方所索取之款项"（××× SHALL BE ENTITLE TO RECEIVE THE CLAIMED AMOUNT

FROM US ON THE CONDITION THAT WE ARE IN RECEIPT OF YOUR WRITTEN DEMAND IN CONFORMITY WITH THE TERMS OF THIS GUARANTEE)。

四、保函的种类

保函种类繁多，根据保函不同的功能、担保职责及担保标的物，有不同的分类。常见的保函主要有以下几种：

（一）预付款保函

预付款保函（Advance Payment Guarantee），是指担保人（银行）根据申请人（合同中的预收款人）的要求向受益人（合同中的预付款人）开立的，保证一旦申请人未能履约，或未能全部履约，将在收到受益人所提出的索赔后向其返还该预付款的书面保证承诺。

预付款保函又称还款保函（Repayment Guarantee），在贸易合同中还可称为定金保函（Down－Payment Guarantee）。在大额交易中，买方或业主在合约签订后的一定时间内预先向供货方或劳务承包方支付一定比例的款项作为执行合约的启动资金，由于该款项是对供货方或劳务承包方履约之前所做的预付，买方或业主为了避免日后由于这些供货方或劳务承包方拒绝履约或无法履约却又不退款而无端遭受损失。因此，通常要求供货方或劳务承包方在买方或业主预付前的若干天内通过其所在地银行开出预付款保函，由银行作出承诺，一旦申请人未能履约或未能全部履约（无论这种行为是有意或无意造成的），担保行将在收到买方或业主所提出的索赔后，向其返还这笔与预付金额等值的款项，或相当于合约尚未履行部分相当比例预付金的款项（有时，还须加计自买方或业主支付预付金至担保行退还款项这一期间所发生的利息），使买方或业主能顺利收回所预付的款项。

以下为某银行的预付款保函格式：

×××BANK OF CHINA JIANGSU BRANCH

NO. 18 ZHONGSHAN NANLU，NANJING P. R. CHINA

ADVANCE PAYMENT GUARANTEE

BANK REF. NO：LG9400818/03

ISSUING DATE：DEC. 4，2003

TO：

ADD：CONTRACT NO. CCNFB － S012216 FOR SUPPLY，DELIVERY OF SHIPLOCK HYDRAULIC HOIST EQUIPMENT FOR SHIPLOCK FOR THE JIANGSU THIRD HUAI' YIN SHIP-

LOCK

GENTLEMEN AND / OR LADIES：

IN ACCORDANCE WITH THE PAYMENT PROVISION INCLUDED IN THE SPECIAL CONDITIONS OF CONTRACT, WHICH AMENDS CLAUSE 16 OF THE GENERAL CONDITIONS OF CONTRACT TO PROVIDE FOR ADVANCE PAYMENT, SUMEC COMPLETE EQUIPMENT & ENGINEERING CO., LTD., ADDRESS: 198 CHANGJIANG RD., NANJING, (HEREINAFTER CALLED "THE SUPPLIER") SHALL DEPOSIT WITH THE PURCHASER A BANK GUARANTEE TO GUARANTEE ITS PROPER AND FAITHFUL PERFORMANCE UNDER THE SAID CLAUSE OF THE CONTRACT IN AN AMOUNT OF USD27 910.00 (SAY U.S. DOLLARS TWENTY SEVEN THOUSAND NINE HUNDRED AND TEN ONLY).

WE, ×× BANK OF CHINA JIANGSU BRANCH, AS INSTRUCTED BY THE SUPPLIER, AGREE UNCONDITIONALLY AND IRREVOCABLY TO GUARANTEE AS PRIMARY OBLIGATOR AND NOT AS SURETY MERELY, THE PAYMENT TO THE PURCHASER ON ITS FIRST DEMAND WITHOUT WHATSOEVER RIGHT OF OBJECTION ON OUR PART AND WITHOUT ITS FIRST CLAIM TO THE SUPPLIER, IN THE AMOUNT NOT EXCEEDING USD27 910.00 (SAY U.S. DOLLARS TWENTY SEVEN THOUSAND NINE HUNDRED AND TEN ONLY).

WE FURTHER AGREE THAT NO CHANGE OR ADDITION TO OR OTHER MODIFICATION OF THE TERMS OF THE CONTRACT TO BE PERFORMED THEREUNDER OR OF ANY OF THE CONTRACT DOCUMENTS WHICH MAY BE MADE BETWEEN THE PURCHASER AND THE SUPPLIER, SHALL IN ANY WAY RELEASE US FROM ANY LIABILITY UNDER THIS GUARANTEE, AND WE HEREBY WAIVE NOTICE OF ANY SUCH CHANGE, ADDITION, OR MODIFICATION.

THIS GUARANTEE SHALL REMAIN VALID AND IN FULL EFFECT FROM THE DATE OF THE ADVANCE PAYMENT RECEIVED BY THE SUPPLIER UNDER THE CONTRACT UNTIL NOV. 30, 2004。

(END OF FILE)

FOR AND ON BEHALF OF

____

(AUTHORIZED SIGNATORY/IES)

（二）投标保函

投标保函（Tender Guarantee，或 Bid Bond），是指担保人（银行）应申请人（投标人）要求向受益人（招标人）开立的、保证申请人履行一定的义务和责任，否则担保人将向受益人赔付一定金额的书面保证承诺。

在以招标方式成交的购买和承建项目中，招标方为了有效地制约各投标人，常常要求投标人通过其所在地银行出具投标保函，保证投标人在其报价的有效期内不撤标、不改标、不更改原报价条件，并且，其一旦中标后，将按照招标文件的规定在一定时间内与招标方签订合同并提交履约保函，如果投标人日后违反以上条件，开立保函的银行作为担保人，将立即向招标人赔付一定金额的款项作为补偿。该金额通常为投标人报价总额的1%～5%。

以下为某银行的投标保函样式：

××× BANK OF CHINA JIANGSU BRANCH

✉NO. 18 ZHONGSHAN NANLU，NANJING P. R. CHINA

BID SECURITY

BANK REF. NO：LG9409477

ISSUING DATE：DEC. 10，2002

TO：CNCCC INTERNATIONAL TENDERING CO.，LTD.

BID SECURITY FOR BID NO. DY－18 FOR SUPPLY OF AUTOMATIC CONTROL INSTRUMENT

THIS SECURITY IS HEREBY ISSUED TO SERVE AS A BID SECURITY OF CHINA JIANGSU MACHINERY & EQUIPMENT I/E GROUP CORP.（HEREIN AFTER CALLED THE "BIDDER"）FOR INVITATION FOR BID NO. DY－18 FOR SUPPLY OF AUTOMATIC CONTROL INSTRUMENT TO CNCCC INTERNATIONAL TENDERING CO.，LTD.，BEIJING，THE PEOPLE'S REPUBLIC OF CHINA.

XXBANK OF CHINA JIANGSU BRANCH HEREBY UNCONDITIONALLY AND IRREVOCABLY GUARANTEES AND BINDS ITSELF，ITS SUCCESSORS AND ASSIGNS TO PAY YOU IMMEDIATELY WITHOUT RECOURSE，THE SUM OF USD20 000.00（SAY U.S. DOLLARS TWENTY THOUSAND ONLY）UPON RECEIPT OF YOUR WRITTEN NOTIFICATION STATING ANY OF THE FOLLOWING：

(a) THE BIDDER HAS WITHDRAWN HIS BID AFTER THE TIME AND DATE OF THE BID OPENING AND BEFORE THE EXPIRATION OF ITS VALIDITY PERIOD；OR

(b) THE BIDDER REFUSES TO ACCEPT CORRECTION OF ARITHMETIC ERRORS IN HIS BID；OR

(c) THE BIDDER HAS FAILED TO ENTER INTO CONTRACT WITH YOU WITHIN THIRTY（30）CALENDAR DAYS AFTER RECEIPT OF NOTIFICATION OF AWARD；OR

(d) THE BIDDER HAS FAILED TO ESTABLISH ACCEPTABLE PERFORMANCE SECURITY WITHIN THIRTY（30）CALENDAR DAYS AFTER SIGNING OF CONTRACT.

IT'S FULLY UNDERSTOOD THAT THIS SECURITY TAKES EFFECT FROM THE DATE OF THE BID OPENING，I.E. DECEMBER 15，2002 AND SHALL REMAIN VALID FOR A PERIOD OF ONE HUNDRED AND FIFTY（150）CALENDAR DAYS THEREAFTER，DURING THE PERIOD OF ANY EXTENSION THEREOF THAT MAY BE AGREED UPON BETWEEN YOU

AND THE BIDDER WITH NOTICE TO US, UNLESS SOONER TERMINATED AND/OR RELEASED BY YOU. AND THE LATEST VALIDITY DATE OF THIS GUARANTEE IS JUNE 15, 2000. UPON EXPIRATION, THIS GUARANTEE BECOMES NULL AND VOID AUTOMATICALLY NO MATTER WHETHER THE ORIGINAL ONE IS RETURNED TO US FOR CANCELLATION.

(END OF FILE)

FOR AND ON BEHALF OF

(AUTHORIZED SIGNATORY/IES)

(三) 履约保函

履约保函 (Performance Guarantee, 或 Performance Bond), 是指银行作为担保人, 应供货方或劳务承包方的请求而向买方或业主所作出的一种履约保证承诺, 担保供货方、劳务承包方诚信、善意、及时地履行合同, 若日后其未能按合同的规定及时发运货物、提供劳务或完成所承建的工程, 以及未能履行合同项下的其他义务, 则担保银行将向买方或业主支付一笔不超过保函金额的罚款, 作为对其损害的补偿及作为对供货方或劳务承包方的处罚。履约保函是对履约责任者的一种制约手段, 使其不得不按照合同履行规定的义务, 否则将使他们损失一定的金额。该金额通常为合同总金额的1% ~15%。

以下为某银行的履约保函样式:

× × × BANK OF CHINA JIANGSU BRANCH

☰NO. 18 ZHONGSHAN NANLU, NANJING P. R. CHINA

PERFORMANCE SECURITY

BANK REF. NO: LG9400779/01

ISSUING DATE: NOV. 16, 2001

TO: CMC INTERNATIONAL TENDERING CO.

BEIJING, CHINA

WHEREAS SUMEC COMPLETE EQUIPMENT & ENGINEERING CO. LTD. (HEREINAFTER CALLED "THE SELLER") HAS UNDERTAKEN, IN PURSUANCE OF CONTRACT NO. 01CN01M61I9027015 DATED SEP. 26, 2001 TO SUPPLY AND INSTALLATION OF PLANT & EQUIPMENT FOR SHENYANG INDUSTRIAL WASTEWATER MONITORING SYSTEM (HEREINAFTER CALLED "THE CONTRACT");

AND WHEREAS IT HAS BEEN STIPULATED BY YOU IN THE SAID CONTRACT THAT THE SELLER SHALL FURNISH YOU WITH A BANK GUARANTEE BY A REPUTABLE BANK FOR THE SUM SPECIFIED THEREIN AS SECURITY FOR COMPLIANCE WITH THE SELLER'S

PERFORMANCE OBLIGATIONS IN ACCORDANCE WITH THE CONTRACT.

AND WHEREAS WE HAVE AGREED TO GIVE THE SELLER A GUARANTEE：

THEREFORE，XX BANK OF CHINA JIANGSU BRANCH，HEREBY AFFIRM THAT WE ARE GUARANTORS AND RESPONSIBLE TO YOU，ON BEHALF OF THE SELLER，UP TO THE TOTAL OF USD126 000. 00（SAY UNITED STATES DOLLORS ONE HUNDRED AND TWENTY SIX THOUSAND ONLY）AND WE UNDERTAKE TO PAY YOU，UPON YOUR FIRST WRITTEN DEMAND DECLARING THE SELLER TO BE IN DEFAULT UNDER THE CONTRACT，AND WITHOUT CAVIL OR ARGUMENT，ANY SUM OR SUMS AS SPECIFIED BY YOU，WITHIN THE LIMIT OF USD126 000. 00（SAY UNITED STATES DOLLORS ONE HUNDRED AND TWENTY SIX THOUSAND ONLY）AS AFORESAID，WITHOUT YOUR NEEDING TO PROVE OR TO SHOW GROUNDS OR REASONS FOR YOUR DEMAND OR THE SUM SPECIFIED THEREIN.

THIS GUARANTEE COMES INTO FORCE FROM NOV. 20，2001 AND IS VALID UNTIL MAY 20，2002.

（END OF FILE）

FOR AND ON BEHALF OF

（AUTHORIZED SIGNATORY/IES）

（四）预留金保函

预留金保函（Retention Money Guarantee），是指银行作为担保人，对承包方或卖方提前支取合同中尾款的行为所作出的归还承诺担保，又称留滞金保函。

在一些合约（主要是工程建设以及大型机电产品、成套设备的出口合约）中往往有类似的规定：合同中留有一定比例（通常为5%～15%）的金额，由业主或买方在每期进度款的支付中予以扣留，只有在项目全部建成竣工的一定时期（通常为项目维修期结束）后，或在所提供的成套设备运转一定时间，并有保证所制造的产品符合合同的规定后，才能支付给承包方或供货方，这就是所谓“预留金”或称“留滞金”。它实质上是业主或买方以现金留滞的形式对承包方或供货方在项目和合同维修期内的维修责任所采取的一种制约手段。为了能早日获得这部分资金以解决项目施工中流动资金的不足，或为争取减少这部分资金占压所带来的无形的利息损失，承包方或卖方常常会要求业主或买方所在地银行出具这种名为“预留金保函”的付款保证承诺，凭以代替为业主或买方已扣留或将予扣留的预留金，或避免这部分金额的被留滞，同时凭此保函，保证承担规定的施工项目维修义务等责任。

（五）质量保函

质量保函（Quality Guarantee），是指银行作为担保人就合同标的物的质量所出具的一种担保，凭以保证供货方所提供的货物和承包方所承建的工程项目在一定时间（即保修期或称维修期）内符合合同所规定的规格和质量标准。如果在这一时期内发现货物的质量或工程的质量发生与合同规定不符的情况，而供货方或承建人又不愿或不予进行修理、更换和维修，则买方或业主有权在这类保函项下向担保行索取一笔款项（通常为合同总价的5% ~15%），补偿其所受的损失。

由于维修保函（Maintenance Guarantee）和质量保函在本质及作用方面有十分相似之处，在实务中有混称的现象。但维修保函通常被使用在有关工程建设的合同中，它是对工程项目的质量所作的担保；而质量保函往往被使用在买卖合同项下，尤其是在大型机电产品、成套设备、飞机等的出口货物中使用较多，它是对货物质量的一种担保形式。

（六）关税保付保函

关税保付保函（Duty - Free Guarantee），是指银行作为担保人根据申请人（进口企业）的要求向受益人（海关）出具的一种书面保证承诺。在一些国家，为了鼓励本国企业进料加工、来料加工后复出口，对这些企业的进口料件实行免税政策，但有些不法企业利用进口免税的料件进行国内销售，为了防止这种情况的发生并对这些不法企业处以一定的罚款，海关通常要求这类企业，特别是不守信誉的企业，在通关前交纳一定的保证金或提交银行保函，一旦发现企业违反规定内销，海关可以扣收保证金，或根据保函向银行追偿，用于补足关税或交纳罚金。在我国，关税保付保函有如下特定的格式：

×××银行江苏省分行

××× BANK OF CHINA JIANGSU BRANCH

中国．南京市中山南路18号

☐NO. 18 ZHONGSHAN NANLU，NANJING P. R. CHINA

税款保付保函

银行编号：LG9400268/03

开立日期：2003年4月8日

致：南京海关

应江苏国际集团进出口股份有限公司（以下简称“申请人”）的要求，根据南京海关C2318210031000号《银行保证金台账开设联系单》，我行兹开立以你方为受益人的LG9400268/03号不可撤销的担保函，担保金额为申请人应交纳的税款RMB105 865.55，大写金额人民币壹拾万伍仟捌佰陆拾伍元伍角伍分及缓税利息（计息天数为加工贸易合同手册记录首次进口料件之日起至补征税之日止，利率适用海关有关规定）。本保函自开立之日起生效，至2004年8月20日（海关核定的台账核销期满后80天）失效。你方可在上述保函有效期内向我行提出索赔。

本保函的担保金额将随申请人经海关核定属正常出口金额的增加或自行交纳税款的增加而自动递减。

我行保证，如申请人未能在海关核定的加工贸易合同手册有效期内履行产品出口或未按规定向海关缴纳税款，我行将在收到你方的索赔书、《海关×××专用缴款书》和《税款缴纳扣划通知书》后，向你方支付上述担保的税款及缓税利息。

本保函除到期失效外，如有以下情况，亦失效：

1. 海关核销结案后，出具《银行保证金台账核销联系单》，税款保付保函失效。

2. 我行向海关支付与《海关×××专用缴款书》金额等值的赔款后，税款保付保函失效。

（以下无正文）

有权签字人：张三

此外，关税保付保函有时还被称为海关免税保函、海关保函（Customs Guarantee）以及临时进口保函（Temporary Importation Guarantee），用于劳务承包业务项下发生的业务中，有时也被运用在我国内企业、团体在海外举办各种展览、展销、博览会等业务。在对外承包工程建设中，往往会需要承建人将大批施工机具、车辆、材料等运进工程所在国家或地区，等待工程竣工后再行撤离。对于这种临时进口的行为，工程所在国家或地区的承建人为了减少今后退税的麻烦，便通过银行出具海关保函，凭此同意货物暂时免税入关。在对外举办展销展览，也会发生类似情形，通过临时进口保函，出展人可享受货物暂时免税入关。各种临时进口保函实际上是担保银行对工程承建人及出展团体的一种资金融通手段，使其免除了可能发生的资金占压。在这种保函项下，担保行凭此向工程所在国或举办展览、展销向海关承诺，如日后发生免税入关的施工机具、材料及车辆等被转卖，或参加展出的展品被销售的情况，将保证承建人或出展人照章补纳税款，否则将垫付税款。

（七）付款保函

付款保函（Payment Guarantee），是指作为担保人的银行根据申请人（买方或业主）的要求，向受益人（卖方或承包方）出具的一种保证支付货款或支付承包工程进度款的书面承诺。

付款保函与其他信用担保不同之处在于：它是对合同价款的支付保证，而不是一般的违约赔偿金的支付承诺。因此，付款保函有时被作为国际结算中的一种结算工具，起着与信用证相类似的作用。在实务中，付款保函有两种形式：一种是单独成为国际结算的支付方式，受益人（卖方或承包方）可凭规定的单据，直接向担保银行索取款项，从某种意义而言，银行作为担保人负第一性付款责任；另一种是作为商业信用的结算方式的补充和额外保证手段，受益人（卖方或承包方）首先向买方或业主要求付款，在其索偿未果时，才能使用保函，向银行提出索赔并获得支付，在这里，银行作为担保人负第二性付款责任。

（八）延期付款保函

延期付款保函（Deferred Payment Guarantee），是指作为担保人的银行根据申请人（买方或业主）的要求，向受益人（卖方或承包方）出具的、保证在卖方完成发货义务的若干天后，或在承包方完成工程建设或基本完成其工程项目的若干天后，将按照合同所规定的进度，分期分批地向卖方或承包方支付本金及利息的书面付款承诺。它与付款保函比，除了在付款时间上是按批或按进度付款而有所不同外，其余与之类似，犹如即期信用证与延期付款信用证的差异。延期付款保函是对延期支付或远期支付的合同价款以及由于延付而产生的利息所作出的一种付款保证承诺，也是出口方或承包方向资金短缺的买方或业主方提供卖方信贷和延付便利，在大额交易中，如大型机电产品、成套设备、船舶和飞机等运输工具的交易以及在大型工程项目，如大型水坝、电站等的建造过程中，由于从卖方发货到买方付款、从工程开工到工程款项的支付通常需要相当长的一段时间，为了保障卖方或承包方的正当权益不致因买方或业主的经营状况、财力和资信能力的变化而受到损害，于是就常常需要借助于这种保函来作为付款的保证。

（九）借款保函

借款保函（Loan Guarantee），是指银行作为担保人应借款人的申请，向贷款人（或贷款银行）出具的一种书面承诺，保证借款人按照借贷合同的规定按期向贷款方归还所借款项以及支付贷款利息，一旦借款人因某种原因而无力偿还或拒绝偿还时，将由担保银行负责履行偿债及支付利息的职责。

随着我国的对外开放，国内的许多地区凭借优良的投资环境、廉价的劳动力资源，吸引了大量的外商投资企业，这些新企业往往是国外公司的子公司或兄弟公司，但新公司在创业之初，无信用记录，又缺乏相应的抵押物、可靠的担保人，往往难以从当地银行取得融资，为了顺利取得国内银行的融资和取得较优惠的利率，通常请国外母公司的账户行为其担保人，开立借款保函。而对于国内银行，由于担保人是国外银行，信誉较好，还款来源有保障，因而也非常愿意办理该保函项下的融资，因此，近年来，借款保函使用十分流行。

以下为某银行的借款保函样式：

× × ×BANK

ADD：

TO：(Beneficiary)

Irrevocable Letter of Guarantee No. ——

We refer to the Loan agreement [the "Loan Agreement" No. ——dated—— made between (1) —as borrower (the "Borrower"), and (2) —as lender (the "Lender")].

In consideration of your making the Facility available to the Borrower, we Hereby issue this guarantee for the account of the Borrower and agree as Follows:

We hereby unconditionally and irrevocably guarantee the due and punctual Payment up to the amount of USD—— (110% of the principal amount Plus the accrued interest) which are or may become payable by the Borrower under the Loan Agreement (which expression shall include the Loan Agreement as amended or supplemented from time to time with our Written consent), whether at maturity or upon acceleration or otherwise. If the Borrower fails to pay any such sum when due, we shall pay you in U. S. Dollars to RMB Yuan quoted by Bank of China on the date of your claiming upon your first written demand. Any statement of account signed by your duly authorized officed setting out details and the due date of any such sum shall be conclusive and binding on us except in the case of manifest error.

This guarantee shall be effective on the date hereof and expire on— (six months after the due date of the Loan Agreement). Following each repayment of principal under the Loan Agreement, Our liability under this guarantee shall be reduced accordingly. Our liability under this guarantee shall not be affected by the granting of any indulgence to the Borrower, or by any defect in the rights of the Lender against the Borrower, or by any other matter or circumstance which but for this provision might affect our liability under this guarantee provided that any amendments of the Loan Agreement shall be subject to our prior written approval which we undertake not to unreasonably withhold or delay, Demands may be made under this guarantee from time to time, and the Lender shall not be required to take any steps to enforce his rights against the Borrower or any other person before making a demand on us.

3. All payments under this guarantee shall be made with our set off or counterclaim or any restriction or condition and free or any present or future taxes or other deductions or withholdings of any nature. If any deduction or withholding is required to be made from any such payment, we shall together with such payment pay such additional amount as is necessary to ensure the Lender receive the full amount due to them.

4. We hereby represent and undertake that all corporate consents and approvals and approvals from any governmental or other authorities for or in connection with this guarantee have been obtained and are in full force and effect and this guarantee constitutes our legal, valid and binding obliga-

tions enforceable in accordance with its terms and our obligations under this guarantee will at all times rank at least pari－passu with all of our other unsecured and unsubordinated obligations, and we will ensure that all authorizations necessary for this purpose remain in full force and effect.

5. No failure or delay by the Lender in exercising any right, power or remedy under this guarantee shall operate as waiver thereof, nor shall any single or partial exercise of the same preclude any further exercise there of or the exercise of any other right, power or remedy. If at any time any provisions hereof is or becomes illegal, invalid or unenforceable in any respect, neither the legality, validity or enforceability of the remaining provisions hereof shall in any way be affected or impaired thereby.

6. We will reimburse the Lender for all reasonable fees and expenses (including legal expenses) incurred in connection with the enforcement of its rights under this guarantee.

7. We shall pay interest on any amount due under this guarantee from the date of demand to the date of actual payment (before and after judgment) at the rate or rates which would be payable by the Borrower.

8. The benefit of this guarantee may not be assigned without our pior written consent, such consent not to be unreasonably withheld.

9. This guarantee shall ensure to the benefit of the Lender and their respective successors and permitted assigns and our obligations hereunder shall be binding on us and our respective successors notwithstanding any change in our constitution or status or that of our successors. The Lender may assign to any other person all or any part of its rights and benefits under or arising out of this guarantee, the Loan Agreement and any other Security Documents (as defined in the Loan Agreement), subject to Article 8 above.

10. We confirm that the execution and performance of this guarantee is a commercial activity and agree not to claim any immunity from any legal action or proceeding in connection with this guarantee.

11. This guarantee shall be governed by and construed in accordance with the laws of the People's Republic of China, and we hereby irrevocably submit to the jurisdiction of the courts of People's Republic of China.

Dated: ——

For and on behalf of

____

(Authorized Signatory/ies)

（十）透支保函

透支保函（Overdrawn Guarantee，或 Overdraft Facility Guarantee），是指银行作为担保人，对另一家银行或金融机构出具的一种保证申请人透支后偿还的书面承诺。所谓“透支”，是银行允许其往来存款户在规定的限额和范围内，超过其存款余额签发支票，给予兑现，并随时以存款抵还的一种放贷方式。所以，透支保函实际上是借款保函的衍生形式。根据该保函，申请人将按照其与该账户透支行签订的透支协议里规定的到期时间归还所借支的款项，或偿付透支行所给予的其他透支便利，若到时申请人无力或拒绝归还所透支的本金和利息，则将由担保行负责予以偿还。从本质上来说，透支保函仍然属于借贷性质合约项下所作出的还款担保，只不过担保的标的物可能并不仅仅局限于透支的款项——比如可能是开立或保兑信用证及保函的授信额度便利，银行于信用证或保函项下代垫支的款项，票据贴现或加签保付的便利，信托提货的便利，债券买卖的便利，等等，只要协议到期之时，透支者或保函申请人无法偿还其在透支协议项下对透支行所负担的任何债务，担保行都将给予赔付。透支保函多由母公司或总公司以其自有资金或自己良好的信用作抵押，通过其银行向其子公司或分支机构的往来银行出具，以便使其下属机构能够得到当地银行的资金融通和所给予的银行其他便利，用以弥补这些机构本身资历浅薄、资信不足的缺陷，同时也可因此减少母公司或总公司下属机构的资金投入，节约成本、降低风险。特别是在这些子公司或分公司所在地外汇管制严格的情况下，开立这种透支保函尤其具有特殊意义和作用，这对于防止资金调拨过程中汇率变化所带来的风险和损失是很有益处的。此外，在劳务承包合同项下，这类透支保函也是经常使用的。人们往往将那些出于单纯为取得银行便利的目的而开具的透支保函称为资金融通保函，或称授信额度担保（BANKING FACILITY GUARANTEE）。

（十一）保释金保函

保释金保函（Bail Bond，或 Bail Guarantee），是指银行作为担保人，根据船主以及承担连带赔偿和支付责任的保险公司，或保赔公司，或船东互保协会及其他有关方的申请而开立的一种担保付款文件。它以法院、原告或港务当局以及其他有关债权人或利益受损方面为受益人，旨在保释由于海事纠纷，或运输合同及贸易合同纠纷，或因牵扯到某一其他案件而被法院或港务当局扣留或留置的船只或其他带有抵押性质的财产所承担的保释金担保。保释金保函的主要作用是为避免由于解决纠纷的案件诉讼旷日持久，致使被扣留的船只或其他财物因长期无法营运或使用，而给船方及财物所有人造成损失。有关法院或港务当局在收到这种作为抵押替代的保函后，由于有信誉较好的银行作担保，既无抵押品灭失之虞，又解除了对抵押品的看管之责，因此，也十分愿意凭保函将被扣船只或财物先予放行，使其投入营运和使用。

（十二）补偿贸易保函

在国际贸易中通行一种补偿贸易，即不使用现款，而在信贷基础上由购买技术方以产品或加工劳务偿还供应技术方的一种技术贸易。补偿贸易保函(Guarantee for Compensation Trade)，是为适应补偿贸易需要而产生的。它是指在补偿贸易合同项下，银行作为担保人，根据设备或技术引进方的申请，以设备或技术的提供方为受益人而出具的一种书面保证。它担保申请人在设备或技术引进后的一定时期内，将以其所生产的产成品或其他产品来抵偿所引进设备或技术的价值，或以产成品的外销所得款项支付所引进的设备和技术价款，若届时该申请人无法或无力作出支付，则将由担保银行负责偿还其全部应付款项以及相应的利息。

补偿贸易保函若不考虑补偿贸易这种贸易的特殊性，其实质仍属于货款保付性质的保函，因此，它实际上只是延期付款保函的一种外延和变种而已。当然，由于补偿贸易的贸易形式不同于一般贸易，因而补偿贸易保函又与一般的延付保函有所不同，其最主要的区别在于：补偿贸易保函项下支付的发生必须与受益人（设备或技术的提供方）对补偿产品的回购义务的履行相挂钩，而一般的进口合同项下延付保函只是对产品买断的支付提供保证。

（十三）来料加工保函

来料加工保函（Guarantee for Processing），是指在来料加工合同项下，银行作为担保人，根据加工方的申请，以提供加工装配所需要的原材料、辅料、零器件，甚至机器设备、生产线等提供方为受益人而出具的一种书面保证。它担保申请人按照合同所规定的规格、款式、质量等进行加工或装配，成品的全部或大部分交由提供方或其指定人进行销售，并用所得加工费抵偿或偿还提供方所提供的机器设备或生产线的价款，若届时该申请人不能如期加工成品进行抵偿却又不予退回前者所提供的原辅料及设备，则将由担保银行负责偿还其所提供的原辅料及设备的价款及由此而产生的利息，从而避免受益人遭受损失。

（十四）租赁保函

租赁保函（Leasing Guarantee），是指银行作为担保人，根据租赁协议中承租人的申请，出具以出租人为受益人的，旨在保证承租人按期向出租人支付租金的一种付款承诺。在大额的租赁合约（如飞机、船舶、成套设备的租赁合约）项下，出租人出于其自身资金融通的需要，通常要求这种保函具有一定的可转让性，而且所要求的条件也较为苛刻，目的是为了使其能够以此作为抵押，从银行或其他金融机构获取贷款用于购买其所出租的设备，如飞机、船只等。因此，在租赁保函项下，要求转让的情况往往多于其他保函。租赁保函的金额一般为足额的租金，偶尔也有要求包括附加利息的情况发生。

（十五）票据保付保函

票据保付保函（Guarantee for Bill），是指银行作为担保人，对商业票据进行担保，保证在票据到期后如发生拒绝付款情况，由其负责按票面金额支付的书面付款承诺。在国际贸易及国际劳务承包合同项下的结算中，往往有买方或业主要求以本票、期票或支票作为结算手段，由于这些商业票据属于商业信用，到期能否兑付，卖方或承包方心存疑虑，因此，卖方或承包方常常会要求买方或业主通过银行开立一种票据保付保函，对这些商业票据加具银行保付责任，以保证在票据到期后，如发生买方或业主拒绝付款或无力付款的情况时，由担保银行负责对卖方或承包方进行票面的支付。由于这些票据大多数为远期性质的支付凭证，因此，票据保付保函实际上就是一种延期付款的保函，是一种与商业信用的支付方式相联用的延付保函。

（十六）费用保付保函

费用保付保函（Payment Guarantee for Commission or any Other Charges），是指银行作为担保人，根据某些合同项下的付款责任方的要求，就一些特殊的费用或其他款项的支付而向收款人（受益人）所作出的保证支付承诺。费用保付保函实际上也是一种付款保函，在实务中也较为常见。如对卖方应给予中间商的佣金的保付，对船方应付予港务当局的挂港费的保付，对代售人向货主所应支付的货款的保付，对机场售票处就航空公司委托代售机票后向航空公司所应支付的票款的保付，以及对其他收益的代保管人向该收益的债权人保证归还该项收益的收益保付等。

五、办理保函业务的基本程序

保函是银行签发的一种付款保证文件。凡一笔未发生赔付的保函从开立到结束通常有以下几个环节：申请人提出申请→银行出具保函→通知或转开→保函的撤销。

凡一笔发生赔付的保函从开立到结束通常有以下几个环节：申请人提出申请→银行出具保函→通知或转开→索赔和理赔→银行对申请人追索→保函的撤销。

（一）提出申请

保函申请人要求银行出具保函，一般应提交下列材料：

（1）申请人的基本材料，如营业执照、税务登记证、企业代码证、法人及授权人的签章。

（2）填写并提交保函申请书或与担保行签订委托担保协议书。

保函申请书是申请人与担保行之间一定的法律义务和责任划分的书面契约。因此，银行在出具保函前，一般均要求申请人填制格式化的申请书，或与申请人签订委托担保协议书，用以明确担保行与申请人各自所应承担的责任、义务及享有的权利。如担保行凭此契约享有在保函项下发生索赔时和赔付行为后向申请人进行追索的权利，以及在出具保函后收取保函手续费的权利，并有责任依照申请书或委托担保协议书所要求的条件和条款来签发保函，等等。一份保函申请书，通常应包括以下几个方面的内容：

①保函申请人名称及地址、电话及业务联系人等；

②保函受益人名称、地址；

③有关的合同号、标书号及项目名称等；

④合同总金额；

⑤保函金额及使用的货币；

⑥保函种类；

⑦保函的有效期；

⑧保函开立方式（电开或信开）；

⑨申请人对担保人所作出的承诺、担保行和申请人各自的权利和义务，以及担保行的免责条款；

⑩申请人建议使用的保函格式（通常作为保函申请书的附件）；

⑪申请人的有效签章。

（3）提交有关的业务参考文件，如标书、合同、有关的契约、协议等。

（4）由于保函是一种或有债务，也是授信业务，因此申请人还需要提供从中国人民银行领取的贷款卡，供开立保函的银行进行相关的登记。

（5）交纳一定的保证金或提供第三方担保。

（二）银行出具保函

银行接受申请人的申请后，便可根据申请书的要求出具保函，银行出具保函的方式，主要可分为直开和转开以及直开后加保、会签或背书等几种。

1. 直开

“直开”，即“直接担保”，是指担保银行应合同一方当事人的申请，直接向合同的另一方开立以其为受益人的保函，并凭此直接向该受益人承担支付担保责任。“直开”，就保函的传递方式来说，又可分为担保银行开立保函后将其直接寄交或由申请人自行带交受益人和转请受益人所在地另一家银行通知给受益人这两种形式，即所谓“直交”和“转交”（或称“转递”）的做法。在“直开”的做法中，真正的保函当事人只有三个，即申请人、担保人和受益人，而作为通知人的转递行则只担当辅助性的角色，只能算做保函的关系人而非直接当事人。

以下为“直交”保函流程图：

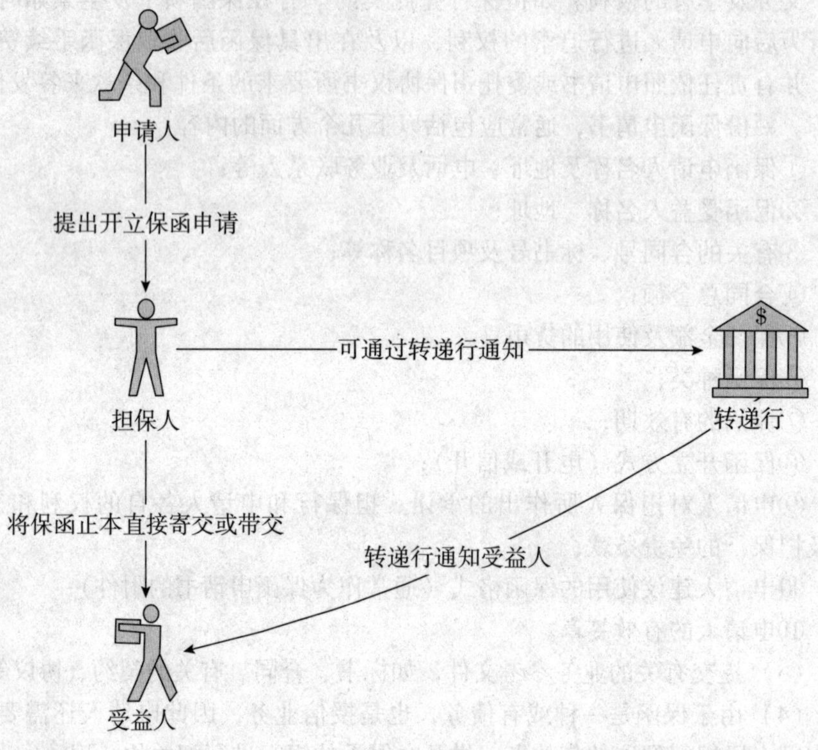

2. 转开

“转开”又可称为“间接担保”或“连环担保”，是指申请人所在地的银行应其客户的要求，根据标书或合同的有关规定以及受益人所在国的惯常做法和法律要求，以提供反担保的形式来委托另一家银行（通常为受益人所在地的银行）代其出具保函，并向受益人承担付款责任。在转开保函业务项下，真正开立保函的担保人是受益人所在地受托办理转开的银行，而申请人所在地的委托银行仅仅是反担保人，在其反担保中以转开行为受益方，而并非真正的受益人，转开银行凭反担保人的反担保向受益人出具保函，并与其构成一种担保合同关系，如果将来由于申请人违反合约，或在受益人已完成合同义务取得了保函项下的收款权利时，受益人只能向其所在地的担保人（即转开行）提起索赔，而不能越过担保人直接向反担保人要求获得支付。反担保人仅就反担保对担保人负责，而不向真正的受益人承担任何直接责任。

保函采用“转开”方式出具，使保函业务的当事人由原来的三方增加到了四方，甚至四方以上，即保函的申请人、反担保人（可以一个或一个以上）、担保人和受益人。

以下为“转开”保函流程图：

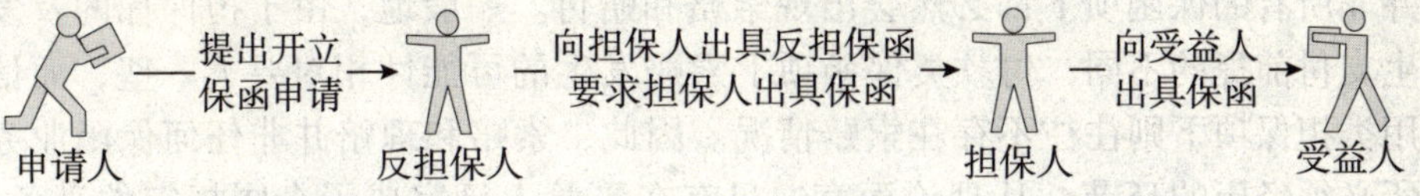

3. 加保、会签或背书

在第三世界（特别是亚非地区）的一些国家，有时还规定对国外银行直开的保函必须经受益人本国银行实施“加保”（Confirm）、“会签”（Counter－Sign）、“背书”（Endorse）后方能接受。因此，开往这些国家的保函在开立后实际并未真正完成“开立”这个环节，还必须根据具体情况请受益人当地的银行进行加保、会签或背书。当然，在实务中，由于各个国家或地区的习惯不同，某些应邀加保、会签或背书的受益人本地的银行在保函项下实际上并不承担任何付款责任，也不受理受益人所提出的任何索款要求，仅仅是核验和证实国外银行保函的真伪，并不成为保函的实际当事人，而充当转递行的角色，在这种情况下，加保、会签或背书行为实际上也就等同于“转递”的概念。然而，对于另一些国家（如阿尔及利亚等）而言，情况则不尽相同。在这些国家里，加保、会签或背书通常被理解为对保函的加保行为，即应邀实施这些行为的银行，在国外担保人对该保函项下所承担的付款保证责任之外加上了自己的保付承诺。如果将来申请人违约，或受益人已履行了合同规定的义务后，这些银行都将承担向受益人支付的责任。因此，在实务中必须注意区别以上两种加保、会签或背书所起的不同作用。

（三）保函的通知或转开

保函的开立方式分为直开、转开或直开后加保、会签及背书等。在实务中，由于作为保函担保人的银行与受益人往往分处不同国家或地区，因此，在保函开立后，往往需要借助受益人所在地银行的服务，或通知（保函业务中通常称为“转递”），或转开，或由该银行对保函加保、会签或背书。此时这些应担保人之托进行通知、转开、加保、会签、背书的银行即分别被称为通知行（或转递行）、转开行（此时转开行实际上即为担保行，而发出委托指示的银行通常被称为“反担保行”或“指示行”）、保兑行、会签行和背书行。各银行将按照委托行的指示履行其各自的责任和义务并对委托行负责，同时向委托行收取费用。

（四）保函项下的索赔和理赔

由于保函有付款类担保与信用类担保之别，银行作为担保人根据不同的保函性质，有时承担第一性付款责任，有时又承担第二性付款责任。因此，并非所有的保函项下都必然会出现索赔和赔付。一般地，由于担保标的及发生支付前提的不同，付款类保函项下索赔发生的可能性相对要大一些，而信用类担保项下则往往不存在索赔情况。因此，索赔和理赔并非任何保函业务所必须经历的环节。从理论而言，只有在受益人已完成了合同规定的义务，并据此获得了索取合同价款的权利，或在申请人出现违约行为时，保函才可能被受益人索赔和理赔。

（五）担保行对申请人的追索

保函是担保行应申请人的要求而作出的付款保证，因此，凭借申请人在开立保函前所提交的申请书或所签订的担保委托协议，担保行在向受益人作出支付后即有权向申请人追偿所付款项，或要求反担保人兑付反担保，或要求申请人筹措资金予以偿付，或扣划申请人在担保行的保证金、往来账户的存款，或变卖、变现申请人事先抵押的财物和有价证券（票据、债券等），或采取其他法律手段，完成对申请人的追索。

（六）保函的撤销

一般地，保函一经到期，即应失效，此后担保行将不再对任何可能发生的索赔负责，保函在此时即可注销，这为世界上绝大多数国家和银行所认同。然而，根据某些国家（如约旦、巴基斯坦、泰国等）的法律规定，在保函过期后的若干时日内（从3年、5年到60年不等），只要受益人提出索赔，担保人仍有义务受理并付款。因此，对于开往这些国家的保函，担保行和申请人应该在保函到期后立即设法从受益人处收回保函正本，从而使其丧失在将来可能提出索赔的依据，否则很可能因此而产生纠纷。

尽管独立保函是根据交易合同的有关条款及申请书开立的，但并不依附于基础交易合同，因此合同的失效（无论是因执行完毕还是因某种原因中途中止），并不意味着与此相关之保函的自动失效，只要保函尚未到期，担保将继续存在。根据独立担保的这一特点，申请人和担保行都应注意对保函的及时清理。保函在到期前注销的手段通常有以下两种：一是要求受益人在合同执行完毕后立即将保函正本退回；二是由受益人签署文件，明确放弃保函项下的一切权利，担保行有权凭此办理保函的撤销。此外，保函项下担保余额的全部支付也将意味着保函的完结，担保人也可据此办理撤保手续。

随着保函的撤销，担保行的担保职责即告解除，至此，保函业务的流程随之结束。

六、保函的有关当事人应注意的问题

（一）开立保函的申请人

1. 认真选择开立保函的银行

申请人一般首先应选择信誉较好、容易被受益人接受的银行开立保函，以确保整个业务能正常开展；其次，在受益人能接受开立行的情况下，选择收费较低廉、要求的保证金比例较低的银行作为开立行，以降低业务成本。

2. 认真填写开立保函的申请书

仔细阅读合同中的有关条款，根据合同的具体要求填写申请书，并正确计算保函的金额大小、效期长短，尽量做到准确无误。

3. 认真选择保函的开立方式

开立保函用直开还是转开，须根据合同或标书的有关规定、受益人的要求以及受益人所在国家或地区习惯做法和有关法律规定，选择对自己最为有利且能为受益人所接受的开立方式。

4. 认真选择保函的国外转递行、背书行、保兑行，特别是转开行

一般应从以下几个方面考虑：

（1）国外转开行与申请人的反担保行之间必须存在着代理行关系。若该两行间尚未建立起代理行关系，在未经第三者加保的情况下，转开行是很难接受对方要求，转开承担着很大经济责任和付款义务的保函的。因此，申请人应及时与自己的往来银行（反担保行）联系，在银行的帮助下作出选择，而不应在未征得银行同意前擅作主张，自行选择转开行，以免由于选择不当而造成整个业务机会的丧失。

（2）了解转开行是否有特殊要求。有的银行为了保护其自身利益，拟定了许多对申请人极为不利的反担保格式和条款，强制反担保人执行。因此，为避免和减少不必要的风险，在可能的情况下，应尽量避开那些具有较为苛刻规定的银行，而选择其他银行来办理保函的转开。

（3）了解转开行的资信情况、经营作风等，避免由于转开行信誉不佳，将来可能与受益人勾结而使申请人遭受损失，同时，也是为了保证交易所需的保函能及时签发，不致因转开行的刁难而使业务难以开展。

（4）了解转开行所收的费用的高低。保函项下的费用，从种类、费率到费用的计收方式，各个银行都有所不同，费率从 0.5% ~ 1.8% 各不相同，最

高者可达6%以上。有些银行除收取正常业务所发生的邮电费外，只收取担保费，而有些银行则除担保费外还要收取手续费、修改费等；有些国家由于税收上的规定，还要收取其所交纳的印花税，甚至包括其为境外反担保行所垫支的印花税；有部分银行在保函开出时即一次性收取直至保函效期终止时的全部费用，保函若办了延期则另行加收；有的银行甚至在保函终了后还要加收从保函到期日至受益人实际退回保函正本之间的逾期费用（Overdue Commission），等等。因此，申请人必须了解转开行所收费用的高低，预测业务的成本和利润，以便作出是否叙做业务的正确决策。

（二）对于开立保函的银行

1. 认真审核保函申请人的信誉，并根据具体情况，落实担保或抵押

对于开立保函的银行，保函实际上是其对保函项下受益人的或有债务，一旦符合保函要求的条件，该保函的出具行就承担了不可撤销的付款责任，随后将产生对申请人的追索，倘若申请人到时因资金短缺无力偿付，甚至发生破产倒闭，银行仍将面临垫付后无法获得相应补偿的风险。为了防止日后银行的资金损失，在授信审核上，银行开立保函应视同开立信用证一样来审核保函申请人的有关情况，了解其资信情况、履约能力、经营管理能力、财务状况、其年成交额、营运资金的占用情况、资产负债情况、资产的构成及流动资产在总资产中所占的比例等。通常出具保函的银行还将根据这些具体情况，要求申请人落实担保或提供抵押。在实务中，银行可以接受的反担保和抵押物一般主要可有以下几类：

（1）由其他银行或金融机构出具的反担保。在这种情况下，出具保函的银行必须审核反担保函中的各项责任条款，注意使其与担保行本身所出具的保函条款相吻合，反担保函的责任范围不能小于即将出具的保函、效期不能短于即将出具的保函等。

（2）由具有一定外汇收入和外汇资金来源的、资信可靠的商业团体、企业、公司或其他经济实体所提供的反担保。出具保函的银行必须了解这类企业的经营、信誉等情况。

（3）申请人自己的资金抵押，如现汇存款、定期存单、以申请人为收款人的汇票等有价证券。对于资金抵押，出具保函的银行必须注意抵押资金的币别最好与银行自身所出具的保函币别相一致，以防止可能出现的汇率变动风险。若使用与保函不同币别的资金作抵押，则最好通过叙做外汇买卖达到该抵押的保值目的，或也可根据对有关货币汇率变动趋势的预测，适当增加抵押比例。另外，还需注意审核申请人作为抵押的存单、汇票、本票等的到

期时间与所开立的保函效期之间的相互吻合。如有必要，还可要求申请人将这些有价证券背书转让给保函开立行所有，或要求申请人出具书面说明，明确表示其愿以自有资金或有价证券为保函提供抵押，并无条件地授权担保行在收到受益人的索赔后可动用该抵押对外支付，以便使银行获得对抵押品的或有使用权，防止日后担保行在需要支款对外赔付时无权动用，或遭到资金/证券所有人的反对和异议现象发生。对于在申请人以其定期存单作为抵押的情况下，出具保函的银行不仅要求申请人出函确认，还须经存款银行加签认可，允诺在保函失效或担保行撤销保函前，非经出具保函银行的书面同意，申请人不得办理存单的提前支取，否则对由此而产生的一切后果负责。

（4）申请人的财产抵押。以申请人的房地产、设备、库存商品及其他财产，特别是不动产，按一定的折扣率作抵押。

2. 认真审核申请书及委托担保协议书

由于保函是基于合同的要求而产生的，用以保证合同的一方去履行合同的某种义务，因此保函中的有关条件应与基础合同的有关内容和规定相吻合，只有这样，才能保证在保函项下申请人与受益人双方的正当权益都能得到保障，也使受益人乐于接受保函，从而保证保函业务的顺利进行。开立保函的银行必须结合有关合同、协议及标书的要求来审核申请书或担保委托协议的有关内容是否正确。如申请人、受益人的名称，保函的金额、效期，保函的开立方式，代理行的选择、项目名称，保函的类别等等，是否符合有关合同、协议或标书的规定，填写是否得当等，一旦发现问题，银行应立即与申请人联系，及时做出更改，并要求其在更改处签章认可。另外，对于申请书及委托担保协议书中责任的划分是否合理、是否明确，申请人所作出的偿付承诺是否明确清楚，是否与担保行对外签发的保函所承担的义务相吻合，等等，也必须加以注意。

3. 审查保函开立的方式及国外委托行

尽管保函开立的方式及国外委托行是由申请人选择的，但由于申请人对保函可能缺乏有关的专业知识，对国外银行的经营作风、资信情况也不够了解，因此，开立保函的银行，应该协助申请人选择保函开立的方式及国外委托行。

4. 审查保函的格式、条款和内容

保函格式、条款、内容体现了保函项下担保行所承担的职责和义务，以及责任范围的大小。不同的格式、条款、内容反映着担保行及申请人在每一类保函项下不同的风险程度和不同的赔付承诺。如无条件见索即付的格式无疑对受益人非常有利，而有条件的条款规定则能够保护申请人的正当权益免受信誉较差的受益人的无理索赔。保函格式、条款、内容措辞如何，规定的条件适当与否，对各有关当事人而言，意味着不同的后果和不同的利害关系。因此，在保函开立之前，对保函格式、条款、内容，出具保函的银行必须详加审查，决不可掉以轻心。否则，保函格式、条款、内容中的任何一个疏忽和纰漏都将可能给申请人或出具保函的银行本身带来意想不到的严重损失。

5. 注意及时回收保函正本

注意及时回收保函正本，以便释放申请人的保证金、抵押品或归还授信额度。

（三）受益人应注意的问题

受益人是保函项下权益的享有者，但在享有保函权益之前，必须按合同的规定完成一定的义务。因此，受益人对保函的开立行信誉、保函的主要条款、金额、有效期等也必须进行严格的审核；另一方面，由于到时出具保函银行的赔付还受所在国家或地区政治、经济等客观因素的影响，因此，对开立行所在该国家或地区的政治经济是否稳定、是否实行外汇管制等必须有足够的了解，并根据具体情况决定是否接受，或要求申请人采取防风险措施，如对出具的保函加具第三家银行的保兑等。

第二节 备用信用证

备用信用证（Stand - by Letter of Credit），是代表开证行对受益人承担一项义务的凭证。在履约备用信用证项下，开证行保证一项非款项支付的履约业务，包括对由于申请人在基础交易中不履约所致损失的赔偿；在预付款备用信用证项下，开证行保证申请人收到受益人预付款后，承担规定的义务；在投标备用信用证项下，开证行保证申请人中标后，执行合同规定的义务；在反担保备用信用证项下，开证行保证反担保备用信用证受益人所开立的另外的备用信用证或其他承诺；融资备用信用证项下，开证行保证申请人承担付款义务，包括保证申请人承担对借款的偿还义务；直接付款备用信用证，开证行保证一项基础付款义务，特别是与融资备用信用证有关的基础付款义务的到期付款，而不论是否涉及违约；保险备用信用证，开证行保证申请人承担保险或再保险义务；商业备用信用证，在申请人未以其他方式对货物或服务作出支付时，保证申请人承担付款义务。因此，备用信用证有时被称为担保信用证（Guarantee L/C）、商业票据信用证（Commercial Paper L/C）、履约及投标信用证（Performance and Bid Bond L/C）。

一、备用信用证的产生和使用

备用信用证当初产生的原因是美国法律不允许商业银行开立保函，商业银行就用备用信用证来代替保函的一种变通的做法，并仅在美国的商业银行用于其国内的保证业务，后来由于其用途较为广泛、各国家对其管制较为宽松才逐渐盛行世界。

备用信用证是一种特殊形式的信用证，可以被用于投标、履约、还款、预付、赊销等业务。如只要 A 对 B 承担了义务，而 B 认为仅有 A 方履行义务的承诺尚不够安全时，A 可以请银行介入进来，通过开立备用信用证的方式，向 B 作出承诺，若 A（信用证申请人）未能按时履约、偿还货款或支付货款等，B（备用信用证的受益人）可凭备用信用证向开证行要求付款。因此，从贸易结算的整个过程看，申请人的付款是第一性的，开证行的付款是第二性的。备用信用证对受益人来说是用于在开证申请人违约时取得补偿的一种方式，如果申请人按期履行合同规定的义务和责任，受益人就无须要求开证行在备用信用证项下支付任何货款和赔款，这也是名副其实的“备用”的由来。当然，B 向开证行索款是有条件的，即如一般信用证的索款要求做到“单证相符”，开证行在收到汇票及信用证规定的单据后，若“单证相符”，必须付款，并根据国际惯例，仅仅对单据的“表面”负责，对单据的真实性、完整性、受益人究竟是否履约不负责任。

在实务中，亦有极少数备用信用证尽管名称为“备用信用证”，但开证行通过条款规定自身负“第一性付款责任”，即开证行不以申请人未付款或违约为条件，只要“单证相符”则行付款之责。因而，此类信用证的实质仍然是普通信用证，其操作也与一般信用证无异。

二、备用信用证的性质及特点

根据《国际备用信用证惯例》（International Standby Practices，简称 ISP98），备用信用证在开立后即是一个不可撤销的、独立的、跟单的及具有约束力的承诺，因此，备用信用证具有以下特点：

（1）除非在备用信用证中另有规定，或经双方当事人同意，开证人不得修改或撤销其在该备用信用证项下的义务。

（2）备用信用证项下开证行义务的履行并不取决于开证行从申请人那里获得偿付的权利和能力、受益人从申请人那里获得付款的权利，也不取决于在备用信用证中对任何偿付协议或基础交易的援引，或开证行本身对任何偿付协议或基础交易的履约或违约的了解与否。

（3）备用信用证和修改在开立后即具有约束力，无论申请人是否授权开立，开证行是否收取了费用，或受益人是否收到或因信赖备用信用证或修改而采取了行动，对开证行都是有强制性的。

三、备用信用证的内容

备用信用证的内容与跟单信用证相似，只是对单据的要求远比跟单信用证简单，其内容一般包括：

（1）开证行名称；

（2）开证日期；

（3）开证申请人名称、地址；

（4）受益人名称、地址；

（5）声明不可撤销的性质；

（6）备用信用证的金额、使用的货币；

（7）对单据的要求；

（8）备用信用证的到期日（有效期）；

（9）保证文句；

（10）表明适用的惯例等。

以下为两种常见的备用信用证实例：

例一：进出口贸易项下的备用信用证

备用信用证

我行兹开立号码为×××、金额为×××、以ABC为受益人、以DEF为申请人、有效期为×××的备用信用证。

在本备用信用证项下，我行将凭议付行的加押电传或SWIFT付款，同时请提交受益人的声明，该声明内容为开证申请人未履行×××合同号项下的付款。

当收到与本备用信用证条款及条件相符的单据后，我行将按你方指示付款。

本信用证根据《跟单信用证统一惯例》（1993年版），国际商会第500号出版物开立。

(We open our irrevocable Standby Letter of Credit no…in favour of ABC for account of DEF for amount… expire date…

This standby Letter of Credit is available against presentation of negotiating bank's tested telex or SWIFT to us accompanied by beneficiary's signed statement stating that the applicant did not effect payment under the contract no…

Upon receipt of the documents drawn in compliance with terms and conditions of this standby

Letter of Credit, we shall remit the proceeds to you in accordance with your instruction.

This standby Letter of Credit is subject to uniform customs and practice for documentary credit (1993 revision), ICC publication.

例二：保证申请人偿还贷款的备用信用证

备用信用证

应____（下称“申请人”）要求，我行兹开立以你方为受益人的第____号，担保金额为____美元（即贷款本金及利息的110%），用以保证申请人在与你方第____号贷款合同项下即期或将来的还款责任。

在本备用信用证项下，我行将凭你方提交的加押电传付款，同时，你方还应提交经你方签署的载明该索赔代表并包括了你行给予申请人贷款安排下未清偿的债务的声明。

当收到与本备用信用证规定相符的单据后，我行将在7个银行的工作日内，根据你方指示汇付索赔金额。

在你方计算索赔金额时，汇率适用索赔当日中国银行公布的美元买入价。

本备用信用证允许分批索赔。

本备用信用证的效期至____。（贷款到期后6个月），并须在该日期前提交至××银行。

本信用证根据《跟单信用证统一惯例》(1993年版)，国际商会第500号出版物开立。

(At the request of ____ (hereunder referred to as "the applicant"), we hereby issue our irrevocable standby letter of credit no. ____ in your favour for the amount of USD ____ (110% of the principal amount plus the accrued interest) which are or may become payable to you by the applicant under the loan agreement no. ____ between you and the applicant.

This standby Letter of Credit is available against presentation of your tested telex to us accompanied by your signed statement stating that the amount of such claim (s) presents and covers the unpaid balance of indebtedness in connection with your granting loan facility to the applicant.

Upon receipt of the documents drawn in compliance with terms and conditions of this standby Letter of Credit, we shall, within seven banking business days, remit the proceeds to you in accordance with your instruction.

The buying rate of U. S. Dollars to Renminbi quoted by BANK OF CHINA on the date of your drawing shall be used for the calculation of your drawing amount.

Partial drawings are acceptable.

This standby Letter of Credit will expire on ____ (six months after the due date of the loan agreement) at the counter of ×××BANK.

This standby Letter of Credit is subject to uniform customs and practice for documentary credit (1993 revision), ICC publication).

由于备用信用证亦根据《跟单信用证统一惯例》开立，因此有关各方的义务及责任、具体操作流程等与一般信用证相似，这里不再一一赘述。

四、备用信用证与保函的区别

备用信用证与银行保函同样可以在开证申请人违约时使用，因此，一些学者把它归类在保函范畴，但实际上二者仍有较大的区别：

（一）适用的国际惯例不同

备用信用证早已被国际商会归类为跟单信用证，适用于《跟单信用证统一惯例》，而银行保函则不受该惯例约束，而且由于保函的复杂性，至今国际上仍未能形成一个被银行界、贸易界公认的保函惯例，尽管有部分保函选择适用《见索即付保函统一规则》或《合同担保统一规则》，但其使用和为当事人的认知程度均不具有广泛性。

（二）付款依据有所不同

备用信用证的开证行处理的仅仅是单据，付款的依据是单据表面与备用信用证规定的条款的一致性，只要受益人做到"单证相符"，就必须对其付款，与开证申请人和受益人之间的合同无关，并且开证行一旦付款，对受益人没有追索权；而保函项下，情况较为复杂，当受益人向开立保函的银行提交申请人的违约文件并要求银行付款时，银行是否付款须视保函的具体条款而定，即"单证相符"并不是保函开立行付款的唯一条件。如有的保函规定，银行必须证实申请人未能履行合同的情况，在这种情形下，银行必须仔细研究合同的条款，如遇合同双方当事人意见不一，银行还将被卷入合同纠纷、贸易纠纷中。

（三）主要内容有时不同，备用信用证具有"备用"性质

备用信用证常常被用于普通贸易中一笔具体结算，开立的条款较为简单，并明显具有"备用"特征。一般地，备用信用证具有"备用"（Standby）的性质，受益人之所以要求申请人通过银行出具备用信用证而非普通的信用证，其目的往往是为了能在申请人的商业信用之外加上银行信用的保护，以防申请人不履行其付款义务时，能通过动用这种备用信用证来保护自身的权益不受到损害。因此，从受益人首先向谁要求付款的顺序而言，受益人首先是要求申请人付款，只有在申请人不愿付款或无力支付时受益人才会考虑动用备用信用证要求开证行付款，或根据开证行的指示向其指定偿付行索款。在这种情况下，合同本身的支付条款一般仅仅规定为汇款、托收等商业信用的支付形式，备用信用证只是作为一种额外的担保而已。因而，备用信用证明显

带有“第二性”付款责任的性质。在实务中，也有受益人为图方便，未按照信用证条款首先向申请人要求付款，而直接首先向开证行要求付款，尽管也能收妥款项，但这种操作顺序违反了申请人的意图，于今后双方的合作是不利的。而在保函项下，开立的条款一般较备用信用证复杂，银行的付款在整个过程中可以是“第一性”，也可以是“第二性”，需根据具体情况加以确定。

第三节 资信证明

一、资信证明的概念和作用

资信证明（Credit Report、Letter of Credit），是指对某一企业的资信情况作出的一种证明。资信证明类似保函，当贸易一方对另一方是否具有履行某种合同义务的能力存在疑虑和担忧时，就希望对方通过银行出具资信证明，了解对方的经营范围、规模、信誉等情况，以打消自己的疑虑。在实务中，有些信用证的开证行干脆把银行出具的资信证明作为受益人必须提供的单据之一。

资信证明的主要作用是通过银行出具资信证明，能使贸易双方增进了解，以便把握贸易中的风险。

二、银行出具资信证明的业务流程

企业向银行的国际结算部提交申请书→银行的国际结算部填写“内部审批表”后交公司业务部审批同意→国际结算部向企业出具。

三、企业申请办理资信证明的注意事项

(1) 企业应在自己的账户行申请办理资信证明，若企业不在A银行开户，由于A银行缺乏对该企业的了解，则一般不愿意为该企业出具资信证明。

(2) 应向出具行提交办理资信证明的申请书。

(3) 提供需出具的资信证明的主要内容。资信证明的内容一般较为简单，银行不一定能完全按公司提供的内容出具，特别是当企业要求证明其在银行有一定数量的定期、活期存款时，由于企业在银行的存款可根据需要随时提取，取款是自由的、不受银行的控制，因此，对于这类要求，银行很难满足。

(4) 资信证明一般均载有银行自身的免责任条款。

四、常见的资信证明格式

中文格式：

资信证明

“某某公司为我行基本户，长期以来与我行保持良好的合作关系，经营正常，信誉较好。

上述情况仅供参考，中国银行及员工对资信证明内容不承担任何责任。”

中国银行×××分行

（有权签字人签字）

英文：

TO：××× BANK

ATTN：CREDIT REPORT

LETTER OF CREDIT

TO WHOM IT MAY CONCERN：

WE，BANK OF CHINA CHANGZHOU BR HEREBY REPORT：

×××××CO，LTD IS OUR BASIS CUSTOMER AND MAINTAINS A FAVOURABLE COOPERATION RELATIONSHIP WITH OUR BANK FOR A LONG TIME THE MANAGEMENT IS NORMAL AND THE CREDIT IS FAIRLY GOOD.

ABOVE INFORMATION IS GIVEN IN STRICT CONFIDENCE AND WITHOUT ANY RESPONSIBILITY ON OUR BANK OR ITS OFFICES.

FOR BANK OF CHINA CHANGZHOU BRANCH

（AUTHORIZED SIGNATURE）

第四节　保函业务收费标准

以下为某银行公示的保函业务收费标准。

某银行公示的保函业务收费标准

业务类别	收费项目	收费标准
1. 保函（含备用信用证）	融资类保函	比照银行同期贷款利率减半执行，最低1 000元/季
	飞机租赁保函	0.75‰～1‰/季
	其他租赁保函	0.5‰～2‰/季，最低1 000元/季

续表

业务类别	收费项目	收费标准
1. 保函（含备用信用证）	补偿贸易保函	1.25‰/季，最低500元/季
	付款保函	1.5‰/季，最低500元/季，效期超过一季的，担保费率每季递增0.5‰
	投标保函	0.5‰/季，最低500元/季
	履约保函	1‰/季，最低500元/季
	预付款保函	1‰/季，最低500元/季
	加工贸易税款保付保函	2‰/季，最低500元/季
	一般关税保函	2‰/季，最低500元/季
	留置金保函	1‰/季，最低500元/季
	质量保函	1‰/季，最低500元/季
	维修保函	1‰/季，最低500元/季
	海事保函	1‰/季，最低500元/季
	其他类保函	0.5‰~2‰/季，最低500元/季
	为代理行转开保函	3‰/季，最低500元/季
	为海外联行转开保函	1.5‰/季，最低500元/季
	修改	200元/笔
	通知	200元/笔
	注销	200元/笔
	代理索赔	索赔金额的1‰，最低1 000元/笔，最高5 000元/笔
2. 资信证明	资信证明	500元/笔
	出具各类保函承诺函	1000元/笔
	出具保函收费情况证明函	500元/笔
3. 工程招投标项下信贷证明	有条件信贷证明	500~1000元/笔
	无条件信贷证明	信贷证明金额的0.5‰~2‰，最低500元/笔

续表

业务类别	收费项目	收费标准
4. 加工贸易保证金台账开设	加工贸易保证金台账开设	每笔100元
5. 其他	代审保函（咨询）	500元/笔
	代核/查保函真实性	300元/笔
	代理询价	500元/单，保函金额500万美元以上免收

本章小结

本章着重阐述了国际贸易中的另一种结算方式“保函”，并讲解了作为备用的“备用信用证”和开证行出具的企业“资信证明”。银行保函同上一章讲的信用证相比较，主要的共同点是：同属逆汇结算形式，都是以银行为中介人，通过银行信用业务去兑现商业信用；同时，它们都能在国际贸易中依靠银行吸收和集中社会闲置资本、联系面广与信息灵通的优势，为经贸双方提供支付保障、融通资金和避免经营风险的服务。但是，保函和信用证这两种结算方式也具有不同的特点：其一，从信用担保的适用范围看，保函远远超过信用证。保函不仅同信用证一样，适用于一般商业贸易，而且还适用于广泛的经济交往，如基建投标、工程承包、劳务承包、加工贸易、补偿贸易、现代运输工具租赁、合同标的物质量、海关税款减免和惩罚，以及预防海事和合同纠纷等。其二，从国际惯例看，由于保函使用的多样性、复杂性，它不像信用证那样有较为通行的国际惯例可以遵循，而保函业务至今尚未形成一个被贸易和金融界公认的国际惯例。其三，从银行兑现付款的规则看，信用证是独立文件，只要其“单证相符”，即当事人提交的单据与信用证在文面上相符，银行就承担付款责任，而不问与单据相关的货物实际上是多少和质量如何。相反，“单证相符”不是保函兑付的唯一条件。有的保函涉及履行贸易合同条款，当事人除了要做到“单函相符”外，还必须做到“单实相符”。其四，从格式和内容看，由于经济交易的范围不同、种类不同和有关国家或地区的习惯做法不同，因此保函的格式和内容不如信用证统一规范，而具有多元化的特征。正因为保函具有不同于信用证的以上特点，银行在开展保函信用业务中，更应注意安全性，规避经营中的风险，保证资金运行的安全。

银行资金绝大部分来自负债和借款，如保函项下的条款被架空，多种付款得不到相应补偿，风险得不到化解，银行自身的安全和生存就会受到严重影响。因此，一定要仔细研读本章所阐明的各类保函的特点与要求，保函有关当事人应承担的责任与义务，缮制保函不可或缺的基本内容与格式，以及规避风险的办法，等等；同时，将这些书本上的东西付诸实践，并在实践中不断总结新做法、新经验，这样才能把保函这项信用业务做实做好，在保证金融安全的基础上，加速资金周转，不断提高赢利水平。

思考与实训

1. 保函的特点和作用？
2. 保函与信用证两种结算方式的相同点和不同点？
3. 备用信用证的性质和特点？
4. 资信证明的作用及办理时应注意的事项？

第六章　国内信用证

关键术语： 国内信用证

学习目标： 了解国内信用证的含义和特点，以及与国际信用证的区别，掌握国内信用证业务的操作流程、基本内容及格式。

国内信用证是一种新兴的国内结算业务品种，由于目前人民币还不是可自由兑换货币，仅仅在我国国内使用，因此，以人民币为货币币种的国内信用证也称为人民币信用证。考虑到人民币信用证与国际贸易中使用的信用证有许多类似之处，传统上，又归属国际结算部门管理和操作，因此，仍然将其纳入以国际结算为主要内容的本书。当然，在不久的将来，当人民币走向世界，成为可自由兑换货币时，人民币信用证完全有可能超出国内结算的范围，而作为国际结算方式的一种。

第一节　国内信用证的产生、含义及特点

一、国内信用证的产生

国内信用证结算方式产生于我国20世纪90年代后期经济处于快速发展期间，当时由于种种原因，国内信用制度尚不健全，一方面，企业之间存在着大量的“三角债”，相互的拖欠现象十分严重；另一方面，各国有银行内部的“条线”监控较为严格，对人民币贷款、承兑汇票继续沿用了计划经济时代的做法，实行“规模”控制（如有的银行规定银行承兑汇票总量不得超过上年新增贷款总量的5%），而由于银行承兑汇票由银行出具，信誉好，企业不需支付利息，仅仅支付较少的手续费（通常为票面金额的万分之五），企业的融资成本很低，因此，很受企业的欢迎。这样便出现了银行承兑汇票的“规模”控制与企业大量需求不相适应的“供需”的矛盾，各银行的承兑汇票通常供不应求，在这种情况下，收费低、信誉好、不受银行承兑汇票的“规模”控制的、有类似银行承兑汇票作用的结算业务新品——国内信用证便应运而生。

但是，从国内信用证的实践结果看，由于企业的商业信用仍然不尽如人意，又因为货物在国内运输，而运输单据不是物权凭证，银行难以掌握货物的物权等，因此银行面临的风险远远较国际贸易项下的信用证大。鉴于这种情况，自国内信用证产生以来，并未得到迅速发展。许多银行对国内信用证仍然处于“观望”阶段，目前，只有国内的中国银行办理该项业务。

二、国内信用证的含义与特点

（一）国内信用证的含义

为了把国内信用证（人民币信用证）纳入规范化的轨道，中国人民银行1997年8月1日颁布和实施了《国内信用证结算办法》。根据这一办法，国内信用证，是指开证行依照申请人的申请开立的，以人民币为付款货币的，凭符合信用证条款的单据支付的付款承诺。

（二）国内信用证的特点

国内信用证也具有与国际信用证类似的、最基本的以下三个特点：

（1）国内信用证与作为其依据的购销合同相互独立，银行在处理信用证业务时，不受购销合同的约束。

（2）银行作出的付款、议付或履行信用证项下其他义务的承诺不受申请人与开证行、申请人与受益人之间关系的制约。受益人在任何情况下，不得利用银行之间或申请人与开证行之间的契约关系。

（3）在国内信用证结算中，各有关当事人处理的只是单据，而不是与单据有关的货物及劳务。

（三）国内信用证与国际信用证的区别

国内信用证与国际信用证的主要区别见下表（国际信用证依据UCP600）：

国内信用证与国际信用证的主要区别

项目	国际信用证	国内人民币信用证
1. 处理业务的依据	国际惯例	《国内信用证结算办法》
2. 开立方式	函、电均可	一般用电报方式
3. 开立使用语言	无规定	中文
4. 信用证是否可转让	可转让	不可转让
5. 使用币种	买卖方认可的任何货币	人民币

续表

项目	国际信用证	国内人民币信用证
6. 有效期、付款期	无规定	不超过 180 天
7. 是否需要贸易背景	无规定	需要有贸易背景
8. 是否限制系统内办理	没有限制	限制在中国银行系统内办理
9. 保证金规定	无规定	不低于 20%
10. 信用证无交单规定时，应计天数	装运日后 21 天	装运日后 15 天
11. 单据要求	无规定	至少包括发票、运输单据
12. 收费标准	各银行自定	有统一的收费标准

第二节 国内信用证的基本内容与格式

一、国内信用证的基本内容

国内信用证的基本内容与国际信用证类似，主要有以下几个方面：

（1）开证行名称及地址。

（2）开证日期。

（3）信用证编号。

（4）信用证的种类。

①国内信用证属于不可撤销、不可转让的信用证；

②根据付款期限的不同，可以是即期付款信用证，也可以是延期付款信用证，但这两种方式不能同时规定于同一份信用证；

③根据开证行是否对延期付款信用证指定受益人开户行办理议付，国内信用证可以是议付信用证，也可以是非议付信用证。

（5）开证申请人的名称及地址。

（6）受益人的名称及地址。

（7）通知行名称及地址。

（8）有效期和有效地点。

（9）交单期。

（10）以人民币表示的信用证的金额。
（11）付款方式。
（12）运输方式。
（13）起运地和目的地。
（14）最迟发运日期。
（15）是否允许分批装运和转运。
（16）货物描述，包括名称、数量、价格、规格等。
（17）对单据的要求，包括单据的种类和内容。
（18）开证行的保证文句。
（19）开证行有权签字、盖章或密押。

二、国内信用证的格式

常见的国内人民币信用证样式如下：

中国银行

信用证（正本）

开证日期　　　年　月　日

<table>
<tr><td rowspan="4">开证申请人</td><td>全称</td><td></td><td rowspan="4">受益人</td><td>全称</td><td></td></tr>
<tr><td>地址、邮编</td><td></td><td>地址、邮编</td><td></td></tr>
<tr><td>账号</td><td></td><td>账号</td><td></td></tr>
<tr><td>开户行</td><td></td><td>开户行</td><td></td></tr>
<tr><td colspan="2">开证金额</td><td colspan="4">人民币（大写）</td></tr>
<tr><td colspan="2">有效日期及有效地点</td><td colspan="4"></td></tr>
<tr><td colspan="2">通知行名称及行号</td><td colspan="4"></td></tr>
</table>

运输方式：　　　　　　　　　　　　　交单期：

分批装运：允许□　不允许□　　　　　付款方式：即期付款□　延期付款□　议付□

转运：允许□　不允许□　　　　　　　议付行地址名称、地址及行号：

货物运输起止：自________至________

最迟装运日期：________年________月________日　　　付款期限：即期□

货物描述：

受益人应提交的单据：

其他条款：

本信用证依据中国人民银行《国内信用证结算办法》和申请人的开证申请书开立。本信用证为不可撤销信用证、不可转让信用证。我行保证在收到单证相符的单据后，履行付款责任。如信用证系议付信用证，受益人开户行应将每次提交单据的情况背书记录在正本信用证背面。

开证行地址及邮编：

电传：

电话：

传真：　　　　　　　　编押：　　　　　　　　开证行签章：

注：1. 信开信用证一式四联。第一联副本，第二联正本，第三联、第四联开证通知。

2. 电开信用证一式两联，第一联副本，第二联开证通知。

3. 货物描述、提交的单据等按开证申请人记载。

正本信用证背面

议付或付款日期	业务编号	增/减	议付或付款金额	信用证余额	议付行或开证行签章

第三节　国内信用证业务的操作流程与注意事项

一、国内信用证的操作流程

国内人民币信用证可以分为即期付款信用证、延期付款信用证及议付信用证。其中，较为常见的为延期付款信用证，它是开证行收到与信用证相符的单据后，根据信用证规定的延期付款期（一般从运输单据显示的装运日起算），确定在将来某日承担付款责任的信用证，与即期付款信用证十分类似，区别仅仅在于它的付款不是“立即的”，而是未来的某日；议付信用证是开证行指定受益人开户行向受益人议付货款的一种延期付款信用证。以上三种信用证的操作流程大体相仿，现以延期付款信用证为例进行具体说明：

（1）买卖双方购销签订合同，明确使用延期付款信用证支付货款，并确定具体的付款期限。

（2）作为开证申请人的买方向开户行申请开立人民币信用证。

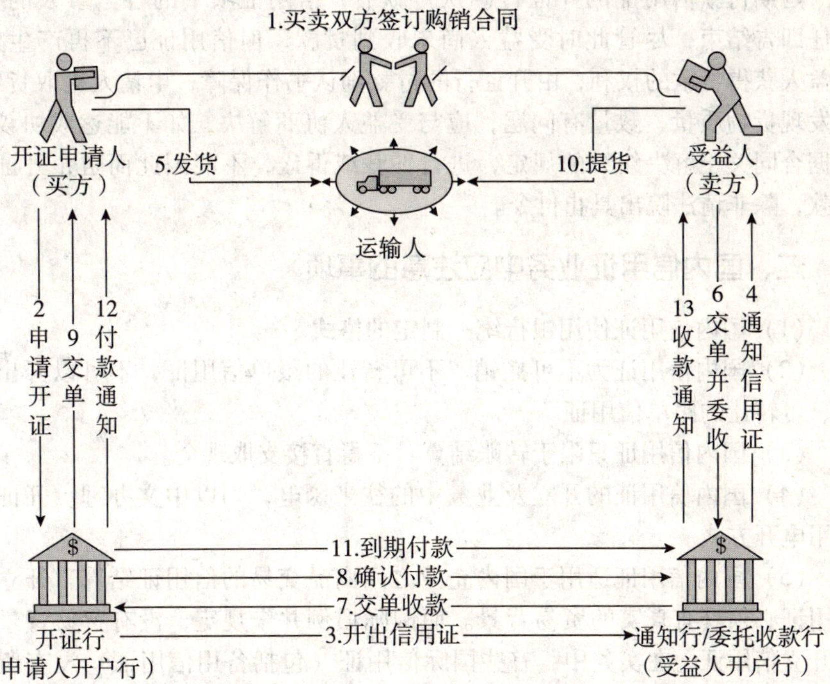

（3）开证行根据开证申请人的开证申请书开立信用证并寄送通知行。

（4）通知行在核对信用证的印押后，将信用证通知受益人。

（5）受益人按信用证的要求委托运输公司运送货物。

（6）受益人发货后向其开户行提交单据及信用证正本，并委托开户行向开证行收款。

（7）受益人开户行作为委托收款行向开证行交单并追索货款。

（8）开证行收到委托行交来的单据后，经审核，若单证相符，或在有不符点的情况下申请人愿意接受，则向委托行发送到期付款确认书（在即期付款项下，对信用证项下的合格单据予以付款）。

（9）开证行将单据交给申请人以便申请人及时提取货物。

（10）开证申请人收到单据后，向运输公司提交提货凭证，提取货物。

（11）开证行于付款确认书中的到期日向委托行付款。

（12）开证行付款后向申请人发送付款通知书，以便申请人作账户处理。

（13）委托行收到开证行的货款后，将该款项入受益人的账户。对于信用证项下的受益人的应收款项，委托行在收到后只能办理转账，不得为受益人支取现金。

延期付款信用证的开证行确认付款后，信用证项下的各当事人的义务、责任即告结束，尽管此时受益人尚未收到货款，但信用证已不再产生效力，受益人获得货款的权利，由开证行的付款确认书作保障；申请人提取货物后，若发现货物质量、数量有问题，应与受益人协商解决，如不能达成协议，可根据合同关于解决纠纷的规定，进行仲裁或诉讼，不能因此而阻止开证行的付款，除非请法院出具止付令。

二、国内信用证业务中应注意的事项

（1）国内信用证使用银行统一制定的格式。

（2）国内信用证为不可撤销、不可转让的跟单信用证，不可以开出可撤销、可转让的跟单信用证。

（3）国内信用证只限于转账结算，不得直接支取现金。

（4）国内信用证的开立及业务中的往来函电，均以中文办理。开证统一采用电开方式。

（5）国内信用证适用于国内企业之间商品交易的信用证结算，开立国内信用证必须具有真实的贸易背景。而国际惯例并未规定，没有贸易背景就不能开立信用证，在实务中，有些国际信用证（包括备用信用证）没有贸易背景，仅仅是融资背景等。当然，在我国，各银行开立无贸易背景的国际信用证将受到严格的审查和控制。

（6）国内信用证必须以人民币计价，根据国家外汇管理局有关规定，国内企业之间的计价、结算不得使用外币，因此，开立的国内信用证只能以人民币为结算货币。

（7）国内信用证有效期最长不得超过 180 天，延期付款信用证的付款期限最长不得超过 180 天，不似国际信用证，没有付款期限和最长有效期的限制。

（8）目前，国内信用证业务暂时在中国银行本系统内分支机构之间办理，其他银行尚未正式开办，因此，须注意开证行和委托收款行（议付行）是否为同一中国银行系统内。

（9）根据中国人民银行的《国内信用证结算办法》，开证申请人须交纳不低于开证金额 20% 的保证金（有的银行提高了此标准，规定为不低于开证金额的 25% 作保证金），开证行可根据申请人的资信情况，要求其提供抵押、质押或由其他金融机构出具的保函。

（10）应规定交单期，未规定该期限的，装运日后 15 天为交单期（不含装运日）。

（11）单据条款必须注明据以付款或议付的单据，至少包括发票、运输单据或货物收据。

（12）开证行、议付行必须在受理的次日起5个营业日内审核信用证规定的单据，以确定单据表面是否与信用证条款相符，并决定是否付款、议付或确认付款日。

第四节 国内信用证业务收费标准

以下为某银行公示的国内信用证业务收费标准：

某银行公示的国内信用证业务收费标准

收费项目	收费标准
开证	开证金额的1.5‰，最低300元（加收邮电费），效期3个月以上者每3个月增收0.5‰，收足全额保证金者除外
修改 1. 增额 2. 效期 3. 其他修改	1. 增加金额的1.5‰，最低100元（加收邮电费），不另收修改手续费。 2. 3个月以上每3个月增收0.5‰，增收部分按信用证余额收取，最低100元/笔。收足全额保证金除外，按其他修改手续费100元/笔收取。 3. 100元/笔（加收邮电费）
通知	100元
修改通知	50元
议付	议付单据金额的1‰，最低100元
寄单	20元（单据邮寄费用按实收取）
验单	200元
不符点处理	450元
撤销	100元（加收邮电费）
付款	按照电子汇划费标准收取
开证行付款确认	延期付款信用证项下开证行付款金额的0.5‰，按月收取，最低150元

本章小结

国内信用证在目前仅是国内贸易结算的一种方式。随着我国对外开放的扩大和深化，人民币国际信誉的提高，现在一些周边国家已开始使用人民币对我国进行贸易结算。由此看来，人民币走向世界，成为可以自由兑换的货币将是今后国际贸易发展的趋势。那时，国内信用证将随之走向世界，很可能成为国际上通行的结算方式。所以，目前在中国银行系统使用的国内信用证，既为国内贸易提供了银行信用和金融服务，又是为今后人民币走向世界的一种“操练”与准备。本章遵循中国人民银行颁布和实施的《国内信用证结算办法》的精神，系统阐述了国内信用证的产生、含义与特点，国内信用证的基本内容与格式，国内信用证业务的操作流程与注意事项等问题。对这些问题要认真研读，并注意总结国内信用证实践中的经验，使这项新兴业务得到健康发展。

思考与实训

1. 国内信用证的含义和特点？
2. 国内信用证与国际信用证的区别？
3. 国内信用证的操作流程？
4. 国内信用证的基本内容？

第七章　国际结算中的单据

关键术语：金融单据　商业单据　运输单据　保险单据　第三方出具的单据

学习目标：了解单据的作用、种类和处理原则，掌握各种单据的主要内容、制作要点，以及在国际贸易中的作用。

在跟单信用证业务中，信用证中有关业务处理的是单据，而不是货物；在跟单托收业务中，可以说进出口方也是以凭单付款的原则做买卖。因此，单据在国际结算中十分重要。

第一节　概述

一、单据的作用

跟单信用证的特点之一是单据买卖，即信用证一旦开立，有关方脱离与跟单信用证有关的货物、劳务等，而以信用证规定的单据作为其买卖交易的对象。因此，单据的作用表现为以下几个方面：

（一）收/付款依据

1. 对受益人

在信用证业务中，开证行凭以付款的唯一条件是“单证相符”，因此，受益人只要提交了与信用证规定一致的单据，即可取得货款。从这个意义上而言，单据是受益人的收款依据。

2. 对开证行

信用证中规定的单据是开证行的付款依据。只要收到的单据符合信用证条款规定，即使实际装运的货物存在问题，开证行也必须向受益人履行其付款的义务和责任。另外，对开证行来说，单据也关系到它的自身利益，它开立信用证即是以其银行信用替代开证申请人的商业信用，也是替代受益人承担申请人的信用风险。为此，开证行在开证时，除要求申请人提供某种抵押外，一般都还要求申请人承诺将单据及所代表的货物作为银行的抵押担保。一旦他未能从申请人处获得补偿，便可作留置单据，必要时处置单据项下的货物。在空运、陆运的情况下，有的开证行往往在开证时，通过控制运输单据抬头的做法来达到控制物权的目的。

3. 对申请人

尽管信用证是银行对受益人的付款承诺，银行负第一性付款责任，但开证行是应申请人的申请和要求而开立信用证的，开证申请书实质上是它与开证行签订的“代理付款”合同。根据该合同，开证行只是它的付款代理，而它才是应负付款责任的最终付款人。申请人一旦收到开证行的赎单通知，并且单证相符，他就应立即向开证行偿还垫付款。换言之，申请人未提取货物前就须见单付款。也因为这个原因，在实务中，申请人往往费尽心思在单据上做“文章”，以图通过单据，尽可能地控制受益人所交的货物符合买卖合同中的规定。

4. 对议付行或指定银行

对于议付行或指定银行，与信用证条款规定相符的单据是它们凭以从开证行（或保兑行）取得偿付的依据。只要“单证相符”，议付行或指定银行就能顺利得到偿付。

（二）履约证明

在信用证中，作为出口方的受益人，必须根据信用证条款规定履行发货、检验、办理保险、寄样等职责，但如何来体现它已经履约了呢？只有通过提交与信用证规定相符的单据来证明它已经按要求做到了。如提交运输单据表明受益人已出运了货物，提交保险单表明受益人已办理了保险，提交有关检验证表明受益人已作了规定的检验，等等。因此，单据是受益人的履约证明。

（三）物权凭证

信用证的申请人凭单付款，一方面是因为单据体现了受益人执行信用证条款的情况，它可以通过单据判断受益人的行为是否符合要求；另一方面是因为单据中往往有凭以提货的物权凭证（提单），得到了单据等于取得了货物。而对开证行来说，控制了单据即等于控制了物权。

（四）取得融资的手段

由于单据能代表持有者对货物的权利，它对办理融资的银行而言，相当于一定的抵押物，可降低承担的风险，因此，受益人还可凭相符的单据轻而易举地从银行取得各种融资。

二、单据的种类

单据按性质不同，大体可分为以下几类：

（一）金融单据

金融单据（Financial Documents），是指含有票据性质的单据，如常见的汇票、支票、本票等。

（二）商业单据

商业单据（Commercial Documents），是指由出口方受益人出具的单据，如常见的商业发票、装箱单等。

（三）运输单据

运输单据（Transport Documents），是指由运输公司出具的单据，如海洋运输提单，租船合约提单，联合运输提单，运输行提单，公路、铁路或内河运输单据，航空运输提单，专递或邮政收据，等等。

（四）保险单据

保险单据（Insurance Documents），是指由保险公司出具的单据，如保险单（Insurance Policy）、保险证明（Insurance Certificate）和暂保单（Cover Note）等。

（五）政府部门或其他独立的第三方出具的单据

信用证除了要求受益人提供发票、提单、装箱单、保险单等“常规”单据外，通常还会规定要求提供除受益人、申请人以外的“第三方”单据，如商检部门出具的检验证明、中国国际贸易促进委员会出具的产地证明、外经局出具的许可证等。

三、处理单据的原则

由于在信用证中，单据有着无可比拟的重要性，因此，信用证的有关当事人十分注重对单据的处理。但由于有关各方并不是同一国家或地区，环境、习惯甚至思维方式不同，因而，在处理同样的单据时，会有不同的理解和判断，如某信用证规定“所有装运单据必须表明信用证号码……”（All shipping documents must be quoted L/C no…），这里的“装运单据”（shipping documents）究竟包含哪些单据？根据实际调查，不同的国家对之的理解不一：在日本一些银行，“装运单据”是指除了汇票以外的所有单据，不仅仅是指发票、提单、装箱单、保险单等“常规”单据，还包括受益人证明、船公司证明等一些与货物本身联系并不十分密切的证明类单据；在孟加拉国一些银行，“装运单据”被理解为仅包含发票、提单、保险单等重要的“常规”单据；在个别国家，“装运单据”又被解释为“一切单据”（All documents），如此等等，不一而足。当然，处于不同的地位，处理单据时的态度和方法也有差异：当处于受益人或议付行的地位时，为了顺利收回货款或得到开证行的偿付，防止开证行或保兑行的挑剔，一般在制单或审单时，执行单据和信用证必须坚持“严格相符”的标准，在上例中，将“装运单据”理解为“一切单据”较妥当，即信用证号码必须在所有单据上显示出来；但当处于开证行的地位时，为了维护自身的良好信誉，应执行单据和信用证必须“实质相符”的标准。上例中，将“装运单据”理解为“主要单据”也可以，即信用证号码只要在“与装运有关的单据”如提单、保险单上显示就可以，不适宜以“受益人证明没有显示信用证号码”（Beneficiary's certificate not showing L/C no）等类似理由为借口而拒付。

为了减少各当事人在处理信用证项下单据的纠纷，尽可能统一认识和做法。《跟单信用证统一惯例》（国际商会第500号出版物）及UCP600对单据作出了一般的规定，主要有以下几方面：

（一）对出单人而言的模糊用语

信用证使用了诸如“第一流”（first class）、“著名”（well known）、“合格”（qualified）、“独立”（independent）、“正式”（official）、“有资格”（competent）、“当地”（local）及类似（and the like）意义的词语来描述信用证项下应提交的任何单据的出单人，只要所提交的单据表面与信用证其他条款相符，且并非由受益人出具，银行将照予接受。如信用证规定“产地证由有资格的当局出具”（Certificate of original must be signed by competent authorities），那么，该产地证可以由商检局、外经局等任一国家机关出具，开证行必须视之为符合信用证的规定。

（二）对出单人或单据内容未作规定

当要求提供运输单据、保险单据和商业发票以外的单据时，若信用证对出单人或单据内容未作规定，只要所提交单据的内容与提交的其他规定单据不矛盾，银行将接受此类单据。如产地证，若信用证没有规定由谁出具、内容是什么，则受益人可以自己出具，内容只要表明货名描述、货物产自何地即可。

（三）关于单据的出单日

所有的单据都应有出单日期。在通常情况下，受益人所提交单据的签发日期迟于信用证的开证日期。但由于国际贸易方式的多样化，如转口贸易、三角贸易等，往往会出现在信用证开立之前，运输单据、产地证、检验证等有关单据可能已经签发。考虑到这种实际情况，国际惯例对之持较为宽容的态度，《跟单信用证统一惯例》（国际商会第500号出版物）第二十二条规定："除非信用证另有规定，银行将接受出单日期早于信用证日期的单据，但该单据必须在信用证和本规例规定的期限内提交。"UCP600 第十四条也有类似的规定，即受益人若提交了出单日期早于信用证日期的单据，银行不能因此而拒付。当然，尽管国际惯例认可了这种"早出单"现象，但并不因此改变交单规定，单据仍然必须在信用证的有效期内提交，并且不得迟于信用证规定的装运期后必须交单的特定期限。如2004 年1 月 10 日为开证日期，但受益人于1 月 8 日已装船，船公司出具了装运日期为1 月 8 日的提单，在这种情况下，除非信用证规定出单日期不得早于信用证的开证日期，否则，开证行不能因为提单的日期在1 月 8 日早于开证日期1 月 10 日而拒付。但若信用证规定的交单日为提单日后15 天，则该交单日为1 月 23 日（8 日 +15 日），而不是1 月 25 日（10 日 +15 日）。

（四）关于正、副本

除非信用证另有规定，银行应接受表面已注明"正本"的、必要时已加签字的，看来用影印（Reprographic）、自动处理（Automated）、电脑处理（Computerized systems）及复写方式（Carbon copies）制作的单据作为"正本单据"。

除非信用证另有规定，银行将接受标有"副本"字样或没有标明"正本"字样的单据作为副本单据。

如信用证根据 UCP600 开立，根据其第十七条的规定，如果信用证要求提交单据的副本，那么提交正本或副本均可。

（五）单据的份数

信用证规定的每一种单据须至少提交一份正本；信用证要求提供多份单据时，如一式两份（Duplicate）、两套（Two fold）、两份（Two copies），可以提交一份为正本，其他用副本单据来满足，但单据本身另有显示者除外。

（六）关于指示单据化的原则

在信用证中，开证行的指示必须完整和明确，除了明确要求提供的单据种类、份数外，还必须对其他指示、行为单据化。如"三分之一的正本提单和一套副本单据必须在装运后 2 天内通过快件寄送申请人"（1/3 original B/L and one set of copy of all documents must be sent to applicant within two days after shipment by first available courier service)，则受益人可以看做是开证行对他的寄单要求，不必提供他已完成该事项的证明，开证行不能因为受益人未提供相关的证明而拒付；若开证行需要受益人提供相关证明，则必须明确提出要求。上述的文句则可改为："三分之一的正本提单和一套副本单据必须在装运后 2 天内通过快件寄送申请人。提供受益人已办理该事项的证明"（1/3 original B/L and one set of copy of all documents must be sent to applicant within two days after shipment by first available courier service . Beneficiary's certificate to this effect is required)，也就是加上提供证明的要求。在这种情况下，受益人必须提交自己已寄单的证明才符合信用证的要求，否则，开证行可视其为不符点而拒付。

（七）关于中性单据

中性单据（Neutral Document)，是指不显示进出口贸易双方的名称、地址等客户信息及单价等贸易信息的单据。这是由于国际贸易很多是中间商参与的转口贸易，中间商为了长期赚取中间差价，有时封锁进出口贸易双方的信息，要求提供中性单据；有的国家或地区与交易方所在国处于敌对地位或有贸易摩擦，为了贸易的顺利进行或通关，也要求有关单据做成中性单据，等等。例如，常见的信用证项下的中性装箱单（Neutral Packing List)，不显示进口商及出口商的名称和地址，即没有抬头或抬头显示为"给有关方"（To whom it may concern)，不显示出单人的名称和地址，也不显示信用证号、发票号等参考号、单价、总价值等，它仅仅显示货物名称、包装、规格、数量等。

第二节 金融单据

金融单据（Financial Documents)，是指含有票据性质的单据，如常见的汇票、支票、本票等。本节主要介绍信用证项下的金融单据——汇票。

汇票样票如下所示。

汇票样票

凭 信用证或购买证
Drawn under ××× *BANK* L/C NO. ***95E03LC001***
日期 支取
Date *July. 12. 2003* Payable with interest @______%______按______息______付款

号码　　　　汇票金额　　　　　　江苏
No. *CH00001* Exchange for *USD80 714. 13* Jiangsu…*July. 30. 2003*
见票　　　　日后（本汇票之副本未付）
at sight of this FIRST of Exchange（Second of Exchange being unpaid）
付交
Pay to the order of *BANK OF CHINA* ×× *BRANCH*
金额
the sum of *SAY US DOLLARS EIGHTY THOUSAND SEVEN*
HUNDRED AND FOURTEEN CENTS THIRTEEN ONLY
致
To：*ABC BANK*　　　　　　　江苏××进出口公司
JIANGSU ×× IMPORT AND EXPORT CO.
李明

由于信用证项下的汇票是在信用证这个特定的条件下，因此，它的制作与单纯的票据业务中的汇票稍有差异，信用证项下的汇票需注意以下几个方面：

一、填写开证行

在信用证业务项下，开证行名称必须显示在汇票上，通常开证行的名称显示在汇票最上面的“Drawn under”（凭）之后，如样票中的“××× BANK”。

二、填写信用证号码

填写信用证号码，如样票中的“95E03LC001”，不能以信用证上的参考号（Reference No.）或转让信用证项下的转让号（Transfer No.）代替。

三、填写开证日期和出单日期

汇票必须填写开证日期和出单日期，汇票左边的日期为信用证的开证日期，如样票中的“July. 12. 2003”；右边的为出具汇票的日期，如样票中的“July. 30. 2003”。

四、填写汇票的金额

汇票的金额可以与信用证金额不一致，特别是在信用证允许分批装运、分批支款的情况下，汇票的金额不可能与信用证金额相符。但通常汇票的金额必须与商业发票的金额相符，除非在有暗佣的情况下，汇票的金额才可能与商业发票的金额有差异。另外，汇票的票面金额必须大小写一致，如样票中的小写“USD80 714.13”及大写“SAY US DOLLARS EIGHTY THOUSAND SEVEN HUNDRED AND FOURTEEN CENTS THIRTEEN ONLY”必须一致。汇票的大写最好要规范，在币种前加“SAY”，在最后加“ONLY”，美元的“元”单位以下用“CENTS ×××”，不用“POINT”等。当然，大写不规范，除非属于错别字（单词拼写错误）范畴，一般开证行（或保兑行）不可能因此而拒付。

五、填写汇票号码

汇票号码可以与发票相同，也可以另外编制。在实务中，为了方便事后留档查阅，一般将汇票号码做成与商业发票相同，但若不同，开证行（或保兑行）不能因此而拒付。

六、填写汇票的付款期限

汇票的付款期限，大体可分为两种：即期付款和远期付款。根据汇票付款期限，汇票可分为即期汇票（Sight Draft）和远期汇票（即期票，Usance Draft）。在即期付款的情况下，汇票上只需填“见票”（At sight，参见样票），若远期付款，必须正确填写付款的时间，如“见票后60天付款”，则汇票必须打成“At 60 days sight”。

七、填写代受益人收款的银行

汇票必须填写代受益人收款的银行名称。在实务中，该银行为议付行或指定银行，即一般为接受受益人单据的出口地银行，如样票中的中国银行某分行（BANK OF CHINA ×× BRANCH），既是受益人的议付行，又是接受受益人单据的出口地银行。

近年来，有的银行为了在议付或者交单后严格地取得善意持票人的地位，也有要求受益人缮制汇票时，在“收款人”一栏里填写成“我指示方”（PAY TO THE ORDER OF OURSELVES 或者 PAY TO OUR ORDER），然后再在汇票背面背书给银行。

八、填写付款行名称

汇票的付款行，可以是开证行或开证行指定的银行（如付款行），通常在信用证条款中紧跟“Drawn on”后面的银行为汇票的付款行，如信用证条款规定为“Draft at sight drawn on ABC BANK”，则“ABC BANK”为汇票的付款行（受票行）。另外，汇票中的付款行和信用证中的偿付行（Reimbursing Bank）不同，两者不能混淆。偿付行有可能不是汇票的付款行，如上例中，ABC银行为付款行，此时还可能出现DEF银行作为偿付行，议付行在议付时，汇票及其他单据寄往开证行（即ABC银行），但另寄索偿通知（或发送索偿电文）给DEF银行要求付款。

九、出票人

汇票的出票人为收款人，在信用证中，通常为出口方受益人，如样票中的“江苏××进出口公司”，为信用证中的出口方受益人。

十、正确签字

汇票一般必须签字。该签字人可以是出口方受益人企业的法人、法人代表或其他有权的签字人，如样票中的“李明”。在实务中，信用证对汇票的签字要求，常见的有“signed”、“duly signed”、“manually signed”三种，前两种可以用盖章或签字的方式来满足，但后一种只有手签才符合信用证的要求。

第三节　商业单据

一、商业发票

商业发票（Commercial Invoice），在实务中通常被简称为发票（Invoice）。发票是卖方向买方开出的一张发货价目清单，即载有货物名称、数量、价格、总金额等内容的清单；也是卖方向买方计收货款、清算债权债务的依据。发票是全套单据的中心，在受益人制单、银行审单时一般有“两个中心”，即以信用证条款和发票为中心，进行制单和审单，除了单据必须体现信用证的条款要求外，其他单据也必须以发票为依据，与发票保持一致。另外，通过发票，还能了解一笔交易的全貌。因此，尽管发票并不是代表货物所有权的凭证，但在全套单据中具有十分重要的地位。

（一）发票的功能

1. 是卖方的履约证明并起中心单据作用

单据是履约情况的书面证明，发票则是由卖方为说明自己履约情况而提供的单据。通常发票需对所装货物的情况作全面的描述，因而在全部单据中起中心单据的作用。

2. 作为买卖双方的记账凭证

尽管各个国家或地区的发票格式有较大的差异，但所包含的内容范围却大同小异，由于商业发票通常都详细记载了货物的名称、单价、总价等，因此，各国的进出口企业都以发票作为记账凭证。

3. 清关的依据

发票是买卖双方办理报关、清关纳税的依据。对进出口货物，各国海关大都是根据商业发票关于装运货物的各项记载来估价计征关税的。

4. 代替汇票作为付款依据

在信用证不需要汇票的情况下，发票可代替汇票作为付款的依据。由于西欧等一些国家使用汇票时，国家要依法征收较高的印花税，因此，这些国家的进口商为节约该笔费用，便在即期付款信用证方式下，在信用证中规定无须提供汇票；或在远期付款中，开立不需要汇票的迟期付款信用证，以发票替代汇票的功能。

5. 办理保险的依据

各国保险公司办理保险、计算保险金额，往往以发票载明的价格为依据，在实务中，信用证要求投保的金额通常为发票金额的110%。因此，发票是企业办理保险的依据。

（二）发票的主要内容和掌握点

1. 发票的主要内容

发票的主要内容通常包括：发票名称，抬头人名称，发票出具人的名称、地址，发票号码，合同号码，发票开具的地点、日期，运输工具名称，起运地，目的地，信用证号码，唛头与货物描述。货物描述包括品名、数量、规格、包装、单价、总金额以及价格条件等。有的发票末端还印有“E. & O. E”（Errors and Omission Excepted 的缩写），即“有错当查”，这不是发票的必要项目，只是发货人预先声明，以便于万一发生错误或遗漏时可以更正，但一般在审核完单据后，应该划去该字样，否则，开证行可以认为发票可能含有错误而拒付。

2. 缮制和审核发票的掌握要点

（1）发票的抬头。除非信用证另有规定，发票一般以申请人为抬头。如果信用证特别指定了收货人名称，并要求以收货人为发票抬头，则应按信用证规定办理；在转让信用证项下，发票的抬头可以为第一受益人的名称，若第二受益人不替换第一受益人的单据，可仍然以申请人为抬头。

（2）加注合同号码及信用证号。由于发票是卖方履行合同的证明，又是中心单据，因此，一般在发票上需标明合同号。在信用证支付方式下，应注明该笔交易中的信用证号码，以便于买卖双方根据该信用证号码看出该发票与信用证的联系，有助于银行、企业归类整理。当然，若因种种原因，信用证有明确规定发票不能出现该信用证号码，则该信用证项下的发票则无须显示该信用证号码。

（3）注明运输工具及起讫地。发票一般应注明船名、装运港、目的港等运输的主要内容，并与提单上所记载的相符，如有转运港，应注明“With transshipment at …”，不能用“VIA”（经由）来表达“转运”之意。

（4）装运唛头。装运唛头（Shipping Mark），一般是出口方印刷在货物外包装的一种标记，是货物的识别标志，简称“唛头”。运输时承运人根据唛头来识别货物，申请人去海关提货时，也根据该唛头来寻找、核对自己的货物。因此，作为交易总说明的商业发票，必须正确地显示唛头。如果信用证上规定了唛头，则发票的唛头必须符合信用证的规定；如信用证未作规定，出口方可以自行制作唛头；若无唛头，必须注明“N/M”（No Mark，没有唛头）。

（5）货名描述。发票中的货物名称描述（Description of Goods）是发票的中心内容。通常发票中的货名描述应包括品名、数量、规格、包装、重量、价格条件、单价与总金额等，并与信用证条款规定相符。当然这里指的“相符”，并不是“镜中现象”——就像照镜子一样，一模一样，不能多或少，应理解为：完整、合理地体现信用证的内容，同时根据实际情况有与信用证内容不矛盾的补充。“完整”，是指信用证的货名描述在发票上得到完整、详细的体现，不能遗漏，如信用证规定“女式服装、毛65%、化纤35%”，发票不能仅仅显示“服装”，也必须显示“女式服装、毛65%、化纤35%”；又如，信用证未规定出口机械各零配件的单价，发票可以根据零配件实际的单价一一显示。“合理”，是指信用证的规定要合理、科学地体现在发票上，如信用证规定“出口铁矿粉的含铁量不能低于63%”，那么发票上应注明实际含铁量，而不该照打“含铁量不低于63%”。同样，对信用证其他的有关规定字句，也应根据情况加以掌握，不能全部照搬。

关于货物的数量，计量的方法一般有度量衡计量（如公斤、公吨、米、升等），个数计量（如件、箱、桶等）。发票上货物的数量受信用证两项内容的约束：一是货物数量的表述，二是分批装运条款。根据《跟单信用证统一惯例》（国际商会第500号出版物）和UCP600有关条款，当信用证有关货物的数量以长度、重量、容积表示时，考虑到此类货物在装卸过程中的自然损耗，除非信用证规定货物的数量不得有增减外，在所支取的款项不超过信用证金额的条件下，即使信用证禁止分运，货物数量亦准许有5%的增减幅度。假如，信用证规定出口小麦100吨，单价为USD150.00/吨，总金额为USD15 000.00，不允许分批装运，则出口方受益人在出口小麦时，其数量增减幅度可以在95吨至105吨之间，但当数量超过100吨时，支取的总金额仍然不能超过USD15 000.00，其超出部分必须舍去。在本例中，如受益人最终出口了102吨，则在发票上应作如下表示：

Description of Goods：（货名描述）

Wheat（小麦）

Quantity：102 Ton（数量：102吨）

Price：USD150.00/Ton（单价：每吨150美元）

Amount：102×150＝USD15 300.00（金额：USD15 300.00）

Waive USD300.00（放弃300美元）

Total Amount：USD15 000.00（总金额：USD15 000.00）

在当信用证有关货物的数量是以个体包装单位表示时，如100件、1000桶等，在信用证禁止分运的情况下，也不允许有任何伸缩（或称溢短装）。

关于货物的包装的情况，包括包装的性质（如箱、袋）、包装件数、毛净重等应在发票上列明，并应与信用证规定相符，如系散装或裸袋，也应注明。

（6）关于信用证金额和货物数量的增减。信用证金额和货物数量的增减，是制作和审核发票必须注意的问题，根据《跟单信用证统一惯例》，信用证金额、数量前有“大约”字样时，金额和数量可增减10%；当信用证对货物的数量有规定，且货物已全数装运，以及当信用证对单价有规定，而此单价又未降低的条件下，允许支取的金额有5%的减幅。

（7）关于价格条件。价格条件，由于它既表明买卖双方在运输、保险等中的责任，又表明货物价值的内容，因此必须在发票上加以注明，并应与信用证的有关规定相符；同时，还应考虑到价格术语与目的港或起运港的配置的合理性，如通常CFR（C AND F）和CIF价之后应显示目的港名称，而FOB价之后应显示装运港名称。另外，在国际贸易中，商品的价格构成除包括货值、运输、保险费用外，还包括货物交接、运输过程中的装卸费用、佣金等，有的价格条件之后还列有一些附加条件，如“FOB Liner Term”、“FOB Stowed and /or Trimmed”、“CIF FIO ”、“CIF c2%”等，亦应按信用证规定在发票上注明。有的信用证还要求在发票中详细列明（Down Break）价格构成，那么，受益人必须按要求在发票中加以列明。如 CIF 价，由成本 C（Cost）、保险费 I（Insurance）、运费 F（Freight）三部分构成。在这种情况下，必须分别列明货物的成本价（即 FOB 价）、运费和保险费；如有运输单据和保险单据，发票上所列运费、保费应分别符合单据上所列费用。

（8）关于单价与总值。如信用证规定了单价，则发票上显示的单价必须与信用证规定相符，总分之间应互不矛盾。如信用证规定的价格条件中含有佣金，如 CIF c2%，并明确要求在发票中显示扣除金额，则应列式予以扣除；如果价格条件中含有佣金，信用证没有明确规定扣减佣金，但信用证金额恰好是减佣后的净值，在这种情况下，发票上也应显示扣减佣金额。但在下列情况下不应在发票上扣减佣金额：

信用证中未提及佣金，要求汇票作成发票的百分之几，如“Drafts at sight for 95 percent of invoice value”；在信用证中规定“议付行在议付时被授权支付扣减佣金后的款项”（At the time of negotiation the negotiating bank is authorized to pay you the draft amount Less being commission due to applicant）；在信用证中规定“等值 2% 的发票额将被支付给 DEF 公司，此项金额不能显示在发票上，必须另外出具单据”（Amount equal to 2% on the invoice value to be deducted from the amount payable to DEF Co, this amount not to be shown on the invoices but on a separate statement）等类似条款，不能再在发票上扣减佣金额。另外应注意，发票金额不能超出信用证金额。《跟单信用证统一惯例》（国际商会第 500 号出版物）和 UCP600 有关条款明确规定，“除非信用证另有规定，银行可以拒受其金额超过信用证允许金额的商业发票”，因此，当有时需收拥挤费、选港费、运费以及其他特殊情况需收有关费用时，应注意只有当信用证有允许超支条款时，方可在发票上显示这部分费用。如信用证有“……支取选港费时可超过信用证金额”（... Option Charges may be draw in excess of credit value）或类似条款时，才能在发票上显示“加选港费”（Plus option charges），即可将这部分费用与货款一并收回。

（9）加注其他内容。除了与货物、装运有关的主要内容必须被显示在发票上外，由于发票的重要地位，发票往往被要求加注其他内容：如有些信用证规定在发票上须加注进口许可证号，这通常是开证申请人为了符合进口国某些法令、规章制度的要求而提出的。如新加坡、印度、巴基斯坦、意大利等国都有进口管制，规定进口商品需申请进口许可证，因此来证中有进口许可证号的必须在发票中注明。有的信用证要求打上外汇批准号、布鲁塞尔税则号等；另外，有些来证要求在发票上加注各类声明文句，如去澳大利亚的商品，须加注发展中国家条款，凭以在进口上税时享受普惠制待遇。阿根廷的银行来证都要求在发票上注明“兹声明本发票所载内容真实无误，所载价格确实已付或即将付。另外，没有允许变动价格的协议，货物系中国原产地”等。

（10）签署。根据《跟单信用证统一惯例》（国际商会第500号出版物）和UCP600有关条款，除非信用证另有规定，商业发票无须签署，但在实务中，绝大部分信用证均要求提供“签署的商业发票”（Signed Commercial Invoice），在这种情况下，则应满足此项要求，由受益人签字。另外，在信用证要求“会签”（Counter Signed）的情况下，应由信用证指定人和受益人共同签字；当信用证要求“手签”时，受益人也必须满足此项要求。

以下为商业发票样式：

江苏省进出口公司

JIANGSU × × IMPORT&EXPORY CORP.

ADD：shanghai Road 160, Nanjing, China

COMMERCIAL INVOICE

DATE：MAR, 4, 2003

To：JAPAN FAR EAST TRADE CO LTD　　INVOICE NO：CH4056…

ADD：30CANTONG ROAD, OSAKA JAPAN

SHIPMENT FROM SHANGHAI TO OSAKA BY DONGFEN VESSEL

MARKS AND NUMBERS	**QUANTITY AND DESCRIPTIONS**		**AMOUNT**
POLYESTER TROLLEY CASE	600D POLYESTER TROLLEY CASE FOB SHANGHAI		
ART. NO. 2338242	ITEM R069		
C/NO. 1－500	SIZE：46CM	COLOUR：RED	
	200PCS	@USD16.00/PC	USD3 200.00
	SIZE：70CM	COLOUR：NAVY	
	200SET	@USD58.00/SET	USD11 600.00
	SIZE：56CM	COLOUR：BLACK	
	200SET	@USD42.00/SET	USD8 400.00

TOTAL AMOUNT：USD23 200.00

AS PER CONTRACT NO. CH13546

L/C NO：LC95E0002

PACKED IN 500CARTONS

G. WT：65 000KGS

N. WT：6 000KGS

MEASUREMENT：48. 8CBM

JIANGSU ×× IMPORT&EXPORY CORP.

陈辉

二、装箱单

装箱单（Packing List）是反映货物包装情况的单据，与之相类似的还有规格单（Packing Specification）、重量单（Weight List，Weight Memo）和尺码单（Measurement List）等。通常它们对货物的规格、等级、型号、重量分别进行了详细的说明，以便海关检查和进口方验收货物，了解各包装件号内的具体内容，方便销售。

装箱单的主要内容有合同号，发票号，装箱单号，出单日期，运输标志，商品名称，包装规格，每件包装的毛、净重或商品数量，以及总计包装件数和重量、进口商或收货人名称、地址、载货船名、目的地等。

装箱单一般由受益人出具，记载的各项内容应与发票和提单等相关单据相符，出单日期应尽可能迟于信用证的开证日或与其一致，但若出单日期早于信用证的开证日，只要信用证没有规定“拒绝接受出单日早于信用证的开证日的单据”（Issuing the documents early than the L/C is not acceptable），开证行（或保兑行）不能因此而拒付。

重量单、尺码单，除了在名称上与装箱单有区别外，在内容上大致与其相似，但突出的侧重点略有差异，一般来讲，装箱单侧重于货物的包装、重量，包括包装材料，包装方式，花色规格，毛、净重等；重量单则侧重于毛重、净重、皮重方面的情况；尺码单侧重于每件货物的尺码、总码等。

以下为装箱单样式：

江苏省进出口公司

JIANGSU ×× IMPORT&EXPORY CORP.

ADD：shanghai Road 160，Nanjing，China

PACKING LIST

DATE：MAR，4，2003

To：JAPAN FAR EAST TRADE CO LTD　　INVOICE NO：CH4056…

ADD：30CANTONG ROAD，OSAKA
JAPAN

MARKS AND NUMBERS **QUANTITY AND DESCRIPTIONS**

AMOUNT

POLYESTER TROLLEY CASE	600D POLYESTER TROLLEY CASE
ART. NO. 2338242	ITEM R069
C/NO. 1 - 500	SIZE：46CM COLOUR：RED
	200PCS
	SIZE：70CM COLOUR：NAVY
	200SET
	SIZE：56CM COLOUR：BLACK
	200SET

TOTAL：400SET AND 200PCS，PACKED IN 500CARTONS

AS PER CONTRACT NO. CH13546

L/C NO：LC95E0002

G. WT：65 000KGS
N. WT：6 000KGS
MEASUREMENT：48. 8CBM

JIANGSU ×× IMPORT&EXPORY CORP.
陈辉

第四节 运输单据

在国际贸易货物运输中，运输方式的种类很多，其中包括海洋运输，铁路、公路运输，航空运输，邮包运输以及各种运输方式组合的联合运输等。进出口双方签订贸易合同后，卖方按合同规定的时间、地点和运输方式将货物出运，并提交与运输方式相适应的运输单据，作为信用证凭以付款、议付的单据之一；在海运条件下，还通过提交运输单据来实现物权的转移，因此，在国际贸易结算中，运输单据十分重要。

一、运输单据的含义和性质

运输单据（Transport Documents），是指货物的承运人已将货物装上运输工具或已将货物发运或者收妥货物待运的单据。这些单据具体地反映了与货物有关的当事人，如发货人、承运人、收货人等之间的权利、义务关系。

运输单据根据其性质是不是物权凭证，可以分为两类：第一类是具有物权凭证性质的运输单据，即它不仅仅是证明已按运输合同承运了货物的收据，同时又是代表所承运货物的物权凭证。如海运提单、联合运输提单等。这类提单由于它拥有代表单据和货物权利的“双重性”，对受益人、申请人、开证行等有关各方极为重要。第二类是不具有物权凭证性质的单据，它是一种收据，仅仅是运输公司证明已按运输合同承运了货物的收据。如铁路运单、邮包收据、空运提单等，它是信用证中通常需要提供的单据之一，通过它，有关各方可以详细了解货物运输的信息，但由于它不是物权凭证，其重要性不如前者。

二、海洋运输提单

国际货物运输主要依靠海洋运输，这除了地理条件的因素外，主要是海洋运输本身所具有的运量大、运费低，适用于多种货物运输等优点。

海洋运输根据运输船舶营运方式的不同，可分为班轮（Line Vessel）运输和租船（Charter Party）运输。所谓班轮运输，是指船舶在固定的航线上和固定的港口，按固定的船期表航行并按事先公布的费率计收运费的一种运输经营方式。而租船运输，则是指船舶没有预订的船期表、航线和港口，按租船人和船东签订的租船合同规定行事的另一种运输经营方式。在国际货物运输中，无论采取哪一种营运方式，托运人或承运人之间均需要订立运输契约来确定双方的权利和义务。如，当以班轮方式运输时，是用提单来确定承运人、托运人双方之间的权利和义务的。

（一）提单的概念

海洋运输提单（Bill of Lading），简称“提单”，是由承运人或其代理人在接管货物后，或货物装船后签发给托运人的证明。它表明双方已订立了运输合同，允诺将货物运至指定的目的地并按提单所载条件交给收货人。

（二）提单的作用

1. 货物收据

提单是承运人或其代理人出具的货物收据，确认承运人已收到提单所列货物并已装船。提单正面载有唛头、件数、重量以及货物的表面状况等事项，都是收据性的文字。因此，提单是承运人按照提单的这些记载表明其收到了货物，并将按提单所载事项，向收货人交付货物的收据。

2. 运输契约的证明

提单是承运人与托运人之间订立的运输契约的证明。通常，提单背面载有承运人的责任、义务、权利和豁免条款，并相应地规定了托运人的责任，成为承运人和托运人双方权利与义务的依据。但是提单本身并不是运输合约，而是承运人与托运人之间所订立的运输合约的一种证明。在实务中，通常由托运人根据船公司公布的船期、费用、运输条件等，向班轮公司或其代理洽订舱位，一旦舱位订妥，双方之间的运输合约便成立。因此，承运人有依约定运送托运人货物的义务，而托运人则按规定时间将货物交给承运人。即运输合约在签发提单之前就已成立，而提单是在执行运输合约中签发的，因而提单就成为已存在的运输合约的证明。

3. 物权凭证

提单是所载货物的物权凭证。货物所有权随着提单的转移而变更，即谁持有提单，谁就有权要求承运人交货，因此掌握了提单，才能掌握货权。承运人一般是凭提单交货，只要承运人善意地将货物交给了提单持有人，即使提单持有人实际上无权占有货物，承运人也可免责（但如果承运人把货物交给非提单持有人，承运人就要负责）。

（三）提单的主要内容

在国际贸易货物运输中，由于各个国家或地区的情况不同，它们的船公司，甚至在同一国家或地区的船公司之间，提单的内容不尽相同，一般均有自己印就的提单格式，但就其主要内容而言，大致是相同的，通常包括以下正反两方面内容：

提单正面内容：

1. 托运人

托运人（Shipper），是指与承运人订立运输合约的人，或称发货人。一般是买卖合同的卖方或出口方。在信用证业务中通常是受益人。如信用证没有特殊规定，则以买卖双方之外的另一方作为第三者托运人，提单也可以接受。

2. 收货人

收货人（Consignee），是指提取货物的人。在除了信用证以外的结算方式中，收货人一般为进口人，或进出口贸易合同中的买方。提单的抬头与背书直接关系到提单的性质，能否转让、物权归属等问题，因此，这一栏在提单中十分重要。

（1）提单抬头的写法。在信用证业务中，提单的收货人被俗称为提单的“抬头”，其填写完全根据信用证的条款规定，一般有三种写法：

①记名抬头“Consignee to ×××（指定收货人）”；

②来人抬头，也称不记名抬头“To bearer”；

以上两种提单对出口方受益人而言，风险较大，在实务中不多见。

③指示抬头，常见的指示抬头有以下 4 种：

A. 不记名指示（To order），也称“空白抬头”；

B. 托运人指示（to the order of shipper）；

C. 收货人指示（to the order of buyer）；

D. 银行指示（to the order of ××Bank）。

（2）指示提单的特点。提单使用指示抬头，在国际贸易结算中使用较为普遍，除了其风险较小外，还具有以下主要特点：

①指示提单是流通证券，它在船只到港交货之前，可以根据需要通过背书转让，就像货币一样可在一定范围内自由流通。

②指示提单是物权证券，经托运人空白背书，提单的合法持有人有权凭以向承运人提取货物。

③指示提单是有价证券，在国际市场上可以凭提单做交易，可以买卖、转让等。在有些国家，如果提单的合法持有人拖欠了银行一笔款项，暂时无钱偿还，还可凭提单向银行办理抵押贷款。

④对银行而言，指示提单经托运人空白背书后，银行如遇买方破产或倒闭，可自由处理货物，如提取货物或拍卖转让。

⑤对托运人而言，提单未经背书转让，它仍拥有货物的所有权。如开证行或买方破产倒闭，它可行使收到货款前的停运权，包括停运后的留置权。提单是物权凭证，也是流通的有价证券，因此提单可通过背书、交付，实现提单的转让。转让提单也就等于转让了货物的所有权。

（3）提单背书的种类。提单的抬头与背书密不可分，提单的背书通常有以下几种：

①空白背书，即提单的背书人在提单背面签字盖章，而不注明被背书人的名称。经过空白背书的提单，合法持有人有权直接向承运人要求提货，也可在市场上再度转让，或作为银行的抵押品。

②记名背书，即背书人除了在提单的背面签字盖章外，还列明被背书人的名称。记名背书又可分为：

A. 受让人指示背书“Please delivery to the order of ×××”。经过这种背

书的提单，受让人可继续背书转让。

B. 无指示的记名背书“Please delivery to ×××”。经过这种背书的提单，只能由受让人持提单在目的港直接向承运人提货，一般不能再进行背书转让。

（4）指示提单的种类。凡指示提单，不管其抬头是记名指示、托运人指示、银行指示还是收货人指示，托运人均应在提单上背书，以证明提单转交是合法的。指示提单的四种抬头和背书如下：

①不记名指示提单，如规定提单做成“空白抬头空白背书”（Made out to order and blank endorsed），则提单收货栏应填入“To order”，并由托运人在提单背面做成空白背书，即由托运人在提单背面加盖公司章和授权人的签章。不记名指示提单也可根据信用证规定做成记名背书。

②托运人指示提单，如规定提单做成“托运人指示抬头空白背书”（Made out to order of shipper and blank endorsed），则提单收货人栏应填入“To order of shipper”，并由托运人在提单背面作空白背书。托运人指示提单可以根据信用证规定做成记名背书。托运人还可以不作背书，在这种情况下则只有托运人可以提货，即由卖方保留货物所有权。

③收货人指示提单，如规定提单做成“××公司指示抬头”（Made out to order of ×××Co.），则提单收货人栏应填入“To order of ×××Co.”，收货人可以背书后自行提货，也可背书转让。这种以收货人为抬头的指示提单，开证银行若遇买方拒绝付款，欲自行提货另作处理，则需先请收货人背书转让物权。

④银行指示提单，即提单做成“××银行指示抬头”（Made out to the order of ××× Bank），这里所指的银行，在实务中通常是开证行，也有极少数的为议付行或信用证的指定银行。其背书应根据实际情况分别由开证行、议付行或信用证的指定银行办理，即抬头是哪个行的指示，则由那个行进行背书。值得注意的是，卖方出于对银行的信任，并为了避免在自己收款前买方已提取货物而造成“钱货两失”的情况发生，往往将银行或银行的指示作为提单的抬头，这种做法并不受银行的欢迎，在国际惯例和国际商会的文件中也得不到支持。而事实上，银行也并不因为自己被指定为“抬头”（收货人），而担负收货人的责任，如货物到港后的监管、存仓等，最多是在提单被做成自己为抬头人时，进行适当的背书而已。因此，卖方的做法实际上于事无补，是一种心理上的安慰。

3. 被通知人

被通知人（Notify Party），习惯上也称为提单的“通知人”，是指货物到达港口后，船公司将到港信息通知的对象。被通知人无权提货。由于当提单的抬头为指示式时，提单上不出现收货人的姓名及地址，货到后船公司无从通知，因此提单通常有“被通知人”一栏，在货物到达港口后，便于船公司与被通知人联系，由被通知人与收货人联系，并及时办理提货的各种手续。被通知人往往是收货人的代理，受收货人的委托后可以提货。

在信用证业务中，若信用证未规定被通知人，提单上的“被通知人”一栏可以留空不填。

4. 提单号码

提单号码（B/L No.），由承运人编制的号码。现代化的大型船舶上装有成千上万件货物，根据提单的编号便于承运人开展通知、查阅和处理等业务。

5. 船名

船名（Vessel），装运船舶的名称，须根据实际装运情况，填入实际承运船舶名称。在信用证业务项下，对提单的要求为常见的“已装船提单”（On Board B/L），若提单上船名前有“预期”（Intended，Pre-）字样，必须重新批注。如提单上显示“预期船东风号”（Intended Vessel：Dong Feng，或 Pre-Vessel：Dong Feng），则作为“已装船”提单，须重新批注上“Vessel：Dong Feng”字样。

6. 起运港

起运港（Port of Loading），货物实际装船后起运的港口，也是承运人责任的起点。在集装箱运输时，提单上往往还记载“收货地”（Place of Receipt）。在非转口贸易的情况下，起运港一般在出口方的国家或地区。若起运港前有“预期”字样，而信用证要求提供“已装船”提单，则提单必须被重新批注无“预期”字样的装运港，即使预期的和实际的装运港口完全相同，也需要重新批注。

7. 卸货港

卸货港（Port of Discharge），又称为“目的港”，是承运人责任终止的港口。当使用集装箱运输时，提单上还记载最后目的地或交货地。若卸货港前有“预期”字样，而信用证要求提供“已装船”提单，则提单必须被重新批注无“预期”字样的卸货港，即使预期的和实际的卸货港口完全相同，也需要重新批注。

8. 运费和费用

运费和费用（Freight and Charge），通常提单上须注明运费是否已付的情况，如在 CIF、CANDF 等价格条件下，注明“运费已预付”（Freight Prepaid）

或“运费已付”（Freight Paid）；在 FOB 等价格条件下，注明“运费到付”（Freight Payable at Destination）或“运费代收”（Freight Collect）。除非信用证特别规定应在提单上标明运费的具体数额，提单表面一般都不显示运费的具体数额。除运费外，还有其他费用及运费附加费等。如与装货、卸货或类似作业有关的各项费用或支出，必要时也应注明。须注意的是，尽管国际惯例允许提单显示各种装卸费用及其他费用，但在实务中，信用证往往规定提单不能显示除了正常运费以外的有关费用，在这种情况下，信用证的要求必须被满足，否则开证行（或保兑行）可以因此而拒付。

9. 货名描述

货名描述（Description of Goods），不仅指货物名称，还应包括唛头、件数、数量或重量，有时还显示货物的表面状况等。

货物名称，根据国际惯例，除了发票以外的单据可以用“统称”（General），提单上的货名描述也可以用统称。如发票上货名描述为“女式服装，含棉 65%、化纤 35%”，提单上的货名可以描述为“女式服装”或“服装”。

提单上显示的唛头，必须与其他单据和实际的外包装唛头一致，不可缺少内容，上下次序不能颠倒，箱号也不能有错误。散装货不需唛头，提单上应注明“No mark”或简称“N/M”，也可用“IN BULK”表示。箱号、件号如不相连续，可在唛头中的箱号、件号前加注“EX”字样。若信用证规定了唛头，提单在规定的唛头之外，另加了目的港或箱号、件号是可以被接受的。

提单的件数、数量或重量、体积由托运人申报，因此，有时承运人为了免责，在提单表面打上了“发货人装载并计数”（Shipper's Load and Count）或“内容据发货人报称”（Said by Shipper to Contain），在这种情况下，除非信用证另有规定，是被惯例认可的。

货物的表面状况一般在提单上不予说明，但当货物表面有瑕疵时，如“钢铁生锈”、“3 个包装破碎”等，必须在提单上说明，因为承运人应对货物的表面状况负责，并必须在目的地向收货人交出表面状况与提单描述相同的货物。值得注意的是，这种有瑕疵的批注对受益人极为不利：通常信用证要求受益人提供的提单为“洁净”（Clean）提单，而含有这种瑕疵的类似的批注被看做是“不洁净”提单，与信用证规定不一致，开证行往往将行使拒付的权利。因此，受益人对提单上的批注必须十分谨慎小心。

10. 正本份数

提单的正本份数（Number of Original B/L），通常是 3 份，在实务中也有极少数提单，正本在3份以上，但不管有几份，提单必须明确表明其正本份数。由于每张正本提单都能提取货物，因此只有控制全套正本才能真正控制货权。

11. 提单的装船批注

在信用证业务中，一般都要求提供“已装船”（On Board）提单。许多国家的法律也规定只有在货物已装上船，承运人方可签发提单。“已装船”的意义在于：“装船”是买卖风险的转移点，只有货物装上船，卖方才算交货；“装船”也是承运人对货物负责的起点。海运提单的承运人的责任是“钩对钩”责任，承运人是在货物上吊钩时验货，如发现问题，承运人就可以在提单上加批注，修改托运人申报的各项内容，因此只有货物装上了船，提单上注明了“已装船”，承运人才对提单上的货物包括货物描述负责，收货人也才有可能收到与提单描述一致的货物。一般情况下，货物一经上船，即不得卸下改装其他船只。所以使用装船提单对收货人按时收到货物有保障。对托运人和银行也均有利。

已装船提单是指提单上所列货物已经装上船后，由承运人或其代理人签发给托运人的提单。这种提单一般正面都载明已装船文句，已装船提单除载明已装船字样和其他事项外，还必须列明装货船名和装船日期。

相对于“已装船”提单，在实务中还出现了“收妥备运”（Received B/L）提单。有时船公司因船期问题，将指定仓库预收货物，根据仓库收据签发“收妥备运”提单，以便交由日后到港船只装运。特别是随着集装箱运输的发展，因集装箱航运公司大都在内陆收货站收货，而收货站是不能签发“已装船”提单的，只能签发“收妥备运”提单。承运人签发“收妥备运”提单，仅仅是确认货物已交由他保管，存放于其控制的仓库，而不是确认货物已装运。这种提单仅说明货物“将装于”就要到港的某某船只，有时提单上虽有船名，也大多属“拟装”船名，该船能否如期到达并将货物运出，船公司并不负责。

在实务中，买方一般不愿意接受“收妥备运”提单，这是由于备运提单上未显示装船日期，致使其无法估计货物的到达日期，从而遭受因到货后不及时处理而可能产生的损失。另外，由于备运提单上也未显示肯定的船名，这使提单持有人不能在承运人违约时申请法院扣押船只，或有针对性地采取进一步的措施以减少损失。因此，在实务中，托运人即使首先取得的是“收妥备运”提单，但待货物实际已装上船后，应将“收妥备运”提单交回承运人，换取“已装船”提单。或采取目前更为普遍的做法，请承运人把“收妥备运”提单变成“已装船”提单，即在“收妥备运”提单上加注承运船名和装船日期，使“收妥备运”提单成为合法的“已装船”提单。

关于已装船批注，根据《跟单信用证统一惯例》（国际商会第500号出版物）的规定，装船批注须加上日期，但无须经承运人或其代理人签字或简签。

如提单上在有关船只名称的表述上有“拟”、“预计”或类似的保留用语，则装船批注上必须附加船只名称；如提单上显示的收妥地点或监管地点与装船港不同，即使提单上有已印定的“已装上指名船只”的文字说明，该提单仍须附加“已装船”批注，而且该装船批注必须注明船只及信用证规定的装运港。

12. 转运

转运，是指海运过程中在规定的装运港到卸货港之间，将货物从某船上卸下再装到另一船上的运输。如果提单上未注明两条不同的船只，则不能称之为转运。

在信用证业务中，即使规定禁止转运，但以下两种情况不能算作转运：

（1）货物以集装箱、拖车（Trailer）或子母船（Lash）装运，且海运全过程使用同一提单；

（2）提单上注有承运人有权转运条款。

在实务中，承运人在转运的用字上很不规范，习惯用“经由”（VIA）来代替“转运港”（Port of Transport），常常引起开证行或保兑行的拒付。因此，受益人、承运人必须十分注意用词的规范性，以免遭受损失。

13. 提单的签发日期和地点

提单的签发日期视提单的种类不同而有所不同，在“收妥备运”提单下，签发日期是承运人接管货物的时间；在“已装船”提单下，签发日期应是货物装船完毕后的时间。签发地点是承运人营业所在地，不一定是起运港。

14. 承运人

承运人（Carrier），是指与托运人订立运输合约的一方，他必须按提单记载将货物运到目的地并交给收货人。根据《跟单信用证统一惯例》的规定，无论采用哪种运输方式，在运输单据上承运人的名称是不可缺少的。在实务中，有些海运提单有承运人的信头（Letter Head）或印戳，即将承运人事先印就在提单上。但也有些提单上没有印就承运人名称，则必须正确加以注明。

15. 提单的签署

提单必须由有权签字人的签署，根据《跟单信用证统一惯例》（国际商会第500号出版物）和UCP600有关条款，提单的签署人，可以是承运人、作为承运人的具名代理（Named Agent）或代表（On behalf of）、船长（Master）或作为船长的具名代理或代表。

承运人或船长的签字，必须表明“承运人”或“船长”的身份。代理人代表承运人或船长签字或证实时，也必须表明所代表的委托人的名称和身份。

16. 契约文句

提单的正面和背面一般有印就的契约文句，正面文句通常包括以下内容：

（1）装船事项。表明外表状况良好的货物已装船，表示船公司已收到货物。

（2）有关内容不知悉条款。表明托运人在提单上填写的货物重量、数量、内容、价值等，承运人概不知悉，船公司对于填写货物的重量、数量等正确与否不负核对之责。

（3）承认接受事项。表明托运人、收货人、提单持有人表示同意接受提单背面印定条款、规定、免责事项。

（4）提单份数的声明。表明承运人、船长或他们的代理人等签发的提单一式几份，其中一份凭以提货后，其余各份即行失效。

提单背面内容：

提单背面有许多条款，它在理论上是托运人与承运人双方之间的契约，但实际上是承运人单方印就的格式化条款。各国航运公司提单的条款通常较为繁杂，有的二十多条，也有的多达三四十条，且条款文字互不一样，然而其内容却大同小异，大部分条款都是根据“海牙规定”或“汉堡规则”制定的。提单背面条款的主要内容如下：

（1）定义解释。对提单中出现的名词的含义加以限定，以便明确运输合同关系人、承运范围、契约适用范围等。

（2）适用法律。说明提单所依据和适用的法律，如与有关运载契约发生争执纠纷，应按何国法律解决、应在哪国法院审理等。

（3）承运人的义务和责任。这是提单的核心内容条款，它规定承运人的责任范围及承运人对货物灭失或损坏的责任，这包括两方面的内容：承运人的责任和免责事项。

首先，责任。承运人在船只开航前和开航时，应谨慎处理使船舶处于适航状态；适当配备船员、装备船舶及配备供应品，使货舱、冷藏舱和其他载货处所能适宜和安全收受、载运和保管货物。

承运人对于以上规定已经谨慎处理后仍不能发现的缺点所造成的货物灭

失和损害免除责任。

其次，豁免。承运人和船舶对于有下列各项所造成的灭失或损坏不负责：

①不可抗力；

②海上或其他通航水域的危险或意外；

③火灾；

④军事行动；

⑤由于任何原因引起的局部或全面的罢工、关厂、停工或限制工作；

⑥政府机关的命令或行动（拘留、扣押、检疫等）；

⑦托运人、收货人或其他代理人的行为或疏忽；

⑧货物的自然特性和潜在缺点；

⑨货物标志缺陷、不清或不当；

⑩动物疾病或病死；

⑪船长、船员、引水员或其他人员在驾驶或管理船舶时的行为、疏忽或过失；

⑫为了救助或企图救助海上人命或财产；

⑬不是由于承运人或其代理人的错误行为或疏忽或造成的其他任何原因。

（4）包装和唛头要求。货物包装应坚固，否则货物损坏承运人可以免责。另外，包装上应有清晰的、不易退色的标志，标志内应以不小于五厘米高的字体表明货物的目的地，否则，货物装卸错误承运人也可免责。

（5）运费说明。运费是承运人运输货物的费用。在以班轮运输货物的情况下，一般采用预付运费的方式，即托运人在货物交付前支付给承运人的运费，而很少采用"运费代收"或"运费到付"的方法。预付运费应在承运人接管货物或签发提单时支付。

运费的计算，一般根据商品的具体情况，分别以重量、体积或价值计算，承运人有权选择对其有利的计算方法计价，即按收费较高的标准计算。

运费通常由托运人支付，一般提单规定："全部运费应由托运人在签单时的地点以现金支付……"如提单未规定运费支付人，则按下列规定办理：

①托运人负首付之责。由于托运人是与承运人签订运输合同的人，因此，在提单未规定运费支付人的情况下，托运人必须先行垫支运费。

②收货人有支付运费的义务。尽管由于收货人不是订立运输合同的一方，因此收货人没有按运输合同支付运费的责任，但如果托运人把提单背书转让给收货人，而且收货人已取得货物的所有权时，在托运人未支付运费的情况下，收货人仍然有支付运费的义务。

③承运人有权收取罚金。承运人有权核对提单上所载货物的重量、尺码和内容，如发现托运人故意谎报货物的数量、重量或价值，以致承运人的运费收入减少时，承运人有权按实际货物与申报货物运费差额的两倍向托运人收取罚金。

（6）留置权。托运人如未交付运费、空舱费、滞期费、共同海损分摊费及其他一切有关货物运输的费用，承运人有权对货物行使留置权，并有权拍卖或以其他方式出售货物，若出售货物的收入不足以抵偿应收的款项和因此引起的其他费用，承运人还有权向托运人收取。

（7）损害赔偿。若收货人在提货时对货物的损坏没有提出书面通知，则有关此项的货物移交应作为承运人已按提单所叙述的情况交付货物的推定证据。如货物的损坏或部分灭失用通常提货方法不能发现，则收货人应在提单后三日内提出书面意见。关于货物灭失或损坏赔偿的要求应自交货之日或应交货之日起一年内提出，否则在任何情况下，承运人和船舶都应被解除责任。

货物灭失的赔偿一般按货物实际价值计算。货物损坏的赔偿按受损前后货物价值的差额计算。货物价值由承运人选择目的地船舶到达日或应到达日的价格或按起运地船舶开航日的价格加有关运费计算。

（8）货装甲板。对于装在甲板的货物、动植物，承运人对其灭失或损坏不负责任。

（9）危险品条款。危险品必须由托运人在装船时声明，如不声明，承运人有权在中途加以毁灭，并不给予赔偿；若造成其他损害，均由托运人负责。

（10）卸货、交货条款。托运人应以船舶所能装卸的速度，尽快地、昼夜无间断地提供卸货服务，如收货人不能及时将货物从船边提取，承运人有权将货物卸岸或放置其他适当场所，其交货责任应被认为已经履行，由托运人或收货人独自负担风险和相关费用。

（11）转运、换船条款。如有需要，承运人可以将货物交由属于承运人或其他人的船舶，直接或间接运往规定的目的地。转船、卸岸的费用由承运人承担，风险则由发货人或收货人承担。承运人的责任只限于其本身经营船舶所完成的运输。

（12）绕航条款。运输船只为了救助或企图救助海上生命或财产，或其他实际合理需要而发生的任何绕航，不得被视为破坏或违反运输契约，凡因此而造成的货物损失或损坏，承运人概不负责。

（13）不可抗力。凡由于战争、检疫、冰冻、罢工、港口拥挤以及其他非承运人所能控制的原因，而使船舶及货物不能安全到达目的港卸货时，承运人有权在装货港或其他安全及便利的港口卸下货物，而运输合同仍然被认为已经履行。

以下为提单样式：

<table>
<tr><td colspan="2">Shipper
CHINA IMPORT & EXPORT
SHANGHAO ROAD
CHANGZHOU
CHINA</td><td rowspan="6">中国对外贸易运输总公司
CHINA NATIONAL FOREIGN TRADE
TRANSPORTATION CORP.
直运或转运船提单
BILL OF LADING
DIRECT OR WITH TRANSHIPMENT
NJFD1000 FD－000000
SHIPPED on board the vessel named above in apparent good order and condition (unless otherwise indicated) the goods or packages specified herein and to be discharged at the above mentioned port of discharge or as near there to as the vessel may safely get and be always afloat. The weight, measure, marks, numbers, quality, contents and value, being particulars furnished by the Shipper are not checked by the Carrier on loading.
The Shipper, Consignee and the Holder of this Bill of Lading hereby expressly accept and agree to all printed . Written or stamped provisions, exceptions and conditions of this Bill of Lading, including those on the back hereof.
IM WITNESS whereof, the Carrier or his Agents has signed Bills of Lading all of this tenor and date. One of which being accomplished the others to stand void.</td></tr>
<tr><td colspan="2">Consignee or order
TO ORDER OF SHIPPER</td></tr>
<tr><td colspan="2">Notify address
THE JAPAN TRADE LTD.
OSAKA
JAPAN</td></tr>
<tr><td>Pre－Carriage by</td><td>Place of loading
SHANGHAI</td></tr>
<tr><td>Vessel
DONGFENG V. 2300</td><td>Port of transshipment</td></tr>
<tr><td>Port of discharge
OSAKA</td><td>Final destination</td></tr>
</table>

<table>
<tr><td>Container, seal No. or and Nos.
HONEY MV
OSAKA
NO. 1－110</td><td>Number and kind of package Description of goods
110 IRON DURMS
EXTRA WHITE HONEY
COUNTRY OF ORIGIN CHINA
PACKER IN 290KGS NET IRON DRUMS
AS PER CONTRACT NO. 00JN000－D
CY/CY20'GPX3 FCL
SHIPPER'S LOAD AND COUNT
CREDIT NO. 000－LC－000000
APPLICANT'S REF. NO . IA0000
SAY ONE HUNDRED AND TEN IRON
DURES ONLY</td><td>Gross Weight (kgs)
6116. 00kgs</td><td>Measurement (m^3)
60. 950m^3</td></tr>
</table>

<table>
<tr><td colspan="4">Freight and charges</td></tr>
<tr><td rowspan="2">Extrate</td><td>Prepaid at</td><td>Freight payable at</td><td>Place and date of issue
25 DEC2003 SHANGHAI</td></tr>
<tr><td>Total Prepaid</td><td>Number of original B/L
THREE</td><td>Signed for or on behalf of the Master（盖章及签名）
as Agent</td></tr>
</table>

三、集装箱提单

集装箱提单（Container B/L），是指货物装运于集装箱，一般由集装箱船公司或其他运输机构签发的提单。目前有两种：一种为普通提单上加集装箱批注，如“5 件 20 尺集装箱”并加注“Container Said to Contain 100 Cartors cotton piece goods”；另一种为集装箱提单，就我国出口贸易来看，目前大部分为前者，后者偶见于进口。集装箱运输可以包括将集装箱货物从一个内陆发运地至最后目的地的多种方式的运输，集装箱提单上必须打明 FCL/FCL（整箱装，整箱交）或 LCL/LCL（零箱装，零箱交）。

（一）集装箱的优越性

集装箱是指大的货物运输的容器，可容纳较多的货物，便于机械化操作，在东南亚地区也被称为货柜或货箱。

集装箱在海洋运输方面的使用是在第二次世界大战期间开始的，先用于军用品和武器的运输，1956 年美国在纽约到休斯敦的航线上，首先使用集装箱运输，效果显著，1965 年以后，逐渐扩大到国际航线上来，显示了它的优越性和生命力，引起了普遍的重视，形成一场称为“海洋运输的革命”。

从 1974 年开始，我国在上海、天津至日本神户、大阪、横滨的航线上试行了集装箱运输，1975 年又开始从上海经日本转运美国、加拿大和中南美的半集装箱运输，1977 年发展为全集装箱运输，1978 年又开辟了中国至澳大利亚的全集装箱运输，至今集装箱运输也已成为我国国际货运中最广泛的运输方式之一。

集装箱的主要优越性在于：

1. 减少货损货差

由于集装箱结构坚固，它能有效地保护箱内货物不因碰撞、偷窃、串味等原因而遭受损失。

2. 缩短船舶的装卸时间，减轻劳动强度

集装箱所使用的箱子具有一定规格，现行标准化箱子高 8 尺，宽 8 尺，长 20 尺、30 尺或 40 尺，每个箱子可装 20 箱以上货量。由于体积大，又是整箱装运，因此可以减少装卸次数，缩短装卸时间，同时因箱重量大，非用机械装卸不可，这样就减轻了劳动强度。一般地，使用集装箱，其装卸时间可缩短 90%，还可节约大量劳动力。

3. 节省装卸费用和运费

由于装卸时间短、次数少，装卸费用也相应可减少一半以上，运费也可降低10%左右。

4. 提高车船的周转率

由于船舶在港时间的缩短，加之集装箱船吨位大，航速快，停泊港口少，因此一条集装箱船可抵5~7条普通船使用，到货时间也大为缩短，有利于货物及时上市。

5. 减少货物的包装费用

由于集装箱可起到保护货物的作用，因此可以简化包装，减少包装费用，据估计，有的货物可节省50%的包装费。

（二）集装箱的装运特点

集装箱的货物按一个买主的货是否装满一整个集装箱来看，可分为：

1. FCL（整箱货）

FCL（整箱货），是“Full Container Load”的缩写，是指一个买主的货物可以装满一个或者几个整箱。整箱货的发货人负责集装箱的封，收货人负责集装箱的拆；承运人或其代理人接受整箱货并负责运输，其与货主交接的场所称为“集装箱堆场（Container Yard）”，简称“CY”。

整箱集装箱运输的货物可以在生产地仓库或者集中地仓库装进集装箱内并加封，然后装在船舶的甲板上下，运至目的港卸下后，再转到最后的仓库，这就称为“门至门集装箱运输”（Door to Door Container Shipment），即用一种运输工具，采用多种运输方式，把货物从内陆运输到最后目的地。

2. LCL（零星小宗货）

LCL（零星小宗货），是“Less Than Container Load”的缩写，是指一个买主的货物装不满一个整箱，而需要将几个货主的货物合装在一个集装箱，所以也叫混合集装箱。零星小宗货的封和拆由承运人或其代理人负责，承运人或其代理人接收零星小宗货的场所被称为“集装箱货运站”（Container Freight Station），简称“CFS”。

（三）集装箱提单的特点

（1）一般货物海运非事先征得发货人同意，不能装在甲板上运输，以免货物受到雨水、海水和风力等损害。而集装箱可有效防止类似因素的影响，因此集装箱提单规定“承运人有权将集装箱载于船舱甲板上下”。银行可以接受类似的、无特别表明该集装箱已装于舱面的条款。

（2）普通提单项下的货物，承运人应对其外表良好状态负责；而在集装箱运输时，承运人从发货人处接收的不是货物，是经过铅封的集装箱。因此，承运人当然地被免除了对集装箱内货物由于不适当包装和装箱而发生损失的责任，除非有关货物是由承运人装箱的，承运人的责任才从起运地货物装入集装箱时开始到目的地从集装箱卸货为止。

(3) 普通提单上一般均有唛头，由于集装箱外表上不刷唛头，因此集装箱提单上也无唛头。但在零星小宗货并箱时，因箱内装有数个发货人的货物，要分交数个收货人，为了防止错提货物，便于收货人领取，因此箱中的零星货物，每件应刷上唛头，集装箱提单上要打明有关唛头、品名、数量与普通提单同样办理，以便目的地的船公司代理人拆封后，凭以核对，将零星货物交给有关收货人。

四、不可转让的海运提单

不可转让的海运提单（Non - Negotiable B/L)，是承运人收到货物后出具的货物收据。这种海运提单仅仅是作为海上运输合同的证明单据和货物收据，不是物权凭证，所以不能凭以提货，不可流通转让。船公司向收货人交货时不必要求提交单据，货物到达港口后就可通知收货人提货。它的功能和性质与空运单据类似，在格式上，除了注明为“不可流通转让提单”外，与一般的海运提单相同。

不可转让海运提单不是物权单据，因而不能做成指示式抬头“To order”或“To order of ×××”，而应做成记名式抬头，其他内容填写同海运提单类似。

由于不可转让海运提单不是物权凭证，对受益人、银行等较为不利，因此，在实务中较少使用。

五、租船合约提单

租船合约提单是指船方根据租船合同签发的提单，简称“租船提单”。

（一）租船运输的种类

租船运输与其他运输方式相比，最突出的特点是运量大、单位运输成本低，是目前仅次于班轮的常见的运输方式之一。它通常适用于大宗货物、散装货物、整船的运输，如粮食、饲料、矿砂、煤炭、石油、化肥、木材、水泥等大都以租船运输。

租船运输是相对于班轮运输而言的另一种船舶营运方式。它与班轮运输不同，没有预订的船期表。航线、停靠港口也不固定，须依据船舶所有人和承租人双方签订的租船合同安排船舶就航。因此航线、运输货物的种类、航行时间等都根据承租人的要求，由船舶所有人确定，运费或租金也由双方根据租船市场行情在租船合同中约定。目前，国际上使用的租船方式主要有：

1. 定程租船

定程租船（Voyage on Trip Charter），是以航程为基础的一种租船方式，又称航次租船。在这种方式下，船方必须按照租船合同规定的航程完成货运任务，并负责船舶在经营管理，以及船舶的航行中的一切费用（包括船员工资、港口的使用费、代理费、船用燃料等费用）。租船人按约定支付租金。由于定程租船方式对租船人方便易行，所以它被普遍采用，成为租船的基本形式。定程租船按运输形式不同，可分为单程租船、来回程租船、连续航次租船、包运合同租船等。

定程租船的特点是：

（1）船舶的经营管理由船方负责；

（2）船方除对船舶航行、驾驶、管理负责外，还应对货物运输负责；

（3）规定一定的航线和装运的货物种类、名称、数量以及装卸港；

（4）规定一定的装卸期限或装卸率，并计算滞期速遣费；

（5）在大多数情况下，运价按货物装运数量计算；

（6）船租双方的责任义务，以定程租船合同为准。

2. 定期租船

定期租船（Time Charter），是由船舶出租人将船舶租给租船人使用一定期限，在此期间内，租船人自行调度和经营管理，租金按全日历月、全载重吨金额计算。租船期限可长可短，有的长达20年，也有的仅几个月或以完成一个航次货运任务的时间为限。

定期租船的特点如下：

（1）定期租船支付的租金是按船舶的载重吨计付的，不是运输成本。因此租金不能直接表现为货物的运输成本，而必须通过对各种费用开支的计算才能算出运输成本。

（2）对租船人来说，定期租船有更多的灵活性，如可以根据货运需要，任意选择航线。

（3）船方只负担少数几项船舶营运费，如船员工资、船舶维修和船壳机器保险费。至于其他开支如装货、理舱、平舱、卸货等费用都由租方负担。

（4）租方必须了解船舶的性能和质量，船舶的配置，特别是船舶的起货设备、货舱的结构和布局是否适合装货，船舶的运行速度和耗油量是否符合需要并达到经济的效果；同时，租方须具备基本航海知识和配载技术，以便协助船长做好货物的装载，充分利用载货舱位；在船舶运行过程中，租方还要做好加油计划，掌握航行动态等。由于定期租船的技术性强、工作量大，所以除非特别需要，一般货主不愿采用此种方式。

3. 光船租船

光船租船（Demise Charter），是定期租船的变种。它与定期租船不同的是，船东不提供船员，仅仅将船只交给租方使用，由租方自行配备船员，负责船舶的经营管理和航行各项事宜。对船东来说，一般不放心把船交给租船人所雇用的船员支配、管理；而对租船人来说，由于雇用和管理船员工作复杂，也不愿采用这种方式，因此光船租船在租船市场上较少采用。

（二）租船合约的主要内容

在租船业务中，为了明确各自的义务和责任，船舶出租人和承租人按照自愿的原则达成协议，签订合同。租船合同内容涉及范围广，条款众多。以定程租船为例，其合同的主要条款，一般包括：

1. 租船合同的当事人、船名及船旗

当事人是任何合同必须明确的，租船合同也不例外。船名及船旗是租船合同的重要条件，若合同已确定船舶名称，船东不得要求租方接受其他的船舶；若原订船只在装货前灭失，则合同到此终止。船旗涉及租船国别政策，因此，在一般情况下，未经租方同意，租船合同订明的船旗不得更改。

2. 货名描述

租船合同通常明确规定承运的货物种类、货物名称、包装，此外，还规定装运的数量、船舶装载量，并规定有5%～10%的上下浮动幅度（即溢短装）。租方必须保证满载，如果没按约定的数量足额装船，须向船方支付空舱费。

3. 装卸港

合同必须注明装卸港，一般还包括安全港口、就近条款、安全泊位等。

4. 受载日和解约日

受载日是租方可以接受船舶的最早装货日期，解约日则是租方可以接受船舶的最晚装货日。从受载日到解约日为船舶受载期，在这个期间，船方必须准备好船只，租方必须按时装货。

5. 运费

运费有运费率（即按所载货物的每单位重量或单位容积确定费率）和整舱包价（即按提供的船只确定整船运费）两种。

运费是根据市场运费行情、货物的品种（货价高的、难运的，运费高，反之则低）、装卸率（装卸率高，运费就低，反之则高）、装卸费由谁负担（船方担负多，运费就高，反之则低）、运费支付方式（运费预付的，订得低，到付的就高）、港口费用（港口费用高，运费就高，反之则低），以及有无其他需船方负担的特殊费用等而定，较为复杂。

运费的计算，租船合同中须明确规定以货物的哪个重量为依据，因为货物在运输的不同阶段，重量是有差异的。一般有两个数据，一是装入量，即由发货人在装货港提供、载入提单并经船长核实后签字的重量；二是卸出量，即由收货人在卸货港对货物称重后确定的重量。

运费的付款方式，一般有两种：一是运费预付，可全部预付，也可部分预付。这种方式对租船方而言，风险较大，因为美国等一些国家的法律规定：预付的运费不管船、货是否灭失，船东概不退还。二是运费到付。在此条件下，对船东风险较大，若船、货中途灭失，租方就没有付运费的责任，船东只能自行承担运费损失。

运费由谁承担，有的租船合同明确规定租方支付，但也有的并不规定由谁支付运费。因为复杂的贸易关系往往不能在签订租船合同时就予以明确。从理论上而言，运费可以由租方付，也可以由发货方付或由收货人付，这要根据贸易关系来定。就船东而言，所关心的是保证运费按时收到，因此若租船合同规定预付运费，在运费收到之前，不会签发运费付讫提单，若没有收到预付运费，则将在提单上注明"运费按××租船合同支付"，然后释放提单。在这种情况下，船东万一收不到运费，可根据提单要求，请收货人按租船合同支付运费。对于到付运费，亦是如此。

6. 装卸费用的划分

装卸费用的划分主要有三种：

（1）以船边作为划分费用的分界线。这种方式一般只能用于装卸包装货或木材，而不适用散装货。在这种条件下，船方负担装卸费，即所谓"Gross Terms"，租船方把货物送到船边或船上吊钩所能到达的地方，然而才是船方的责任，将货物从船边吊装进舱并平整地码好；卸货时，船方的责任是用船上吊钩把货物从舱内吊起，越过船舷卸到船边，然后由租方或收货人将货物运离。

（2）船方不负担装卸费，即所谓“Free In and Out”简称“FIO”。在这种条件下，船方不承担装卸费用。采用这种方法是因为现在散货的装卸作业越来越多地使用岸上机械化和自动化的工具，如岸吊、喷管、传送带等。货物可以从岸上仓库直接装船，或从船舱直接入库。散货租船，大多采用这种装卸方法。使用FIO条件还要明确理舱的费用由谁负担。通常在FIO条件下，都规定由租方承担，即“FIOST”。

（3）船方负责装货但不管卸货，即“Free Out”简称“F. O”，或船方管卸不管装，即“Free In”简称“F. I”。

7. 许可的装卸时间和滞期费、速遣费

对船东来说，一个货运船程需要多少时间，直接关系到其经营船舶的效益。由于船只每天开支大，在运输过程中即使浪费一天，其损失也较为可观，对于定程租船，运输的全过程占多长时间取决于装卸货和船舶运行占用的时间，而船舶运行时间由船东负责，装卸时间是船东控制不了的。因此，为了对它进行控制，租船时都要规定租方在多少时间内完成装卸作业，这就是许可装卸时间。

许可装卸时间的计算：表示时间的单位有多种，如连续日（Running or Consecutive Days），是指时间连续走24小时，其中没有任何扣除；工作日（Working Days），是指按港口习惯，属于正常工作的日子，因此星期日、节假日不算工作日；若工作日未明确几个小时算一个工作日，则按港口习惯计算；好天气工作日（Weather Days），是指既是工作日又是好天气；如果工作日遇上了坏天气，使装卸作业不能正常进行，则这一天不予计算；还有连续24小时好天气工作日等。

若租方不能在租船合同规定的许可时间内完成装卸工作，而使船舶继续停泊，对于超过的停泊时间，租方必须向船东支付罚金，以补偿船方因船舶延长停泊时间所遭受的损失。这种罚金称为滞期费。若租方提前完成装卸，缩短船舶停泊时间，船方对此缩短的时间付给租方奖金作为报酬。此种奖金称为速遣费，通常是滞期费的一半。

8. 绕航

定程租船合同中都通常规定船舶不得离开正常航线，否则将被认为是绕航，对此船方须承担违反合同的重大责任。但为了实际需要而离开规定航线（如为救助海上遇险船舶、生命、财产，或避开海上特殊风险等），则属于合理绕航。

9. 租船人责任的终止

租船人责任的终止，是租船人为限制自己责任范围而订的条款。通常规定当货物装上船舶，船方签发提单时起，租船人与船方之间的相互关系即告终止。也就是说，租船人的权利与义务，一俟提单签发即通过提单转给了买主或收货人或提单持有人，租船人责任即告终止。

10. 留置权

留置权是保证船舶出租人收到应收运费、空载运费和延期罚款的条款。若出租人未能收到上述款项时，船方有权扣留所载货物。

此外，定期租船合同的主要条款，还有关于船舶规范的描述、使用范围和航行区域、租期、交船、租金、停租、转租、还船等。

（三）租船合约提单

1. 租船合约提单与海运提单的主要区别

租船合同是船、租双方订立的，有关当事人之间权利与义务的运输契约。它和提单不同，后者是一种已经收到货物的收据，是代表货物所有权的物权凭证，同时又是一种运输契约的证明。因此，在租船运输条件下，当货物装船后，承运人必须向托运人另外出具提单，即租船合约提单。租船合约提单与海运提单有共同点也有不同之处：

（1）当租船人即是货物托运人时。当租船人即是货物托运人时，由承运人（船舶所有人）所签发的提单仅是物权凭证和货物收据。在提单中往往注有“根据×××租船合约出立”等文句。显然它受到租船合约的约束。这种提单不能成为一个完整的独立文件。承运人和托运人双方权利与义务的划分均以租船合同为准，而不是以提单为准；一旦发生货损，均按租船合同的有关规定作处理，而不按提单条款；解决双方争议与索赔的依据是租船合同而不是提单。

（2）当租船人将租船提单背书转让给第三者时。当租船人将租船提单背书转让给第三者时，租船合同的权利与义务仍只对承运人和租船人而不对第三者具有约束力。因此一旦发生货损，解决船方与提单受让人之间关系准则的独立法律文件，以及解决争议与索赔的依据是提单，而不是租船合同。提单受让人可凭提单向船方交涉。而船东在提单内的责任大于租船合同内的责任，因扩大部分所引起的船东给提单受让人的赔偿，船东有权凭租船合同向租船人请示偿还。

（3）当租船人租船后。当租船人租船后，以承运人的身份为他人运货或部分为他人运货，根据租船合同，由船东签发提单时，船东、租船人以及提单持有人三者之间责任的划分也同上述（2）。

（4）若租船人以承运人身份接受托运人货物。若租船人以承运人身份接受托运人货物，并签发自己的提单，不列明“按租船合约办理”文句，此种提单不能视为租船提单，而在这种情况下，提单成为解决租船人（承运人）与托运人之间争议与索赔的法律依据。如发生货损，托运人应找租船人交涉，双方的权利与义务以租船人签发的提单为准。租船合约在租船人和托运人之间亦不能产生效力。

租船合约提单通常是简略式提单。这种提单只列有货名、数量、船名、装船港、目的港等必要项目，背面无详细条款，但提单上批注了“一切条款、条件和免责事项按租船合同”，“根据×××租船合同签发”等类似文句。租船提单有的是专有格式，也有的是一般的提单格式，签发时加注“根据×××租船合同签发”文句。

2. 租船合约提单的主要内容

（1）注明合约。提单上一般载有“以租船合约为准”、“根据×××租船合约签发”，或“一切条款、条件和负责事项按租船合约”。

（2）装船批注。应表明货物已装船或装具名船只，不应出现“拟”、“预期”船名。已装船或装于具名船只可以是提单上预先印就的文字，表明货物已被装上具名船只，在这种情况下，提单的签发日即被认为是装船日；若装上具名船只，是通过提单上加“已装船”及装船日期的批注方式来证明，则注明的已装船日期将视为装运日期。

（3）装运港和卸货港。提单上的装运港和卸货港应为信用证规定的装运港和卸货港，不应出现“拟”或“预期”的装运港、卸货港。

（4）租船合约提单的签署。可由船长、船东或他们的具名代理签发。

另外，租船合约提单无须表明承运人的名称；不应出现转运的情况；在信用证业务中，除非信用证要求租船提单或另有规定，银行不接受租船合约提单。

3. 租船合约提单对主要当事人的风险

（1）对出口方，不易掌握货物所有权。由于租船提单不是一个完整的独立文件，要受租船合同的约束，提单上的记载如与租船合同有抵触，原则上属无效。

（2）开证行的风险较大。租船合约提单，对开证行而言风险较大，特别是在出口方租船的情况下，船在大海中航行，在哪里停靠完全任由租船方确定。另外，提单受约于租船合约，不易掌握。

（3）对进口方也有风险。在出口方租船的情况下，租船合约提单对收货人，即信用证业务中的申请人、进口方，也即提单的持有人而言，也有风险，收货人在接受转让的提单后，并不了解租船合同的全部条款，而一份按租船合约签发的租船提单，租船合同条款已结合到提单中。收货人应特别注意租船合同中的责任终止和留置权条款。这两个条款载明“租船人的责任在装船后终止，承运人对货物、运费、空舱费、滞期费和延期损失有留置权”。在租船提单项下，租船人的责任终止后，承运人可向收货人收取滞期费、空舱费等。

六、多式联运单据

多式联运单据，是指按照多式联运合同，以至少两种不同的运输方式进行联运的单据。它要求由多式联运经营人将货物从一个国家或地区的接管货物的地点运至另一个国家或地区被指定的交付货物的地点。

（一）多式联运的主要特点

1. 有一个多式联运合同

多式联运合同明确了多式联运经营人和托运人之间的合同关系和多式联运的性质。多式联运经营人负责货物全程运输并收取全程运费是多式联运合同的两个主要标志。

2. 两种或两种以上不同运输方式的连贯运输

多式联运必须是两种不同的运输方式的组合。海海联运、空空联运，由于它们是同一种运输方式，因此不属于多式联运；而海陆联运、陆空联运等，尽管是简单的组合，却符合多式联运的基本要求。因而确定是否属于多式联运，“不同运输方式的组合”是一个最基本的条件。

3. 国际间的货物运输

国际间的货物运输，也就是说货物必须是跨越国境的一种国际间运输。如一国范围内的货物运输，即使是由两种或两种以上不同运输方式组合而成，并符合多式联运的其他条件，也不能视之为国际多式联运。

4. 使用全程多式联运单据

这种单据能证明多式联运合同以及证明多式联运经营人接管货物并负责全程运输，最后按照合同条款交付货物。

5. 必须由多式联运经营人全程单一负责

所谓多式联运经营人，是指订立多式联运合同的当事人。它在联运业务中对货主负有履行合同的责任，并承担自接管货物起到交付货物时止的全程运输责任，以及对货物在运输途中因灭失损坏或延迟交付所造成的损失负赔偿责任。由于这种运输须在国际间或区际间以多种运输方式来完成，因此很少可能同一个联运经营人自己承办全程的实际运输。为了履行多式联运合同规定的运输责任，多式联运经营人可以自己办理全程中的一部分实际运输，而把其他部分运输以自己的名义委托有关区段的运输承运人办理。多式联运经营人也可能自己不办理任何部分的实际运输，其本身并没有掌握运输工具，而只是组织别人来承担全程各段的运输任务。由于这类多式联运经营人不掌握或只掌握少量运输工具，实际运输均委托有关运输承运人办理，因此国际上称这类多式联运人为“无船公共承运人”（Non-Vessel Operating Common Carrier，NVOCC）。日本的通运株式会社、美国的联合货运公司都属这类无船公共承运人。在实务中，“无船公共承运人”不仅仅指船舶而言，而是泛指本身不掌握运输工具，也不从事实际运输的所有多式联运经营人而言。国际上多式联运经营人一般都是规模较大、实力较强的企业，它们与贸易、运输各界有着广泛而密切的联系，并且在世界重要商业中心、大城市、大港口一般都设有分支机构或代理，因而具备有利条件承办国际多式联运业务。

多式联运经营人的责任是从接受货物之时起到交付货物时为止。在此期间，对货主负全程运输责任，这是多式联运的主要特征之一。

6. 实行全程单一的运输费率

多式联运经营人在对货主负全程运输责任的基础上，制定了一个从货物发运地至目的地的全程单一费率并一次向货主收取。这种全程单一费率是与多式联运经营人按合同规定所负的全程运输责任相一致的。这也是多式联运的特征之一。

（二）多式联运的优越性

多式联运具有比传统单一运输方式无可比拟的优越性。

1. 责任专属、手续简便

在多式联运方式下，无论全程运输距离多么遥远，无论需要使用多少种不同运输工具，也无论沿途装卸转换手续多么繁杂，一切运输事宜均由多式联运经营人统一负责办理。而托运人也只要办理一次托运手续，支付一笔全程运费，取得一份联运单据就已履行全部必要手续，由于责任专属，一旦发生问题，只要找多式联运经营人即可解决问题。

2. 可降低运输成本

多式联运是直达连贯运输，可节省运费及货物包装费用和降低保险费用。在信用证业务中，对出口方受益人而言，货物装上第一程运输工具就可取得单据，交银行议付或办理买断业务，有利于加速资金周转。

3. 可减少中间环节，缩短货运时间，减少货运损失

多式联运通常是以集装箱为媒介的直达连贯运输，货物从发货人仓库封箱装船后直运至收货人仓库交货，中途无须拆箱和捣载等一系列繁杂操作，减少了中间环节。即使经多次换装，也都是使用机械装卸，并不触及箱内货物，使货物受损或被盗事故大为减少，能较好地保证货物安全和货运质量。此外，由于连贯运输，各个运输环节和各种运输工具之间的配合密切、衔接紧凑，从而缩短在途中滞留时间，加速货运周转。

（三）多式联运单据的主要内容

在多式联运方式下，使用的是多式联运单据。多式联运单据由多式联运经营人签发，经营人和托运人之间的权利与义务以多式联运合同为依据。而多式联运单据相当于经营人接管货物的收据。因此，多式联运单据如果以可转让的方式签发，它除了作为运输合同、货物收据外，还是物权凭证。多式联运单据可以作成记名式单据，在这种情况下，多式联运单据的作用仅为运输合同和货物收据。多式联运单据的主要内容如下：

（1）名称，通常有多式运输提单（Multimodal Transport Bill of Lading）、联合运输单据（Combined Transport Documents）、联合运输提单（Combined Transport Bill of Lading）等。

（2）表明货物已发运、接受监管或装船，若多式运输单据上注有发运日、监管日或装船日，则该日期可视为装运日，否则签发日将被视为装运日。

（3）运输单据上表明的船名、装货港、卸货港前可以有“拟”、“预期”等类似字样。

（4）监管地及最终目的地可以与信用证规定的起运港、装货机场、装货地、卸货港、卸货机场或卸货地不同。

（5）在信用证业务中即使信用证规定禁止转运，当同一运输单据包括全程运输时，表明货物将被转运的多式运输单据也将被接受。

（6）签署。多式联运单据应由承运人或多式联运经营人或船长或他们的具名代理签署。

七、空运提单

（一）航空运输方式的种类

航空运输是一种现代化的运输方式。它与海洋运输、铁路运输相比，其最大的优点是快捷。它最适宜运送急需物资，时令商品，鲜活、易腐货物和

贵重物品。空运货物由于周转快，商品库存可以相应减少，仓储、保险费用因而降低，尤其对贵重物品，可以减少资金占用。航空运输主要有班机运输、包机运输、集中托运三种方式。

1. 班机运输

班机运输，是指利用定期的航班运送货物。班机航线固定，定期开航，发货人、收货人可确切掌握发运和到达的时间。因此，贵重货物，鲜活、易腐货物以及时令商品通常利用这种运输方式。

2. 包机运输

包机运输，是指包租整架飞机或由几个发货人联合包租一架飞机运送货物。大宗货物通常利用包机运输方式，根据运量大小，可以包租整架飞机或部分舱位。因此，包机可分为整包机和部分包机两种形式。部分包机适用于多个发货人但货物到达则是同一地点的货物运输。包机运费一般是随行就市，较班机运费便宜。

3. 集中托运

集中托运，是指航空货运代理接受委托，将若干批单据发运的货物拼装后组成一个整批，集中向航空公司托运。货物到达目的地后，由航空货运代理公司委托当地的代理人负责收货、报关并分发给各实际收货人。在集中托运方式下，办理拼装货物的航空货运代理，在收到货物时，签发给发货人的是“分运单”（House Airway Bill），而承运人收到航空货运代理的拼装货物后，签发的是“总运单”（Master Airway Bill）。由于集中托运方式的运价比班机价低 10% 左右，因此发货人较愿意将货物交航空货运代理办理运输事宜，而不直接交给航空公司发运。

（二）空运提单的主要内容

空运提单，是指在航空运输方式下，由承运的航空公司或其代理人签发的运输单据。航空运单是承运人与托运人之间的运输合同的证明，也是承运人向托运人出具的货物收据，但与海运提单不同，航空运单表明的只是承运人收到货物，而不是已装上飞机。另外，在空运方式下，由于收货人不是凭空运提单提货，而是凭航空公司的到货通知提货，因此，航空运单不是物权凭证，不可流通转让。空运提单的主要内容如下：

（1）空运提单的名称。

（2）发货人名称及地址。发货人一般为卖方，或在信用证业务中的出口方，即受益人。

（3）收货人名称及地址。收货人一般为买方，或在信用证业务中的进口方，即开证申请人。在实务中，特别是在信用证业务中，有的也要求作成银行指示或发货人指示抬头。虽然由于空运提单不是物权凭证，作成如此抬头无多少实际意义，但信用证讲究的是“表面的一致性”，因而此项要求必须得到满足。

（4）货名描述。货名描述，包括货物的名称、数量、包装、价值、运输唛头等。

（5）表明起飞机场和目的地机场。

（6）注明运费付款情况。在大多数情况下，通常为“运费代收”（Freight Collect）或“在目的地支付运费”（Freight Payable at the Destination）。在实务中，也有少数注明为“运费已预付”（Freight Prepaid）或“运费已付”（Freight paid），在这种情况下，通常还应注明支付运费的货币币种及具体的运费金额。

（7）装运日期。通常视运输单据的签发日期为装运日期，但对航空运货而言，若在信用证业务中，要求空运提单注明实际装运日期，则需在运单上明确表明该实际装运日期；“仅供承运人使用”栏中注明的航班日期不能作为实际起运日；在其他情况下，则签发日可视为装运日。

（8）签署。空运提单的签署要求类似海运提单，应注明承运人名称，并由承运人或其具名代理签发，这在实务中往往被疏忽，在信用证业务中，因空运提单未注明承运人名称的拒付案例较多。

（9）空运提单的份数。空运提单一般出具 12 份，其中第 1～3 联为正本，分别注明：Original 1. For the carrier（交承运人）；Original 2. For the consignee（交收货人），一般随货物同行，货到目的地后，由航空公司或其代理交收货人；Original 3. For the shipper（交托运人）。第 4～9 联为副本，分别给有关运输部门。第 10～12 联为附加副本（Extra Copy），特殊需要时使用，因此，在实务中，即使有的信用证规定“全套正本空运提单”或类似的词语，提交给银行的也只能是给发货人的第三联正本提单（Original 3. For the shipper）。

（10）转运。转运是从起飞机场到目的地机场的运输过程中，货物从一架飞机卸下再装上另一架飞机。在信用证业务中，当同一空运单据包括全程运输时，即使信用证规定禁止转运，表明转运将要发生的空运单据也可接受。

此外，有的空运提单还印有背面条款，通常包括托运人和承运人双方各自的责任、权利和义务等内容。

八、铁路、公路运输单据

（一）铁路、公路运输简述

1. 铁路运输

铁路运输，是指利用铁路进行运输的一种方式。铁路运输的优点是运输量较大，速度较快，风险较小，而且不易受外界环境、天气变化的影响。国际铁路运输的特点是，在两个或两个以上国家之间的铁路运输中，使用一份运送单据，以连带负责的方式办理货物的全程运送，由一国铁路向另一国铁路移交货物，无须发货人和收货人参与。国际铁路运输有整车、零担、集装箱、托盘和货捆等几种运输方式。

我国内地向港澳地区的出口货物，经铁路运往该地区的不属于国际铁路联运，而属于国内铁路运输的范畴，但又不完全同于国内一般铁路运输，它由中国对外贸易运输公司和香港中国旅行社共同组织运输。在实务中，至中国香港的铁路运输首先按国内运输办理，货到深圳后，由外运深圳办事处办理过轨手续，再由香港中旅社负责运往九龙。由于国内铁路与九龙铁路当局没有货运直接通车协议，各内地铁路运往香港的货物不能像国际联运那样，由始发站铁路承运人负责全程运输。这样，国内铁路只能提供国内运单，从深圳到香港再另出具运单。特殊的运输方式带来了办理结算的困难。由此，产生了由外运公司以承运人身份签发的货物经深圳转运至香港的“承运货物收据”。货物被运去澳门的，则由内地发运至广州，在广州办理中转运入澳门。

2. 公路运输

公路运输，是指利用公路进行运输的一种方式。它是陆上运输的重要运输方式之一。公路运输的特点是简捷方便、机动灵活，可深入到有路可通的各个角落，对短途货物集散和边境贸易，比其他运输方式有更大的优越性。它又是其他运输方式都得依赖的配套运输方式，如铁路车站、港口码头和航空机构的货物集散，都离不开公路运输，尤其在实现“门到门”的运输中，其重要性更为突出。公路运输的缺点是载量小，不宜装载重件、大件货物和长途运输；车辆运行中，震动较大，易造成货损；另外费用成本较海运和铁路运输为高。

我国与邻国朝鲜、缅甸、尼泊尔等国均有公路相通，与这些国家的进出口货物，可以经由国境公路运输。

（二）铁路、公路运输单据的主要内容

我国的国际铁路运输业务使用《国际货协》的统一铁路运单。铁路运单一式两份，发货人在托运货物时须填写一式两份的运单，签字后交发运站，由发运站加盖戳记，即作为运输合同的证明。运单正本随货同行，运至目的地，作收货人提货通知，在收货人付清运单所载的一切应付费用后（运单背面详细记载向收货人核收运杂费事项），铁路将货物连同运单一并交给收货人。铁路运单由发运站加盖戳记，也即作为铁路收到货物的收据，托运后，运单副本退还托运人作收据，托运人凭运单副本收款，在货物到达目的地以前，只要托运人持有运单副本，就可指示承运人停运或将货物运给另一收货人。可见铁路运单是运输合同和货物收据，同时它还是铁路在终点向收货人收取运杂费和点交货物的依据，但铁路运单不是物权凭证，不能流通转让。

在公路运输方式下，卡车收据的性质、作用与铁路运单相同。

我国对港澳的铁路运输多委托中国外贸运输公司承办，由该公司签发承运货物承运收据（Cargo Receipt）。货物承运收据的性质作用与海运提单相仿，既是货运双方运输合同的证明和承运人收到货物的收据，又是物权凭证，货物到港后，收货人凭以提货。

承运货物收据既适用于对港澳地区的铁路运输，也同样适用于轮船、公路、卡车和飞机等单种运输或多种联合运输。主要内容如下：

1. 发货人名称及地址

一般为卖方，或在信用证业务中的出口方，即受益人。

2. 收货人名称及地址

收货人一般为买方，或在信用证业务中的进口方，即开证申请人。在实务中，特别是在信用证业务中，有的也要求作成银行指示或发货人指示抬头。虽然由于铁路、公路运单不是物权凭证，作成如此抬头无多少实际意义，但信用证付款的依据是表面的“单证一致”，因而此项要求必须得到满足。

3. 注明起运地及目的地

对铁路运单，如是向未参加《国际货协》的国家运送货物，应填写参加《国际货协》最后过境的出口国境站，并在该站后填写“由铁路继续办理转运送至×××铁路×××站”（填写最终到达站）。对承运货物收据，因运往港澳货物都须经过深圳，故应写明“Via Shenzhen”字样。

4. 注明货物已收妥待运

若运单上有收货印戳，则收货日期即是装运日，否则签发日期为装运日，而无论运单上是否注明装车日期。

5. 货名描述

货名描述，包括货物的名称、数量、包装、价值、运输唛头等。

6. 注明运费付款情况

可以是“运费代收”或“运费已付”等。

7. 签署

应注明承运人名称，并由承运人或其具名代理签发。

8. 正本份数

运单上一般不注明正本份数，以卖方提交的运单为准，运单上也无正本字样。但在实务中，特别是在信用证业务中，若要求运单注明正本并要求注明正本份数，此要求必须得到满足，否则有可能招致开证行（或保兑行）的拒付。

9. 转运

转运，是指从装运地至目的地之间，货物从一种运输工具卸下转至另一种运输工具。在海运和空运的情况下，转运是指同一运输方式内货物被转运，但陆运的转运是指不同的运输方式的转运，因为在陆运方式下，同一模式的运输的转运是正常的。如货物以货车付运，该货物在运至边境时需要转装至另一国的货车，以继续行程。在信用证业务中，只要同一运输单据包括全程运输和使用同一种运输方式，即使信用证规定禁止转运，表明转运将发生的铁路、公路或内陆水运运输单据也将被各方接受。

九、快邮专递和邮寄收据

（一）邮政运输简述

利用邮政渠道运输货物是一种较简便的货运方式。卖方只要按照合同规定将出口货物向邮局办理投寄手续，取得邮政收据即可。

邮政运输范围广，凡通邮地点，邮包均可到达。邮包外加邮袋，封袋运输，可防偷窃，安全性较高。但受邮袋的限制，一般只适用于寄少量的小件物品、样品等。

传统的邮政包裹分普通包裹、航空包裹和保价包裹三种。普通包裹用水、陆路运输方式运送；航空包裹用飞机运送，速度可以加快，凡包裹价值较高者，可按保价包裹运送；保价包裹除收取普通包裹邮资费或航空包裹邮资费外，另加收保价费和保价手续费。快邮和专递方式，由快邮服务公司办理。

（二）邮寄、快递收据

邮包收据是邮局核实所寄货物重量并收费后签发给寄件人的收据。快邮收据则是由快邮服务公司核实所寄货物重量并收费后签发给寄件人的收据。收据签发后一份随寄物品一并发往目的地，然后由目的地邮局或快邮服务代理向收件人发出取件通知取件或由快邮服务公司递送。另一份交寄件人向银行办理议付，因此，邮包收据、快邮收据不是物权凭证，其主要内容如下：

（1）名称。明确表明单据的名称，单据的名称应使用正确，在信用证业务中，若要求邮包收据，不可以以其他收据代替。

（2）详细列明寄件人、收件人的名称、地址。

（3）表明寄件物体的名称、价值等。

（4）加盖邮戳或以其他方式证实，注明邮局名称或快邮服务公司名称。

（5）注明的印戳日期可视为装运日。

（6）在同一日期内，可根据需要分成若干邮包寄送，在信用证业务中，只要邮寄收据上的邮戳是同一日期，即使信用证规定不能分运，也不能视为批装运。

十、运输行出具的运输单据

运输行（Freight Forwarder 或 Forwarder Agent），是指自身并无运输工具，只是经营货物的打包、报关、仓储、内陆运输等业务，并为货主提供代办托运，代为报关、提货等与运输有关服务的企业。

运输行给托运人签发的运输单据，通常是说明运输行将根据约定，将货物发至目的地的货物收据。运输行只对货物在其管辖期间的货物负责，而对货物在运输中由实际承运人管辖时发生的损失不负责，对收货人而言，风险很大。因此，运输行出具的单据不容易被收货人和银行所接受。

近年来，由于国际贸易项下货物运输行业的发展，如集装箱、滚装船、大型拖车等工具进行海、陆、空等国际联运方式的不断发展，运输行的实力、服务有了进一步的提高。“无船公共承运人”（NVOCC），本身并不拥有船舶，但对托运人的货物从其始发地至最终目的地的全程运输，包括对海上运输负全部责任。它负责协调使货物顺利地运送到目的地，不让托运人遭受可能由于铁路运送人、拖车运输公司、航运公司等的相互脱节而造成的货物滞误风险。因此，运输行出具的运输单据越来越多地被贸易双方所接受。

在信用证业务中，根据《跟单信用证统一惯例》（国际商会第500号出版物），有条件地接受了运输行出具的运输单据，其条件是：

（1）注明作为承运人或多式运输营运人的运输行的名称，并由作为承运人或多式运输营运人的运输行签字或以其他方式证实。

（2）注明承运人或多式运输营运人的名称，并由作为承运人或多式运输营运人的具名代理或代表的运输行签字，或以其他方式证实。

第五节　保险单据

一、国际货物运输保险

在国际贸易中，货物运输保险和货物运输一样，是国际贸易不可缺少的组成部分。就一笔具体的进出口交易而言，货物从卖方交至买方手中，都要经过长距离运输，多次装卸和储存，在此过程中，货物可能遇到自然灾害或意外事故，从而使货物遭受损失。货主为了保障货物一旦发生损失，可取得经济上的补偿，通常都要投保货物运输险，以达到转嫁风险的目的。

（一）价格条件与保险的关系

在货物运输中，是由买方还是卖方对货物投保，这取决于合同所订的价格条件。所谓价格条件是买卖双方就货物进出口所承担的费用、风险责任的划分和物权转移的界限。在国际贸易中，常用的价格条件有十三种，以使用最多的FOB、CFR、CIF三种价格条件为例。

在FOB船上交货条件下，卖方在货物于指定装运港越过船舷后，即完成其交货义务。这意味着买方从此时起将负担一切费用和货物灭失及损坏的风险。在CFR成本加运费条件下，卖方必须提供合同规定的货物，支付货物运至指定目的港所必需的运费，但货物交至船上之后的灭失或损坏的风险，以及因故而发生的任何额外费用，则自货物越过在装运港的船舷时起即由卖方转移给买方。为此，在FOB和CFR条件下，买方为自身的利益考虑，将对货物投保。

在CIF条件下，卖方除负有CFR条件下同样的义务外，还必须就运输中买方负担的货物灭失或损坏的风险对货物投保，这是卖方对买方的义务。因此，在具体的进出口业务中，无论以何种价格条件成交，都存在一个保险问题，区别仅在于由卖方还是由买方办理。

（二）海洋运输货物保险责任的起讫

保险责任起讫，也称保险期限，海洋运输货物保险起讫期限的主要规定是仓至仓条款，即保险责任从远离保险单所载明的起运港的发货人仓库或储存处所时开始，直到货物运送到保险载明的目的地的收货人仓库或储存处所为止。一旦货物进入收货人仓库，保险责任即告终止。

保险人对仓至仓责任的承担是对被保险人而言的。因此，如果进口货物以CFR或FOB等价格条件成交时，买卖双方对货物的风险转移以在装上船为准。在这以前一切风险由出口商承担，对进口商来说，还不具有保险利益。因此，进口方投保的进口运输货物保险时，尽管仓至仓条款亦可适用，但保险人的实际责任是从货物装上船时开始。

（三）常见的保险险别

保险的险别是保险人与被保险人履行权利与义务的基础，也是保险公司承担责任、被保险人缴付保费的依据。海洋运输货物保险是最主要的保险，其险别也很多，根据保险公司的习惯，海上货运保险通常可分为基本险和附加险两大类。

1. 基本险

基本险是保险人对保险标的物所承担的最基本的保险责任，也是可以由被保险人选择而单独投保的险别。基本险可分为平安险、水渍险和一切险。

（1）平安险（Free from Particular Average），简称F. P. A.。其英文原意为“单独海损不赔”。平安险的责任范围较为狭小，主要包括：

①被保货物在运输途中由于恶劣气候、雷电、海啸、地震、洪水等自然灾害造成整批货物的全部损失或推定损失。

②由于运输工具搁浅、触礁、沉没、互撞与水流或其他物体碰撞以及失火、爆炸等意外事故造成货物的全部损失。

③在运输工具已经发生搁浅、触礁、沉没、焚毁等意外事故的情况下，货物在此前后在海上遭受恶劣气候、雷电、海啸等自然灾害所造成的部分损失。

④在装卸或转运时由于一件或数件货物落海造成的全部或部分损失。

⑤被保险人对遭受保险责任范围内危险的货物采取抢救、防止或减少货损的措施而支付的合理费用，但以不超过该批被救货物的保险金额为限。

⑥运输工具遭遇海难后，在避难港由于卸货所引起的损失以及在中途港、避难港由于卸货、存仓以及运送货物所产生的特别费用。

⑦共同海损的损失和救助费用。

⑧运输契约订有“船舶互撞责任”条款，根据该条款规定的由货方偿还船方的损失。

（2）水渍险（With Particular Average），简称W. P. A或W. A，也称“单独海损赔偿”，其承保范围包括了作为平安险不赔的单独海损部分、平安险承担的全部责任以及由于恶劣气候、雷电、海啸、地震、洪水等自然灾害所造成的部分损失。

(3) 一切险 (All Risks)。一切险的责任范围除包括“平安险”和“水渍险”的所有责任外，还包括了货物在运输过程中由于外来原因所致的全部或部分损失以及十一种一般附加险，但不包括特别附加险，也不包括直接由于延迟或所保货物本质上的缺点和特性所导致的损失或费用。

2. 附加险

附加险是根据商品以及运输途中的各种情况而设立的特殊险种，供投保人选用。附加险通常分为一般附加险和特殊附加险。

(1) 一般附加险。它的各项责任都已包括在一切险的责任范围内。被保人可在投保平安险或水渍险之外，按照货物易损的特点投保若干附加险。一般附加险包括以下几种：

①偷窃提货不着险 (Theft, Pilferage and Non-delivery, 简称 T. P. N. D)，负责保险标的遭偷窃或在目的地整件货物短提的损失。

②淡水雨淋险 (Fresh Water Rain Damage)，包括遭受雨淋或其他原因的淡水入浸所致的损失。

③短量险 (Risk of Shortage)，一般是指袋装或散装货的重量短少的损失。保险人对这种损失习惯上要扣除正常途耗 (Normal Loss)、或自然损耗 (Natural Loss) 后赔付，扣除的幅度称为免赔率，通常在保单上订明。如对粮谷类扣除0.5%，对散装饲料扣除1%等。

④玷污险 (Risk of Contamination)，是指保险标的在运输途中混杂其他物质或污物所致的损失。

⑤串味险 (Risk of Odour)，是指保险标的由于受同舱装载的其他物品串味，如茶叶受到樟脑等异味的影响使品质受到损失。

⑥破损、破碎险 (Risk of Clash and Breakage)。破损主要是对金属、木质机械设备及器具等由于外来因素如碰击、受压等造成凹瘪、变脱、破损的损失，破碎则是指易碎品诸如玻璃器皿或陶瓷、瓷器等在运输途中受震、颠簸等造成破碎的损失。

⑦锈损险 (Risk of Rusting)，是指金属物品由于受到淡水雨淋或海水侵蚀而生锈所致的损失。

⑧受潮受热险 (Damage Caused by Sweating and /or Heating)，是指船舶在航行途中由于受到海事侵袭以致关闭通风设备或通风设备失灵致使舱内受潮发热而使货物受损。

⑨渗漏险 (Risk of Leakage)，是指流质或半流质的液体物由于容器发生

渗漏所致的损失。

⑩钩损险（Hook Damage），是指袋装、捆装或纸箱包装货物，由于装卸不当，被钩子钩损、钩破致使货物外漏的损失。

⑪包装破裂险（Loss and /or Damage Caused by Breakage of Packing），是指装于容器的粉、粒、块状物，因途中搬运装卸不当而使包装破裂导致的短少、玷污、受潮等损失。

（2）特殊附加险。特殊附加险不同于一般附加险，其风险超出通常的意外事故的范围。特殊附加险主要有以下几种：

①战争险（War Risk），是指由于战争或敌对行为、武装冲突以及由此引起的扣留、捕获、禁止等行为以及使用常规武器所造成的损失。由于使用核武器而造成的保险标的物的损失，不在该险别责任范围之内。海运战争险的险期只限于水面危险，即自货物装上海轮开始到卸离海轮即行终止。

②罢工、暴动、民变险（Risk of Strike Riots and Civil Commotions，简称 S. R. C. C.），是指由于罢工、暴动或民变人员的行动而使保险标的物受损。保险人通常对被保险人在投保战争险之外，兼加投保本险种而不另行加收保险费。

③交货不到险（Failure to Deliver），是指保险标的物自装船起算满六个月还未运抵目的地交货的损失。与提货不着险不同的是，交货不到险所涉及的不是由于运输过程中的遇到海难等原因造成的损失，而是由于政治上或外交上的原因造成的损失。如一个国家发布货运或强迫卸货等命令，致使收货人未能在装船后六个月内收到货物。

④进口关税险（Import Duty），有些国家规定不论进口货物是否完好运达，一律按发票所载数量、金额计征进口税。本险种即是对货物受损部分的进口关税负赔偿责任，但以不超过受损部分保险价值的一定百分比为限。

⑤拒收险（Rejection），是指被保险人对所保货物虽具备了有效的进口许可证，但货物仍被进口国港务当局拒绝进口或没收、销毁或强制改变用途而造成的损失，本险种即是对此种情况予以承保。

⑥黄曲霉素险（Aflatoxin），花生中往往含有很强致癌作用的黄曲霉素，因此，世界各国对花生及其制品的进口都有严格的限制标准，凡超过标准的，将拒绝进口，没收、销毁或强制改变用途，本险种即是对此情况予以承保。这是另一种原因的拒收险。

⑦舱面险（On Deck），海洋运输货物保险的责任对承保的货物以装载在

舱内为条件，但有些由于体积过大或易燃、有毒等原因只能装在舱面。本险种即是为此而设。

⑧货运港澳地区存舱火险责任扩展条款（Fire Extension Clause for Storage of Cargo at Destination Hongkong, including Kowloon or Macau，简称 F. R. E. C.），货运港澳地区如通过港澳区银行押汇的，这些货物往往存放在押汇银行指定的港澳地区仓库。有了这一条款后，在这段存仓期间的火灾损失也就包括在责任范围之内。这项责任的扩展，保障了押汇银行的利益，其责任从货运险责任终止时开始，到银行收回押汇款解除对货物权益时终止，但以运输险责任终止时起算满 30 天为止。

（四）保险条款

在实务中，使用最广泛的有两种保险条款：中国人民保险公司的《中国保险条款》及英国伦敦协会的“协会货物险条款”。

1. 中国人民保险公司的《中国保险条款》

中国人民保险公司的海洋运输货物保险条款是按照我国的实际情况，参照国际通常做法，于 1972 年制定的，并在 1976 年 1 月 1 日和 1981 年 1 月 1 日先后进行了两次修订，形成了《中国保险条款》（China Insurance Clause, 简称 CIC），已被国际上承认和接受。

2. 协会货物险条款

协会货物险条款（Institute Cargo Clause），是 1912 年由英国伦敦保险业协会制定，1963 年又被重新进行整理成一套伦敦协会货物保险条款。由于该条款是在“劳埃德船、货物保险单格式”（Loy's S、G）的基础上制定的，因而用词陈旧、晦涩难懂，难以为被保险人正确理解，也不适应日益发展的国际贸易对保险的要求。因此，经再次修订，于 1982 年 1 月 1 日颁布了伦敦协会货物保险新条款。新条款比较系统地叙述了承保范围、除外责任、保险期限、赔款、保险利益、减少损失、防止延迟、法律实施和一个附注，并分别以“协会货物险条款 A”、“协会货物险条款 B”、“协会货物险条款 C”，代替原条款中的“一切险”、“水渍险”和“平安险”条款。

目前，该条款被世界上绝大部分国家所使用。

二、保险单的主要当事人

保险单的主要当事人有保险人、投保人和被保险人。

（一）保险人

保险人，也称继承人，通常是保险公司（Insurance Company）或保险商

(Insurance Underwriter)。保险人在与投保人签订保险合同后享有按约定收取保险费的权利，并按保险合同规定承担发生事故后赔偿损失的责任。在各国，一般只有法人才被批准经营保险业务，以股份有限公司为最常见的形式，因此，一般称为保险公司。但在英国，允许自然人经营保险业务，英国的保险法规可以以劳合社承保人的形式，个体经营保险业。

保险业务中有时出现了保险代理或保险经纪人。保险代理（Insurance Agent），是指根据保险代理合同，以保险人的名义为保险人经营保险业务的人。保险代理的权限依代理合同而定，一般包括诸如签发保险单据、批改保险单据、收取保险费、检验货物、勘查理赔等。保险经纪人（Insurance Broker），则是指替保险人承揽业务，并得到佣金的中间商。他为投保人的利益，代投保人向保险人办理有关保险事宜，因此确切地说，实际上他是投保人的代理，他所处的地位就像运输上的运输代理行。

（二）投保人

投保人，一般是指对保险的标的具有保险利益、同保险人签订保险合同并负有支付保险费义务的人。所谓保险利益，就是对保险标的具有的权益。对保险标的的可保利益应符合三个条件：可保利益必须是合法的；可保利益必须是肯定的，对期待中的利益是可以实现的；可保利益必须具备能以货币来表示的经济价值。在进出口贸易实务中，投保人通常就是被保险人。

（三）被保险人

被保险人是受保险合同保障的人，他必须对保险标的有可保利益，因此，在保险标的发生保障事故，遭受损失后，有权向保险人提出索赔。一企业在订立合同时是投保人，保险合同一经成立，即成为被保险人。由于投保人和被保险人必须对保险标的有可保利益，因此，国际货运保险的投保人和被保险人必须是货主或收货人。

三、保险单的种类

在国际货物运输保险中，常见的保险单据有：

（一）保险单

保险单（Insurance Policy），是保险人与被保险人之间建立保险契约关系的正式凭证。其内容主要有：被保险人名称、保险货物名称、数量及标志、载货船名、投保险种、保险起讫地点；此外，保险单的背面还印有保险合同条款，包括保险人责任范围和除外责任，以及保险人和被保险人各自的权利、义务等详细条款。在进出口贸易实务中，保险单使用得最为广泛。

（二）保险证明

保险证明（Insurance Certificate），是简化了的保险单，一般仅列明保险单正面的主要内容，背面没有印就的保险合同条款，但与保险单具有同等作用。

（三）预保单

预保单（Open Cover）是保险人与被保险人双方为对长期连续装出的货物全部投保而预先签订的一揽子保险。这种保险合同的有效期一般是1～3年，英国最长为3年，也有按某一批货物从商品进口直到销售，或针对整个运输过程而签订的。合同规定了保险货物的范围、保险责任、险别、保险费率、每次出运货物的最高保险金额、货物估价和保险金额的确定方法等。凡属预保险规定范围内的货物，一经装船，保险公司即自动按照既定的条件予以承保，但被保险人应在得知货物装船后，立即以保险声明书（Declaration under Open Cover）的形式将该货物的名称、数量、保险金额、船舶的起运港、目的港、开航日期等通知保险公司。

预保单主要用于以CNF或FOB等价格条件成交的、由进口商办理保险的进口业务。因此在信用证业务中，若以CNF或FOB等价格成交，进口方开立信用证时，通常要求信用证的受益人在货物出运后，还须向其指定的保险公司发出保险声明（Insurance Declaration），通知出运货物的名称、数量、重量、金额、运输工具、开航日期，列明进口商名称及其预约保险合同号码，并要求将该声明书的副本作为单据之一提交银行议付。

（四）暂保单

暂保单（Cover Note），是一种非正式的保险单据，它只是表示即将订立保险合同的一种证明。一般由保险经纪人出具，是尚未办妥正式保险单据前，先签发给投保人的临时证明。暂保单是保险经纪人代办保险的约定，而不是正式保险合同的证明，它并不证实保险人与被保险人之间合同关系的确立。因此，在实务中，保险经纪人出具的暂保单将不被有关当事人接受。

此外，根据不同的分类标准，保险单还可分为很多种：按保险价值，可分为定值保险单（Valued Policy）、不定值保险单（Unvalued Policy）；按保险的时间，可分为航程保险单（Voyage Policy）、期限保险单（Time Policy）；按承保方式，可分为定名保险单（Named Policy）、流动保险单（Floating Policy）、总括保险单（Blanket Policy），等等。

四、保险单的主要内容

保险单是保险合同的证明，也是货物出险后投保人索赔的依据，同时，它又是一种权利的凭证，因此它和提单一样也可以背书转让。保险单在国际贸易结算中十分重要。其主要内容如下：

（一）保险单的名称

保险单的名称，由于保险单的名称与其所含的内容十分密切，因此必须将其名称明确起来，在信用证业务中，若信用证条款要求提供保险单，则受益人不可以保险证明、保险声明等来代替。

（二）份数

保险单应明确注明全套正本的份数，并悉数提交正本保单。在信用证业务中，若条款规定“保险单一式二份”（Insurance Policy in Duplicate），则保险单显示的正本份数应为2份（Number of Original：Two），并且除非信用证另有规定，受益人必须提交该2张正本保险单。

（三）保险单的抬头

保险单的抬头，即被保险人，一般为国际货物运输保险的投保人。保险单的抬头有以下几种：

1. 卖方抬头

在CIF、CIP价格条件下，一般为卖方或出口方；在信用证业务中，通常为受益人；在CFR及FOB价格条件下，通常为买方或进口方，或进口信用证中的开证申请人；若信用证另有规定，则应与信用证规定相符。

2. 银行抬头

在信用证业务中，有时规定以银行为抬头人，或由银行为保险单的受益人，在这种情况下，保险单的被保险人一栏应填写为“DEF Corp.（DEF为信用证受益人）Held to the order of/In favour of ABC Bank”。

3. 中性抬头

中性抬头，即不指明抬头人，被保险人一栏应填写为“To whom it may concern”。

4. 空白抬头、空白背书

若要求空白抬头、空白背书，被保险人一栏应填写为“DEF Corp.（即信用证业务中的受益人）for the account of whom it may concern”。

以上几种，在1和4的情况下，受益人所提交的保险单应做背书。保险单的背书类似提单的背书，有空白背书和记名背书。

（1）空白背书。被保险人在保险单背面只注明其名称并签字（或盖章），而不注明其他内容。在信用证业务中，如未作特别规定，一般为空白背书。

（2）记名背书。被保险人在保险单背面除注明其名称并签字（或盖章）外，还在其上注明被背书人。保险单记名背书的文句常见的为："（Claims if any）Payable to order of..."。

（四）唛头

在保险单上，货物的运输唛头有两种表达方式，在实务中较为常见的有"不明确显示法"，即不显示详细的唛头，要求参看某发票，如"运输唛头根据×××号发票"（Shipping Mark as per Invoice No. ×××）；另一种是显示了详细的唛头，由于运输唛头仅仅是一种标记，讲究严格的一致，因此在这种情况下，不仅显示的唛头必须与发票、提单相符，还需将保险单上印就的"Shipping Mark as per Invoice No. ×××"删除。究竟用哪种表达法，须根据具体要求。如在信用证业务中，如要求保险单显示运输唛头，则必须按第二种方法办理；若无此要求，则按第一种方法办理。

（五）保险单的货名描述

保险单的货名描述，可以用统称，此外，还应包括外包装及数量的描述。

（六）保险单的金额

保险单的金额分为大写与小写，两者必须一致。另外，保险单的金额通常不计辅币，小数点后的数值不管大小（0除外），均按进"1"的办法计算。例如，实际保险的金额为USD16 001.18，则保险单的金额填写为USD16 002.00。在信用证业务中，除非信用证另有规定，保险单使用的货币种类应与信用证所用货币相同；若信用证规定了最低保险金额，应按其规定办理，否则最低保险额按CIF或CIP价的110%计算；若无法从单据表面确定货物的CIF或CIP价格，应按该信用证要求付款、承兑或议付的金额或有关商品发票金额这两者中之较大者的110%作为最低保险金额；此外，还应特别注意的是，若发票金额扣除了佣金，则应按扣减佣金前的发票毛值计算保险金额。

（七）保险费和费率

保险单一般不需写明具体的保险费和费率，这两栏保险单通常都是印就的"按约定"（AS ARRANGED）。在信用证实务中，如要求表明保险费，则保险单必须明确列明保险费用的具体数额。

（八）与运输有关的内容

保险与运输息息相关，因此，有关的运输信息必须在保险单上明确表示，一般保险单应列明装载工具（海运中的船名、航次）、开航日期、航线起讫地等与运输有关的内容，并且与提单一致，若需中途转船，还应在目的港之后加注“转船”（with transshipment）字样；在信用证业务中，若规定需加注二程船船名，保险单也应注明；如船至目的港卸货后，还需转运至内陆城市，则应在目的港之后加注“转运至某地”（and thence to…）；“开航日期”栏，在海运中一般为“已装船”日期，旧式保险单大都印有“On or about”字样，对于“On or about”应理解为在所述日期前后各5天内装运，起讫日期均应包括在内。

（九）保险条款及保险险别

保险单上的保险条款及险别体现了保险人的责任范围，投保人可以根据各自的需要和具体情况进行选择。在实务中，必须注意以下四方面的问题：

1. 明确注明据以赔付的保险条款的名称

保险条款是日后产生损失时，保险受益人据以索赔的法律依据，保险单一般应明确是按中国保险条款还是伦敦协会条款办理。

2. 保险险别

投保人（被保险人）通常投保某一基本险和若干附加险。平安险、水渍险和一切险属于基本险，是可以由被保险人选择其中一项而单独投保的险别；但附加险（无论是特别附加险还是一般附加险），则必须在投保某一基本险后，再行投保，而不能单独投保。

在信用证业务中，若信用证关于保险险别的含义不明确或未作特别规定，投保人可按需要选择险种投保，不负任何险别漏保之责，对此，信用证的当事各方必须予以接受。

3. 不计免赔率和仓至仓条款

不计免赔率（Irrespective of Percentage，简称 I. O. P）和仓至仓（Warehouse to Warehouse，简称 W/W）条款，不是独立的险别，而是某些险别的附加说明。如 I. O. P，通常是指对承保的短量或破碎损失，不论损失程度，保险人均应予赔付；W/W 是保险人的责任起讫。中国人民保险公司的保单，其责任起讫，明确按“仓至仓”负责，即从保单载明的起运地仓库始，至目的地收货人仓库止，但从船上卸货到收货人仓库之前，不论存放在码头或海关仓库等，均不能超过60天。这已在保险条款中载明，因此“险别”栏不必再注明。但在信用证业务中，若明确要求注明“仓至仓”条款，保险单必须注明。有关责任起讫，海运和陆运相同，是自运输工具卸离后最多不能超过60天，空运则自被保险货物卸离目的地飞机之日起最多不超过30天。

4. 货装舱面

在信用证业务中，若信用证允许货物装在舱面（On Deck），而在提单已注明“On Deck”的情况下，保险单不仅也须表明“On Deck”，并且还应加保“抛弃或落水损失”（Jettison and /or loss overboard）特别条款，这样保险人才能负赔偿责任。

（十）检验代理

检验代理，一般为保险公司在目的地的代理检验人，以便在货物受损、被保险人索赔时，能及时就近勘查，分析出险原因及受损程度，确定赔偿责任。

（十一）赔款偿付地点

保险单的赔款偿付地点应根据需要填写。在信用证业务中，应按信用证规定填写；若信用证未规定，应以货物运抵目的地或其邻地为赔付地点。但在实务中，受益人为了保护自身的利益，通常将本国作为赔付地点，这也是可以接受的；若信用证要求赔付给某一指定公司，应在赔付地点之后加注清楚。

（十二）出单地址

出单地址，一般在受益人所在地，出单地点关系到适用的法律问题，通常，在哪里出单就以哪里法律为依据。

（十三）出单日期

保险单据的签发日期不应晚于提单签发日，但有保险生效条款的保险单据的签发日可晚于装运日。

（十四）保险单的签发

保险单应由保险人，即保险公司或保险商或其代理人出具签发。

以下为保险单样式：

PICC 中国人民财产保险股份有限公司
PICC Property and Casualty Company Limited
总公司设于北京　　　　一九四九年创立
Head Office Beijing　　　　Established in 1949

货物运输保险单 CARGO TRANSPORTATION INSURANCE POLICY

发票号　　　　保险单号
INVOICE NO.　　　　POLICY NO.：PYIE2

被保险人：CHINA EXPORT AND EXPORT CO
INSURED ---

中国人民财产保险股份有限公司（以下简称本公司）根据被保险人要求，以被保险人向本公司缴付约定的保险费为对价，按照本保险单列明条款承保下述货物运输保险，特立本保险单。

THIS POLICY OF INSURANCE WITNESSES THAT PICC PROPERTY AND CASUALTY COMPANY LIMITED（HEREINAFTER CALLED "THE COMPANY"）AT THE REQUEST OF THE INSURED AND IN CONSIDERATION OF THE AGREED PREMIUM PAID TO THE COMPANY BY THE INSURED, UNDERTAKES TO INSURE THE UNDERMENTIONED GOODS IN TRANSPORTATION SUBJECT TO THE CONDITIONS OF THIS POLICY AS PER THE CLAUSES PRINTED BELOW.

标记 MARKES &NOS.	包装及数量 QUANTITY	保险货物项目 DESCRIPTION OF GOODS	保险金额 AMOUNT INSURED
AS PERINVOICE NO. CHD01	192CASE	DIESEL ENGINE	EUR26 400. -

总保险金额
TOTAL AMOUNT INSURED　EUR TWENTY SIX THOUSAND FOUR HUNDRED ONLY

保费　　　　启运日期　　　　装载运输工具
PERMIUM AS ARRANGED DATE OF COMMENCEMENT：AS PER B/L　PER CONVEYANCE：DONGFEN

自　　　　至
FORM SHANGHAI　　TO OSAKA

承保险别
CONDITIONS：
COVERING ALL RISKS AND WAR RISK AS PER OCEAN MARINE CARGO CLAUSES AND WAR RISKS CLAUSES（1/1/1981）OF THE PEOPLE'S INSURANCE COMPANY OF CHINA.
INCL. S. R. C. C.

所保货物如发生保险单项下可能引起的索赔损失，应立即通知本公司或下述代理人查勘，如有索赔，应向本公司提交正本保险单（正本保险单共有二份正本）及有关文件。如一份正本已用于索赔，其余正本自动失效。

IN THE EVENT OF LOSS OR DAMAGE WHICH MAY RESULT IN A CLAIM UNDER THIS POLICY, IMMEDIATE NOTICE MUST BE GIVEN TO THE COMPANY OR AGENT AS MENTIONED. CLAMS. IF ANY. ONE OF THE ORIGINAL POLICY WHICH HAS BEEN ISSUED IN TWO ORIGINAL（S）TOGETHER WITH THE RELEVANT DOCUMENTS SHALL BE SURRENDERED TO THE COMPANY. IF ONE OF THE ORIGINAL POLICY HAS BEEN ACCOMPLISHED, THE OTHERS TO BE VOID.

THE CHIYODA FIRE & MARINE INS. CO. LTD.，保险人：
MARNE CLAIMS DEPT.　　　　UNDERWRITER：
5 - CHOME，OSAKA 460，
JAPAN
Tel：05 - 261 - 0000　　　　PICC Property and Casualty Company Limited
FAX：052 - 252 - 0000　　　　CHANGZHOU BRANCH

赔款偿付地点　　　　王军
CLAIM PAYABLE AT　OSAKA（IN USD）
日期　　　　Authorized Signature
DATE　Dec. 21 2003

第六节　其他单据

一、产地证

（一）产地证的概念及作用

产地证是证明商品原产地的文件，其作用主要表现在：

（1）作为进口国家实行国别贸易政策的通关证件。

（2）作为进口国给予优惠关税待遇的进口计税证明。许多国家对来自不同国家的同一种商品实行不同的关税税率，这些差别关税税率大体上可分为：歧视性商品关税、最惠国待遇的一般优惠关税、联合国贸易发展会建立的“普遍优惠制”优惠关税、国家集团内部的特惠关税待遇等。因此，为了享受优惠税率或减免关税，进口商便要求出口商提供原产地证明书。

（3）作为出口国享受配额待遇的通关凭证。有些国家对一些进口商品实行配额管理，按年度给有关出口国一定的进口配额或关税配额。因此，进口商通常要求出口国提供产地证，作为海关按所给配额准予进口通关或在关税配额内给予优惠待遇的依据。

（二）产地证的种类

1. 非管方出具的产地证

非管方出具的产地证，常见的主要有出口人（或信用证中的受益人）出具的产地证及制造商（Manufacturer）出具的产地证，其内容较为简单，主要有商品名称、产地等。在信用证业务中，若仅仅要求产地证而没有具体规定产地证的出具人，则可以用出具方便、几乎没有费用的受益人或制造商出具的产地证明来满足。

2. 贸促会产地证

中国国际贸易促进委员会（China Council for Promotion of International Trade），简称贸促会（CCPIT），与中国商会是同一领导机构下的两种名称，即所谓的“一套班子两块牌子”，对外商而言，它是中国的商会。它是一个全国性的组织，各地有分会，它签发的产地证，使用自己的格式并统一编号。该产地证在国外已有一定的声誉。其操作方法一般是由出口公司自行填制，然后由贸促会签发。主要内容有：

（1）进口人、出口人的名称及地址；

(2) 货名描述，货物名称可用统称，可不必详细列明规格、具体数量，只需填写总包装件数；

(3) 注明产地为中国，若在信用证业务中，要求货物“纯中国产”(Purely Made in China) 或“完全中国产”(Wholly Made in China)，则产地证应明确表明该货物是纯中国产还是完全中国产；

(4) 签发日期一般不应迟于提单。

3. 普惠制产地证

普遍优惠制产地证明书（Generalized System of Preferences Certificate of Origin），简称普惠制产地证（G. S. P. Form A），是由商检局出具的，可以凭以享受优惠关税的一种特殊的产地证。它是给惠国给予优惠关税待遇的进口计税凭证，也是受惠国享受普惠制待遇和通关证明文件。

(1) 普惠制的含义和性质。普惠制是工业发达国家对发展中国家和地区的出口商品，主要是制成品和半成品，普遍地给予优惠关税待遇的一种制度。它是发展中国家为改变在同工业发达国家进行工业品贸易中不利地位，由联合国贸易和发展会议于1964年第一届会议正式提出，经过多次洽商，于1970年10月联合国贸发会第四届特别会议作出决定，并由关税及贸易总协定缔约国于1971年6月25日通过，工业发达的缔约国给予发展中国家普遍优惠待遇的优惠关税制度。普惠制包含三个原则：

①普遍性原则：根据联合国贸易和发展会议确立的共同制度，由所有的工业发达国家对所有发展中国家给予优惠；

②非歧视性原则：要求给予所有的发展中国家以同样的优惠，而不能有差别待遇；

③非互惠性原则：发达国家同意单方面向发展中国家作出特别的关税减让，而不要求得到互惠。

为确保普惠制的益处都给予发展中国家，普惠制的重要原则是原产地规则。原产地规则包括原产地标准、运输条件和证件要求。“原产地标准”，即该产品必须是受惠国自产或用受惠国的原料加工制造的；如系使用进口原料或部件加工制造的，必须经过相当程度的加工，经过实质性的改变。“运输条件”，受惠商品必须由受惠国直接运到给惠国，而不得在中途经过转卖或施加影响使受惠国发货前更改原产品的特性。“证件要求”，给惠国只接受联合国贸发会为普惠制制定的同意证书格式A，证书必须由受惠国授权的权威机构签发，而且签证机关应事先取得给惠国的确认。

目前，给我国普惠制待遇的给惠国有欧共体12国以及奥地利、加拿大、瑞士、日本、澳大利亚、新西兰、芬兰、波兰等22国。这些国家分别按其本国普惠制的规定，对从我国进口的商品实行减税、免税，因此，为了有效地享受普惠制，扩大出口，出口企业除了必须了解哪些国家已对我实施普惠制待遇、合理地确定出口商品价格外，还需认真填写好作为实施减免优惠待遇的依据——普惠制 Form A 产地证。

（2）普惠制产地证的主要内容。

①出口商名称：出口商的名称，包括全名、地址、国名，其中地址应包括城市、街道、门牌号码。

②收货人名称：收货人的名称、地址、国名，一般应是给惠国最终收货人名称，或在信用证业务中，提单通知人或特别注明的收货人，若最终收货人不明确，可以为发票抬头人，不能是中间商的名称。

③运输方式及路线：运输方式及路线应明确、具体。装货、到货地点及运输方式（海运、陆运、空运等），如系转运商品，应加注转运地点。需要注意的是，由于受惠国享受普惠制待遇的重要条件之一是取得优惠资格的商品须由受惠国直接运到给惠国，而不得在中途转卖或被更换、再加工，因此出口人在安排享受普惠制待遇出口货物的运输时，应注意尽量争取直接运输，以免被怀疑中途更换了货物。

④商品顺序号：在收货人运输条件相同的情况下，如同批出口货物有若干品种，应分别填“1”、“2”、“3”——如为单项商品只填“1”。

⑤货名描述：货名描述包括货物名称、唛头、包装、数量等，须与发票一致；以重量计价的应填写毛重，只有净重的，可填净重，但应注明“N”（净重）或“W”（毛重）。

⑥原产地标准：该项是产地证的核心部分，也是海关审查的重点，因此，对出口商品是否含进口成分，是否经过相当程度的加工并已实质性地变成另一商品应慎重填写，如完全自产，无进口成分，应该填写“P”；如含有进口成分，但经出口国充分制作，如输往加拿大，对于在一个以上有资格享受优惠的最不发达国家制作或加工，而又符合原产地标准的产品填“G”，其他填“F”，如输往日本、挪威、瑞典、芬兰、奥地利、瑞士和欧共体，填“W”后注布鲁塞尔税则号。

⑦发票号及日期：发票号及日期，应与发票一致。为避免月份、日期的混淆，月份应用英文缩写表示，而不是用阿拉伯数字表示，如“2003 年 7 月 6 日”，应表示为“July，06，2003”，而不能表示为“07/06/2003”或“03/07/06”。

⑧出口商申报：在我国作为出口商所在国时，生产国应填“中国”，进口

国一般是收货人或目的港所在地国家，应是给惠国。如货运往欧共体而未明确具体国家的，可填“E. E. C.”。

⑨官方声明：该项由签证当局根据需要填写，如在“后发”（出单日迟于货物装运日）的情况下，应注明“Issued Retrospectively”，并加盖出证机构红色印章；在“重发”的情况下（如原证有误，必须重新出具，以替换原证）应注明“This certificate is in replacement of certificate of origin no… dated… which is cancelled”，并加盖“Duplicate”和出证机构红色印章。正常情况下，此项为空白。

⑩签署：在我国，一般由进出口商品检验检疫局盖章，并由其有权签字人手签，签发日期不得早于发票日期和申报日期，但必须不迟于货物装运日期。

另外应注意的是，普惠制产地证是我官方证书，不能随便涂改，若非改不可，只能更改一次，并须加盖商检局的更正章。

普惠制产地证 Form A 格式，对于澳大利亚和新西兰两个给惠国不适用。澳大利亚只需要在发票上加注“I declare that the final Process of manufacture of the goods for which special rates are claimed has been performed in China and that not less than one-half of the factory or work cost of the goods is represented by the value of labour and materials of China”；而新西兰则使用其海关发票“Certificate of Origin for Exports to New Zealand Form 59A”。

以下为普惠制产地证 Form A 样式：

FORM A

<table>
<tr><td>1. Goods consigned form (Exporter's business name, address, country)
China Import and Export Co.
China</td><td rowspan="2">Reference NO. 00 – 0000
GENERALIZED SYSETM OF PREFERENCES
(Combined declaration and certificate)
FORM A
Issued in THE PEOPLE'S REPUBLIC OF CHINA</td></tr>
<tr><td>2. Goods consigned to (Consignee's name, address, country)
JAPAN TRADE LTD.
OSAKA
JAPAN</td></tr>
</table>

3. Means of transport and route (as far as known) SHIPMENT FROM SHANGHAI TO OSAKA BY VESSEL	4. For offical use

5. Item	6. Marks and numbers of packages HONEYM VOSAKA NO. 1 – 110	7. Number and kinds of package description of goods 210 RON DRUMS OF EXTRA WHITE HONEY (ONE HUNDRED AND TEN IRON DRUMS)	8. Origin criterion (See Notes overleaf) "P"	9. Gross weight or other quantity 62. 16MT	10. Number and date of invoice CHD01 DATED Dec. 21, 2003

11. Certificate It is hereby certificate on the basis if control carried out, at the declaration by the exporter is correct (盖章)(签名) Dec. 21, 2003　CHINA Place and date signature stamp of certifying authority.	12. Declaration by the export The undersigned hereby declares that the above details and statements are correct ; that all the goods were produced in CHINA and (country) That they comply with the origin requirements specified for those goods in the Generalized System of References for goods exported to JAPAN (Importing country) China Import& Export　Co. (签名) place date, signature of authorized signature

二、商品检验证书

商品检验证书（Inspection Certificate），简称商检证，是商检机构对进出口商品进行检验鉴定后出具的证明文件。

（一）商品检验证书的作用

商品检验证书在国际贸易中有公正、权威的证明作用，其主要表现为：

（1）作为出口方所交货物的品质、重量、数量、包装以及卫生条件等符合合同规定的证明。

(2) 作为进口方对货物的品质、重量、数量、包装等条件提出协议、拒收货物、要求理赔、解决争议的依据。

(3) 为进出口国海关验关放行的证明。出口国为维护本国的对外信誉和出口商品的国际竞争力，需对出口商品实行检验，进口国为防止进口商品带进病菌、病毒或有害于环境保护、有害于人畜禽以及作物的物质，也需对进口商品进行检验。

(4) 在有些商品的进出口贸易中，可作为买卖双方计价的依据。有的商品的价格是根据商品的质量、重量而定，如铁矿粉贸易，一般需要根据铁矿粉的含铁量、各种化学元素的构成等来确定其价格的高低。

（二）商品检验证书的种类

商品检验证书的种类繁多，各有关方应根据不同商品特点、市场和行业习惯，以及进、出口国的法律要求，适当选用。商品检验证书常见的有以下几种：

1. 质量检验证书

质量检验证书（Inspection Certificate of Quality），主要用于证明商品的品质、规格、等级、某些物质或元素的含量等。

2. 数量检验证书

数量检验证书（Inspection Certificate of Quantity），主要用于证明商品的数量情况。

3. 重量检验证书

重量检验证书（Inspection Certificate of Weight），主要用于证明商品的重量情况。根据不同计重方法，出具衡器计重证书、容量计重证书等。

4. 兽医检验证书

兽医检验证书（Veterinary Inspection Certificate），用以证明动物或动物产品经兽医检验，符合检疫要求（适用于冻畜肉、冻禽、禽畜肉罐头、皮张、毛、绒类、肠衣等商品）。

5. 卫生检验证书

卫生检验证书（Sanitary Inspection Certificate），用于证明供食用的动物产品及其他食品卫生检疫合格，未受传染病菌或病毒污染（适用于罐头、蛋品、乳制品、蜂蜜等）。

6. 熏蒸检验证书

熏蒸检验证书（Inspection Certificate of Fumigation），用于证明粮食、植物

等产品经过熏蒸灭虫处理（适用于谷物、油籽、豆类、皮张商品、木材等）。

7. 消毒检验证书

消毒检验证书（Disinfection Inspection Certificate），用于证明出口动物产品经过消毒处理（适用于猪鬃、山羊毛、马尾、羽毛、羽绒制品）。

8. 分析检验证书

分析检验证书（Inspection Certificate of Analysis），用于证明对商品成分进行分析的结果。

9. 植物检疫证书

植物检疫证书（Plant Guarantine Inspection Certificate），用于证明对植物进行检疫的结果。

10. 生丝品级及公量检验证书

生丝品级及公量检验证书（Inspection Certificate for Raw Silk Classification Conditioned Weight），用于证明出口生丝、柞蚕丝等丝类产品已经等级评定、条分检验、外观检验、清洁检验等。

（三）商品检验证书的主要内容

商品检验证书的内容较为简单，通常主要有以下几个方面：

（1）发货人及收货人名称、地址。

（2）货名描述，包括重量、数量、规格等其他特殊要求。在信用证业务中，必须与其他单据如发票等保持一致。

（3）检验结果。在信用证业务中，必须注意其结果是否符合要求。如在服装出口业务中，信用证要求提供“断针检验报告”，则其检验结果必须是没有断针或符合规定。

（4）检验日期。检验证的签发日期一般应早于提单日期，但也不能过早，证书有效期通常为两个月，但鲜活产品仅为两个星期。当然有的特殊商品需要装船后进行检验或处理（如木材包装的货物熏蒸），其出单日期可以迟于提单。

（5）检验机构签字盖章。在信用证业务中，检验机构必须符合信用证的要求，常见的商品检验证的签发机构为政府设立的商品检验机构或国际性民间公证机构，如我国的商品检验局、动植物检疫所、瑞士通用鉴定公司（S. G. S.）、日本的OMIC、法国的BV等。

三、海关发票

海关发票（Customs Invoice）是根据某些进口国家的海关要求制定的一种特定格式的发票，由出口商填制，供进口方报关之用。常见的主要是英联邦的一些成员国，如加拿大、新西兰、澳大利亚、尼日利亚、加纳等要求提供海关发票。

（一）海关发票的作用

海关发票是进口国海关为掌握进口商品的价格构成和原产地情况而制定的一种具有特定格式的发票，其主要作用有以下几个方面：

（1）进口商凭以报关。

（2）便于进口国海关对进口货物估价定税、核定货物的原产地，并根据不同原产地国按不同税率征税，实行差别税率政策；查验出口国国内市场销售价，以确定是否低价倾销，并确定是否征收反倾销税，或查验该批货物有无接受政府补助，以确定是否征收反补贴税等。

（3）便于进口国海关统计，有些国家不按发票征税，而是按 FOB 价格计算的价值征税，即对进口货物按净值估价、征税，不包括运费、保费、包装费、国内运输等，由于海关发票一般明确表明了 FOB 价，因此，根据海关发票便可准确统计征税额等有关数据。如美国、加拿大、新西兰、特立尼达和多巴哥、尼日利亚、赞比亚等东、西非的 10 多个国家均根据海关发票统计有关数据。

（二）海关发票的种类

各国使用的海关发票格式不尽相同，常见的有以下几种：

（1）美国的“Special Customs Invoice”，其中 Form 5519 用于纺织品、Form 5520 用于钢材、Form 5523 用于鞋类；

（2）加拿大的“Canada Customs Invoice”；

（3）新西兰的“Form 59A-Combined Certificate of Value and Origin”；

（4）东非各国的“Combined Certificate of Value and Invoice in Respect of Goods for Importation into Kenya，Uganda and Tanzania（肯尼亚、乌干达、坦桑尼亚等国家）”；

（5）西非各国的“Form-Combined Certificate of Value and Origin and Invoice of Goods for Exportation to West Africa”（塞拉里昂、阿比亚、利比亚等国）；

（6）巴布亚新几内亚的“Combined Certificate of Value and Origin No. 27”；

（7）尼日利亚的“From C16-Combined Certificate of Value and Origin and Invoice of Goods for Exportation to Federation of Nigeria”；

（8）加纳的“Form C61-Combined Certificate of Value and Invoice in Respect of Goods for Exportation into Ghana”；

（9）牙买加的“Form C23-Invoice and Declaration of Value Reguired for Shipments to Jamaica”；

（10）赞比亚的“Invoice and Certificate of Value for Exports to Zambia”；

（11）加勒比共同市场国家的“Caricom（Caribbean Common market）Invoice”；

（12）毛里求斯：无指定格式，可不另出海关发票，而只需在发票上加注下列文句：“We hereby certify this invoice is in all respect true and correct and is the only one issued for the goods mentioned herein an that on different invoice has been or will be furnished to any one. The goods described herein an of Chinese origin and documents are comply with section 14（1）of Mauritius Customs Regulation 1947”。

（三）海关发票的内容

尽管各国使用的海关发票不同，名称有的为“Custom Invoice”，有的为“Certified Customs Invoice”、“Invoice and Combined Certificate of and Origin”等，但其内容大体相同，主要有以下几项：

（1）卖方的名称和详细地址，卖方（Seller）一般即出口商（Exporter），加拿大等国家的海关发票称为“Vendor”。

（2）收货人名称及地址，收货人（Consignee），通常为实际收货人。

（3）买方名称及地址。买方（Buyer）与收货人可能不同，在这种情况下，必须列明实际买方；若相同，可显示为“The same as Consignee”。

（4）货物的原产地。

（5）运输信息，如运输方式（海运、陆运、空运）、装运港、目的港、转运港等。

（6）贸易和付款条件，如CIF New York by L/C。

（7）贸易使用的货币。

（8）货名描述，包括货物名称、规格、包装、唛头等。

（9）货物的数量及重量。

（10）货物金额，在海关发票有“出口国家当地市场价”。

（Current Domestic Value in Currency if Exporting Country）一栏，在我国为出口方时，必须以人民币表示其FOB价。

（11）费用，如装卸费、运输费、保险费。

（12）签署，海关发票要求手签，不能盖章，分别由出口人及第三方作为见证人（Witness）签字。

四、与运输有关的证明

（一）装运通知

装运通知（Shipping Advice），在信用证业务中，信用证常常规定受益人装运后应以电讯通知开证人或收货人，通知内容一般包括合同号、信用证号、发票号、货名、数量、金额、装载工具、预计开航日期和到达日期等，其主要目的是使开证申请人根据该通知及时办理有关保险事宜。

（二）船龄证

一般船龄在15年以上的船为超龄船，许多保险公司对15年以上的船舶不予承保。为了保证运输货物的安全，买方有时要求能证明船龄的船龄证。如“兹证明东方号船船龄不超过15年”（We hereby certify that the DONG FANG Vessel is not over that 15 years）。

（三）船籍证

用于说明运输货物的船舶的国籍。

（四）船级证

用于说明运输货物的船舶符合一定的船级标准。如在劳埃氏（Lloyds Register）船级中，100AL是标准船级。

（五）船长收据

船长收据（Captain's Receipt），由船长签发的收据，证明已收到单据，并将转交进口商。在一些国际贸易中，进口商为了及时提取货物，往往要求出口方在装船时，将某些单据如检验证、提单副本等交于随船的船长转交进口商，同时请船长出具收据。如船长收据一般有如下类似的文句：

“本人是船长，在此证明已收讫中国进出口公司的1张副本提单和发票并将转交给A”（I, the undersigned, Captain of carrying vessel, hereby certify having received from China Import & Export Co. the following shipping documents which shall be handled over to Messrs. A

1 copy of B/L

1copy of Invoice）

（六）航行路线证明

阿拉伯的一些国家，由于政治因素，常常要求船公司或其代理人出具航行路线证明，以证明该船只在本航次中所经过的港口和停靠港或行船路线及船籍等事项。

五、受益人证明

受益人证明，是指由受益人出具，证明自己已经履行了规定的义务。如证明装船后已发船通知、已寄样品或已寄副本单据等。

第七节　常用贸易术语

贸易术语（Trade Term），又称价格术语（Price Term）、价格条件。它是国际贸易中构成单价条款的重要组成部分。为了避免因各国不同解释而出现的不确定性且在最大程度上减少这种不确定性，国际商会（ICC）于1936年首次公布了一套解释贸易术语的国际规则，名为《国际贸易术语解释通则》(Incoterms)，主要用于跨国境的货物销售交付。此规则以后又于1953年、1967年、1976年、1980年和1990年陆续做了补充和修订；目前通行的版本是在2000年经过补充和修订的，它适应了当前国际贸易发展的需要。正确理解贸易术语，有助于减少和避免进出口贸易双方当事人之间因互不了解对方国家的贸易习惯的情况而时常出现的误解、争议和诉讼等问题。

一、贸易术语分类

（一）根据买卖关系分类

1. 出口国贸易术语

出口国贸易术语，主要有以下3组8种：

(1) E组：

EXW EX Works 工厂交货（……指定地点）

(2) F组：

FCA Free Carrier 交至承运人（……指定地点）

FAS Free Along Side 船边交货（……指定装运港）

FOB Free On Board 船上交货（……指定装运港）

(3) C组：

CFR Cost and Freight 成本加运费（……指定目的港）

CIF Cost, Insurance and Freight 成本、保险加运费付至（……指定目的港）

CPT Carriage Paid to 运费付至（……指定目的港）

CIP Carriage and Insurance Paid to 运费、保险费付至（……指定目的地）

2. 在进口国交货的贸易术语

在进口国交货的贸易术语有1组5种：

DAF Delivered at Frontier 边境交货（……指定地点）

DES Delivered EX Ship 目的港船上交货（……指定目的港）

DEQ Delivered EX Quay 目的港码头交货（……指定目的港）

DDU Delivered Duty Unpaid 未完税交货（……指定目的地）

DDP Delivered Duty Paid 完税后交货（……指定目的地）

（二）根据贸易进展分类

（1）E 组（发货）：

EXW——工厂交货（……指定地点）

（2）F 组（主要运费未付）：

FCA——货交承运人（……指定地点）

FAS——船边交货（……指定装运港）

FOB——船上交货（……指定装运港）

（3）C 组（主要运费已付）：

CFR——成本加运费（……指定目的港）

CIF——成本、保险费加运费付至（……指定目的港）

CPT——运费付至（……指定目的港）

CIP——运费、保险费付至（……指定目的地）

（4）D 组（到达）：

DAF——边境交货（……指定地点）

DES——目的港船上交货（……指定目的港）

DEQ——目的港码头交货（……指定目的港）

DDU——未完税交货（……指定目的地）

DDP——完税后交货（……指定目的地）

二、贸易术语的风险转移点及其他

名称	交货地点	风险转移	运输	保险	运输方式
EXW 工厂交货	卖方工厂	交货时	买方	买方	内陆交货
FCA 货交承运人	交承运人	交货时			各种运输
FAS 船边交货	装港船边	交货时	买方	买方	海运内河
FOB 船上交货	装港船上	装港船舷			海运内河
CFR 成本加运费	装港船上	装港船舷		买方	海运内河
CIF 成本、保险费加运费付至	装港船上	装港船舷	卖方	卖方	海运内河
CPT 运费付至	交承运人	交货时		买方	各种运输
CIP 运费、保险费付至	交承运人	交货时		卖方	各种运输

续表

名称	交货地点	风险转移	运输	保险	运输方式
DAF 边境交货	边境指定地点	交货时			陆上运输
DES 目的港船上交货	目的港船上	交货时			海运内河
DEQ 目的港码头交货	目的港码头	交货时	卖方	卖方	海运内河
DDU 未完税交货	指定目的地	交货时			各种运输
DDP 完税交货	指定目的地	交货时			各种运输

本章小结

我们在第三章讲述跟单托收和第四章讲述跟单信用证这两种在国际贸易中较为普遍的结算方式时，已经涉及多种单据的使用问题。所谓国际贸易结算，无非就是以一定的形式和工具实现不同国家或地区间进出口双方之间货币收付的方式。本章系统讲解的国际结算中的单据，包括金融单据、商业发票、运输单据、保险单据和其他单据，概括起来，就是讲的国际结算的工具。这些工具在国际贸易中是不可或缺的，它们起着收付款依据、履约证明、物权凭证和融资手段的重要作用。因此，可以说，离开这些工具，就没有国际结算。孔子曰："工欲善其事，必先利其器。"用现代的话说，就是要想把工作做好，一定先把工具修理顺手。同样的道理，我们要把国际贸易结算这件事情办好，必须先把充当结算的工具——单据缮制好、使用好。尽管不同种类的单据的缮制内容有不同的要求，但总的应注意以下几点：一要符合国际惯例和规则；二要照顾到不同国家或地区的特殊要求；三要符合客观实际，做到"单实相符"；四是信用证和单据之间，以及有内在联系的单据与单据之间互不矛盾，做到"单证相符"和"单单相符"。国际贸易结算单据从生成到使用、从运行的起点到终点，涉及的当事人甚多，不仅有出口方与进口方，有承运人与托运人、保险人与被保险人、海关人与通关人，还有充当结算中介的银行和其他金融机构，等等。正确处理好这些当事人之间的利益关系，是撰制和履行单据，保障贸易畅通和结算成功，使多方达到互利共赢的可靠保证。因此，必须见"物"又见"人"，使国际结算中的相关当事人担当起责任，正确行使赋予的权利与义务，形成"拳头"与"合力"，是非常重要的。

思考与实训

1. 单据处理的基本原则是什么?

2. 运输单据的种类是什么? 其中哪些不是物权凭证,不能流通转让? 实务中如何避免由此带来的风险?

3. 商业发票的作用是什么?

4. 信用证项下制作汇票应注意事项是什么?

5. 价格条件与保险的关系是什么?

第八章　贸易融资

关键术语： 打包贷款　出口信用证押汇　出口托收押汇　贴现　出口商业发票贴现　进口开证额度　进口信用证项下押汇　进口代收押汇　提货担保　信托收据　汇出汇款项下融资　福费廷　保理　出口信用保险项下融资

学习目标： 了解各类融资产品的含义、作用、流程和注意事项，掌握各类融资产品在国际贸易中如何应用，如何趋利避害。

贸易融资是指贸易项下的各种融资手段，可以简单分为出口贸易融资、进口贸易融资、买断业务。

第一节　出口贸易融资

一、打包贷款

（一）打包贷款的含义和作用

打包贷款（Packing Loan），也称打包放款，是指采用信用证结算方式的出口商凭收到的信用证正本作为还款凭证和抵押品，向银行申请的一种装船前的融资方式。它的融资比例通常不超过90%，还款的来源在正常情况下为信用证项下的收汇款；即使在企业不能正常从国外收回货款的情况下，企业也必须偿还打包贷款的本金及利息，或允许银行主动从其账户扣划打包贷款的本金及利息。根据我国的有关政策，打包贷款可以使用人民币，也可以使用外汇作为贷款的币种。近年来，由于外汇贷款的利率远远低于人民币利率（如2004年初，人民币贷款的基准利率为年息4.65%，而同期的美元贷款利率仅为年息2.987 5%），加上根据外汇管理规定，允许打包贷款结汇成人民币使用，因此，许多企业为减轻利息负担，通常愿意使用银行的外汇打包贷款，在需要使用人民币时，再将来自打包贷款的外汇资金结汇成人民币使用。如某企业需要使用等值100万美元的人民币资金用于购买生产所需的原材料，向银行申请打包贷款，在此时，该企业既可以要求银行给予其外汇打包贷款，也可以要求银行给予其人民币打包贷款。若要求外汇打包贷款，假定期限为90天，当时美元的汇率为USD100.00 = RMB826.46，则企业需要付出的利息计算为：

100万美元×2.987 5%×90天/360 = 0.746 8万美元，折合成人民币利息为：

0.746 8万美元×8.264 6 = 6.17万元人民币。

即企业使用100万美元（折合成人民币为826.46万元）的打包贷款，须支付6.17万元人民币的打包贷款利息。

若要求人民币打包贷款，其他条件不变，则企业需要付出的利息计算为：

100万美元×8.264 6×4.65%×90天/360 = 9.60万元人民币。

即企业直接使用人民币为826.46万元的打包贷款，须支付9.60万元人民币的打包贷款利息。

通过上例的比较，显然，企业办理美元打包贷款的利息负担远远低于人民币的打包贷款利息。

银行办理打包贷款通常不收手续费，利息计算公式为：

信用证金额×打包折扣（70%至90%）×融资年利率×打包天数/360

打包天数的计算为：办理打包日至信用证最迟装运日的天数加30天，例如，信用证的受益人于2011年11月10日要求打包贷款，信用证的最迟装运日为12月31日，则打包的天数为11月10日至12月31日的天数即51天加30天，也就是81天。

打包放款的主要作用是企业（信用证项下的受益人），在收到国外开来的信用证后，能较容易地向银行申请短期融资，解决企业因生产或收购商品及其他从属费用而造成的资金不足问题。

（二）打包放款的业务流程

出口企业将信用证正本交银行——银行审核信用证后办理打包放款——出口企业收到国外货款后归还打包贷款本金及其利息。

企业办理打包放款业务时，应向打包放款的银行提交下列材料：

（1）企业第一次在该银行办理贷款等授信业务，打包放款业务时，必须提供基础资料：企业的营业执照副本、税务登记证（国税或地税均可）、企业组织机构代码证、进出口业务许可证、中国人民银行出具的企业的贷款卡；

（2）填写并提交银行提供的“打包贷款申请书”；

（3）交纳保证金（如需），落实担保单位（如需），抵押（如需），质押（如需）；

（4）签订贷款合同；

（5）签订其他需要的协议。

（三）办理打包放款业务需要注意的问题

1. 对于企业

为了顺利地得到银行的打包贷款，企业除了需要向银行提交银行要求的有关资料外，还必须注意以下几方面的问题：

（1）自身信誉良好，在该银行没有不良记录。

（2）关注信用证条款。若信用证在打包贷款时已经过最迟装船期、有效期，或信用证已经使用没有足够的余额，开证行所在国为政治、经济不稳定的国家，信用证载有软条款、不利条款，付款期限超过一年等，均不能轻易地从银行取得打包贷款。

（3）企业为转让信用证项下的第二受益人时，也不能轻易地从银行取得打包贷款。

2. 对于银行

由于打包贷款的抵押物是信用证，而信用证对于开证行是一种“或有负债”，对受益人是一种“或有资产”，信用证本身仅仅是一个有条件的银行信用保证，如果条件得到满足，这种信用保证才能起作用，即信用证项下的打包贷款才有可靠的还款来源。若由于种种原因，企业作为受益人没有满足信用证的全部条件和要求，或未能履约，那么就无法使开证行付款承诺得以实现，在这种情况下，信用证则形同废纸。因此，单纯依靠信用证作为抵押而叙做的打包贷款，实质上是一种无抵押的信用贷款，银行必须十分谨慎办理，为保证安全及时收回贷出的资金，银行通常应注意以下几方面：

（1）审核企业的基础资料，了解企业的资信情况、经营情况等。

（2）认真审核信用证条款，对于已经过最迟装船期、有效期，或已经使用没有足够余额的信用证，原则上不能叙做打包贷款；对于开证行所在国为政治、经济不稳定的国家，信用证载有软条款、不利条款的情况，应谨慎办理打包贷款或降低贷款金额比例。

（3）对于为信用证第二受益人的企业，从严控制其打包贷款。

（4）打包贷款期限原则上不超过360天。

（5）严格贷后管理，在贷款期间，贷款银行应与该企业保持密切联系，了解企业合同执行情况、生产或收购的情况，监控打包贷款资金使用情况，督促企业及时发货、交单议付，督促企业在收回货款后，及时归还打包贷款的本金及利息。

二、出口信用证押汇

（一）出口信用证押汇的含义和作用

出口信用证押汇（Negotiation under Documentary Credit），是指在出口信用证项下，卖方（受益人）以出口单据作抵押，要求出口地银行在收到国外支付的货款之前，向其融通资金的业务。其融资比例通常为100%，但由于银行使用了与其他贷款不同的“预收利息法”，即银行在全额的本金内扣除预计利息及各种手续费后的余额贷给受益人，因此，受益人实际所得不足100%。还款的来源在正常情况下为信用证项下的收汇款，在企业不能正常从国外收回货款的情况下，企业应偿还押汇本金及利息，或允许银行主动从其账户扣划押汇的金额及补收有关的费用。押汇一般是原币（即信用证使用的货币）入受益人账，若受益人无外汇账户，则可兑换（结汇）成人民币使用。

银行办理押汇通常不收押汇手续费，其利息计算公式为：

本金×融资年利率×押汇天数/360

押汇天数的计算通常是：办理押汇日到预计信用证的收汇日的天数+5～7天，例如，受益人在2011年11月24日要求办理押汇，装运日是11月21日，信用证的付款条件是提单后30天，预计信用证的收汇日为12月21日，则押汇天数为：从11月24日到12月21日的天数（27天）加上5至7天，即为32至34天。

出口信用证押汇的主要作用是企业作为信用证项下的受益人出口交单后，能向银行申请短期融资，在国外货款到达之前提前从银行得到垫款，以加速资金周转，方便了出口商的资金运筹。押汇与其他融资方式比，具有手续简便（无须担保、质押、保证金等）快捷的特点。

（二）出口信用证押汇的业务流程

信用证的受益人根据信用证制单、交出口地银行审单→出口地银行办理押汇并在扣除费用、利息后入公司账→银行收到国外贷记报单后自动扣划以归还企业的押汇款。

受益人办理打包放款业务时，应向出口地的押汇银行提交下列材料：

（1）若受益人第一次来在出口地银行办理押汇、贴现业务，必须提供基础资料：企业营业执照副本、税务登记证（国税或地税均可）、企业组织机构代码证、进出口业务许可证、中国人民银行出具的企业的贷款卡。

（2）向出口地银行提交信用证及根据该信用证制作的单据，或在远期信用证项下，开证行（或保兑行）的确认付款日（到期日）的电报或承兑电文。

(3) 受益人与出口地银行签订出口押汇总协议书(通常有效期为一年)。

(4) 逐笔填写并提交银行格式化的“押汇申请书”。

(三) 办理出口信用证押汇业务需要注意的问题

1. 对于出口方受益人

(1) 提交的出口单据必须与信用证规定相符，即做到“单证一致、单单相符”。

(2) 在远期信用证项下的出口押汇，必须有开证行（或保兑行）的承兑或确认付款到期日的电文或函件，该电文或函件必须经过加注密押或被有权签字人签字，并已被出口地银行证实其真实性。

(3) 被限制在其他银行议付的信用证，即自由议付信用证及限制自己为信用证议付行或付款行的信用证外，通常不能办理押汇。

(4) 政治、经济不稳定国家开立的信用证，若无保兑等其他防风险措施，不容易从出口地银行取得押汇融资。

(5) 转让信用证、有不符点的单据也不易从出口地银行取得押汇融资。

(6) 出口地银行办理的押汇有追索权，若开证（或保兑行）未能及时付款，不论何种原因，企业作为受益人必须归还出口地银行的押汇融资款项。

(7) 出口信用证押汇期限一般不超过 180 天。

2. 对于出口地的押汇银行

信用证项下的出口押汇，出口地银行是在受益人发货装运后办理的融资，在此时，已没有受益人是否能履行信用证的担忧，相对于打包放款等其他融资，风险相对较小，受益人的还款来源较有保障，但仍然必须注意以下几点：

(1) 审核出口方受益人的资信情况。尽管出口信用证押汇是凭信用证项下出口方受益人的单据叙做的融资业务，还款来源为单据的收汇款，但有些拒付风险来自受益人本身而非单据，如进口方当地法院向开证行出具“止付令”，或认为受益人有诈骗的嫌疑，或受益人根本没有出口，凭假单诈骗等，在这种情况下，银行风险仍然很大，因此，出口地银行在受理押汇时，对出口方受益人的资信情况也必须作调查了解，如该受益人是否为新办的企业、是否经营该种产品、有否履约能力等。

(2) 了解开证行的信誉及所在国家的政治、经济状况。如开证行的信誉不佳，所在国家政局不稳定、经济状况严重恶化，外汇短缺，将可能不同程度地影响信用证项下的安全收汇，因此，在这种情况下，若无加具第三国银行保兑等其他防风险措施，出口地银行原则上应拒绝办理押汇。

（3）认真审核信用证条款，确认其是否符合国际惯例。信用证业务处理的是单据，但在实务中，有的信用证背离了“表面单据”的原则，或含有某种出口方受益人本身所不能控制的附加条件。例如，信用证规定进口方收到货物并验收合格后付款等，将信用证的付款条件与进口方收到货物并验收合格这个条件挂钩，实质上否定了信用证作为一项独立文件的性质，也否认了开证行“凭单付款”的第一性付款责任，对于这类信用证，出口地银行原则上应拒绝办理押汇；另外，对限制在其他银行议付的信用证，出口地银行通常不予办理押汇。

（4）严格审核单据。根据“单证一致、单单相符”的原则，按严格标准和“镜中现象”审核单据，杜绝开证行（或保兑行）挑剔单据不符点而拒付的可能性；对于有不符点单据的押汇，银行应谨慎办理。

（5）在远期信用证项下的出口押汇。必须有开证行（或保兑行）承兑或确认付款到期日的电文或函件，该电文或函件必须经过加注密押或被有权签字人签字，并已被出口地银行证实其真实性。在实务中，一些发展中国家由于种种原因，往往在确认付款日或承兑时采用未加注密押的电文或被有权签字人签字的信函，如使用了 SWIFT，但未使用自动加押的“752”、“754”、“799”等“7”字头的加密押格式，而是使用了“999”等“9”字头的无密押格式，在这种情况下，出口地银行应谨慎办理。

（6）注意对物权的控制。银行对出口方受益人办理出口押汇，一方面是考虑其还款来源较有保障；另一方面是基于对单据代表的物权的有效控制，即收汇万一有风险，出口地押汇银行可以通过变卖出口方受益人的货物来补偿押汇款，因此出口地银行通过控制物权单据可以减少或补偿损失。由于海运提单能代表物权，其他如空运单、陆运单、邮局收据等不能代表物权，因而，出口地银行对于非海运提单项下的押汇须谨慎办理。

（7）对于为信用证第二受益人的企业。对于为信用证第二受益人的企业，应从严控制其出口押汇。

（8）押汇期限原则上不超过 180 天。

以上讲的是一般性原则。在一些特殊情况下，如受益人的信誉很好，银行给予了较大的授信额度，即使是普通的流动资金贷款，也无须担保或抵押，那么作为贷款的另一种形式的出口押汇也可以放宽条件，即使单据项下有不符点，高风险国家、地区的银行开出的信用证等理论上风险较大的押汇，也可办理。如某服装企业为出口方受益人，为了节约信用证的修改费等（信用证规定修改费由受益人承担），信用证项下的单据常常出现过装期、效期等实质性不符点，但是由于该企业在出口地银行 A 的信誉很好，虽然有不符点，开证行还是到期付款，仅仅是扣去了一些不符点费用，A 银行仍然对该企业办理了出口信用证项下的押汇。

三、出口托收押汇

（一）出口托收押汇的含义和作用

出口托收押汇（Advance against Documentary Collection），是指出口方收款人采用托收为结算方式并将单据交出口地托收行，在货款收回前，要求托收行先预支部分或全部货款，待托收款项收妥后归还银行垫款的一种贸易融资方式。它的融资比例、收取利息的方法（预收）、利息计算公式等与出口信用证项下的押汇相同；还款的来源在正常情况下为托收项下的收汇款，在企业不能正常从国外收回货款的情况下，企业必须偿还押汇本金及利息，或允许银行主动从其账户扣划押汇的金额及补收有关的费用。出口托收押汇一般是原币（即托收使用的货币）入收款人账，若收款人无外汇账户，则可兑换（结汇）成人民币使用。

出口托收押汇的主要作用与出口信用证项下的押汇类似，出口方收款人在装运货物并向出口地银行提交有关的单据后，能向出口地银行（托收行）申请短期融资，在国外货款到达之前提前从银行得到垫款，方便了资金周转。与其他融资方式比，具有手续简单、融资速度快捷的特点。

出口托收押汇与出口信用证项下的押汇的根本区别在于：后者有开证行（或保兑行）的付款保证，属银行信用；而前者为商业信用，没有银行作为付款保证，出口方收款人能否收回货款，完全取决于国外付款人的信誉，与托收行、代收行等银行无关，因此收汇的风险较大，为控制出口托收押汇风险，出口地银行通常应根据出口方收款人的资信、还款能力等对其核定相应的授信额度，仅仅在额度之内叙做出口托收押汇。

（二）出口托收押汇的业务流程

出口方收款人根据贸易合同在装运后制单、交出口地银行（托收行）审单→出口地银行办理押汇并在扣除费用、利息后入公司账→银行收到国外贷记报单后自动扣划并归还企业的押汇款。

出口方收款人办理出口托收押汇业务时，应向出口地的押汇银行提交下列材料：

（1）若受益人第一次在出口地银行办理押汇、贴现等授信业务，必须提供基础资料：企业营业执照副本、税务登记证（国税或地税均可）、企业组织机构代码证、进出口业务许可证、中国人民银行出具的企业的贷款卡。

(2) 向出口地银行提交根据出口贸易合同制作的单据，或在以承兑交单(D/A) 为付款条件的情况下，进口人（付款人）的确认付款日（到期日）的电文、函件，或承兑电文、函件。

(3) 出口方收款人与出口地银行签订出口押汇总协议书（通常有效期为一年）。

(4) 逐笔填写并提交银行格式化的“押汇申请书”。

(三) 办理出口托收押汇业务需要注意的问题

1. 对于出口方收款人

(1) 了解进口方付款人的资信情况。尽管出口托收押汇的还款来源为国外进口人的付款，但在货款不能正常收回时，出口方收款人作为托收押汇项下的债务人仍然不能免除还款责任，若出口方拒不履行还款责任，银行可以如同对待其他逾期贷款一样，采取必要的法律等手段。因此，进口方付款人能否按时付款，对出口方十分重要，其资信状况和履约能力不仅仅直接关系着货款能否按期正常收回，还关系着出口方是否需要在出口托收押汇到期时另外筹措资金的问题。出口方收款人对进口方付款人的履约能力、资信状况需有较为透彻的了解。

(2) 选择合适的交单方式。跟单托收的交单方式有付款交单方式（D/P）和承兑交单（D/A）两种。在付款交单方式下，从理论上而言，进口人需“一手付款、一手取单（货）”，即不付款就不能取得代表物权的单据，因此这种方式相对于承兑交单而言，没有“钱货两空”的危险，对出口方收款人的收汇风险较小，较易取得出口地托收行的押汇；在承兑交单方式下，代收行凭进口人对汇票的承兑即可释放代表物权的单据，但对到期进口人是否履行付款之责不承担任何责任。如进口人信誉较差，到时进口人不付款，出口方收款人有“钱货两空”的危险，因为收汇风险大。因此，出口方收款人一般不易从银行取得出口地托收行的押汇。

(3) 选择代收行。在出口托收业务中，由出口方收款人选择国外代收行，收款人选择一家资信良好的代收行十分重要，信誉较好的代收行有利于保证各方遵循国际惯例和代收行指示的正确执行，从而减小收汇风险，在付款交单条件下，杜绝“钱货两空”的可能性（在实务中，有的银行在付款交单条件下，在进口方付款人未付款的情况下就将代表物权的单据释放，导致出口方收款人“钱货两空”的例子屡见不鲜。有些还发生在发达国家的知名银行的分支机构）。因此，在实务中，为了减小收汇风险，相对较容易地从银行取得出口托收押汇项下的融资，如有可能，最好选择出口地银行在国外的分支机构作为代收行。

2. 对于出口地银行

（1）了解出口方收款人的资信及履约能力。由于跟单托收是基于商业信用的一种结算方式，出口人的履约能力也关系到货款能否正常收回，如出口人在货物的质量、发运期限等方面有违约行为，则托收的货款很可能遭到拒付或迟付，在这种情况下，出口地银行的还款来源将受到影响，出口托收押汇的风险性进一步加大。

（2）了解进口方付款人的资信。作为依赖商业信用的出口托收，能否正常、安全收汇，取决于进口方付款人的信誉的好坏，并直接影响出口地银行的还款来源，因此，出口地银行有必要了解进口方付款人的情况，如进口人为一向守合同、重信誉的大公司，与出口方有多年的合作关系，可以较为放心地办理托收押汇业务或放宽押汇额度，如相反，则从严格控制，谨慎办理。

（3）了解出口人的交单方式及货物的行情。在付款交单项下，适当放宽；在承兑交单条件下，适当从紧。当货物处于旺销时，由于货物转卖、变现能力较强，因此，押汇的条件、额度可以适当放宽；当货物处于滞销、新产品的试销状态时，押汇的条件、额度应适当从紧。

（4）适当考虑增加其他安全措施。由于出口托收押汇风险较大，出口地银行可适时考虑增加其他风险防范措施。如要求出口方收款人增加第三方担保、房产抵押、有价证券的质押、投保出口信用保险等，以防万一风险发生时，使出口方收款人在处理业务时有所顾忌，使出口地银行能将损失减少到最低程度。

四、贴现

贴现（Discount），是指银行有追索权地买入已经承兑的远期票据。远期票据通常是银行票据或有银行信用担保的商业票据。从理论而言，由于有银行信用的保证，这类票据的可靠性和流通性较强，容易被银行接受。但在实务中，由于票据诈骗、伪造手段的高科技化，从事跨国票据业务的风险极大，我国各中资、外资银行为了防范风险，目前一般对与跟单信用证或跟单托收没有联系的，没有真实贸易背景或贸易背景不清楚的“纯票据”不予贴现。短期贸易融资项下的贴现业务通常为远期信用证项下的已承兑汇票和跟单托收项下已加具保付签字（Per Aval）的远期汇票，即在付款人承兑远期商业汇票的同时，由其账户行在汇票上加上保付签字，对已经承兑汇票的到期付款承担担保责任。

在信用证业务中，许多信用证除了要求受益人提供单据外，通常还要求提供汇票，因此，信用证项下的出口单据押汇由于有票据的存在，有时也被称为“贴现”。

贴现的收息方式、计算公式等与出口信用证项下的押汇类似。

五、买入票据

买入票据，是指托收银行在光票托收款项收妥前，把票据的金额扣除贴息和费用后，将净额付给委托人的一种融资业务。

由于光票托收不一定有贸易背景，难以掌握，融资风险较跟单托收更大，因此，在实务中极少有银行办理此项业务。

银行在买入票据时，一般应注意以下几个方面：

（1）客户的资信可靠，有偿还能力。

（2）票据没有过期，背书手续清楚，没有发现任何缺陷。

（3）票据上没有限制流通文句，如 NOT NEGOTIABLE、NOT TRANSFERABLE A/C PAYEE ONLY 等。

（4）为防止假票，要核对出票行印鉴。

（5）对金额较大者，事先以电讯方式查询证实。

六、出口商业发票贴现

（一）出口商业发票贴现的含义及作用

出口商业发票贴现（Discount against Export Commercial Invoice），是指在保理商（通常为金融企业）与出口商之间存在一种契约，根据其契约，出口商将现在或将来的基于出口商与进口商订立的出口销售合同所产生的应收账款转让给保理商，由保理商提供贸易融资、应收账款催收和销售分户账管理的一种综合性金融服务。简言之，出口商业发票贴现是在“货到付款”结算方式（即俗称“后 T/T”）项下，出口地银行以出口商的出口商业发票作为抵押进行融资的业务。它是我国在 21 世纪初才新兴的一种出口融资业务，是从保理业务的融资功能中演变而来的。其融资比例通常为 100%，使用与其他押汇相同的“预收利息法”，即银行在全额的本金内扣除预计利息及各种手续费后的余额贷给出口方收款人，因此，受益人实际所得仍然不足 100%；还款的来源在正常情况下为“货到付款”项下的收汇款，在企业不能正常从国外收回货款的情况下，企业必须偿还贴现的本金及其利息，或允许银行主动从其账户扣划贴现的金额及补收有关的费用。出口商业发票贴现一般是原币（即信用证使用的货币）入受益人账，若受益人无外汇账户，则可兑换（结汇）

成人民币使用。

银行办理押汇通常不收贴现手续费，其利息计算公式为：

本金×融资年利率×贴现天数/360

贴现天数的计算通常是：办理贴现日到“后 T/T”项下预计的收汇日或发票的到期日的天数+30天，例如，出口方收款人在2011年10月22日发货至美国，同时要求办理贴现，付款条件是到货后20天付款，预计的收汇日为12月12日，则押汇天数为：从10月22日到12月12日的天数（51天）加上30天，即81天。

出口商业发票贴现的主要作用，是在“货到付款”结算方式（即后 T/T）项下，出口方收款人在装运货物并向出口地银行提交有关的单据后，能向出口地银行申请短期融资，在国外货款到达之前提前从银行得到垫款，方便了资金周转。与其他融资方式比，具有手续简单、融资速度快捷的特点。

（二）出口商业发票贴现的业务流程

申请人逐笔填写并提交银行格式化的《出口商业发票贴现额度申请书》、《出口商业发票贴现申请书》→在银行同意后，申请人（出口方收款人）根据贸易合同在装运后将有关材料交出口地银行→出口地银行办理贴现并在扣除费用、利息后入公司账→银行收到国外贷记报单后自动扣划并归还贴现款。

出口方收款人办理出口商业发票贴现业务时，应向出口地的贴现银行提交下列材料：

（1）若受益人第一次在出口地银行办理押汇、贴现等授信业务，必须提供基础资料：企业营业执照副本、税务登记证（国税或地税均可）、企业组织机构代码证、进出口业务许可证、中国人民银行出具的企业的贷款卡。

（2）逐笔填写并提交银行格式化的《出口商业发票贴现额度申请书》、《出口商业发票贴现申请书》。

（3）向出口地银行提交出口贸易合同复印件、商业发票（除非出口商有异议，发票上须载有转让条款）、运输单据副本及其他相关单据。

（4）出口方收款人与出口地贴现银行签订《出口商业发票贴现协议》。

（三）出口商业发票贴现有关当事人的权利和责任

请参阅附本节之后的《出口商业发票贴现协议》中的有关内容。

（四）办理出口商业发票贴现需要注意的问题

1. 对于出口方收款人

（1）了解进口方付款人的资信情况。尽管出口商业发票贴现的还款来源为国外进口人的付款，但在货款不能正常收回时，出口方收款人作为商业发票贴现项下的债务人仍然不能免除还款责任，若出口方拒不履行还款责任，银行可以如同对待其他逾期贷款一样，采取必要的法律等手段。因此，进口方付款人能否按时付款，对出口方十分重要，其资信状况和履约能力不仅仅直接关系着货款能否按期正常收回，还关系着出口方是否需要在商业发票贴现到期时另外筹措资金的问题，因而，出口方收款人对进口方付款人的履约能力、资信状况需有较为透彻的了解。

（2）了解进口方付款人所在国的政治、经济及外汇管制情况。出口方收款人能否顺利收汇，不仅仅与进口方付款人本身的实力、信誉有关，还与该所在国的政治、经济、外汇管制情况有较大的关联，在一个外汇管制国家，任何外汇的付出均将受到不同程度的监控，特别是在政治、经济动荡较大时尤为严格。在此种情况下，“货到付款”条件项下的付款，没有进口地银行的信誉保证，就会拖延付款或不付款，因而，出口方收款人须严加注意，尽早与进口付款人联系，申请外汇额度。

2. 对于出口地贴现银行

（1）了解出口方收款人的资信及履约能力。由于“货到付款”是基于纯商业信用的一种结算方式，与反映货物表面状况的单据无关，完全是钱货的直接交易，因此，出口人的履约能力关系到货款能否正常收回。如出口人在货物的质量、发运期限等方面有违约行为，则货款很可能遭到拒付或迟付，在这种情况下，出口地银行的还款来源将受到影响，“货到付款”的风险性进一步加大。

（2）了解进口方付款人的资信。“货到付款”能否正常、安全收汇，除了与出口方的货物有关，还取决于进口方付款人信誉的好坏，并直接影响出口地银行的还款来源。因此，出口地银行有必要了解进口方付款人的情况，如进口人为一向守合同、重信誉的大公司，与出口方有多年的合作关系，可以较为放心地办理，如相反，则从严格控制，谨慎办理。

（3）了解出口货物的行情。当货物的市场行情看涨时，由于货物转卖、变现能力较强，因此，贴现的条件、额度可以适当放宽；当货物处于滞销、新产品的试销状态时，贴现的条件、额度应适当从紧。

（4）适当考虑增加其他安全措施。由于出口商业发票贴现的风险较大，在适当时，可考虑增加其他风险防范措施。如要求出口方收款人增加第三方担保、房产抵押、有价证券的质押、投保出口信用保险等，以防万一风险发生时，使出口方收款人在处理业务时有所顾忌，使出口地银行能将损失减少到最低程度。

（5）商业发票最好载有债权转让条款。商业发票最好载有债权转让条款以便在必要时，出口地银行行使追索权。债权转让条款通常为以下类似文句“本额已被转让给中国银行某分行，该行被授权代收本货款，关于本发票项下的货款必须付给中国银行某分行，账号为____。当付款时，请注明以下参考号____”（This amount has been assigned to BANK OF CHINA，____ Branch，who is authorized to collect payment through this assignment in settlement of this account. Payment in respect of this invoice must be made to BANK OF CHINA，____ Branch，Account number：____ When effecting payment，please quote the following reference number：____）。

（6）加强贴现后的管理。视具体情况采取必要的措施，保证资金的安全，避免或较少损失。

以下为出口商业发票贴现额度申请书样式

出口商业发票贴现额度申请书

致：中国银行________________分行

为拓展业务，开发市场，加速资金融通，我司拟在对下述公司出口的信用销售中采用贵行提供的出口商业发票贴现业务，有关销售细节见下表：

进口商名称	货物名称	赊销天数	预计年交易额	备注

为此，我司特向贵行申请出口商业发票贴现额度（币种）____（金额）________，请贵行予以审查批准。

公司

（签字盖章）

年　月　日

以下为出口商业发票贴现协议：

出口商业发票贴现协议

编号：

鉴于______________公司（以下简称“出口商”）拟采用信用销售方式出口货物，并拟利用中国银行________分行（以下简称“保理商”）提供的国际保理中的出口商业发票贴现业务，为保证此项业务的顺利进行，出口商与保理商于________年________月________日特签署本协议。

总　则

第一条　自签署本协议之日起，出口商保证协助保理商遵循国家有关法律法规及中国银行有关规章制度办理相关业务。

第二条　本协议某些重要术语的定义如下：

1. 出口商业发票贴现服务：是指在保理商与出口商之间存在一种契约，根据该契约，出口商将现在或将来的基于出口商与进口商订立的出口销售合同所产生的应收账款转让给保理商，由保理商提供贸易融资、应收账款催收、销售分户账管理的一种综合性金融服务。

2. 发票：即商业发票，是由出口商出具给债务人的一份债权单据，它列明所发运货物的详情以及债务人应付的金额。

3. 合格应收账款：因出口商采用信用方式销售规定货物而产生的且债务人尚未清偿的债权。该笔应收账款不存在可被抵消、留置或做其他扣减的负担。该应收账款在出口商提请保理商贴现时：

未过期，且到期日在______天以内；

在出口商正常贸易中产生；

属出口商所有；

可以转让；

未被质押或抵押给任何第三方。

4. 贴现额度：是保理商应出口商的申请为其核定的合格应收账款最高贴现额度，在额度内出口商的合格应收账款由保理商承诺收购。

贴现额度的生效

第三条　自本协议生效之日起，保理商为出口商核准的贴现额度开始生效。有关额度细节如下：

核准贴现额度		额度有效期	
业务费率		贴现率	按照办理贴现当日中国银行有关贸易融资利率执行

注：业务费率为保理商叙做该业务向出口商收取手续费的比率。

第四条　在贴现额度的有效期内，出口商向保理商提示要求贴现的合格应收账款余额在任何时点都不应超过保理商核准的贴现额度。保理商承诺将在核定的贴现额度内为出口商提交的合格应收账款办理贴现。

出口商对应收账款及其转让的保证与陈述

第五条　出口商保证自本协议生效之日起应将随后产生的对债务人的合格应收账款全部转让给保理商。

第六条　出口商保证向保理商提交的每笔应收账款均代表一笔在正常业务过程中产生的真实善意的货物销售，据以向保理商转让的应收账款所涉及的货物销售符合基础交易合同规定的内容，该笔应收账款未被用作任何形式的担保。

第七条　出口商保证无条件享有向保理商转让的每笔应收账款的全部所有权，包括与该应收账款有关并可向债务人收取的利息和其他费用的权利。该笔应收账款不能用来抵消、反诉、赔偿损失、对销账目、留置或做其他扣减等。

第八条　出口商保证对已经转让给保理商的应收账款未经保理商允许，不再进行处理、转让、赠送等，也不再向债务人追索。未经保理商的书面同意，出口商不得转让该保理协议。

第九条　出口商保证作为应收账款受让人的保理商享有与被转让的应收账款有关的一切权利，包括强制收款权、起诉权、留置权、停运权、对流通票据的背书权和对该应收账款的再转让权以及未收货款的出口商对可能拒收或退回的货物所拥有的所有其他权利。

第十条　出口商同意保理商有权以自己的名义或在自己认为适当的时候要求与出口商联名采取诉讼和其他强行收款措施，并有权以出口商名义对债务人的汇票背书托收。出口商保证在保理商对债务人的诉讼或采取其他收款措施中给予必要的配合，包括作为诉讼主体参加诉讼，并承担保理商因向债务人追索欠款而实际支出的各类费用。

第十一条　出口商有义务通知债务人已将应收账款进行了转让，指示进口商将相应的款项支付给保理商。

贴　现

第十二条　出口商向保理商申请贴现，应向保理商提交《出口商业发票贴现申请书》、发票、运输单据副本及其他保理商要求的相关商业文件及单据。

第十三条　保理商在收到出口商提交的《出口商业发票贴现申请书》及有关文件、单据后三个工作日内为出口商办理贴现，同时收取手续费。

第十四条　贴现利息的计收采取以下双方协定方式：

□预收方式：保理商按照约定的利率于办理贴现日扣收贴现息，扣息天数按贴现日至到期日的实际天数加______天计算。

□后收方式：保理商按照约定的利率于融资款归还日收取利息。

账务设立及核对

第十五条　保理商有权根据自己的需要，采用自己认为适合的记账方式及时记录每笔业务的发生情况，并定期同出口商核对有关账目。

第十六条　出口商应建立相应账目，以便同保理商做好对账工作。出口商在收到保理商的对账单后的七天之内未提出任何异议，即可认为该对账单是准确无误的。

应收账款的催收与贴现款的追偿

第十七条　保理商对出口商已转让应收账款可于到期日前采取自认为适合的方法向债务人催收。

保理商亦可应出口商的要求，委托出口商以债权人代理人的身份向债务人催收。

第十八条　如已贴现发票于到期日后30天内未收到债务人的付款，保理商有权向出口商追偿贴现款项并从30天后开始计收逾期利息。追偿的方式包括但不仅限于从出口商账户上扣款，直至获得清偿。

协议的生效及终止

第十九条　本协议自双方法定代表人或授权签字人签字并加盖公章之日起生效。

第二十条　本协议的终止取决于保理商核准的贴现额度的有效期，即至________年________月________日本协议终止。

第二十一条　本协议的终止并不影响出口商与保理商对协议终止前已转让应收账款的权利和义务。

协议条款的更改

第二十二条　保理商可根据出口商或债务人资信状况的变化随时调整核准贴现额度的金额及效期，并将调整情况立即通知出口商。新的贴现额度金额及效期从通知之日起生效。

第二十三条　本协议其他任何条款的更改，必须经协议双方书面同意。

仲　裁

第二十四条　出口商与保理商若在本协议的执行过程中发生纠纷，应本着友好协商的原则解决。若经双方协商仍不能解决纠纷，应提交中国国际贸易促进委员会仲裁委员会分会仲裁。此仲裁结果为终局性的，对双方具有约束力。

其他事项

第二十五条　本协议由出口商法定代表人或其书面授权人和中国银行________分行行长或其书面授权的人签署。

第二十六条　出口商及中国银行________分行的人事组织变动不影响本协议的效力及双方在本协议下各自的权利和义务。

第二十七条　本协议一式两份，出口商与中国银行________分行各执一份，两份具有同等的法律效力。

保理商：　　　　　　　　　　　　　　出口商：
中国银行　　分行　　　　　　　　　　　　　　　　公司

（签字盖章）　　　　　　　　　　　　（签字盖章）
年　　月　　日　　　　　　　　　　　年　　月　　日

以下是商业发票贴现申请书样式：

出口商业发票贴现申请书

致：中国银行　　　分行

根据贵我双方于　　　年　　月　　日签署的第　　　号《出口商业发票贴现协议》，我司现请求贵行贴现附表所列商业发票下我司出口销售所产生的合格应收账款。贵行已贴现的应收账款项下的所有权益将全部转让给贵行。

我司郑重声明：

1. 在《拟贴现发票细节表》中列明的所有项目记载正确。

2. 在有关发票到期日后三十日内，贵行仍未收到债务人的付款，请将该笔应收账款重新转让我司，贵行有权从我司开在贵行的账户中扣款或采取其他方法强行收款。（我司的账号为：　　　　　）

公司
（签字盖章）
年　月　日

拟贴现发票细节表

发票号	合同/订单号	发票日	债务人	到期日	金额

金额合计：

以下部分由银行填写审批意见：

第二节 进口贸易融资

一、进口开证额度

进口开证额度（Limits for Issuing Letter of Credit），是指开证行为方便进口开证业务，对一些资信好、有清偿能力、业务往来频繁的进口人，根据其资信状况或提供抵押品的数量和质量的情况而核定的开证额度，供该进口人循环使用，进口人在额度内申请开立信用证时，可免收或减收一定的保证金。例如，银行 B 根据进口人 A 的情况，给予了 A 500 万美元的开证额度，在 500 万美元的额度内，保证金比例为 5%，则 A 每次从 B 银行开证，交纳的保证金为 5%，不需再逐笔与 B 银行就保证金比例进行协商，当然，其前提条件是 A 在 B 银行的未付余额为小于 500 万美元。

在实务中，打包、押汇等，由于有实在的资金进入企业的账户，因此被公认为银行的一种融资手段，但将进口开证额度视为银行的融资手段之一，有时还不能被理解，有的企业认为，请银行开立信用证时，开证行此时并未付款，也未将资金贷给企业，何来融资？其实，当企业向银行要求银行开证时，银行可以要求企业提供 100% 的保证金，以规避日后的垫款风险，此时企业就必须筹措足够的资金作为保证金，若超出自身资金周转能力，就不得不向银行贷款后交纳保证金，或将原本用于周转的资金做了保证金，正常周转时又不得不向银行贷款。因此，银行给予企业的开证额度，其实质是一种变相的贷款，是银行给予的一种融资。

由于开证行代进口人承担了有条件的付款责任，到时只要出口人根据信用证的要求和规定，提交了“单证一致”的单据，开证行便必须付款。因此，银行均视开立信用证业务为银行业务中属于风险较大的“授信业务”，也由于银行作为开证行的风险性较大，但又因竞争的需要不得不考虑进口人办理业务的方便、资金周转的需要，开证行通常根据具体情况将进口人分为“三六九等”，不同的进口人交纳的保证金比例、担保、抵押要求、授信额度等均有差异。通常开证额度有以下两种：

（一）普通信用证额度

普通信用证额度（General L/C Limit），是指开证行在确定进口开证申请人的开证额度后，申请人采用“余额控制”的办法，可循环使用。开证行根据客户的资信变化和业务需求变化随时可对额度作必要的调整。

（二）一次性开证额度

一次性开证额度（One Time L/C Limit），是指为开证申请人一个或几个贸易合同核定的一次性开证额度，不能循环使用。这通常是在客户的经营情况有较大的变化时使用。如某开证申请人洽谈了一宗大额进口贸易，普通的开证额度不够使用，或普通额度的大量占用会影响其正常经营，开证行可根据其资信状况和抵押品的情况核定一次性开证额度，供该宗贸易合同项下使用。

二、进口信用证项下押汇

（一）进口信用证押汇的含义和作用

进口信用证押汇（Inward Bill Receivables），是指开证行收到议付行或交单行寄送的单据后，为开证申请人垫付货款的一种贸易融资。在实务中，开证行收到单据后，如单证相符，或虽有不符点但客户及开证行双方均同意接受，开证行应立即偿付议付行或交单行，但开证申请人因资金周转关系，无法在开证行付款前付款赎单，因此以该信用证项下代表货权的单据为质押，并同时提供必要的抵押/质押或其他担保，由银行先行代为对外付款，这便产生了进口押汇的现实需要。进口押汇的融资比例为国外来单金额的100%。其收取利息的方法不是通常押汇采用的“预收利息法”，而是普通贷款常用的“后收利息法”，即在押汇到期后，从企业账户扣收押汇本金及其利息。还款的来源完全依赖于企业经营的利润。进口押汇一般使用原币（即信用证及单据使用的货币）直接对外付款，不可兑换（结汇）成人民币使用。

进口开证行办理进口押汇通常不收押汇手续费，其利息计算公式为：

本金×融资年利率×押汇天数/360

进口押汇天数通常不需要进行复杂的计算，一般是根据开证申请人的资金周转需要而定的，如开证申请人需要30天才能筹措信用证项下的付汇资金，则进口押汇天数可以为30天，如需要60天才能筹措付汇资金，则进口押汇天数可以为60天，但最长一般不能超过90天。

进口押汇的主要作用是信用证项下的开证申请人在进口开证后，以代表货权的单据为质押，可获得银行的短期融资，用于进口付汇，加速资金周转。与普通贷款比，具有手续简便、融资速度快捷的特点。

（二）信用证项下进口押汇的业务流程

单据到达开证行后，开证申请人向开证行提出进口押汇申请并签订有关协议→开证行办理进口押汇并对外付款、开证申请人取得进口单据→押汇到期后开证申请人归还押汇款并支付押汇利息。

开证申请人办理进口押汇业务时，应向开证行提交下列材料：

（1）填写开证行印制的进口押汇申请书；

（2）与开证行签订信托收据，作为开证申请人将自己货物所有权转让给银行的确认书；

（3）签订经签章确认的进口押汇合同。合同须列明申请人名称、信用证编号、押汇金额、押汇期限、押汇利率、还款日期、还款责任及违约处理等。

（三）办理进口押汇需要注意的问题

1. 对于进口开证申请人

（1）进口押汇款应专款专用。进口押汇款仅用于履行押汇信用证项下的对外付款，不能像其他押汇一样结成人民币使用。

（2）进口押汇是短期融资。进口押汇期限一般不超过 90 天，90 天以内的远期信用证，其押汇期限与远期期限相加一般也不得超过 90 天。

（3）进口押汇须逐笔申请。进口押汇须逐笔申请，逐笔使用，一般不设额度。

（4）押汇比例、押汇期限。押汇比例、押汇期限等根据实际情况与开证行协商后决定。

2. 对于开证行

（1）了解开证申请人的资信情况。由于进口押汇还款的唯一来源为开证申请人的经营利润，因此，了解开证申请人的经营能力、资信状况十分重要。

（2）了解进口货物的市场行情。若进口货物属于畅销产品，由于其变现能力较强，可适当放款押汇条件，反之，应从严控制。

（3）适当考虑增加其他安全措施。由于进口押汇的还款来源单一，风险较大，因此，在需要时，可比照普通流动资金贷款的风险防范措施，考虑增加其他担保或抵押，如要求开证申请人增加第三方担保、房产抵押、有价证券的质押等，以防万一风险发生时，使开证申请人在处理业务时有所顾忌，使出口地银行能将损失减少到最低程度。

（4）注意押汇后的管理，必要时监控开证申请人进口货物的货款回笼情况。在开证申请人出现不利于还款的迹象时，严格监控其进口货物的货款回笼，采取适当措施，减少损失。

三、进口代收押汇

进口代收押汇是代收行凭包括物权单据在内的进口代收单据为抵押向进

口人提供的一种融资性垫款。由于其风险较大，一般适用于以付款交单（D/P）为结算方式的进口代收业务。进口代收押汇的押汇比例、收取利息的方法、利息计算公式、还款的来源类似进口信用证押汇。

进口代收押汇的业务操作流程较为简单。当进口方银行（代收行）收到出口地银行（托收行）寄送的单据后，代收行可根据进口人的申请，与进口人签订信托收据和进口押汇协议，先行对外垫付；同时将单据释放给进口人，由其提货进行加工、转卖，用货物的“回笼款”归还代收行的垫款。在实务中，若某进口人的进口代收业务较大，代收行通常根据其资信状况和抵押品情况核定一个押汇额度，周转使用。

进口代收押汇应注意的问题，参阅上述（二）中信用证项下进口押汇。

四、提货担保

（一）提货担保的含义和作用

提货担保（Delivery against Bank Guarantee），是指进口信用证项下货物早于运输单据抵达港口时，开证申请人向开证行提出申请，凭开证行加签的提货担保书向船公司办理提货手续的业务。由于申请人在未付款之前就取得了代表货物所有权的单据，因此它的实质也是开证行对他的一种融资。在正常的情况下，收货人应凭正本提单向船公司办理提货手续，但由于近海航行，航程过短，货物常常先于单据到达，如收货人急于提货，可采用提货担保方式，即请开证行出具书面担保，请船公司凭以先行放货，保证日后及时补交正本提单，并负责交付船公司的各项费用及赔偿由此而可能遭受的损失。

提货担保的主要作用是货物到港后，收货人可及时提货，而不必等待运输单据到达后提货，省去了货物到港后，收货人没有及时提货而可能产生的滞港费等额外费用和避免了可能产生的损失。

（二）提货担保的业务流程

办理提货担保的业务流程较为简单，一般是：在货物先于单据到达港口的情况下，开证申请人向开证行提出办理提货担保的申请→开证行根据具体情况，有条件地办理提货担保→开证申请人收到运输单据后立即向船公司换回提货担保。

开证申请人办理提货担保业务时，应向银行提交下列材料：

（1）提交开证行格式化的提货担保申请书。

（2）与进口人签订信托收据。

（3）提供与本次提货担保申请有关的副本发票、副本提单，出示货物到港通知（如有）。

（三）办理提货担保业务应注意的问题

1. 对于企业

（1）限制性。办理提货担保业务仅限于开证行自身开立的信用证项下的商品进口，并且运输方式为海运、信用证规定提交全套海运提单的条件下方可办理；对于其他形式的进口商品、运输方式为非海运（如陆运、空运等）含有 2/3 提单条款等物权不完整条款的信用证，通常不能办理提货担保。

（2）保证付款责任。在收到有关单据后，无论单据与有关信用证是否相符，均保证立即承兑或付款，不得拒付。

（3）退还责任。在收到有关单据后，应立即用正本提单向船公司换回提货担保书并退还开证行，否则，由于提货担保业务也是授信业务，不及时归还开证行将影响开证申请人的授信额度和信誉。

（4）赔偿责任。因出具提货担保而使开证行遭受的任何损失，开证申请人负赔偿之责。

2. 对于开证行

（1）了解开证申请人的信誉及经营状况。从理论上而言，开证行在进口开证时对开证申请人的信誉及经营状况已经进行了调查，但企业的经营状况是动态的、变化的，加之，开证行在出具提货担保时就失去了对货物的掌控权，此较开证时面临的风险更大，因而必须进一步了解开证申请人的情况，并根据具体情况，确定是否需要补充保证金，增加第三方担保、抵押，或采取其他风险防范措施。

（2）了解货物的情况。确认该货物是自身开立的信用证项下的货物，核对有关内容，如货物名称、总价值、起运港和目的港等。

（3）督促开证申请人来单后立即将提货担保归还开证行。在信用证项下的单据到达开证行后，请开证申请人立即去船公司将提单替换回开证行的提货担保。

以下是提货担保申请书样式：

提货担保申请书

编号：

中国银行××分行：

兹因有关提单尚未收到，请贵行向承运公司签署提货担保书以便我公司先行提取下列货物：

____________________公司：

兹因有关提单尚未收到，请贵公司准许敝公司先行提取下列货物：

信用证/合同号：

货名：

船名：

提单号：

发货人：

装运地点及日期：

总件数（大写）：

唛头：

我公司谨此承诺和同意下列事项：

一、我公司在收到有关单据时，无论与其有关信用证/合同是否完全相符，我公司保证立即承付/承兑。贵行向我公司发出单到通知后，如我公司在合理工作日内未承付/承兑，贵行有权从我公司账户中扣款，按期对外付款。

二、我公司在收到有关提单时，立即向承运公司换回上述提货担保书退还贵行。

三、如因出具此提货担保使贵公司遭受任何损失，我公司负责赔偿。

四、如提货担保出具之日到退还之日期间天数超过三个月，则须加收提货担保手续费。

公司（签字盖章）

公司经办：	银行经办：
联系电话：	复核：
日期：	负责人：

担保提货书样式如下。

担保提货书

____________________公司：

兹因有关提单尚未收到，请贵公司准许敝公司先行提取下列货物：

信用证/合同号：

货名：

船名：

提单号：

发货人：

装运地点及日期：

总件数（大写）：

唛头：

上述货物属敝公司进口货物，倘因敝公司未凭提单先行提货致使贵公司遭受任何损失，敝公司负责赔偿。敝公司收到上述提单后，立即送交贵公司换回此担保书。

公司（签字盖章）

银行签署：

兹保证上述承诺之履行。

经办——复核——负责人——

（上述内容如有更改，须经本行签证方为有效）

×××银行×××分行

年 月 日

五、信托收据

信托收据（Trust Receipt，或 T/R），是进口人与代收行之间关于物权处理等的一种契约，是将货物抵押给银行的确认书。就理论上而言，银行可以仅凭信托收据办理融资业务。但在实务中，由于仅仅凭信托收据办理融资业务的风险较大，因此通常不单独使用，而是在进口融资业务中，银行为从法律上保证其对货物的所有权，把它作为防范风险的一种手段使用。如进口信用证业务项下的进口押汇业务、提货担保业务、进口代收押汇业务中，银行均需与企业签订信托收据。

进口人与银行签订信托收据，并办妥其他有关手续后，进口人在未付讫进口项下的货款前，能向开证行或代收行借出单据，从而及时报关、提货、销售等，但由于物权是开证行或代收行的，进口人仅是“借单行事”，处于代管货物的地位，是代保管人（Bailee），因此，进口人取得的货款属开证行或代收行所有，进口人只能在向开证行或代收行付款，并赎回信托收据后，物权才归其所有。因此，进口人与银行签订信托收据的实质是开证行或代收行对进口人提供的资金融通便利。

（一）有关当事人的权利和义务

1. 进口人作为被信托人（Trustee）和代保管人的义务

（1）将信托收据项下的货物和其他货物分开存仓、保险，其物权属于开证行或代收行，货物一旦出险，保险所得赔偿也应归开证行或代收行所有。

（2）货物销售后，所得货款应属于开证行或代收行，若远期付款交单尚未到期，该款由开证行或代收行保管或另外开立保证金账户，与进口人的自有资金分开，或提前付款，赎回信托收据，利息按借单的实际天数计算，或由开证行或代收行协商解决。

（3）由于物权在未付款前并不属于进口人，进口人不得将该货物抵押他人。为防止进口人擅自将该货物抵押他人这类事件的发生，开证行或代收行在借出单据时，应在提单上加盖“Under Lien to ××× Bank”的字样，表明该银行对货物持有留置权，并随时接受开证行或代收行的监督与查看。

2. 信托人的权利

由于信托收据是由进口人向开证行或代收行提供的，接受与否，由开证行或代收行视进口人的信誉等而定，因此，开证行或代收行只要接受了信托收据，借出了单据，开证行或代收行即成为信托人（Truster)，其权利是：

（1）可以随时取消信托，收回借出的商品；

（2）如商品已经被销售，可以随时收回货款；

（3）如进口人破产、倒闭清算，信托人对货物货款有优先权。

（二）代收行需注意以下几个方面

在实务中，开证行或代收行是否接受进口人的信托收据是十分慎重的，一般讲，开证行或代收行应注意以下几个方面：

1. 认真审查进口人的资信

根据进口人的信誉、抵押物、质押物的情况，对进口人核准一定的授信额度，并在核定的授信额度内办理。

2. 借出单据后，应该加强监控手段

对货物存仓、保险、销售、收款，直到赎回信托收据等一系列的监控手段，绝不能放任自流，否则将造成“钱货两空”的后果。

3. 必须熟悉当地的法律

尽管通常信托人在被信托人破产清算时对货物或货款有优先权，但不同国家对此还是有所不同做法。

A国：破产对象的清算按收支两条线原则，不论信托收据任何规定，货物拍卖所得均作为破产企业资产的增加，若仍资不抵债，根据比例按优先顺序偿付企业的债权人，这就将使开证行或代收行得不到全额的进口款项。

B国：承认信托收据的优先权，但它也有超越一切优先权的“最优先”项目，如拖欠的税款、员工的工资和国家规定的福利保障等，破产企业必须在扣除以上的拖欠款项有余额时，才能归还享有优先权的债务。换言之，若“最优先”项目都不够时，根本没有余款可归还开证行或代收行，信托收据的优先权就不能兑现。

C国：承认开证行或代收行的质押权，在企业破产清算时，质押货物不在清算范围内，但如货物已经销售，货款并未入开证行或代收行的保证金账户，而混入了企业往来账户，一旦清算时被清算人查封账户并作为破产企业的总资产的一部分时，就难以分清，在实务中也难以操作，开证行或代收行往往此时难以得到应有的款项。

因此，作为开证行或代收行必须熟悉进口人所在国的法律，同时要加强监管，随时注意自己的权益不被侵犯。

4. 可采用额度管理

在进口开证或进口代收中，可根据需要对信托收据也采用额度管理。特别是进口开证，在这种情况下，开证行所核定的信托收据额度一般按一定的比例包含在开证额度内。例如，银行为某开证申请人核定了100万美元的开证额度，其中包括50万美元的信托收据额度，则开证申请人应将其开证余额控制在100万美元之内，其中的50万美元的证下单据可凭信托收据释放给开证申请人。信托收据额度与开证额度的比例主要是根据客户的经营范围、商品类别、资金周转速度等因素决定。比照开证额度的种类，信托收据额度也可分为普通额度和一次性额度，其使用方法和掌握原则与开证额度相同，在信托收据项下的货款付清之前，有关部分开证额度也不能恢复使用。

5. 正确计算还款期限

由于信托收据的目的是让开证申请人在付款前先行提货进行加工销售或转卖，因此，应正确计算还款期限，给予一定的时间以收回货款并归还银行的垫款，并根据开证申请人的具体情况，该期限可从半个月至几个月不等，最长可达半年。

以下是某银行的信托收据样式：

信托收据

编号：________

×××银行：

我公司在贵行办理了业务编号为________、期限为________天的进口开证/代收业务，现同意以下列方式处理该进口开证/代收项下单据（单据金额为________，货物名称：________数量：________）及货物：

一、我公司兹确认收到贵行上述进口开证/代收项下单据/货物，自我公司取得该单据之日起，至我公司付清该进口开证/代收项下货款、利息及一切费用之日止，该单据及货物的所有权以及有关的保险权益均归属于贵行，我公司保证办理确认贵行上述权利所必须的手续。未经贵行授权，我公司不以任何方式处理该单据及货物。我公司不因上述转让行为而减少、免除或抵消我公司对贵行所承担的债务。

二、我公司作为贵行的受托人，代贵行保管有关单据，以贵行名义办理该货物的存仓、保管、运输、加工、销售及保险等有关事项，代为保管该货物出售后的货款或将货款存入贵行指定账户。贵行有权以任何合法方式对我公司进行监督，包括随时派员或代理人在任何时候进入仓库检查货物。

三、贵行有权要求我公司立即返还该单据或货物或销售所得款项，或从我公司在贵行系统内各机构开立的账户中直接扣款。该货物折价或销售所得款项不足我公司所欠贵行债务的，贵行有权就差额部分向我公司及保证人进行追索；货物折价或销售所得款项超过我公司所欠贵行债务的，超额部分我公司有权保留。

四、该货物在我公司保管期间产生的所有费用（包括但不限于保险、仓储、运输、码头费用等）由我公司承担。我公司承诺对该货物的市价投保所有可能出现的风险，在保险单上列明贵行为第一受益人，并将保险单交贵行保管，如投保货物发生损失，贵行有权直接向保险公司索赔。

五、未经允许，我公司不以延期付款或任何非货币方式或低于市场价值处理该货物。

六、我公司保证不将货物销售给我公司无权向其进行索偿的任何人。

七、我公司不向其他任何人抵押或质押该货物，或使该货物受到任何留置权的约束。

八、一经贵行要求，我公司即将该货物的账目、任何销售收入或与该货物有关的销售合同详细情况提交给贵行，贵行有权进入仓库对货物的实际情况进行检查，或重新占有该货物。

九、若本公司发生破产清算，以信托收据提取的货物不在本公司债权人可分配的财产范围内。

十、我公司保证履行上述有关承诺，否则贵行有权采取任何措施（包括处理公司其他财产）清偿我公司在本信托收据项下承担的义务。

单位名称（公章）

有权签字人：

年　月　日

六、汇出汇款项下融资业务

（一）汇出汇款项下融资业务的含义及主要作用

汇出汇款项下融资，是指在货到付款结算方式下，汇出行（进口地银行）根据进口人申请，并凭其提供的有效凭证及商业单据先行对外支付，从而向进口人提供的一种短期资金融通。它也是21世纪初才兴起的一种融资业务新品，由于开发晚、风险较大，目前开展此项业务的银行还是极少数。进口人申请融资的资格、条件、手续等信用风险控制方面，与普通流动资金贷款相同；汇出汇款项下融资（贷款）的比例、收取利息的方法、利息计算公式、还款的来源类似进口信用证押汇。

汇出汇款项下融资的主要作用是在货到付款结算方式下，进口人可获得汇出行的短期融资，用于汇出汇款，加速资金周转。

（二）汇出汇款项下融资业务流程

进口人备妥汇出汇款所需要的各种单据并交汇出行→进口人向汇出行（进口地银行）提出办理汇出汇款项下融资业务的申请并签订有关协议→进口地银行办理汇出汇款项下融资并直接对外汇款→融资到期后进口人归还本金并支付利息。

进口人办理汇出汇款项下融资业务时，应向汇出行（进口地银行）提交下列材料：

（1）填写并提交银行格式化的《汇出汇款项下融资申请书》；

（2）填写并提交银行格式化的购汇/用汇申请书；

（3）提交加盖企业章的副本商业发票及副本提单一式两份；

（4）提交进口贸易合同副本一式两份；

（5）提交正本货物进口报关单一份；

（6）提交进口批文一份（如需）；

（7）提交外管需要提供的其他单据或文件；

（8）与汇出行签订《汇出汇款项下融资合同》。

（三）汇出汇款项下融资业务中有关当事人的权利、义务

请参阅附在本“目”之后的汇款人与汇出行签订的《汇出汇款项下融资合同》中的有关内容。

（四）办理汇出汇款项下融资业务应注意的问题

1. 对于进口人（汇出款项的企业）

（1）办理汇出汇款项下的融资业务须符合外管局“货到付款”购汇/用汇资格、条件等有关管理规定。

（2）融资款项只能用于直接对外付款，不能结汇（兑换）成人民币使用。

（3）汇出汇款项下融资期限原则上不超过90天。

2. 对于办理融资业务的汇出行（进口地银行）

（1）了解进口人的资信情况。由于汇出汇款项下融资还款的唯一来源为进口人的经营利润，因此，了解进口人的经营能力、资信状况十分重要。

（2）了解进口人的贸易背景。原则上银行仅对贸易项下的汇出汇款办理融资，对非贸易、资本项下的汇出汇款不予办理融资。

（3）了解进口货物的市场行情。若进口货物属于畅销产品，由于其变现能力较强，可适当放宽押汇条件，反之，应从严控制。

（4）汇出汇款项下融资业务应占用该企业（进口人）的流动资金贷款额度，对于银行没有进行评级并核定流动资金贷款额度的企业，原则上不办理该项融资。

（5）实行严格的贷后监控管理，必要时考虑增加其他安全措施。由于汇出汇款项下融资的还款来源单一，风险较大，因此，在需要时，可比照普通流动资金贷款的风险防范措施，考虑增加其他担保或抵押，如要求汇款人增加第三方担保、房产抵押、有价证券的质押等。

以下为汇出汇款项下融资申请书样式：

汇出汇款项下融资申请书

现我司因在________号进口货物合同项下有资金融通需求，依据我司与贵行签署的年____字____号《汇出汇款项下融资合同》，向贵行申请叙做汇出汇款项下融资。此笔融资所产生的权利义务，均按我司与贵行签订的《汇出汇款项下融资合同》的规定办理。此笔融资所产生的融资款项，占用____年____字____号《授信额度协议》项下贵行为我司核定的额度。[*中括号中内容为选择性条款，下同。*]

第一条　汇出汇款有关内容

进口合同号：______________解付银行名称：______________

进口货物报关单编号：______________汇款金额：______________

收款人：______________

第二条　融资币种和金额

融资币种为：______________

融资金额为：（大写）______________（小写）______________

第三条　融资期限

汇出汇款项下融资的期限为________月/天，自贵行对外汇付款项之日起连续计算。进口项下货物出售款项在汇出汇款项下融资到期日前全部收妥的，贵行有权以货款收妥之日作为融资到期日。

融资到期日前________月/天，如我司出现暂时还款困难，可申请展期一次。

第四条　利率和计息

利率：______________%（年利率）：

计息：自融资之日起，计至融资款本息还清之日止，按实际融资额及实际的融资天数计算。

融资逾期的利息：我司未按还款计划还款，且又未就展期事宜与贵行达成协议，即构成融资逾期，在原融资利率基础上按______________加收罚息。

第五条　融资担保

本融资所产生的全部债务采用如下第________种方式担保：

（一）由________依据编号为________的《保证合同》承担连带保证责任；

（二）由________依据编号为________的《抵押合同》提供抵押担保；

（三）由________依据编号为________的《质押合同》提供质押担保；

（四）由________依据编号为________的《最高额保证合同》承担最高额保证责任；

（五）由________依据编号为________的《最高额抵押合同》提供最高额抵押。

本申请书经贵行审核批准、双方签字盖公章后有效，并构成____年____字____号《汇出汇款项下融资合同》项下不可分割的内容。本申请书如有与《汇出汇款项下融资合同》不一致之处，以《汇出汇款项下融资合同》为准。

银行意见：　　　　　　　　　　　　　　　我司：______________（公章）

审批人：________　　　　　　　　　　　　授权签字人：__________

______年____月____日　　　　　　　　　　______年____月____日

地点：________　　　　　　　　　　　　　地点：______

以下为汇出汇款项下融资合同样式：

汇出汇款项下融资合同

编号：　　年　　字　　号

甲方（申请人）：______________

法定代表人：__________

企业法人营业执照号码：______________

住所：______________

开户金融机构及账号：______________

联系方式：______________

乙方（融资行）：中国银行________分行

负责人：__________

住所：______________

联系方式：______________

［依据甲乙双方签署的____年____字____号《授信额度协议》，*中括号中内容为选择性条款，下同*］鉴于甲方向乙方申请办理基于贸易项下汇出汇款的融资（简称“汇出汇款项下融资”，下同）业务，为保证有关业务的顺利进行，双方经协商一致，签订本合同，以

共同遵守。

第一条　词语解释

贸易项下汇出汇款指甲方作为其已签订的进口货物合同中的进口方，根据合同（及其修改，如有）规定通过银行汇款的方式支付。

汇出汇款项下融资在本合同及与本合同有关的文件中，是指乙方作为甲方的贸易项下汇款的汇出行在为甲方办理汇出汇款时，因甲方提出资金融通需要，向甲方提供资金对外付款，甲方承诺予以偿付。

第二条　融资的前提条件

甲方向乙方申请叙做汇出汇款项下融资，必须具备以下条件：

（一）甲方每申请叙做一笔汇出汇款项下融资业务，须向乙方提交一份《汇出汇款项下融资申请书》（格式见附件1）。

[（二）在本协议第十三条规定的期限终止前提出申请，且乙方判断能够在该期限终止前将融资款项支付给甲方指定的收款人。]

（三）甲方已向乙方提交有权签署本合同及与本合同有关的文件和单据的人员名单及上述人员的签字样本，以及单位公章样本。

（四）甲方在乙方开立存款账户，其收支接受乙方监督。

（五）甲方已按乙方要求填妥有关凭证并根据乙方要求提供有关文件资料，包括进口合同文本以及出口方基本情况的资料。

（六）甲方已办妥履行本合同所必备的法律和行政审批手续，并将相应的审批文件交由乙方查验。乙方有权要求甲方提供审批文件的副本或与原件相符的复印件。

[（七）甲方同意本合同项下可能产生的甲方对乙方的债务占用在____年____字____号《授信额度协议》中乙方为甲方核定的额度。]

（八）本合同第六条规定的担保条件已具备。

（九）未出现第八条所规定的违约事件。

第三条　付款

在本合同第二条所列举的前提条件全部具备的情况下，乙方可自行决定是否为甲方提供融资。如乙方同意为甲方提供融资，则乙方应根据甲方提交并经乙方确认的《融资汇出汇款项下融资申请书》中规定的币种和金额将融资款项按照甲方提交的汇款申请书中的指示汇付收款人，并有权按照该申请书中规定的利率向甲方收取利息和罚息。

对于甲方应向乙方支付的利息，乙方有权从甲方在中国银行开立的存款账户中直接扣收。

第四条　融资期限

融资期限为甲方提交并经乙方确认的《汇出汇款项下融资申请书》中规定的期限或按本合同第八条规定的宣布立即到期日，融资期限应自乙方对外汇付款项之日起连续计算。

融资到期日前________月/天，经甲方书面申请并经乙方书面同意，甲方还款可以展期一次，具体展期期限由双方依据当时情况另行约定。

如融资期限（包括展期后期限）届满或乙方按本合同第八条规定宣布立即到期后，甲方不能向乙方支付本合同项下的融资款项，乙方除有权加收罚息外，还将按本合同第五条和第八条行使权利。

第五条 当事人的权利义务

乙方有权要求甲方将进口货物销售所得款项归还融资款项，或从甲方在乙方系统内各机构开立的账户中直接扣款；甲方利用汇出汇款项下融资所进口货物的销售所得款项应专用于清偿甲方所欠乙方债务，否则，乙方有权向甲方及其担保人进行追索。

[甲方承诺对所进口货物按货物的市价投保所有可能出现的风险，在保险单正本上列明乙方为被保险人，并将保险单正本交乙方保管；如投保货物发生损失，乙方有权直接向保险公司索赔。]

未经乙方书面允许，甲方不以变更合同中的付款方式或低于市场价处理该货物。

一经乙方要求，甲方即将该货物的账目、任何销售收入或与该货物有关的销售合同的详细情况提交给乙方；乙方有权随时进入存放合同项下货物的地点对货物的实际情况进行检查。

甲方履行还款义务时所使用的币种应与乙方业务计价货币相同。乙方依据本合同的有关规定主动从甲方账户中扣款时，如该账户币种与业务计价货币不同，应按扣款当天乙方公布的汇率折算。

乙方如在融资期限到期后不能收妥全部融资款，除有权向甲方追索外，亦有权依担保合同要求担保人履行担保责任。

第六条 担保

本合同项下发生的甲方对乙方的全部债务采用如下第____种方式担保：

（一）由____依据编号为____的《保证合同》承担连带保证责任；

（二）由____依据编号为____的《抵押合同》提供抵押担保；

（三）由____依据编号为____的《质押合同》提供质押担保；

（四）由____依据编号为____的《最高额保证合同》承担最高额保证责任；

（五）由____依据编号为____的《最高额抵押合同》提供最高额抵押；

（六）依据汇出汇款融资申请书中确定的方式担保。

如担保人财务状况恶化或因其他原因导致偿债能力明显下降，或抵押物、质物贬值、毁损、灭失，致使担保能力明显减弱或丧失时，乙方有权要求甲方更换担保人或提供新的抵押物、质物以担保本合同项下债务。

第七条 甲方声明与承诺

甲方声明如下：

（一）甲方依法注册并合法存在。

（二）甲方已获得签署本合同所需要的授权。

（三）甲方向乙方提供的所有文件、资料、报表和凭证等是准确、真实、完整和有效的。

（四）甲方未隐瞒任何已发生或正在发生的、有可能影响对其履约能力判断的下列情况：

1. 与甲方或其主要领导人有牵连的重大违纪、违法或被索赔事件；

2. 甲方在其他合同项下的违约事件；

3. 甲方承担的债务、或有债务或向第三人提供的抵押、质押担保；

4. 未了结的诉讼、仲裁案件；

5. 其他可能影响甲方财务状况和偿债能力的情况。

甲方承诺如下：

（一）与本汇出汇款项下融资有关的结算业务均通过甲方在乙方开立的账户办理。

（二）乙方不能按期收回的融资款及利息、费用，无论何种原因，甲方无条件承担还款责任，并支付相应的罚息，但经乙方同意展期的除外。

（三）甲方按______月定期/应乙方要求不定期向乙方提供真实的财务报表及所有开户行账户及存款余额情况。

（四）如果甲方已经或将与本合同担保人就其担保义务签订反担保协议或类似协议，该协议将不会损害乙方在本合同项下的任何权利。

（五）甲方不以降低其偿债能力的方式处置自有资产。甲方对第三人提供保证或以自身资产设置抵押、质押担保时，将及时通知乙方，并承诺其担保的债务总额不高于其自身净资产的______倍。

（六）甲方对乙方债务的清偿顺序将不亚于其他债权人的具有同等优先权的债务。

（七）甲方承诺当发生如下事件时将及时通知乙方：

1. 在本合同或其他任何与中国银行总行或分支机构之间合同项下发生违约事件；

2. 甲方发生隶属关系的变更、高级管理人员的变动、公司章程的修改以及内部组织机构的重大调整；

3. 甲方经营出现困难和财务状况发生恶化；

4. 甲方涉入重大诉讼或仲裁案件；

5. 甲方发生其他影响其财务状况或偿债能力的情形。

（八）在有关会计年度的税后净利润为零或负数，或者税后利润不足以弥补以往会计年度累计亏损的情况下，或者税前利润未用于清偿甲方在该会计年度内应清偿的本金、利息和费用或者税前利润不足以清偿下一期本金、利息和费用时，甲方不以任何形式向股东分配股息、红利。

（九）甲方处理本融资合同项下的进口货物时，应当尽到谨慎与勤勉的注意义务。处理货物的合同应当要求货物的买方直接将货款划至乙方的账户，用于偿还本合同项下的融资本金、利息及其他费用。

第八条　违约事件和处理

一、有下列情形之一的，视为甲方在本合同项下的违约：

（一）甲方违反本合同第五条关于当事人权利义务的规定；

（二）甲方在第七条中的声明不真实或违反其所作的承诺；

（三）甲方在与乙方或中国银行任何机构之间的合同项下发生违约事件；

（四）甲方与第三人发生纠纷并出现对乙方权益带来威胁和不利的事件；

（五）无论何种原因导致甲方或担保人将要或已经丧失支付本合同项下有关款项的能力；

（六）甲方违反了本合同的其他约定。

二、出现本条第一款规定的违约事件时，甲方应及时通知乙方，乙方有权采取以下措施：

（一）要求甲方限期纠正违约事件。

（二）宣布本合同项下的融资本息全部立即到期。

（三）有权从甲方开立在中国银行任一机构内的账户中或从其他出口收汇中主动扣划甲方的融资款项以及甲方应支付给乙方的其他任何费用。

（四）中止或解除本合同。

第九条　其他约定

未经乙方书面同意，甲方不得将本合同项下任何权利、义务转让予第三人。

乙方给予甲方的任何宽容、宽限、优惠或延缓行使本合同项下的任何权利，均不影响、损害或限制乙方依本合同和法律、法规而享有的一切权益，也不应视为乙方对本合同任何权益的放弃。

第十条　合同的变更、解除和解释

本合同经双方书面同意可以修改、补充或解除。本合同的任何修改和补充均构成本合同不可分割的一部分。

本合同任何条款的无效均不影响其他条款的效力。

第十一条　法律适用、争议解决及司法管辖

本合同适用中华人民共和国法律。

在合同履行期间，因履行本合同所发生的或与本合同有关的一切争议、纠纷，双方可协商解决。协商不成的，任何一方可以采取如下第____种方式加以解决：

（一）依法向乙方所在地人民法院起诉。

（二）提交________仲裁委员会________分会仲裁，仲裁地点为________。

与诉讼或仲裁有关的所有费用（包括律师费）均由甲方承担，但法院判决或仲裁委员会裁决另有规定的除外。

第十二条　附件

下列附件及经双方共同确认的其他附件是本合同不可分割的组成部分，具有与本合同相同的效力。

（一）汇出汇款项下融资申请书；

（二）________。

第十三条　生效条件［和期限］

本合同经双方的法定代表人或授权签字人签字并盖公章后生效［有效期至____止］。

本合同一式____份，双方各执____份，均具同等效力。

第十四条　特别提示

甲方与乙方已对本合同的所有条款进行了充分的协商。

乙方已提请甲方特别注意有关双方权利义务的全部条款，并对其作全面、准确的理解。乙方已经应甲方的要求对上述条款做出相应的说明。

甲方：____________（公章）：

法定代表人（或授权签字人）：

____

______年____月____日

地点：________

乙方：________________（公章）：

法定代表人（或授权签字人）：

____

______年____月____日

地点：________

第三节 福费廷业务

一、福费廷业务的含义和主要内容

福费廷，即无追索权出口票据贴现业务，又称包买票据。它是指包买商（Forfaiter，一般为商业银行或其他金融企业）从出口商那里无追索权地购买已经承兑的，并通常由进口所在地银行担保的远期汇票或本票。这是一项新型的贸易融资工具，融资比例通常为100%，还款来源为出口项下的收汇款。出口方受益人承担的费用因办理银行的不同而稍有差异，但一般由利息、手续费和承诺费三部分构成，有的银行考虑了同业竞争的需要，采取了手续费暂不予收取，承诺费在客户违约时收取，仅仅收取利息的做法。

福费廷业务的利息计算方法与出口押汇相同：

福费廷利息 = 本金 × 利率（根据具体情况而定，并高于押汇利率） × 天数（办理日至到期日天数 + 5 个工作日）/360

因此，出口方受益人办理福费廷业务后，实际进入账户的金额应为：

实际入账金额 = 本金（汇票或发票金额） - 利息 - 手续费 - 承诺费 - 出口议付本来应承担的费用（议付费、邮费、电报费） - 国外预扣款（通常为USD300，在收汇后多退少补）。

（一）福费廷业务的基本特点

（1）购买的汇票或本票应产生于销售货物或提供技术服务的经常贸易项下，在绝大多数情况下，票据的开立都是以国际贸易为背景的。

（2）叙做福费廷业务后，出口人必须放弃对所出售债权凭证的一切权益，而包买商也必须放弃出口人的追索权（出口人欺诈、进口人所在地法院出具止付令的情况除外）。

(3) 出口人在背书转让作为债权凭证的票据时均需加注“无追索权”(Without Recourse) 字样，将收取债款的权利、风险和责任转嫁给包买商。

(二) 在福费廷业务中包买商包买票据的类型

(1) 出口人出具的并已被进口人承兑的汇票；

(2) 进口人出具的以出口人为收款人的本票；

(3) 由进口人往来银行开出的远期信用证项下的已承兑的汇票；

(4) 由包买商可接受的担保人出具的独立保函所保付的以进口人为付款人的汇票或进口人自己出具的本票；

(5) 由包买商可接受的第三者加注了保付签字 (Per Aval) 的汇票或本票。

由于无追索权地购买纯汇票或本票的风险极大，因此，在实务中，包买商购买的汇票或本票，主要是指远期信用证项下经开证行或保兑行承兑的汇票。

二、福费廷业务的主要作用

对于出口人，福费廷与出口信用证下的贴现融资条件相仿，而其承担的风险大大降低，因此，福费廷业务已经越来越为广大出口人所接受，并正在成为新的主要票据融资工具。对出口人而言，该业务的主要作用如下：

(1) 可获得无追索权的中短期贸易融资，能将远期应收账款变成现金销售收入，有效地解决了应收账款的资金占用问题，改善了出口人的财务报表。

(2) 有效地避免了因远期收款而带来可能产生的利率风险，汇率风险，进口人国家的政治、经济风险，外汇管制风险，付款人的信用风险等。

(3) 出口人不必再负担应收账款管理和催收的工作及费用。

(4) 手续简单、方便快捷。银行是否同意办理该业务，很大程度上取决于担保人 (如信用证项下的开证行) 的资信状况，只要担保人的资信较好，在银行有授信额度，银行在几个小时甚至几分钟则可办妥该业务。

(5) 在得到票据贴现款同时，即可获得可供出口收汇核销使用的进账单或结汇水单，加快了企业的收汇和核销，能帮助企业提前获得出口退税登记。

(6) 当然，叙做福费廷业务对银行 (包买商) 也是有益处的。这项业务承担的风险相对比信用证项下的押汇风险大，因此按“高风险、高收益”的原则，在同等条件下，其收取的利率通常较出口押汇高，从而能获得相对较高的收益。

三、福费廷业务的操作流程

在我国，各中资、外资银行办理的福费廷业务目前暂时还局限于信用证项下的票据包买，对于其他的票据暂不予办理，因而在此以信用证项下的福费廷业务操作流程为例：

出口人（受益人）将远期信用证项下的单据交出口地银行议付（或处理）→出口地银行收到开证行的承兑后通知出口人→出口人提交福费廷业务申请→出口地银行确定价格并通知出口人→出口人出具"福费廷业务确认书"并与出口地银行签订办理福费廷业务的协议→出口地银行将本金扣除费用及利息后入出口人账户并出具可供外管核销的进账单或"水单"→出口地银行收到国外货款后自动还款转账。

出口人办理福费廷业务时，应向出口地银行提交下列材料：

（1）将出口信用证下的单据交出口地银行议付或处理；

（2）提供基础资料：企业营业执照、税务登记证（国税或地税均可）、企业的组织机构代码证、经过会计事务所年审的报表、外经局出具的企业的进出口权的批准证书或外商投资企业的批文；

（3）逐笔填写并提交银行格式化的《福费廷业务申请书》；

（4）与出口地银行签订《福费廷协议》；

（5）提交国外银行承兑电报，或开证银行承兑的汇票。

四、福费廷业务中有关当事人的权利和责任

请参阅附在本"目"之后的《福费廷合同》的有关内容。

五、办理福费廷业务需要注意的问题

（一）对于出口人（信用证项下的受益人）

（1）出口人（信用证项下的受益人），必须将远期信用证项下的单据交拟办理福费廷业务的出口地银行议付（或处理），这是一般银行办理福费廷业务的前提条件，否则，银行将拒绝办理在他行议付（或处理）单据的福费廷业务。如出口人准备在A银行办理福费廷业务就不能将信用证项下的单据交B银行办理议付（或处理）。

（2）在开证行所在国政治、经济不稳定或开证行本身的信誉欠佳等情况下，尽管是信用证项下的福费廷业务，但仍不易获得银行的同意。

（3）"无追索权"是相对而言，根据银行的《福费廷合同》，如开证行因

当地法院发出止付令的原因而未能履行信用证项下的付款责任，或出口人诈骗，出口人作为福费廷业务的申请人必须返还原融资款项。

(4) 承受比出口押汇较高的利息支出。

(二) 对于出口地办理福费廷业务的银行

(1) 对出口方受益人提供的资料进行合规性审核；

(2) 信用证项下的单据必须交本行议付或处理，在他行议付（或处理）的单据不予办理福费廷业务；

(3) 充分考虑信用证的开证行及所在国家、地区的风险，原则上不办理高风险国家、地区的福费廷业务；

(4) 认真审核国外开证行或保兑行的承兑电报，属于开证申请人承兑、未经加押或有权签字人签字的承兑、含义不明的承兑，不得办理福费廷业务；

(5) 在出口地银行的“代理行管理信息系统”中，开证行在出口地银行（或其总行）没有授信额度的，原则上不予办理福费廷业务；

(6) 对于风险较高的国家和地区，为了避免风险，可考虑转卖，或邀请一家或几家银行对自己拟做的福费廷业务提供风险担保，即“风险参与”(Risk Participation)。由于风险参与银行（Participating Bank）是独立于进口开证行担保之外的独立主体，对任何信用风险和国家风险造成的票款迟付或拒付负有不可撤销和无条件的赔付责任，因此对初级包买商有开证行和风险参与银行的双重保障。

以下为福费廷业务申请书样式：

福费廷业务申请书

致：中国银行________分（支）行　　　　　我公司参考号________

根据我公司与贵行签订的________年第________号《福费廷业务合同》，我公司特向贵行申请叙做福费廷业务。有关交易情况如下：

☐ 远期承兑信用证　　☐ 延期付款信用证　　☐ 远期议付信用证

1. 信用证号：
2. 开证行：
3. 指定承兑/承付银行（如有）：
4. 进口商名称及地址：
5. 信用证金额：
6. 远期/延期期限：
7. 汇票/发票金额：

8. 货物名称：

9. 出运及交单日期：

☐ 出口承兑交单托收（D/A）

1. 汇票/发票金额：

2. 承兑交单期限：

3. 进口商名称及地址：

4. 货物名称：

5. 保付银行：

如果贵行确认可以对上述信用证或托收业务叙做福费廷业务，请向我公司报价。本申请书构成我公司与贵行签订的________年第________号《福费廷业务合同》不可分割的一部分。在此，我公司重申遵守上述《福费廷业务合同》的有关承诺、陈述与保证。我公司联系人________电话________传真________

公司名称：　　　　　　　　　　（加盖公章）

有权人签字：

日期：

以下为福费廷业务确认书样式：

福费廷业务确认书

致：________________________公司

我行同意贵公司________年________月________日提交的《福费廷业务申请书》（贵公司参考号________）所述交易项下福费廷业务。我行叙做该笔福费廷业务的报价条件为：

买断汇票/债权币种及金额：________________

贴现利率：年利率____________%

承诺费：如贵公司在签署本确认书后及我行向贵公司支付买断款项前提出撤销此笔福费廷业务，则承诺费按本确认书出具之日起到我行收到贵公司撤销此笔福费廷业务申请之日止的实际天数计算（以承诺天数乘以买断汇票/债权金额乘以年利率________%除以360，不足USD50.00的，按USD50.00收取），贵公司应立即支付承诺费并授权我行从贵公司的账户中主动扣划。

预扣国外银行费用：________

其他正常的业务费用，例如，信用证项下的单据处理费、电报费、邮费等按我行确定的标准照常收取。

本确认书一式两份，如贵公司接受本确认书所列的报价条件，请在________月________日之前签署并确认并加盖公章，将其中一份及时退回我行。如我行在上述日期之前没有收到贵公司的同意确认，则此确认书自动失效。

本确认书构成我行与贵公司签订的________年第________号《福费廷业务合同》不可分割的一部分。

中国银行××分行（公章）

有权签字人：

日期：

我公司同样接受贵行上述所列的福费廷业务条件，并重申我公司将遵守与贵行签署的《福费廷业务合同》中的有关承诺、保证与义务。请贵行为我公司有关交易办理福费廷业务。

公司名称（公章）：

有权签字人：

日期：

以下为福费廷业务合同样式：

福费廷业务合同

（________年第________号）

甲方：________________

企业法人营业执照号码：________________

法定代表人：________________

住所：________________

开户金融机构及账号：________________

联系方式：________________

乙方：中国银行××分行

负责人：张三

住所：江苏省××市××路××号

联系方式：________________

鉴于甲方向乙方申请办理福费廷业务，为保证有关业务的顺利进行，双方经协商一致，签订本合同，以共同遵守。

第一条　词语解释

福费廷在本合同及与本合同相关的文件中，是指乙方向甲方购买出口信用证项下或出口承兑交单托收（D/A）项下的汇票或债权，一经付款，乙方即放弃对甲方的追索权，甲方放弃所出售汇票或债权下的一切权益。

第二条　交易前提条件

在满足下列条件的情况下，甲方可向乙方申请叙做福费廷业务。经乙方审查，未完全满足下列条件的，乙方有权拒绝为甲方提供福费廷业务服务：

一、甲方每申请叙做一笔福费廷业务，须向乙方提交一份《福费廷业务申请书》。

二、甲方签署同意接受乙方出具的《福费廷业务确认书》（格式见附件2）中的报价条件。

三、甲方已向乙方提交有权签署本合同及与本合同有关的文件和单据的授权人员名单及上述人员的签字样本。

四、甲方已按乙方要求填妥有关凭证并提交了乙方要求的有关文件资料。

五、甲方已办妥履行本合同及相关贸易合同所必备的法律和行政审批手续，并将相应的审批文件交由乙方查验。乙方有权要求申请人提供审批文件的副本或与原件相符的复印件。

六、如相关贸易结算方式为信用证，则1. 该信用证应声明适用国际商会制定的《跟单信用证统一惯例》（1993年版）或在信用证开立日有效的更新版本；信用证的形式和内容应经乙方审核认可。2. 甲方应在信用证的有效期内向乙方交单。3. 乙方对外提交单据后，收到有关银行已承兑汇票或有关银行的承兑/承付通知。

七、如相关贸易结算方式为承兑交单托收方式（D/A），则1. 甲方需遵守乙方办理承兑交单托收业务的所有规定。2. 乙方对外托收单据后，收到已经当事人承兑并经有关银行保付的汇票或有关银行的保付通知。

八、未出现本合同第五条所规定的违约事件。

第三条　付款

在本合同第二条所列举的交易前提条件全部具备的情况下，乙方根据《福费廷业务确认书》中规定的条件，从已承兑/承付/保付汇票或债权面值金额中扣除贴现利息和相关费用后，将款项支付给甲方，并放弃对甲方的追索权。甲方放弃所出售汇票或债权下的一切权益。

第四条　声明与承诺

甲方声明与承诺如下：

一、甲方依法注册并合法存在。

二、甲方已获得签署本合同所需要的授权。

三、甲方在每一份汇票及其背书和每一份需要甲方签字的单据、文件上的签字均为有权签字人的真实签署，加盖公章真实合法。

四、甲方向乙方提供的所有文件、资料、报表和凭证等均是准确、真实、完整和有效的。

五、甲方在乙方开立账户。

六、甲方所从事的与本合同项下福费廷交易有关的基础交易是正当的、合法的，不涉及任何欺诈、洗钱等非法行为。

七、于所从事的基础交易，甲方已获得所有必要的董事会或政府批准、交付应交税款、办妥有关的外汇管理手续、完成其他法定的登记工作，以确保本合同及乙方在本合同项下权利的合法性、有效性和可执行性以及在中国法院本合同作为证据的可接受性。

八、有关汇票或债权代表着甲方的相关贸易对手因甲方向其交付货物或提供劳务而应在汇票/债权到期日无条件向甲方支付的款项，不存在任何针对该款项的抗辩、抵消或反索偿。

九、甲方在有关汇票和/或贸易单据上未设立或允许保留任何抵押、质押、权益转让或为其他人设立优先权利，且不会采取任何可能损害或限制乙方与有关汇票和/或贸易单据有关的权利的行动。

十、未经乙方书面同意，甲方不得与其相关贸易对手、有关汇票或债权的承兑人/承付人/保付人达成任何修改有关汇票或债权内容的协议。

十一、甲方所申请的福费廷业务没有抵触进口国法律，并且对有关汇票/债权的付款必须是全额支付，无须缴付任何税项。

十二、不存在影响有关汇票/债权项下款项支付的法院止付令、禁付令、冻结令或其他具有相同或类似功能的司法命令，或任何其他可能影响有关汇票/债权项下款项支付的问题。

十三、甲方应立即向乙方支付甲方收到的有关汇票/债权项下的全部款项，并且在该笔款项交付乙方前及在甲方控制的期间内，完全为乙方的排他利益收取和持有该笔款项并等待乙方的指令。

十四、如在有关汇票/债权到期日乙方未能取得全额付款，甲方应采取一切必要的行动协助乙方取得有关汇票/债权项下未付款项，这些行动包括但不限于：应乙方要求，代表乙方追索或起诉，或允许乙方以甲方的名义追索或起诉，或授权乙方接替甲方进行追索、起诉、以债权人身份参加有关债务人的破产或清算程序，或采取其他任何为追讨有关汇票/债权项下未付款项所必须的行动。

十五、如因法院发出止付令、禁付令、冻结令或其他具有相同或类似功能的司法命令的原因而使乙方未能获得有关汇票/债权项下的款项，甲方承诺立即向乙方返还相当于有关汇票/债权面值的款项，以及从有关汇票/债权到期日到乙方收到甲方付款期间的利息和罚息（利息和罚息适用利率由乙方决定）。如甲方未能及时返还上述款项，乙方有权随时从甲方在乙方总行及任何分支机构开立的账户中直接扣收上述款项。

十六、甲方承诺及时向乙方支付乙方因提供福费廷服务而向甲方收取的有关费用。

十七、甲方承诺当发生以下事件时将立即通知乙方：

1. 甲方在本合同或其他任何与乙方总行或分支机构之间的合同项下发生违约事件；

2. 甲方发生隶属关系变更、高级管理人员变动、公司章程修改以及内部组织结构的重大调整；

3. 甲方涉入重大诉讼或仲裁案件。

第五条　违约事件和处理

有下列情形之一的，视为甲方在本合同项下违约：

一、甲方在本合同第四条中的声明不真实或违反其所作的承诺；

二、甲方在与乙方总行或任何分支机构之间的合同项下发生违约事件；

三、甲方终止营业或者发生解散、撤销或破产事件；

四、甲方违反了本合同的其他约定。

出现上述违约事件时，乙方有权采取以下措施：

一、要求甲方限期纠正违约事件。

二、解除与违约行为有关的任何一笔福费廷交易。在交易被解除后，甲方应立即向乙方返还有关汇票/债权面值金额并支付相应利息。如延期返还，乙方有权向甲方收取罚息。

三、终止本合同。

四、乙方有权从甲方开立在乙方总行或任何分支机构的账户中或从其他甲方收汇款项中主动扣收甲方应向乙方支付的有关汇票/债权面值金额以及任何利息、罚息和费用。

第六条　其他约定

未经乙方书面同意，甲方不得将本合同项下的任何权利、义务转让予第三人。若乙方因业务需要须委托乙方总行或其他分支机构履行本合同项下权利及义务，甲方对此表示认可。乙方授权的总行或其他分支机构有权行使本合同项下全部权利，有权向法院提起诉讼或向仲裁机构提交仲裁申请。甲方放弃对乙方总行或其他分支机构有关诉讼或仲裁主体方面的任何异议。

乙方给予甲方的任何宽容、宽限、优惠或延缓行使本合同项下的任何权利，均不影响、损害或限制乙方依本合同和有关法律、法规而享有的一切权益，也不应视为乙方对本合同项下任何权利、权益的放弃。

如因政府命令、法律或法规的实施使乙方在本合同项下的履行成为非法，乙方将被免于本合同项下义务的履行。

第七条　合同的变更、解除和解释

本合同经双方书面同意可以修改、补充或解除。本合同的任何修改和补充均构成本合同不可分割的一部分。

本合同任何条款的无效均不影响其他条款的效力。

第八条　争议解决及司法管辖

在合同履行期间，因履行本合同所发生的或与本合同有关的一切争议、纠纷，双方可协商解决。协商不成的，任何一方可以采取如下第____种方式加以解决：

一、依法向乙方所在地人民法院提起诉讼。

二、提交________________仲裁委员会仲裁。

第九条　生效条件

本合同经甲乙双方的法定代表人或授权签字人签字并盖章后生效。

本合同一式两份，甲方与乙方各执一份，具同等效力。

第十条　特别提示

甲方与乙方已对本合同的所有条款进行了充分的协商。

乙方已提请甲方特别注意有关双方权利义务的全部条款，并对其作全面、准确的理解。乙方已应甲方的要求对上述条款作出充分的说明。

甲方：________________	乙方：中国银行__________分（支）行
（加盖公章）	（加盖公章）
法定代表人或	负责人或
授权签字人：__________	授权签字人：__________
签约时间：________年____月____日	

第四节 保理业务

一、保理业务的含义及主要内容

保理商（金融企业）买进企业通常以发票表示的对债务人的应收账款，并负责信用销售控制、销售分户账管理、债务回收、坏账担保和贸易融资，这种综合性的售后服务就叫保付代理业务，简称保理业务（Factoring）。供应商可根据本公司的实际情况，要求保理商提供该项业务的全部服务项目或部分服务项目。保理业务主要是为承兑交单（D/A）赊销（O/A）方式而设计的一种综合性的金融服务。

从事该业务的保理商一般须加入国际保理商联合会（Factors Chain International，简称 FCI），其保理业务员均须通过 FCI 组织的保理考试，获得 FCI 颁发的合格证书。FCI 会员间的业务往来完全通过 FCI 开发的保理电子数据交换系统（EDI Factoring）进行，通过业务的无纸化操作。

二、保理业务的主要内容

（一）销售分户账管理

销售分户账管理（Maintenance of the Sales Ledger），是指银行（保理商）利用自己的完善的账务管理制度、先进的管理技术和丰富的管理经验，为供应商提供优良的售后账务管理服务。利用银行的此项服务，供应商可以集中人力、物力发展生产、进行经营和销售，并可相应减少财务管理人员和办公设备。

（二）债款回收

债款回收（Collection from Debtors），是指银行（保理商）利用自己的收债技术和丰富的收债经验，为供应商提供催收应收账款的服务。如需通过法律途径解决债款，为收回该应收账款而产生的一切诉讼和律师费由保理商承担。因此，利用银行的此项服务，供应商既节省了营运资金，又免除了其对收债而存在的担忧。

（三）信用销售控制

信用销售控制（Credit Control），是指银行（保理商）利用自己的网络和信息，为供应商了解其贸易客户的资信变化情况，制定切合实际的信用销售限额，以采取必要的防范措施，帮助供应商避免或减少潜在的收汇风险的服务。

（四）坏账担保

坏账担保（Full Protection against Bad Debts），是指保理商对在核定的信用销售额度内已核准的应收账款提供担保，当出现坏账时负赔偿之责。保理商通常在保理协议生效前对供应商的客户一一核定临时的信用销售额度，并可根据客户的资信等情况的变化，随时进行调整。供应商在信用销售额度以内的销售称为已核准的应收账款（Approved Receivables），超出额度部分的销售，称为未核准的应收账款（Unapproved Receivables），保理商对已核准的应收账款提供100%的坏账担保。但条件是该应收账款必须基于已被客户所接受的商品销售或技术服务。由于供应商出售给保理商的应收账款必须是正当的、无争议的债务求偿权，所以对产品的质量、服务水平、交货期等引起的贸易纠纷所造成的呆账和坏账，保理商不负担保赔偿责任。

（五）贸易融资

贸易融资（Trade Financing），是指在保理业务项下，保理商为供应商提供的一种融资。保理业务项下的融资手续方便、快捷，供应商在发货或提供技术服务后，将发票通知保理商通常就可以立即获得不超过90%的发票金额的融资，解决在途和销售的资金占用问题。

三、保理业务的种类

根据不同的标准，保理业务可以有多种分类法：

（一）根据是否保留追索权，可分为有追索权保理（Recourse Factoring）和无追索权保理（Non－Recourse Factoring）

在有追索权的保理业务中，保理商不负责为客户核定信用额度和提供坏账担保，仅提供包括融资在内的其他服务，若债务人因清偿能力不足而形成坏账时，保理商有权向供应商追索；在无追索权的保理业务中，保理商负责为客户核定信用额度和提供坏账担保，在该额度内，由债务人资信等问题造成的坏账损失由保理商承担。

（二）根据是否提供融资，可分为到期保付代理（Maturity Factoring）和融资保付代理（Financed Factoring）

在到期保付代理业务中，保理商根据供应商给予对方的付款期限计算出平均到期日，于该日将应收账款付给供应商。在融资保付代理中，保理商一收到供应商的代表应收账款的销售发票，就立即以预付款方式提供不超过90%的发票额的融资，剩下的10%于货款收妥后清算。

（三）根据是否将销售货款直接付给保理商，可分为公开型保理（Disclosed Factoring）和隐蔽型保理（Undisclosed Factoring）

在公开型保理业务中，供应商必须以书面形式将保理商的参与通知其所有的客户，并指示他们将货款直接付给保理商；在隐蔽型保理业务中，保理商的参与对外保密，货款仍然直接付给供应商，融资与清算的费用，由供应商承担。

（四）根据供应商与其客户是否在同一国家或地区，可分为国际保理（International Factoring）和国内保理（Domestic Factoring）

供应商与其客户在同一国家或地区，称为国内保理。供应商与其客户分别在不同的国家或地区，称为国际保理，其主要有单保理和双保理两种模式：仅一方保理商的叫做单保理方式，涉及双方保理商的叫做双保理方式。

由于国与国之间的政治、经济、环境、语言等差异较大，为了顺利解决贸易双方的一些问题，国际保理业务中一般均采用双保理方式。其做法是：出口人委托本国出口保理商，出口保理商再从进口国的保理商中选择进口保理商；出口人将需要核定的信用额度的进口人清单交出口保理商，由其转送给进口保理商；进口保理商对各进口人进行资信调查，逐一核定相应的信用额度，并通过出口保理商通知出口人执行。尔后，出口人在信用额度内发货，并将发票和运输单据直接寄交进口人，副本送出口保理商，并向进口保理商定期提供应收账款清单，由其协助催收货款；若出口人有融资需要，出口保理商可以向其提供不超过90%的发票金额的融资，应收账款到期后，进口人将全部货款付给进口保理商，进口保理商须立即将该款项交出口保理商，出口保理商将剩余的10%的货款在扣除有关的费用及融资利息后，付给出口人。在双保理业务中，出口人只与出口保理商联系，进口人只与进口保理商联系，没有语言、社会习惯等方面的障碍，有利于业务的顺利进行。

四、保理业务的作用

国际保理业务能为出口人和进口人带来增加营业额、风险保障、节约成本、简化手续、扩大利润等益处，具体见下表：

国际保理业务的作用

益处	对出口人	对进口人
增加营业额	对于新的或现有的客户提供更有竞争力的 O/A、D/A 付款条件，以拓展海外市场，增加营业额	利用 O/A、D/A 优惠付款条件，以有限的资本，购进更多货物，加快资金流动，扩大营业额
风险保障	进口商的信用风险转由保理商承担，出口商可以得到 100% 的收汇保障	纯因公司的信誉和良好的财务表现而获得买方的信贷，无须抵押
节约成本	资信调查、账务管理和欠款催收都由保理商负责，减轻业务负担，节约管理成本	省却了开立信用证和处理繁杂文件的费用
简化手续	免除了一般信用证交易的烦琐手续	在批准信用额度后，购买手续简化，进货快捷
扩大利润	由于出口额扩大，降低了管理成本、排除了信用风险和坏账损失，利润随之增加	由于加快了资金和货物的流动，生意更加发达，从而增加了利润

五、保理业务的操作流程

出口人寻找有合作前途的进口人，签订出口销售合同，商定以保理作为结算方式，并将进口保理商以寄送介绍信的形式介绍给进口人→出口人（供货商）向出口保理商（银行）申请保理信用额度→出口保理商寻找进口保理商并向进口保理商转交保理信用额度申请→进口保理商对进口商进行信用评估，并在 14 天内作出答复，如基本符合条件，须发送《出口保理初步信用额度评估回复书》给出口保理商→出口保理商收到后在 3 个工作日通知出口人→出口保理商与出口人签订出口保理协议→进口保理商正式批准申请→出口保理商向出口人发出正式额度通知书→出口人收到后在额度内出货，全套单据交出口保理商→出口保理商在发票上加贴有关转让条款并在发票上注明到期日（如有）后寄送进口保理商→若需要融资，也可按规定办理→出口保理商在收到进口保理商付款后扣除利息、费用，净额入出口人账户。

六、保理业务中有关当事人的权利和责任

请参阅本节之后的附录《出口保理协议》有关内容。

七、办理保理业务应注意的问题

1. 对于出口方（供货商）

（1）了解进口人的信誉。若进口人信誉欠佳，一般不容易被进口保理商核准额度，保理业务也无法开展。另外，若进口人所在国属于政治、经济高风险地区，通常出口保理商在该国的网络较少，即便有，也不易核准额度。

（2）选择合适的贸易方式。保理业务的贸易方式暂时仅限于赊销（O/A）承兑交单（D/A），信用证项下由于已经有银行的信用作担保，不需再做保理业务。

在实务中，由于有的国家的银行信誉普遍较差，信用证项下的无理拒付成了习惯，因而有的出口人提出：希望在信用证项下办理保理业务。这种想法是不现实的。首先，是当该国家的银行信誉普遍较差时，商人的信用更令人担忧，而基于商业信用的保理业务风险更大，进口与出口保理商均不愿意在这样的国家开展业务，保理的信用额度就不可能核准。因此，保理业务在这种情况下一般不可能成功办理。其次，是较高的费用往往令出口人难以承受，保理费用较一般业务的费用高，常常以百分之几来计算，比信用证项下的以千分之几来计算的出口议付费、进口开证费等高出十多倍，如在信用证项下办理保理，其费用的总额为信用证的费用加保理业务的费用，十分高昂，一般出口人难以承受。因而，无论从出口人还是保理商角度而言，办理信用证项下的保理没有可行性。

（3）必须在核准的额度内发货。不能超额度发货，若超额度发货，保理商对超额度发货部分不负责。

（4）是否有追索权。出口保理商对保理项下的融资有的有追索权，有的无追索权，究竟有无追索权，出口人必须参考保理协议的有关条款。目前，由于我国的信用状况还不尽如人意，因此，作为出口保理商的银行仍然采取较为保守的做法，一般对保理项下的融资有追索权。

（5）须承担较高的费用。一般在1% ~1.5%之间，有时高达2%，并且均由出口人承担。

（6）纠纷自理。如有贸易纠纷，已核准的应收账款将被视为未核准的应收账款，保理商将因此而解除付款责任。例如，假定保理商核准的保理额度为100 万美元，出口人也出口 100 万美元的货物，如没有贸易纠纷，则保理商视该100 万美元为已核准的应收账款，负责担保赔偿，即万一进口人拒付，保理商负责赔付给出口人；但若价值100 万美元的货物中，有30 万美元的货物被进口人声称有质量问题，不管出口人是否同意进口人的观点，则保理商将视其为有贸易纠纷，即可以将该30万美元视为未核准的应收账款，不负责担保赔偿。

（7）付款有时较迟。进口人或进口保理商在应收账款到期后的90天内的任何一天向出口保理商付款均属正常，如进口人恶意利用这一惯例，将给出口人造成利息损失。

2. 对于出口保理商（出口地银行）

（1）了解出口人的信誉、贸易背景、产品的销售情况等，以便防范风险。特别是在当出口人提出融资要求时，由于其结算方式的实质仍然依赖于进口人的商业信用，风险较大，因此必须参照流动资金贷款的要求，采取适当的防范措施。

（2）了解进口人的信誉情况，提高保理业务的成功率。有的明显属于高风险的国家，银行信誉尚且欠佳，更不用说商人的信用了，在这种情况下，一般主动劝说出口人放弃使用保理结算方式的打算。

（3）加强保理项下的货款催收工作。由于进口人或进口保理商在应收账款到期后的90天内的任何一天向出口保理商付款均属正常，为了防止进口人恶意利用这一惯例，应主动定期（通常一周一次）催收，事实证明，催与不催，效果大不一样。

（4）正确对待贸易纠纷。当出现贸易纠纷时，不能仅仅考虑到可以利用国际惯例，视相应的货款为未核准的应收账款，解除付款责任了事，应积极主动地参与出口人与进口人的贸易纠纷的调解工作，特别是在作为出口保理商已对出口人进行融资时，更需积极参与协调，因为该融资的还款来源于保理项下的收汇，贸易纠纷能否顺利解决直接影响到出口人的融资能否顺利归还。

以下为由出口人寄给进口人的介绍进口保理商的介绍信样式：

INTRODUCTORY LETTER-USD

GENTLEMEN：

BEGINNING JUNE 18，2002 SUNTRUST BANK WILL SERVE AS OUR FACTOR FOR SALES IN THE UNITED STATES. SUNTRUST BANK IS A MEMBER OF FACTORS CHAIN INTERNATIONAL，A WORLDWIDE ASSOCIATION OF LEADING FACTORS WHO PROVIDE CREDIT AND COLLECTION SERVICES FOR EACH OTHER'S CLIENTS. THIS ENABLES US TO SELL OUR PRODUCTS ON OPEN ACCOUNT TERMS IN THE UNITED STATES AS WELL AS MANY OTHER COUNTRIES.

TEN RESULT OF THIS ARRANGEMENT IS THAT OUR INVOICES TO YOU WILL CONTAIN INSTRUCTIONS TO PAY SUNTRUST BANK AND YOUR CHECKS SHOULD BE MADE PAYABLE TO THAT COMPANY. PLEASE SEND ALL FUTURE REMITTANCES TO：

SUNTRUST BANK
RECEIVABLES CAPITAL MANAGEMENT DIVISION
ATTENTION：INTERNATIONAL DEPT - CENTER 170
P. O. BOX4955
ATLANTA，GEOGIA 30302

SUNTRUCST BANKS，ATLANTA
ATLANTA，GA
ABA#061 000 104
RCM DIV，ACCT，#9088000006
SWIFT #SNTRUS3A
REF（＊VENDOR NAME，INVOICE ETC）

ANY BILLING DISCREPANCIES MUST BE REPORTED TO THEM AT ONCE.

IF YOU HAVE ANY QUESTIONS REGARDING YOUR ACCOUNT OR THIS ARRANGEMENT, PLEASE CONTACT SUNTRUST BANK AT THE ADDRESS LISTED ABOVE OR CALL THEM AT 404 588 7377.

WE FEEL SURE THAT THIS NEW ARRANGEMENT WILL HELP US SERVE YOU BETTER AND THAT SUNTRUST BANK WILL GIVE YOU THE UTMOST ATTENTION AND CONSIDERATION.

SINCERELY,
CHENEY LEE
PRESIDENT
UTAS TONGDA ELECTRICAL SYSTEMS

以下为出口保理业务申请书样式：

出口保理业务申请书

致：中国银行________分行

因我司拟采用国际保理方式向________（国家/地区名）出口________（商品的中英

文名称)，请贵行代为向进口保理商提出初步信用额度评估申请，有关资料如下：

(一) 我司（卖方）资料
开户银行（英文）： 银行账户：
预计年国际及国内贸易总额（万美元）：
预计对进口国以赊销方式出口的年出口额（万美元）及年出单笔数（单）：
与进口商以往的业务往来情况（包括近期签约情况、付款条件及贸易关系）：
(二) 贸易背景资料
进口商名称及详细地址（英文）： 联系电话： 联系人：
是否允许进口保理商与进口商直接联系？ YES ( ) NO ( )
有否折扣宽限期/优惠期：YES ( ) NO ( )，如有，请列明方式：
是否季节性销售商品：YES ( ) NO ( )，如是，请说明情况：
价格条款：FOB ( ) CNF ( ) CIF ( ) 其他： 付款方式：O/A ( ) D/A ( ) DAYS
进口商的开户银行（英文）： 银行账户：
出口商代理人/授权人的名称、详细地址、开户银行及其权限（如有）：
(三) 申请额度资料
□循环额度 发票使用货币： 金额： □单笔非循环额度 发票使用货币： 金额：
备注：

出口商名称及详细地址（英文）： 联系电话：

联系人：

签章： 日期：

以下为出口保理初步信用额度评估回复书样式：

出口保理初步信用额度评估回复书

编号：

致：　　　　　　　公司

为保证你司能采用国际保理方式向________（进口商名称）出口________（货物名称），我行于______年____月____日申请________（进口保理商名称）为上述进口商核定信用担保额度，现将初步评估情况通知如下：

□进口保理商拒批额度________________________

□进口保理商初步核准额度，结果如下：

额度金额		额度有效期	
费　　率		付款条件	

此回复不代表进口保理商已承担相关进口商的信用风险。进口保理商对进口商信用风险的承担以进口保理商为进口商核准正式信用额度为准。

如贵公司对上述内容有疑义，请于两个工作日内书面通知我行。

□如贵公司对上述内容无疑义，请尽快与我行签署《出口保理业务协议》，以便我行为贵公司申请正式信用额度。

□如贵公司对上述内容无疑义，我行将于两个工作日后为贵公司申请正式信用额度。

特此通知。

中国银行　　　　　分行

年　月　日

（签字盖章）

以下为出口保理业务协议样式：

出口保理业务协议

编号：

出口商：

法定代表人：

注册地址：

出口保理商：中国银行　　　　　分行

负责人：

注册地址：

鉴于＿＿＿＿＿＿＿公司（以下简称出口商）向中国银行＿＿＿＿分行（以下简称出口保理商）申请出口保理服务，为保证业务的顺利进行，经友好协商，出口商与出口保理商于＿＿＿＿年＿＿＿＿月＿＿＿＿日，特签订本协议。

总　则

第一条　本协议适用于出口保理商为出口商提供的出口双保理服务。

第二条　在出口双保理业务项下，出口商同意出口保理商自签署本协议之日起遵循与进口保理商签订的《国际保理业务协议》（Interfactor Agreement）及国际保理商联合会（FCI）制定的《国际保理业务通用规则》（General Rules on International Factoring，以下简称“规则”）办理相关业务。

第三条　如国际保理商联合会对《国际保理业务通用规则》进行修订，或者出口保理商与进口保理商对《国际保理业务协议》进行修改，出口保理商应将变更内容以快捷方式通知出口商，自通知发出之日起，本协议所涉及内容也相应变更。如无特殊需要，协议双方无须另行签订补充协议。

第四条　出口商保证其在此过程中尽最大努力协助出口保理商在本协议和“规则”下履行义务、享有权利。

第五条　本协议引用了某些重要的术语。这些术语的定义如下：

1. 出口双保理业务：是出口商在采用赊销（O/A）承兑交单（D/A）等信用方式向债务人（进口商）销售货物时，由出口保理商（在出口商所在国与出口商签有协议的保理商）和进口保理商（在债务人所在国与出口保理商签有协议的保理商）共同为出口商提供的一项集商业资信调查、应收账款催收与管理、信用风险控制及贸易融资于一体的综合性金融服务。

2. 信用评估：是出口商为了测算其对特定债务人采用信用销售时能获得多少信用担保而通过出口保理商向进口保理商提出信用调查申请，由进口保理商据以对债务人进行调查评估后将结果通过出口保理商通知出口商的过程。信用评估分为初步信用评估和正式信用评估。初步信用评估结果不构成对进口保理商的一项有确定约束力的信用承诺。正式信用评估的结果是进口保理商为债务人核定了信用额度。出口商在额度内以信用销售方式向债务人销售货物所产生的信用风险由进口保理商承担。该额度可以是一个可循环使用的信用额度，也可以是针对某一单笔合同/订单的额度。

3. 担保付款：进口保理商就已核准的应收账款因债务人既未提出争议，又未能于规定的期限内付款而自行垫款支付。

4. 发货：用通常的运输工具或出口商自己的运输工具将订购的货物发运给债务人或其指定人。

5. 转让通知文句：是出口商向债务人说明应收账款已经转让并仅付给进口保理商的书面通知。转让通知文句通常记载在发票上，但在某些情况下也可能另外出具信函。

额度的申请与核准

第六条 出口商应向出口保理商提交《出口保理业务申请书》，通过出口保理商向进口保理商提出信用评估申请。

第七条 无论为出口商申请的信用额度将来是否获得进口保理商的核准，出口保理商保证在收到进口保理商有关通知后的一个工作日内通知出口商。

第八条 若申请的信用额度获得进口保理商的核准，出口商保证在基础交易合同规定的期限内按约定向进口商发运货物。

若出口商在额度的有效期内或从额度核准之日起半年之内（以短者为限）未向进口商发货并叙做保理业务，出口保理商有权按自定的收费标准向出口商收取资信调查费。

第九条 在信用额度规定的有效期内，出口商向进口商发货所产生的应收账款超过信用额度的部分将不受进口保理商的核准，但超出额度的应收账款将补足限额内已被债务人或进口保理商偿还或贷记的金额。这些应收账款的替代将按它们付款到期日的顺序进行并始终仅限于当时已被偿还或贷记的金额。

出口商对应收账款及其转让的保证与陈述

第十条 出口商保证自收到《出口保理信用额度核准通知书》之日起将把随后产生的对债务人的所有应收账款全部转让出口保理商，再由出口保理商转让进口保理商，即使在这些应收账款仅获部分核准或根本未获核准的情况下也是如此。

第十一条 出口商保证向出口保理商提交的每笔应收账款均代表一笔在正常业务过程中产生的真实善意的货物销售，该应收账款可转让，据以向进口保理商转让的应收账款所涉及的货物销售符合凭以核准应收账款的相关信息中所述及的出口商的经营范围和付款条件。

第十二条 出口商保证无条件地享有向进口保理商转让的每笔应收账款的全部所有权，包括与该应收账款有关并可向债务人收取的利息和其他费用的权利。该笔应收账款不能用来抵消、反诉、赔偿损失、对销账目、留置或做其他扣减等。但发票上列明的出口商给予债务人的一定百分比的佣金或折扣除外。

第十三条 出口商保证对每笔发货出具的发票均附有说明，表明该发票涉及的应收账款已经转让并仅付给作为该应收账款所有人的进口保理商。

第十四条 出口商保证对已经转让给进口保理商的应收账款未经进口保理商允许，不再进行处理、转让、赠送等，也不再向债务人追索。

第十五条 出口商同意向进口保理商转让应收账款适用进口保理商所在地的法律，任何转让将采取进口保理商规定的转让通知文句和转让程序。

第十六条 出口商同意作为应收账款受让人的进口保理商对每笔应收账款均享有与出口商同等的一切权利，包括强制收款权、起诉权、留置权、停运权、对流通票据的背书权和对该应收账款的再转让权以及未收货款的出口商对可能拒收或退回的货物所拥有的所有其他权利。

第十七条 出口商同意进口保理商有权在自认为适当的时候要求出口商与自己联名采取诉讼和其他强行收款措施，并有权以出口商名义对债务人的汇票背书托收。

信用额度的变更及取消

第十八条　出口商可要求出口保理商向进口保理商申请对现行信用额度予以变更（包括增额、减额、展期）及取消。

第十九条　出口保理商保证在收到进口保理商变更信用额度的通知后一个工作日内通知出口商，对于收到的进口保理商取消信用额度的通知，则应立即以最快捷的方式通知出口商。

第二十条　出口商在收到进口保理商变更信用额度的通知前所有发货产生的应收账款是否受核准，取决于变更前的信用额度；收到通知后发货所产生的应收账款，其受核准与否要受变更后的信用额度的约束。出口商在收到取消信用额度通知后发货所产生的应收账款均属不受核准之列。

单据的提交与寄送

第二十一条　出口商在发运货物后应将事先已同债务人在商务合同/订单中订明的凭以向债务人收款的全套单据（包括货运单据）按出口保理商的指示提交和寄送。

第二十二条　出口保理商可以随时要求出口商向其提交任何涉及所转让应收账款的单据和文件。

账务设立及核对

第二十三条　出口保理商有权根据自己的需要，采用自己认为适合的记账方式及时记录每笔业务的发生情况，并定期同出口商核对有关账目。

第二十四条　出口商应建立相应账目，以便同出口保理商做好对账工作。出口商在收到出口保理商的对账单后的七天之内未提出任何异议，即可认为该对账单是准确无误的。

融　资

第二十五条　出口商可凭已转让给进口保理商的受核准的应收账款向出口保理商申请融资。

第二十六条　出口保理商有权根据自己的判断确定是否批准出口商的融资申请，并确定融资的前提条件、融资的数额、融资利率及融资期限。

第二十七条　出口保理商向出口商提供的融资本息原则上应在收到国外付款时扣收。

第二十八条　出现下列情况之一时，出口保理商可提前收回融资本息：

1. 在相关发票到期日后 30 天内收到进口保理商发来争议通知；

2. 已超过相关发票到期日 30 天，但仍未收到进口保理商付款也未收到进口保理商的争议通知。

第二十九条　对相关发票到期日后 30 天仍未归还的融资，出口保理商将收取逾期利息。出口保理商有权从出口商账户中主动扣款或采取其他办法强行收款，直至收回融资本息。

付 款

第三十条 出口保理商应于收到进口保理商付款后的一个工作日内区分下述情况将款项做相应处理：

1. 对于已向出口商提供了融资的应收账款的付款，出口保理商有权优先用来偿付已提供给出口商的融资本息及相关保理费用，然后将余额贷记出口商的账户。

2. 对于事先未向出口商提供融资的应收账款的付款，出口保理商在扣除相关保理费用后，将余额贷记出口商的账户。

第三十一条 出口保理商在出现下列情形之一时，应有义务向进口保理商索要担保付款：

1. 在发票到期日后 90 天内未收到进口保理商的付款通知，亦未收到争议通知；

2. 在发票到期日后 180 天内收到进口保理商发来的争议通知，出口商与债务人已同意以协商方式解决争议，并在出口保理商收到争议通知后 180 天内出口商的权益得到了确认或部分确认；

3. 在发票到期日后 180 天内收到进口保理商发来的争议通知，出口商与债务人采取“诉诸法律”方式解决争议，并在出口保理商收到争议通知后三年内出口商的权益得到了确认或部分确认。

第三十二条 出口商如收到用于清偿已转让给进口保理商任何应收账款的任何现金，或支票、汇票、本票等支付工具，必须立即通知出口保理商，并将款项或支付工具转交出口保理商处理。

第三十三条 出口商在向债务人出具任何贷项清单须事先征得出口保理商同意，并应在贷项清单上载明进口保理商提供的转让通知文句，交由出口保理商处理。

争 议

第三十四条 如果债务人提出抗辩、反索或抵消（争议）并且出口保理商于发生争议的应收账款所涉及的发票的到期日后 180 天内收到该争议通知，则该应收账款立即变为不受核准的应收账款，无论先前是否为已受核准的应收账款。

第三十五条 出口保理商收到进口保理商转来的争议通知时，应将已涉及有关应收账款的细节和争议的性质通知出口商。

第三十六条 如争议的提出在进口保理商担保付款之后但在发票到期日后 180 天内，则出口保理商有权从出口商账户中主动扣款或采用其他办法强行收回出口商已收到的担保付款款项及相关利息、费用，并将收回的款项退还进口保理商。

保理费用

第三十七条 出口保理商有权按照自行确定的收费标准向出口商收取保理费用，并可以接受进口保理商的委托代其收取保理费。

第三十八条 出口保理商收取自身保理费用和/或代进口保理商收取保理费用原则上应在收到国外付款时逐笔扣收。

第三十九条 出口商对已转给进口保理商但却发生争议的应收账款仍应负有支付相关

全而制定的一项由国家财政提供保险准备金的政策性保险业务。能为企业在出口贸易、对外投资和对外工程承包等经济活动，提供风险保障。它是世界贸易组织《补贴和反补贴协议》原则上允许的支持出口的政策手段。

（二）出口信用保险的种类

出口信用保险可分为短期出口信用保险和中长期出口信用保险。

1. 短期出口信用保险

短期出口信用保险主要是承保放账期限在180天之内的出口贸易。它适用于持续性的出口消费性货物。在征得保险公司同意的情况下，放账期不超过360天的贸易也可参加短期出口信用保险。

2. 中长期出口信用保险

中长期出口信用保险主要承保放账期限在一年以上的出口贸易。它适用于资本性的货物出口，如飞机、船舶、地铁、电站等成套设备的出口。

目前，保险公司又开发了新的担保及保险业务，如项目融资担保、海外承包工程履约担保、海外工程设计和融资担保、BOT项目融资担保，以及与出口项目相关的履约保函、预付款保函、投标保函，海外投资项目保险等，承担由于外国政府行为及战争等风险给投资者带来的利益损失。

同时，出口信用保险承保的范围也不断扩大，从机电产品到轻工产品，从化工原料到成套设备；承保的国别也从我国传统的东南亚、欧美国家扩展到了拉美及非洲国家。

（三）出口信用保险的保险责任及除外责任

1. 出口信用保险的保险责任

短期出口信用保险的保险责任主要有两类：商业风险和政治风险。

（1）商业风险。

①买方破产或无力偿还债务，如法院已宣告破产，或买方已接到法院关于破产清算的判决或裁定；

②买方拖欠货款逾期在四个月以上；

③买方拒收货物并拒付货款，但原因并非被保险人违约，且被保险人已经采取了措施，包括在必要时向买方起诉，迫使买方收货付款。

（2）政治风险。

①买方国家实行外汇管制，禁止或限制汇兑，但在不违反买方所在国法律、法令、命令和条例的前提下，须先由买方按保险公司的要求，在指定的银行或机构存入相当于他所欠货款的本国货币；

②买方国家实行进口管制；

③买方国家撤销已经颁发的进口许可证或不批准进口许可证的展期；

④买方所在国或货款须经过的第三国颁布延期付款令；

⑤买方所在国或任何有关的第三国发生战争、暴乱或革命；

⑥其他被保险人和买方均无法控制的非常事件。

2. 短期出口信用保险的除外责任

（1）在交付货物时已经或通常能够由货物运输险或其他保险承保的损失；

（2）由汇率变动引起的损失；

（3）由被保险人或代表他的任何人违反合同或不遵守法律引起的损失；

（4）在货物交付前，买方已有严重违约行为，被保险人有权停止发货，但仍向其发货而造成的损失；

（5）在交付货物时，由于买方没有遵守所在国法律、法令、命令或条例，因而未得到进口许可证或进口许可证的展期所引起的损失；

（6）由于被保险人的，或买方的代理人，或承运人破产、欺诈、违约或其他行为引起的损失；

（7）被保险人没有如实、及时申报出口项下发生的损失；

（8）被保险人向未经保险公司批准信用限额并且不适用于被保险人自行掌握的信用限额的买方出口所发生的损失；

（9）货物交付承运人之日起两年内未向保险公司索赔的损失。

（四）短期出口信用保险的适用范围及赔偿比例

1. 适用范围

短期出口信用保险适用于所有以“付款交单”（D/P）、“承兑交单”（D/A）或“赊账”（O/A）等为商业信用付款条件，且贸易合同中规定的放账期不超过180天（经保险公司同意最多可延长至360天），产品全部或部分在中国制造的出口合同项下的出口，均可投保短期出口信用险。电汇或自寄单据项下的出口亦可投保，视同赊账处理。

若不考虑企业负担成本过重的因素，也可在信用证项下投保出口信用保险。

2. 赔偿比例

（1）在一般情况下，买方拒收所致的损失的赔偿比例为80%，保单责任范围内的其他原因所致的损失的赔偿比例为90%；

（2）对于规模较小，且管理素质较差的投保单位，拒收拒付的赔偿比例可视情况低于80%，破产和拖欠所致损失的赔偿比例可低于90%；

（3）政治风险项下所致损失的最高赔偿比例为95%。

二、短期出口保险项下的融资业务

（一）短期出口信用保险项下融资的含义

短期出口信用保险项下融资是出口地银行基于保险公司短期出口信用保险的一种融资方式，它是出口地银行与保险公司合作为出口企业推出的一种新型的贸易融资工具，是银行针对已投保中国出口信用保险公司短期出口信用险的企业提供融资授信额度，并在额度内办理押汇和人民币贷款的一种融资方式。因此，实质上，短期出口信用保险项下融资不是由保险公司提供的融资，而是出口地银行将短期出口信用保险作为融资担保手段进行的各种融资。

在实务中，银行叙做短期出口信用保险项下融资一般有两种模式：一是银行不凭其他担保、质押或抵押等，仅凭企业已投保短期出口信用保险的条件就能办理融资；二是银行把短期出口信用保险作为其他融资方式的额外的担保手段。如在“付款交单”（D/P）、“承兑交单”（D/A）的结算方式下，出口地银行可以凭“出口托收押汇”为出口人提供融资，出口人办理的出口信用保险，仅仅是作为额外的融资担保而已；又如在赊销（O/A）结算方式下，出口地银行可以凭“出口商业发票贴现”为出口人提供融资，出口信用保险也作为额外的融资担保；至于信用证项下，银行更可以使用“打包放款”、“出口押汇”等方式为出口人提供融资，出口信用保险也是作为额外的担保而已。

（二）短期出口信用保险项下融资业务的作用

短期出口信用保险项下融资业务为出口商带来了较大的益处：

1. 融资便利，加速资金周转

在出口商投保短期出口信用保险后，就能轻易取得银行的融资，加速企业资金周转。即使有的银行把短期出口信用保险作为其他融资方式的额外的担保手段，也因为保险公司同属金融机构，其信誉较好，万一发生情况，以后的赔偿较有保障，即第二还款来源较有保障。因此，银行也会放宽额度，有的银行可以放宽额度一倍。例如，假如银行对A企业核定的贸易融资额度为100万美元，而A企业又向保险公司投保了短期出口信用保险，则银行给予该企业的贸易融资额度可以从原来的100万美元扩大至200万美元。

2. 付款保证，收汇风险较小

在出口商投保短期出口信用保险后，还可得到付款的保证。在出口商申请办理出口信用保险时，出口信用保险公司将在同意前对国外买方进行调查评估，一旦承保的话，意味着保险在公司认为该买方有一定信誉，出险概率较低，从出口商方面考虑，收汇风险较小；从银行方面考虑，也就意味着第一还款来源较有保证。其次，假如出口企业正常履约后国外买方破产了，而出口企业也无法以自有资金还款时，保险公司的赔款就提供了一个可靠的还款来源。

（三）短期出口信用保险项下融资业务的业务流程

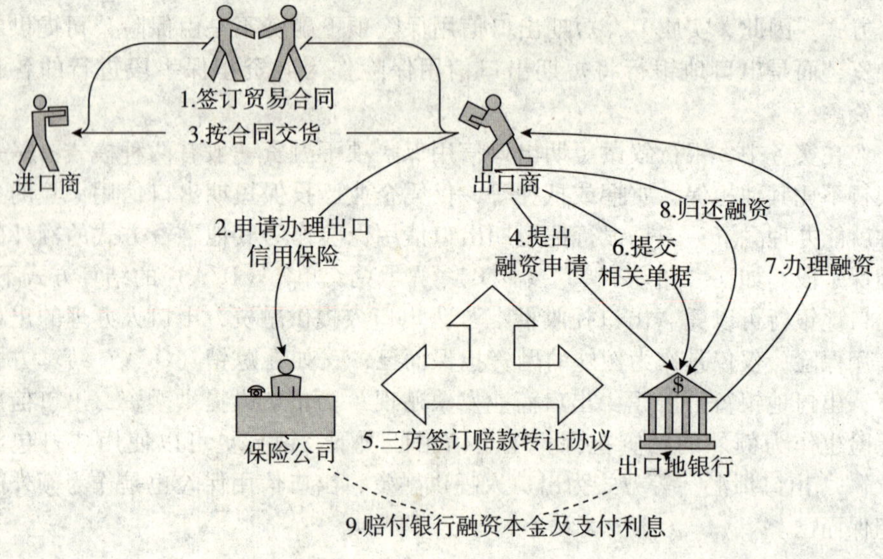

（1）进出口双方签订贸易合同，确定以 O/A、D/A 或其他作为结算方式；

（2）向保险公司申请办理出口信用保险，在申请被批准后缴纳保费；

（3）出口商向进口商发运货物；

（4）出口商向出口地银行提出融资申请；

（5）出口商与保险公司、出口地银行签订赔款转让协议（赔款转让授权书）；

（6）出口商向出口地银行提交相关单据，在融资申请被批准后签订融资协议以获取融资；

（7）出口地银行根据出口人的信誉、采用的贸易结算方式、货物的销售情况、提供的担保、抵押品等情况，决定办理融资后，将不超过出口商业发票金额的80%的款项入企业账户；

(8) 出口商在收到进口商的货款后（在非正常的情况下自筹资金）归还出口地银行的融资本金、利息；

(9) 如出现保险公司责任范围的拒付，进口商倒闭、破产等情况，保险公司赔付给银行用于归还出口商融资本金及支付利息。

(四) 办理短期出口信用保险项下融资业务申请人资格

(1) 出口信用保险项下融资申请人（出口方收款人）持有国家工商行政管理部门核发的公司法人营业执照，并经工商行政管理部门办理年检手续；

(2) 出口信用保险项下融资申请人（出口方收款人）必须是商务部或其授权单位批准的经营出口业务的各类公司、外商投资企业；

(3) 出口信用保险项下融资申请人（出口方收款人）的资信状况和经营效益良好，无违法违规和违约等不良记录，有齐全的生产销售计划和健全的财务管理制度，恪守信誉；

(4) 原则上要求出口信用保险项下融资申请人（出口方收款人）在融资行开有基本存款账户或一般结算账户（人民币或外币账户均可），具有一定规模的结算量；

(5) 原则上要求出口信用保险项下融资申请人（出口方收款人）在融资行办理出口托收、信用证、汇款等任一、部分或全部国际结算业务。

(五) 企业办理出口信用保险项下融资业务时，应向银行提交的资料

出口信用保险项下融资申请人（出口方收款人）办理出口信用保险项下融资业务时，需向出口地的融资银行提交以下材料：

(1) 若出口信用保险项下融资申请人（出口方收款人）第一次在出口地银行办理出口信用保险项下融资业务，必须提供基础资料：企业营业执照副本、税务登记证（国税或地税均可）、企业组织机构代码证、进出口业务许可证、中国人民银行出具的企业的贷款卡、外贸合同或代理协议、企业的近三年年度财务报表及最近一期的财务报表。

(2) 在信用证项下，将信用证要求的单据提交出口地融资银行办理议付或处理。此外，还需向银行提交货物质量合格证明、出口货物保险单、提单或其他运输单据、买方额度申请表（办理出口信用保险的保险公司提供）、买方额度审批表（办理出口信用保险的保险公司提供）、出口保险申报单、证明已缴纳保费的凭证、保险赔款授权转让书、海关手册、出口货物报关单。

(3) 在D/P、D/A项下，将贸易合同规定的单据提交出口地融资银行办理托收。此外，还需向银行提交货物质量合格证明、出口货物保险单、提单或其他运输单据、买方额度申请表（办理出口信用保险的保险公司提供）、买方额度审批表（办理出口信用保险的保险公司提供）、出口保险申报单、证明已缴纳保费的凭证、保险赔款授权转让书、海关手册、出口货物报关单。

（4）在 O/A 项下，出口商根据贸易合同规定将有关单据自寄给进口商，此外，还需向出口地融资银行提交出口商业发票、货物质量合格证明、出口货物保险单、提单或其他运输单据、买方额度申请表（办理出口信用保险的保险公司提供）、买方额度审批表（办理出口信用保险的保险公司提供）、出口保险申报单、证明已缴纳保费的凭证、保险赔款授权转让书、海关手册、出口货物报关单。

（5）出口信用保险项下融资申请人（出口方收款人）与出口地银行签订有关协议书等。

（6）出口信用保险项下融资申请人（出口方收款人）逐笔提交融资申请书，申请书内容包括企业基本情况的介绍、企业的财务状况、申请的金额、申请的期限，并在申请书上加具企业公章及有权签字人签字。

（7）如需要应提供相应的担保、抵押、质押或第三者保证。

（六）出口信用保险项下融资的费用及利息计算

出口商办理一笔需要融资的出口信用保险业务通常须承担三方面的费用：信用保险费用、国内外银行费用、融资利息费用。

因此，出口信用保险项下融资的实得金额为：

实得金额 = 融资金额 − 信用保险费用 − 国内外银行费用 − 融资利息费用

1. 出口信用保险费用

出口信用保险费用额由保险费率及保险业务的金额决定，即

保险费用 = 保险费率 × 保险业务的金额

其中，保理费率是根据保险业务的风险大小、企业是否在该保险公司投保了其他综合保险及保险公司自行制定的收费标准决定的，一般按“高风险高收益、低风险低收益”的原则制定。

2. 原有的国内外银行费用

原有的国内银行的费用，是根据结算方式决定的，一般由单据的议付费（处理费）、邮寄费（根据快递公司的收费标准）、国内行与国外行联系的电信（电报）费（通常每份电文收取人民币 150 元）等构成。

国外银行的费用，也是根据结算方式决定的，一般是指信用证结算方式中的偿付费、保兑费（如有保兑）、不符点费（如有不符点）；托收结算方式中的代收费用；其他结算方式中的中转银行的费用（类似于汇款业务中的中

转银行的费用，通常无论金额大小，均按笔数收取，如国际上许多银行每笔收取 10～15 美元）等。

3. 融资利息费用

出口信用保险业务项下融资利息费用 = 实际融资金额 × 融资年利率 × 融资天数/360

（1）出口保险业务项下实际融资金额的确定。

出口信用保险业务项下实际融资金额，是根据出口商业发票的金额及出口信用保险业务项下押汇申请人（出口方收款人）的要求来确定的，从理论上而言，最高可达到出口商业发票的金额的 80%。

（2）融资年利率。

出口信用保险业务项下融资年利率可以根据融资使用的币种，选择使用外汇贷款利率或人民币贷款利率，即若出口信用保险业务项下融资使用外币如美元、日元等，则使用美元、日元等外币贷款利率；若出口信用保险业务项下融资使用人民币，则使用人民币贷款利率。贷款利率按中国人民银行公布的同币种贷款利率执行，收息一般采用“前收利息”方法，在融资款项中先行将利息扣除并扣除相应的费用后，将余下款项入企业账户。

出口信用保险业务项下融资年利率的计算，一般与各结算方式下融资方式相同，例如，在出口信用证项下，与出口信用证项下押汇相同；在出口托收项下（D/P、D/A），与出口托收项下押汇相同；在 O/A 或货到付款项下，与出口商业发票贴现相同，因此，要了解具体计算方法，请参阅有关章节。

（3）出口信用保险业务项下融资天数的计算。

出口信用保险业务项下融资天数的计算方法为：办理融资日到预计出口信用保险业务项下收汇日的天数加一定的宽限期（一般为不超过 30 天）。例如，收款人在 2006 年 4 月 25 日要求办理融资，提单显示的装运日是 4 月 21 日，出口贸易合同规定的付款条件是提单后 60 天，预计收汇日为 2006 年 6 月 20 日，则融资天数为：从 4 月 25 日到 6 月 20 日的天数（56 天）加上 30 天，即不超过 86 天。融资天数不宜过短或过长：过短，容易造成出口保险业务项下融资申请人（出口方收款人）融资逾期，给其带来不良影响和麻烦；过长，出口地融资银行不容易监控风险，及时发现问题。

4. 出口信用保险业务项下融资的币种

出口信用保险业务项下融资的币种为人民币和国际上主要可自由兑换货币。国际上主要可自由兑换货币目前主要有美元、欧元、港币、日元、英镑等七种货币。

（七）办理短期出口信用保险项下融资业务应注意的问题

1. 对于出口人

（1）尽可能了解进口人的资信情况，对进口客户有所筛选，如进口人的资信状况不明，又处于高风险国家、地区，应采取谨慎的、较为安全的结算方式，不能依托有出口信用保险作“后盾”而不顾一切。这是因为，在这种情况下，一方面，由于高风险，保险公司不一定同意办理保险；另一方面，保险公司即使同意保险，也将对高风险的国家、地区的信用证收取高额的保险费。此外，对出口地银行而言，并不是出口人只要投保了出口信用保险就能为其办理相应的融资，特别是在进口客户情况不明时，大多数将拒绝给予融资。

（2）对出口信用保险的“除外责任”有足够的了解。短期出口信用险有一定的负责范围，包括以下三个方面：

①如果一笔出口业务因为出口商未能执行合同、货物质量有问题等，只有在得到仲裁或诉讼的判决后，保险公司才能定损核赔。如在实务中，常见的进口人拒付理由为“货物的质量不符合合同的规定”，由此而引起的损失保险公司不予赔偿，因为“被保险人或代表他的任何人违反合同或不遵守法律引起的损失”为保险公司的“除外责任”。

②在 D/P 方式下，主要承保的是拒收拒付风险。如果出口企业擅自寄单、承运人擅自放货或代收银行擅自放单引起损失，不在保险公司的责任范围内。在 D/P 远期方式下，实际操作中，代收行或承运人以各种方式先行放单或放货给进口商几乎是常见的，到期后，在进口商拖欠款或以质量不符合要求等种种借口干脆赖账不付的情况下，保险公司很难赔付。因此，银行对 D/P 远期项下的融资也非常谨慎。

在信用证项下，开证行的无理拒付，保险公司也不负赔偿之责，等等。

③超限额出运部分不赔。这里说的限额是指买方信用限额，它是保险公司批给每一买方的特定付款方式的最高信用额度，该额度至少应等于出口企业对买方在该付款方式下任何时候的成交放账额。发生损失后，若损失不超过限额，最高的赔偿额 = 损失金额 × 赔偿百分比（一般不超过 80%），若损失金额超过限额，则最高赔偿金额 = 信用限额 × 赔偿百分比。也就是说，超出限额的部分是得不到赔偿的。

（3）赔付的时间较长、手续较为烦琐。保险单范围内的损失产生后，实际赔付的时间较长、手续较为烦琐。赔付的时间一般为应付款日过后三个月，被保险人向保险公司填报“可能损失通知书”后，尚有四个月的“赔偿等待期”（如保险公司得到了买方破产或丧失偿付能力的证明，无“赔偿等待期”），因此在实务中，从出口人产生损失到保险公司的赔款入账，至少得在半年以上，而且往往还必须提交十多种有关证明文件，有些文件还需从国外取得，手续烦琐。

（4）出口信用保险项下的融资有追索权。出口地银行尽管将保险单作为一种担保或抵押品办理了融资，但当出口人不能按时还款时，仍然有追索权。可以依据法律、法令等采取“依法收贷”的措施。

（5）成本、费用负担较高。一般进出口项下的融资，不收取就融资本身产生的手续费，额外的手续费为0（无追索权的买断业务除外），收取的仅仅是融资产生的利息，如进出口押汇等，但在出口信用保险项下的融资成本较高，除了承担利息，还需承担高额的保险费。

（6）必须提交必要的文件。凭已投保的出口信用险向银行押汇，必须提供以下文件：①保险公司签发的《短期出口信用险综合险投保单》（以下简称总保单）；②出口企业、保险公司、银行三方签字的《赔款转让授权书》（以下简称转让书）；③出口企业和保险公司签发的《短期出口信用综合险出口申报单》（以下简称申报单）。

短期出口信用险与一般的财务保险不同，保险公司签发总保单只表明出口企业有资格投保出口信用险，并不代表对该企业所有出口或具体的某笔出口承担保险责任，总保险单只是出口公司用以表示同意有关条件，向保险公司提出投保申请，同时，保险公司借以了解企业出口规模、主要出口商品、主要贸易伙伴等情况来判断是否批准其申请的一般性文件，银行不会仅凭此办理融资，而是必须要求申报单。

申报单是保险公司在总保单范围内对每一笔出口承担保险责任并计收保费的依据，企业在取得投保资格后，必须为每一笔出口按时向保险公司申报，同时交纳保费，保险公司才开始对该笔出口承担保险责任。申报单显示投保人名称、买家名称、付款条件和期限、发票号、发票金额、出运日期等，都应与出口单据一致。如果出运后，客户要求更改付款条件或期限，应要求其提供保险公司同意的书面证明，方可对外更改。

赔款转让书是出口企业授权保险公司，在发生保险责任范围内的损失时，将应付出口企业的赔款直接支付给银行的文件。保险公司确认此转让书并不意味着其接受索赔要求，转让书不是索赔文件，它同时明确规定转让书并未授权银行直接向保险公司提出索赔要求，也就是说，虽然出口企业将该项保险下的权益转让给了押汇银行，但保险公司只能受理出口企业提出的索赔，银行不可以直接索赔。这样，信用险作为押汇的抵押，对于银行来说也存在一定的风险。因此，对于不能掌握货权的D/A业务，即使企业投保了信用险，银行也很难给予押汇，出口企业的信誉和运营情况是重要的考虑因素。

2. 对于出口地银行（融资银行）

（1）了解出口人的资信情况。出口人作为融资业务中的债务人，对作为债权人的出口地银行十分重要。一般地，出口地银行对业务往来不是十分频繁，年出口量较小的出口人（如年出口量在500万美元以下），不轻易仅凭出口信用保险办理融资。出口信用保险项下融资对授信申请人的风险审核要点总的原则是慎重选择资信良好、现金流量大而且出口比较稳定的企业：①授信申请人必须是资信良好的出口商；②原则上要求授信申请人在该银行有不低于半年的正常结算记录；③该业务下的出口商品必须是授信申请人的主营商品或长期经营商品；④授信申请人在该银行由出口业务产生的现金流入量必须足以覆盖该银行的融资风险；⑤授信申请人必须严格按银行指示使用银行的汇款路线（O/A项下）及通过该行寄单；⑥授信申请人必须确保实际回款情况与其提供的回款计划在总体及细节上吻合，授信申请人与境外买家之间不存在关联关系。

（2）尽可能了解进口人的资信情况。在正常情况下，融资的还款第一来源应为进口人所付的货款。因此，若进口人为世界知名的大型企业，可适当放宽融资条件，反之，则应从严。同时，了解出口企业与进口企业之间的关系，如进口企业是否是出口企业的经常性客户、进出口企业之间往来时间的长短，若进出口企业是关联公司，银行也应注意防范风险，防止其合谋套取银行资金的可能。

（3）了解出口人的结算方式及货物的行情。

在其他条件不变的情况下，如为信用证结算方式，或托收中的付款交单项下，融资的条件、额度可以适当放宽；在承兑交单条件下，适当从紧；远期D/P项下的融资谨慎办理；当货物处于旺销时，由于货物转卖、变现能力较强，因此，融资的条件、额度可以适当放宽；当货物处于滞销、新产品的试销状态时，融资的条件、额度应适当从紧。

（4）适当考虑增加其他安全措施。

根据具体情况的不同，可考虑增加其他风险防范措施。如要求出口方收款人增加第三方担保、房产抵押、有价证券的质押等，以防风险发生时，出口方收款人在处理业务时有所顾忌，使出口地银行能将损失减少到最低程度。

（5）了解出口信用保险公司的信誉、保险协议内容等。

（6）确定风险系数及占用额度。

根据不同的结算方式，应设置不同的风险系数，短期出口信用保险项下融资风险系数通常是在原来产品权重的基础上，下调50%。

例如，在信用证结算方式下，出口企业在不办理出口信用保险时，押汇的风险系数为0.5，贴现的风险系数为0.2；若办理出口信用保险后，押汇的风险系数可以降为0.25，贴现的风险系数为0.1。这意味着，假如某银行经过审核，决定可以给予A企业100万美元的流动资金贷款额度，那么在办理出口信用保险前，可以转换成200万美元的出口押汇额度，或500万美元的出口信用证项下的贴现额度；在办理出口信用保险后，可以将200万美元的出口押汇额度扩展至400万美元，将500万美元的出口信用证项下的贴现额度扩展至1 000万美元。

又如在托收结算方式下，出口企业在不办理出口信用保险时，D/P托收押汇的风险系数为0.5，D/A托收押汇的风险系数为1.0；但若办理出口信用保险后，D/P托收押汇的风险系数可以降为0.25，D/A托收押汇的风险系数可以降为0.5。这意味着，假如某银行经过审核，决定可以给予A企业100万美元的流动资金贷款额度，那么在办理出口信用保险前，可以转换成200万美元的出口D/P托收押汇额度，或100万美元的出口D/A托收押汇额度；在办理出口信用保险后，可以将200万美元的出口D/P托收押汇额度扩展至400万美元，将100万美元的出口D/A托收押汇额度扩展至200万美元。

再如，出口商业发票贴现，出口企业在不办理出口信用保险时，风险系数为1.0，但若办理出口信用保险后，出口商业发票贴现的风险系数可以降为0.5等，以此类推。

（7）加强融资的后期管理。

在融资后，融资银行还需注意掌握出口人的动态情况变化，及时采取风险防范措施。

①建立台账。将已办理出口信用保险项下融资业务的有关单据进行复印编号留底，单独保管，落实专门人员对出口企业的收汇情况进行跟踪，一旦已办理押汇的出口托收单据项下的收汇款项到账，不管融资是否到期，应立即督促企业归还融资本息，同时将有关单据留底归档，恢复授信额度。②银行应定期走访该出口企业，调查了解企业的生产经营情况和授信额度使用情况，对客户进行动态监控。③按照保险公司损失赔偿的要求，一旦未在预计收汇日正常收汇，银行应在五个工作日内以书面形式通知借款人向出口信用保险公司发送“可能损失通知书”。“可能损失通知书”应明确要求保险公司根据“赔款转让授权书”约定，将赔付款项直接支付给出口地融资银行。④如出现

押汇逾期、垫款或出口企业其他违约情况，应立即暂停授信额度的使用，在出口信用保险公司赔付前，积极督促出口企业自筹资金归还融资款项。⑤损失形成确定后，银行应督促出口企业向出口信用保险公司办理索赔手续，出口企业应积极配合；出现任何因出口企业的过错以及保险除外责任，导致出口信用保险公司不予赔付的情况，采取任何方式直至法律手段向出口企业追偿融资款项。

以下为有追索权出口信用保险项下融资业务合同样式：

有追索权出口信用保险项下融资业务合同

编号：

甲方（申请人）：＿＿＿＿＿＿＿＿
营业执照号码：＿＿＿＿＿＿＿＿
法定代表人/负责人：＿＿＿＿＿＿＿＿
住所地：＿＿＿＿＿＿＿＿ 邮编：＿＿＿＿
开户金融机构及账号：＿＿＿＿＿＿＿＿
电话：＿＿＿＿传真：＿＿＿＿

乙方：××银行股份有限公司＿＿＿＿＿＿行
法定代表人/负责人：＿＿＿＿＿＿＿＿
住所地：＿＿＿＿＿＿＿＿ 邮编：＿＿＿＿
电话：＿＿＿＿传真：＿＿＿＿

鉴于甲方出口货物或提供服务且拟向中国出口信用保险公司（以下简称“中信保公司”）投保出口信用保险，并拟使用乙方提供的有追索权出口信用保险项下融资业务，为保证此项业务的顺利进行，双方经协商一致，签订本合同。

本协议属于＿＿＿＿＿＿＿＿与＿＿＿＿＿＿＿＿签署的编号为＿＿＿＿＿＿＿＿的《授信额度协议》/《授信业务总协议》项下的单项协议，构成该协议不可分割的组成部分。（此为选择性条款，若不适用需删除）

第一条 词语解释

1. 出口信用保险项下融资业务：本合同以及与本合同相关的文件中，出口信用保险项下融资业务是指对已向中信保公司投保出口信用保险的出口贸易，乙方凭甲方提供的出口单据、投保出口信用保险的有关凭证、应收账款转让协议等，向甲方提供的有追索权的出口应收账款买入业务。

2. 合格应收账款：本合同及与本合同有关的文件中，合格应收账款是指因甲方出口货物或提供服务而产生的尚未到期的债权。该笔应收账款不存在抵消、冲销、担保、赔偿或作其他扣减的负担，且在甲方向乙方转让时：

（1）未过期；

（2）在甲方正常贸易中产生，具有合法真实的贸易背景；

（3）甲方为合法债权人；

（4）无转让限制；

（5）符合保险单的适保范围。

3. 应收账款融资：本合同及与本合同有关的文件中，应收账款融资是指乙方对甲方向其转让的应收账款给予一定比例的融资，作为买入应收账款的对价。

4. 争议：本合同及与本合同有关的文件中，争议是指进口商拒绝接受货物或进口商和甲方之间因相关的货物出现歧义而造成进口商拒绝接受货物或对有关应收账款提出的抗辩、反索或抵消等。

5. 转让通知：本合同及与本合同有关的文件中，转让通知是指甲方向债务人说明应收账款已经转让给乙方并且应收账款仅付给乙方的书面通知或电报。

6. 债务人：本合同及与本合同有关的文件中，债务人指对甲方应收账款承担到期付款义务的进口商及其担保人。

第二条　交易前提条件

乙方向甲方提供有追索权出口信用保险项下融资业务，买入甲方转让的应收账款，甲方须满足下列前提条件，并符合乙方要求。经乙方审查，未完全满足下列条件的，乙方有权拒绝为甲方提供有追索权出口信用保险项下融资业务：

1. 甲方每申请叙做一笔有追索权出口信用保险项下融资业务，须向乙方提交一份《出口商业发票贴现项下有追索权出口信用保险项下融资业务申请书》。

2. 甲方已向乙方提交有权签署本合同及与本合同有关的文件和单据的授权人员名单及上述人员的签字样本。

3. 甲方已按乙方要求填妥有关凭证，并向乙方提交了乙方要求的相关商业文件及单据，包括但不仅限于：销售合同、发票、运输单据、保险合同正本及其他单据。所有副本文件或单据须由甲方加盖公章以证明其真实性。

4. 甲方已办妥履行本合同及相关贸易合同所必备的法律和行政审批手续，并将相应的审批文件交由乙方查验。乙方有权要求申请人提供审批文件的副本或与原件相符的复印件。

5. 甲方已就其申请融资的出口业务向中信保公司投保了出口信用保险，中信保公司向甲方出具了保险单，且甲方能够在中信保公司规定的时限内进行出口申报并缴纳保费。

6. 甲方、乙方和中信保公司三方已签署应收账款转让协议，甲方将其保单项下的应收账款转让给乙方。

7. 甲方向债务人发出本协议第一条第 5 款规定的转让通知。

8. 不存在影响本合同双方或应收账款转让协议当事方履行其合同义务的政府法律、法规、规定或政策。

9. 未出现本合同第七条所规定的违约事件。

第三条 贴现额度的生效

自本合同生效之日起，乙方为甲方核准的贴现额度开始生效。有关额度细节如下：

1. 核准贴现额度：________________________

2. 额度有效期：________________________

第四条 应收账款的融资

在本合同第二条所列举的交易前提条件全部满足的情况下，乙方按照约定的条件，将应收账款融资款项支付给甲方。甲方对乙方放弃所出售应收账款项下的一切权益。

融资的具体事宜按照本合同项下《出口商业发票贴现项下有追索权出口信用保险项下融资业务申请书》办理。

第五条 应收账款的催收与追偿

1. 发生保险合同项下的可能损失时，甲方应积极配合乙方向中信保公司报送可能损失及进行索赔，包括提交保险合同规定的相关文件，以及甲方已通知债务人应收账款转让的文件、可损项下应收账款全部转让乙方的凭证，留存索赔可能需要的单证或函电等。

2. 所有理赔款中信保公司均应按甲方、乙方、中信保公司三方签署的应收账款转让协议的要求支付给乙方。甲方不应违反上述规定，并应做好相应的协助工作。

3. 不管何种原因，只要出口应收账款（含宽限期）到期未能收回，甲方承诺立即按照乙方的要求向乙方返还已融资的应收账款金额及有关的利息、罚息和费用。有关利息或罚息的追索期限从应收账款（含宽限期）到期之日次日起算，至乙方实际收到融资本金之日止。有关利息和罚息的数额按照本合同项下《出口商业发票贴现项下有追索权出口信用保险项下融资业务申请书》计算。

4. 因应收账款追偿而产生的诉讼费用、律师费用、公证费用、保险索赔项下发生的费用等应由甲方承担。

5. 如甲方未能及时返还上述款项，乙方有权随时从甲方在乙方总行及任何分支机构开立的账户中直接扣收或从甲方其他收汇款项中主动扣收甲方应向乙方支付的有关应收账款的金额以及任何利息、罚息和费用。

第六条 声明与承诺

甲方声明与承诺如下：

1. 甲方依法注册并合法存续，具备签订和履行本合同所需的完全民事权利能力和行为能力。

2. 签署和履行本合同系基于甲方的真实意思表示，已经按照其章程或者其他内部管理文件的要求取得合法、有效的授权，且不违反对甲方有约束力的任何协议、合同和其他法律文件；甲方已经或将会取得签订和履行本合同所需的一切有关批准、许可、备案或者登记。

3. 甲方在每一份需要甲方签字的单据、文件上的签字均为有权签字人的真实签署，加盖公章真实合法。

4. 甲方向乙方提供的所有文件、资料、报表和凭证等均是准确、真实、完整和有效的。

5. 甲方在乙方开立账户。

6. 甲方所从事的与本合同项下有追索权出口信用保险项下融资业务有关的基础交易是正当的、合法的，不涉及任何欺诈、洗钱等非法行为。

7. 于所从事的基础交易，甲方已获得所有必要的董事会或政府批准，交付应交税款，办妥有关的外汇管理手续，完成其他法定的登记工作，以确保本合同及乙方在本合同项下权利的合法性、有效性和可执行性以及在中国法院本合同作为证据的可接受性。

8. 甲方保证向乙方提交的每笔应收账款均代表一笔在正常业务过程中产生的真实善意的货物销售/服务提供，据以向乙方转让的应收账款所涉及的货物销售/服务提供符合基础交易合同规定的内容，该应收账款代表着甲方的相关贸易对手应无条件向甲方支付的款项。甲方应确保其为向乙方转让的每笔应收账款，包括与该应收账款有关并可向债务人收取的利息和其他费用的合法债权人。甲方对用于转让给乙方的每笔应收账款享有全部权利，包括与该应收账款有关并可向债务人收取的利息和其他费用的权利。除乙方另行书面同意外，该笔应收账款不能用来抵消、冲销、担保、赔偿或作其他扣减等。

9. 甲方在有关应收账款上未设立或允许保留任何担保、权益转让或为其他人设立优先权利，且不会采取任何可能损害或限制乙方与应收账款有关权利的行动。

10. 甲方保证作为应收账款受让人的乙方享有与被转让的应收账款有关的一切权利。甲方已向乙方转让或交付涉及的应收账款项下所有权利凭证。

11. 甲方所申请的有追索权出口信用保险项下融资业务没有抵触进口国和出口国法律，并且对有关应收账款的付款必须是全额支付，无须缴付任何税项。

12. 按乙方的要求及时提供关于出口项下货物销售情况的说明。

13. 甲方保证对已转让给乙方的应收账款未经乙方书面同意，不得与债务人达成任何修改应收账款相关内容的协议，包括但不限于金额、付款期限等。未经乙方的书面同意，甲方不得转让该协议。

14. 甲方应立即向乙方支付甲方收到的有关应收账款项下的全部款项，并且在该笔款项交付乙方前及在甲方控制的期间内，完全为乙方的排他利益收取和持有该笔款项并等待乙方的指令。

15. 如在有关应收账款到期日乙方未能取得全额付款，甲方应采取一切必要的行动协助乙方取得有关应收账款项下未付款项，这些行动包括但不限于：应乙方要求，代表乙方追偿或起诉，或允许乙方以甲方的名义追偿或起诉，或授权乙方接替甲方进行追偿、起诉，以债权人身份参加有关债务人的破产或清算程序，或采取其他任何为追讨有关应收账款项下未付款项所必须的行动。

16. 甲方严格履行其在出口信用保险单及有关保险条款所规定的一切责任和义务，在将应收账款转让给乙方后，亦继续履行保险单规定的义务；所有应向中信保公司及时告知的事宜甲方都应按照相应方式同时告知乙方，中信保公司就出口信用保险保单项下已告知甲方的事宜，甲方也应采用相应方式及时告知乙方。未经乙方书面同意，甲方不得擅自解除和变更其与中信保公司签订的出口信用保险保单及其有关合同。对于同一保单适用范围内所有出口业务，甲方应及时向中信保公司申报并缴纳保费。

17. 出现保险单规定的退还赔偿款项的情况时，甲方承诺在收到中信保公司退款要求后十个工作日内将此款项退还中信保公司。

18. 甲方承诺及时向乙方支付乙方因提供有追索权出口信用保险项下融资业务而向甲方收取的有关利息和费用，包括出口信用险项下理赔、索赔等待期间产生的全部利息（如有）。

19. 若发生可能影响甲方财务状况和履约能力的情况，包括但不限于进行任何形式的分立、合并、联营、与外商合资或合作、承包经营、重组、改制、计划上市等经营方式的变更，减少注册资本、进行重大资产或股权转让、承担重大负债，解散、撤销、（被）申请破产等，或涉入重大诉讼或仲裁案件，甲方应及时通知乙方。

第七条　违约事件和处理

有下列情形之一的，构成或视为甲方在本合同项下违约：

1. 甲方未按本合同的约定履行对乙方的支付和清偿义务；

2. 甲方在本合同中所做的声明不真实或违反其在本合同中所做的承诺；

3. 甲方终止营业或者发生解散、撤销或破产事件；

4. 甲方违反了本合同的其他约定；

5. 甲方在与乙方之间的其他合同项下发生违约事件；

6. 发生本协议第六条第19款规定的情况，乙方认为可能影响甲方的财务状况和履约能力，或可能影响担保人财务状况和履约能力而甲方不按本协议的规定提供新的担保、更换保证人。

出现前款规定的违约事件时，乙方有权视具体情形分别或同时采取下列措施：

1. 要求甲方限期纠正其违约行为。

2. 解除与违约行为有关的任何一笔有追索权出口信用保险项下融资交易。在交易被解除后，甲方应立即向乙方返还有关应收账款面值金额并支付从有关应收账款到期日到乙方收到甲方付款期间的相应罚息。

3. 全部、部分中止或终止受理甲方在本合同、甲方与乙方之间的其他合同项下的业务申请；对于尚未发放的贷款、尚未办理的贸易融资，全部、部分中止或终止发放和办理。

4. 宣布甲方与乙方之间的其他合同项下尚未偿还的贷款/融资款项本息和其他应付款项全部或部分立即到期。

5. 终止或解除本协议，全部、部分终止或解除甲方与乙方之间的其他协议。

6. 要求甲方赔偿因其违约而给乙方造成的损失（包括但不限于债权本金、利息、因实现债权而导致的律师费等相关费用损失）。

7. 将甲方在乙方开立的账户内的款项扣划以清偿甲方在本合同项下对乙方所负全部或部分债务。账户中的未到期款项视为提前到期。账户币种与乙方业务计价货币不同的，按扣收时乙方适用的结售汇牌价汇率折算。

8. 乙方认为必要的其他措施。

9. 乙方有权行使担保权利。

第八条　权利保留

一方若未行使本合同项下部分或全部权利，或未要求另一方履行、承担部分或全部义务、责任，并不构成该方对该权利的放弃或对该义务、责任的豁免。

一方对另一方的任何宽容、展期或者延缓行使本合同项下的权利，均不影响其根据本合同及法律、法规而享有的任何权利，亦不视为其对该权利的放弃。

第九条　变更、修改与终止

本合同经双方协商一致，可以书面形式进行变更或修改，任何变更或修改均构成本合同不可分割的组成部分。

除法律、法规另有规定或当事人另有约定外，本合同在其项下权利义务全部履行完毕前不得终止。

除法律、法规另有规定或当事人另有约定外，本合同任何条款的无效均不影响其他条款的法律效力。

第十条　法律适用、纠纷解决

本合同适用中华人民共和国法律。

在本合同生效后，因订立、履行本合同所发生的或与本合同有关的一切纠纷，双方可协商解决。协商不成的，任何一方可以采取下列第________种方式加以解决：

1. 提交________________________仲裁委员会仲裁。

2. 依法向乙方或者依照本协议、单项协议行使权利义务的××银行股份有限公司其他机构住所地的人民法院起诉。

3. 依法向有管辖权的人民法院起诉。

在纠纷解决期间，若该纠纷不影响本合同其他条款的履行，则该其他条款应继续履行。

第十一条　其他约定

1. 未经乙方书面同意，甲方不得将本合同项下任何权利、义务转让予第三人。

2. 若乙方因业务需要须委托××银行股份有限公司其他机构履行本合同项下权利及义务，甲方对此表示认可。乙方授权的××银行股份有限公司其他机构有权行使本合同项下全部权利，有权就本合同项下纠纷向法院提起诉讼或提交仲裁机构裁决。

3. 在不影响本合同其他约定的情形下，本合同对双方及各自依法产生的承继人和受让人均具有法律约束力。

4. 除另有约定外，双方指定本合同载明的住所地为通讯及联系地址，并承诺在通讯及联系地址发生变更时，以书面形式及时通知对方。

在本合同履行过程中，一方向对方送达相关文件的，若为当面送达，则一方或其有权签收人员签收之日即视为送达；若为邮寄送达，则自投邮之日起第三日即视为送达。

5. 本合同中的标题和业务名称仅为指代的方便而使用，不得用于对条款内容及当事方权利义务的解释。

6. 乙方因法律法规、监管规定变化或者监管部门要求，不能履行协议或不能按照协议约定履行的，乙方有权终止或依据法律法规、监管规定变化或监管部门要求变更履行本协议及其项下单项协议。因该种原因致协议终止或变更使乙方不能履行或不能按照协议约定履行的，乙方免除责任。

第十二条　附件

《有追索权出口信用保险项下融资业务申请书》构成本合同不可分割的一部分，如《有追索权出口信用保险项下融资业务申请书》中的条款与本合同不一致的，以《有追索权出口信用保险项下融资业务申请书》中的条款为准。

第十三条　生效

本合同经甲乙双方的法定代表人、负责人或授权签字人签署并加盖公章后生效。

本合同一式________份，甲方与乙方各执________份，具有同等法律效力。

本章小结

本章阐述了国际贸易结算中的各种融资手段，包括出口贸易融资、进口贸易融资和包买票据（福费廷业务）、保理等买断性业务，以及出口信用保险项下的融资业务。在现代商品经济发展中，通过加速资金流动进行融资，无论对于经营实体经济的工商企业还是从事货币经营的商业银行，都是非常重要的、完全必要的。就进出口企业来讲，在现金交易的基础上，出口商品的让渡与价格的实现往往是脱节的，采取赊销商品的形式，于是出口与进口双方的关系变成了债权与债务的关系。在进出口合同项下，无论是进口方向出口方延期付款还是预付部分款，都会给双方带来短期的生产资金和流动资金不足的困难，而克服困难的途径是向银行融资。从经营进出口业务的商业银行来讲，它的重要职能之一，是充当信用和支付的中介，有责任为企业提供融资产品和融资服务。通常这项服务做得越好，资金周转会越快，资产运营越安全，从而得到的盈利回报也越大。但是，正如本章所讲解的要真正做好银行融资业务，并非易事。任何商业银行既要敢于开展融资业务，又要善于开展融资业务。要在遵循进出口国家或地区法律、法规和规章的前提下，按照不同融资业务的经营原则、程序和方法，进行科学、规范的操作，就能取得成功。无论做什么融资项目，都有风险。在这种情况下，尤其要善于处理好融资的盈利性、流动性与安全性这三者之间的关系，从融资对象的实际出发，综合权衡利弊，趋利避害，实现三者的统一。一般讲，应当在保障银行资产安全性、流动性的基础上，争取最大化的盈利效果。

思考与实训

1. 出口贸易融资的种类及掌握要点是什么？
2. 进口贸易融资的种类及掌握要点是什么？
3. 什么是买断业务？
4. 办理短期出口信用保险项下融资业务应注意的问题是什么？

第九章　外汇理财

关键术语： 人民币远期结售汇　即期外汇买卖　远期外汇买卖　择期交易　调期外汇买卖　期权外汇买卖　超远期外汇买卖　货币调期　利率调期　利率期权　调期期权

学习目标： 了解人民币远期结售汇、外汇买卖、债务风险管理业务和资金管理业务的含义和基本内容，掌握如何通过不同类型的外汇理财规避外汇买卖风险、本币与外币折算风险和对企业未来一定时期的生产成本和收益产生影响的经济风险。

国与国之间，由于政治、经济、历史等复杂的因素，使用的结算货币不尽相同，出现了利率和汇率的差异和波动，对国际贸易结算带来严重影响。对此，进出口企业若把握得好，能正确使用合适的利率和汇率避险工具，不仅能规避利率和汇率风险，提前固定成本和利润，有时还能节约成本，获取额外的收益；反之，可能遭受较大的损失。如我国某啤酒厂在20世纪80年代初，使用银行的美元外汇贷款从国外进口了当时非常先进的啤酒生产设备，产品质量、销售情况也很好，毛利润当时在40%左右，但到了90年代，美元对人民币的汇率出现了很大的变化，由于该企业在国内销售，使用人民币结算，又无其他外汇来源，只得用人民币购买相应的美元外汇后归还银行的贷款，但此时人民币的换汇成本一下子飙升了，企业的经营利润远远不能弥补巨大的汇率损失，因此企业难以为继，最后不得不破产。由此可见，在国际贸易中不仅要选择适当的结算方式，还需要选择适当的汇率、利率等避险工具，才能获取较为理想的收益。

第一节　人民币远期结售汇

一、人民币远期结售汇的含义及基本内容

人民币远期结售汇是一项确定汇价在前而实际外汇收支发生在后的结售汇业务。企业与银行签订远期结售汇合同，约定将来办理结汇或售汇的外币

币种、金额、汇率以及期限；到期外汇收入或支出发生时，即按照远期结售汇合同约定的币种、金额、汇率办理结汇或售汇。简言之，人民币远期结售汇是今天确定将来的人民币对外币的汇率，避免汇率风险，固定将来的成本和利润。

远期结售汇业务交易期限一般可分为7天、20天、1个月、1个半月、2个月、2个半月、3个月、3个半月、4个月、4个半月、5个月、5个半月、6个月、6个半月、7个月、7个半月、8个月、8个半月、9个月、9个半月、10个月、10个半月、11个月、11个半月、12个月共25档。企业如因履行贸易合同遇到困难等合理原因无法准时交割，还可在交割日前3个工作日向银行申请，并于原交割日办理远期结售汇的展期，展期期限最长不超过6个月。但是，因展期交割而产生的一切损失由客户承担，产生的收益于最终交割时一并付给企业。

远期结售汇业务提供人民币兑美元、日元、欧元、德国马克和港元、瑞士法郎、澳大利亚元等交易币种。远期结售汇业务汇率通常每天公布一次，可从银行无偿获取。目前，也有少数银行提供即时的远期结售汇业务汇率。

远期结售汇业务交易方式包括以下两种：

（一）固定期限交易

交割日只能在银行公布的25个档次的交易期限中选择，汇率选择同档期汇率。

（二）择期期限交易

交割日可以选择7天档以上两个不同档期时间段内的任何一天，按签订远期结售汇合同时预定的汇率进行交割。

在实务中，由于固定期限交易操作简单，直观性较强，因此，银行、企业较为愿意使用；而择期期限交易操作稍为复杂，不容易被理解，因而使用不多。

二、人民币远期结售汇的作用

进出口企业可以在一定时间内规避外汇和人民币之间的汇率风险，固定换汇成本。有时能节约成本支出，或获取额外的收益。即在远期售汇业务中，当约定的汇率低于当天的汇率时，企业可以节约成本，节约额的计算公式为：

企业购汇金额×（当天的汇率－约定的汇率）；

在远期结汇业务中，当约定的汇率高于当天的汇率时，企业可以获取额外的收益，额外收益的计算公式为：

企业结汇金额×（约定的汇率－当天的汇率）。

例一：企业的进口购（售）汇业务

2010年7月23日，某A公司收到进口代收单据，付款条件为D/A AT 90DAYS FROM B/L DATE，到期日为2010年10月10日，需要对外支付USD4 019 254.90。

分两种情况：

第一种情况：在2010年7月23日，与银行签订《远期结汇/售汇总协议书》，叙做两个半月的远期售汇业务，当天确定2010年10月9日的购汇价为USD100＝828.08，到时购汇需要付出的人民币为8.280 8×4 019 254.90＝33 282 645.97元。

第二种情况：未与银行签订《远期结汇/售汇总协议书》，按2010年10月9日当天银行的挂牌汇率购汇，即牌价未定。

10月9日，A公司到银行办理购汇，以便10月10日对外支付。

在第一种情况下：因A公司在2010年7月23日与银行签订《远期结汇/售汇总协议书》，叙做两个半月的远期售汇业务，交割日期为2010年10月9日，因此，在10月9日，A公司到银行办理远期售汇业务的交割，由于已确定2002年10月9日的购汇价为USD100＝RMB 828.08，因而，这时购汇需要付出的人民币为8.280 8×4 019 254.90＝33 282 645.97元。

在第二种情况下：因未与银行签订《远期结汇/售汇总协议书》，A公司按当天（2010年10月9日）银行的挂牌汇率购汇，即按USD100＝RMB 828.92购汇，因此，这时购汇需要付出的人民币为8.289 2×4 019 254.90 ＝ 33 316 407.71元。

两种情况比较，A公司假如当初叙做了两个半月的远期售汇业务，本笔业务可少付出人民币33 761.74元（33 316 407.71 － 33 282 645.97 ＝ 33 761.74），即企业每1000万美元的进口购汇，可节约成本支出人民币8.4万元。

例二：企业的出口结汇业务

2010年12月14日，B公司与国外签订出口合同，付款条件为信用证项下见票后180天，收汇日为2003年6月17日，收汇金额为100万美元，分两种情况。

第一种情况：在2002年12月14日，与银行签订《远期结汇/售汇总协议书》，叙做期限为6个月的远期结汇业务，当天确定2011年6月17日的结汇价为USD100＝828.33，到时结汇所得人民币为828.33万元；

第二种情况：未与银行签订《远期结汇/售汇总协议书》，按2011年6月

17 日当天银行的挂牌汇率结汇，即牌价未定。

2011 年 6 月 17 日，B 公司按时收到国外的货款。

在第一种情况下：因 B 公司在 2010 年 12 月 14 日与银行签订《远期结汇/售汇总协议书》，叙做期限为 6 个月的远期售汇业务，交割日期为 2011 年 6 月 17 日，因此，在 6 月 17 日，B 公司到银行办理远期结汇业务的交割，由于已确定 2011 年 6 月 17 日的结汇价为 USD100 = RMB 828. 33，因而，这时 B 公司结汇所得的人民币为 100 万美元 ×8. 283 3 =828. 33 万元。

在第二种情况下：因未与银行签订《远期结汇/售汇总协议书》，B 公司按当天（2011 年 6 月 17 日）银行的挂牌汇率结汇，即按 USD100 = RMB 826. 46 结汇，因此，这时 B 公司结汇所得的人民币为 100 万美元 ×8. 264 6 = 826. 46 万元人民币。

两种情况比较，B 公司假如当初叙做了 6 个月的远期结汇业务，本笔业务可多得人民币 1. 87 万元（828. 33 万元 – 826. 46 万元 = 1. 87 万元），即企业每 1 000 万美元的出口结汇，可额外获得收益人民币 18. 7 万元。

在实务中，有的企业在远期购汇的牌价高于即期时，甘愿“吃眼前亏”，仍然在银行办理远期售汇业务，或在远期结汇的牌价低于即期时，在银行办理远期结汇业务，这主要是从规避汇率风险的角度和对某种货币贬值或升值的预期心理使然。如某日资企业，在当天汇率为 USD100 = RMB8. 264 6、远期 6 个月的汇率为 USD100 = RMB8. 253 5 时，仍然在银行办理了期限为 6 个月的远期结汇，尽管银行工作人员提醒其因此项业务，可能产生损失时，该企业仍然不为所动，坚持要求办理。其实，该企业认为，尽管从表面看，因叙做了远期结汇业务，可能每 100 美元将产生 0. 011 1 元人民币（8. 264 6 – 8. 253 5）的损失，但由于锁定了汇率，固定了企业的成本和利润，可以正确预计产品的成本和利润，并当人民币的升值幅度超过 0. 011 1 元人民币/100 美元时，将不亏反盈。

三、人民币远期结售汇业务流程

一笔正常的人民币远期结售汇业务的操作流程较为简单，主要是：

企业根据币种、期限等向银行询价→企业与银行签订《远期结汇/售汇总协议书》、申请书→银行确认，并决定是否需要企业提供违约保证金→企业在约定的期限与银行办理交割，实现企业的预期目的。

四、办理人民币远期结售汇业务应注意的问题

（一）对于企业

（1）企业应拟在办理人民币远期结售汇业务的银行开立账户。

(2) 根据币种、期限等向银行询价，并结合形势，如货币走势，政治、经济形势等，从避免汇率风险的角度出发，考虑是否需要办理。

(3) 有计划地安排资金，为将来的远期结售汇业务的到期交割准备足够的资金。如办理远期结汇，必须安排到时有相应的外汇资金用于结汇；办理远期售汇业务，必须安排到时有相应的人民币资金用于购汇。

(4) 向银行逐笔提交申请书、《远期结汇/售汇总协议书》。

(5) 提交国家外汇管理局规定的单据，如贸易合同、进口或出口发票。

(6) 不能提前交割，但若交割日为节假日，可顺延至下一个银行工作日，此外，如企业交割确有困难，银行还可给予 3 个工作日的宽限期。若企业违反远期结售汇业务的约定，由企业违约而产生的汇率损失由企业承担。

(二) 对于银行

(1) 办理远期结售汇业务的银行，可根据企业的信誉、具体的贸易情况等，适当收取企业的“违约保证金”(通常不超过申请办理金额的3%)，以抑制企业的违约行为，届时，用于弥补企业因违约而产生的损失。

(2) 预测企业的资金来源，尽量避免企业因资金不足而不得不违约的情况发生。

(3) 根据国家外汇管理要求审核有关单据。

(4) 免收远期结售汇业务费用。

第二节　外汇买卖业务

一、即期外汇买卖

即期外汇买卖 (Spot Deal)，一般是指交易双方按当天的外汇市场的即期汇率成交，并在交易日以后第二个工作日进行交割的外汇交易。如起息日遇节假日，可顺延至下一个银行工作日，即期外汇买卖的汇率称为即期汇率。

例：某企业需在星期二归还银行美元贷款 100 万，而该企业当时持有日元，则该企业可以在星期一按当天的即期汇率，假定为 1 美元 = 110.00 日元的汇率向银行买入美元 100 万，同时卖出日元。在星期二，该企业通过转账将 1.1 亿日元交给银行，同时银行将 100 万美元交给企业，该企业便可将美元归还贷款。

即期外汇买卖主要有以下三个作用：

(1) 即期外汇买卖可以满足客户的即期、临时性的付款需求。

(2) 即期外汇买卖可以帮助企业调整现有的各种外汇头寸的比例，以避免汇率风险。

（3）即期外汇买卖可以被用来进行外汇投机，低价买进，高价卖出，从中赚取利润。但这种外汇投机风险较大，有时可能带来较大的损失。

二、远期外汇买卖

远期外汇买卖（Forward Deal），是指买卖双方按外汇合同约定的汇率，在约定的期限（成交后第二个工作日以后的某一日）进行交割的外汇交易。

例如：某企业于3月6日向银行提出用美元购买欧元，期限为三个月（起息日为6月8日），当时美元兑欧元的三个月远期汇率为1.163 60，即6月8日这一天，无论汇率如何变化，银行将按1欧元等于1.163 60美元的汇率将欧元卖给该公司。因此，远期外汇买卖实际上是交易双方签订了一个合同。

远期外汇买卖合同的主要内容如下：

（1）约定远期交割日：该交割日为外汇交易成交日起第二个工作日以后的任何一天，通常为一个月、三个月、六个月、一年等以及不规则交割日。

（2）约定外汇买卖的金额。

（3）约定远期汇率：叙做远期外汇交易所使用的汇率是远期汇率，它在即期汇率的基础上，经加、减远期升、贴水点计算而成。远期升、贴水点是由两种货币相同期限利率之间的差异决定的。一般地，若A货币利率高于B货币，那么A货币对B货币远期汇率应是贴水，而B货币对A货币的远期汇率是升水。远期汇率的升贴水的数值（或称升贴水点）还取决于远期外汇交易期限的长短。升贴水点的近似公式如下：

$$\frac{\text{即期汇率}\times\text{两种货币的利差}\times\text{实际天数}}{360}$$

远期外汇买卖是国际金融市场最常用的避免汇率风险、固定进出口成本的方法之一。通过与银行叙做远期外汇买卖交易，企业可事先将某一项目的外汇成本固定，有利于财务核算，同时能使企业集中时间和人力搞好本业经营。

三、择期交易

择期交易（Option Forward Deal），是指企业可以在约定的将来某一段时间内的任何一个工作日，按规定的汇率进行交割的外汇买卖业务，它是一种可选择交割日的远期外汇买卖。

企业在签订贸易合同后，由于种种原因，常常不能把未来收、付款的具体日期确定下来，只能预期在将来的某一段时间内将收、付一定的外汇款项。

为了防止收、付款时因汇率变化而产生损失，企业可以通过银行为其叙做择期外汇买卖，这样，在约定的时期内，企业可以自由选择交割的日期。当然，企业在做择期外汇买卖时，只有尽可能地缩短未来不确定时间，才能获得更有利的远期汇率。

四、调期外汇买卖

调期外汇买卖（Swap Deal），是指在某一个工作日买入（或卖出）某一货币的即期外汇的同时，卖出（或买入）该货币的远期外汇的交易。也就是即期和远期的买卖货币方向对调，以达到确保成本的目的。

例如：某企业从日本借入一笔一年期一亿日元的贷款，由于该企业需从美国进口原材料加工生产、产成品销往美国，该公司的进口付款和出口收汇都是用美元计价。因此，该企业到中国银行申请即期卖出日元买入美元的同时，为保证一年后有足够的日元还货款和控制汇率风险，叙做了一笔远期买入日元卖出美元的业务，从而达到固定成本，防范汇率风险的目的。

因此，从业务的实质看，所谓调期外汇买卖是由两笔业务组成，一笔是即期外汇买卖，另一笔是远期外汇买卖，这两笔交易的货币相同，金额相等，只是买卖的方向相反。

五、期权外汇买卖

期权外汇买卖（Option）实际上是一种权力的买卖。权力的买方在支付一定数额的期权费后，有权在未来的一定时间内按约定的汇率向权力的卖方买进或卖出约定数额的外币，同时权力的买方也有权不执行上述买卖合约。

期权有买权和卖权两种。为了取得上述买或卖的权力，期权（权力）的买方必须向期权（权力）的卖方支付一定的费用，称作期权费（Premium）。因为期权（权力）的买方获得了今后是否执行买卖的决定权，期权（权力）的卖方则承担了今后汇率波动可能带来的风险，而期权费就是为了补偿汇率风险可能造成的损失，这笔期权费实际上就是期权（权力）的价格。

决定期权价格的主要因素有三个：

（1）期权期限的长短；

（2）市场即期汇率与期权合同中约定的汇率之间的差别；

（3）汇率预期波动的程度。

期权按行使权力的时限可分为两类：欧式期权和美式期权。欧式期权是指期权的买方只能在到期日前的第二个工作日，方能行使是否按约定的汇率买卖某种货币的权力，这是目前较为通行的方式；而美式期权的灵活性较大，因而费用价格也相对较高。

外汇期权买卖是原有的几种外汇保值方式的发展和补充。它既为企业提供了外汇保值的方法，又为企业提供了从汇率变动中获利的机会，具有较大的灵活性。

例如：某企业手中持有美元，并需要在一个月后用欧元支付进口货款，为防止欧元升值带来汇率风险，该公司向银行购买了一个美元看跌（Put）欧元看涨（Call），期限为一个月的欧式期权。假设，约定汇率为1欧元=1.19美元，那么该公司则有权在将来期权到期时，以1欧元=1.19美元向银行购买约定数额的欧元。如果在期权到期时，市场即期汇率为1欧元=1.17美元，即与当初预期的相反，美元升值，欧元贬值，那么该企业可以不执行期权，因为此时按市场上即期汇率购买欧元更为有利；如果在期权到期时，1欧元=1.21美元，即与当初预期的相同，美元贬值，欧元升值，那么该企业则可决定行使期权，要求银行以1欧元=1.19美元的汇率将欧元卖给他们。

由此可见，外汇期权业务的优点在于企业有灵活的选择性，对于那些合同尚未最后确定的进出口业务具有很好的保值作用。需要指出的是，期权的买方风险有限，仅限于期权费，获利的可能性无限大；卖方利润有限，仅限于期权费，风险无限。因此，建议企业通过购买外汇期权来达到外汇保值的目的。

第三节　债务风险管理业务

自20世纪70年代初布雷顿森林体系解体后，国际市场上利率和汇率的波动日趋剧烈，特别是近几年来，西方各主要货币的利率和汇率的大幅波动，使有中长期外债的企业还债成本出现不确定性，并有可能成本上升，给债务人造成沉重的负担。如何通过各种金融工具有效地加强负债管理，已成为财务管理人员和债务管理者不得不考虑的问题。目前，银行能提供风险管理业务的主要品种有：超远期外汇买卖、货币调期、利率调期、利率期权、调期期权。

一、超远期外汇买卖

超远期外汇买卖（Long Term Forward），是指债务货币与使用货币或未来收入货币不一致时，为避免还债时的汇率风险，债务人与银行签订的较长期的远期外汇买卖合约，合约中规定买卖货币的种类、汇率、金额和交割日期。因这类买卖期限通常可达5~10年，故称超远期外汇买卖。这样，债务人从签订合约之日起就能固定汇率，避免了其还债时可能面临的汇率风险。

例如：某企业2000年12月10日从英国政府获得政府贷款1亿英镑，贷款期限为10年，从第六年开始，每年12月10日等额偿还本金一次。该公司将来的外汇收入以美元为主，也就是说还债时，该公司必须有美元买入英镑。为避免未来还本付息时可能出现的汇率风险，该公司委托银行叙做超远期外汇买卖，买入远期英镑，卖出远期美元，交割日定为每个还本付息日，而由于远期交割日各不相同，每个交割日的汇率也有所不同，即

2006年12月10日 GBP1 = USD1.52

2007年12月10日 GBP1 = USD1.50

2008年12月10日 GBP1 = USD1.47

2009年12月10日 GBP1 = USD1.42

2010年12月10日 GBP1 = USD1.40

企业也可以要求银行以远期平价汇率（Par Forward Rate）报价，上例可以只有一个远期汇率 GBP1 = USD1.46（此汇率并非以上汇率的简单算术平均值）。这样，无论将来汇率发生怎样的变化，企业均可以该约定汇率从银行买入英镑，规避了汇率波动的风险。

由于超远期外汇买卖中，涉及的两种货币之间通常存在利率差异，因此，远期汇率通常不等于即期汇率，而是在即期汇率的基础上加、减升贴水而形成的。一般地，如果A货币利率高于B货币同期利率，则A货币的远期汇率应减贴水，而B货币的远期汇率应加升水。这与一年以内的远期外汇买卖交易同样原理。

二、货币调期

货币调期（Cross Currency Swap），又称“货币互换”，是指为降低借款成本或避免远期汇率风险，将一种货币的债务转成另一种货币债务的交易。

在货币调期业务中，货币调期和利率形式，可以是固定换浮动，也可以浮动换浮动，还可以是固定换固定；期限最长可至10年；货币调期中所规定的汇率，可以用即期汇率（Spot Rate），也可以用远期汇率（Forward Rate），还可以由双方协定取其他任意水平，但对应于不同汇率水平的利率水平会有所不同；期初的本金互换可以省略，但对应的美元利率水平可能会有所不同，这样，对于那些已经提款使用的贷款，仍然可以使用货币调期业务来控制汇率风险。

例如，债务人甲即将获得一笔日元贷款，金额为10亿，期限7年，利率为固定利率3.25%，付息日为每年6月20日和12月20日，2000年12月20

日提款，2007 年 12 月 20 日到期归还。甲提款后，需要将日元贷款转换为美元使用，而整个贷款期间，甲只有美元收入，没有日元收入。债务人甲为控制汇率风险，决定与银行叙做一笔货币调期交易。双方规定，调期交易于 2002 年 7 月 8 日生效，2007 年 12 月 20 日到期，使用汇率 USD = JPY140.00，美元相应利率为 USD 6M LIBOR + 0.85%。这一货币互换，可以用图 9 - 1 表示：

（1）在提款日（2000 年 12 月 20 日）：甲与银行互换本金

（2）在付息日（每年 6 月 20 日和 12 月 20 日）：甲与银行互换利息

（3）在到期日（2007 年 12 月 20 日）：甲与银行再次互换本金

图 9 - 1　货币互换示例

从图 9 - 1 中可以看出，由于在期初与期末，债务人甲与银行均按预先规定的同一汇率（USD1 = JPY140.00）互换本金，且在贷款期间甲只支付美元利息，而收入的日元利息正好用于归还原日元贷款利息，从而使甲完全避免了未来的汇率变动风险。

三、利率调期

利率调期（Interest Rate Swap）又称“利率互换”，是指债务人根据国际资本市场利率走势，将其自身的浮动利率债务转换成固定利率债务，或者将固定利率债务转换成浮动利率债务的一种管理业务。它被用来降低借款成本，或者避免利率波动带来的风险，同时还可以固定自己的边际利润。

由于一年之中计息次数不同（如每年一次、每半年一次、每季度一次等），或计息基础不同，或浮动利率所参考的利率指标不同（如 LIBOR、

Prime Rate 等），利率形式又可细分成多种。在这些利率形式中，任何两种不同形式都可以相互转换，但其中以固定利率与浮动利率之间的互换最为常见，也最有价值。

利率调期的形式是多种多样的。一般地，当利率看涨时，将浮动利率转换成固定利率较为理想；当利率看跌时，将固定利率转换为浮动利率较好。利率调期因为都是同一货币，因此不涉及债务本金的交换，即不需要期初与期末互换本金。利率调期形式十分灵活，可以适用于已有债务，也可以用于新借债务，还可以做成远期起息。债务人可以根据各自的资金安排选择适宜的形式，调整利率结构防范利率风险，设法筹集相对便宜的资金。

例如，某企业一笔 5 000 万美元浮动利率为 USD 6M LIBOR +0. 25% 的 10 年期贷款，从 2000 年 12 月 1 日起至 2010 年 12 月 1 日，利息为每半年一次。公司担心未来 10 年中美元利率呈上升趋势；同时，由于利率起伏不定，该公司无法精确预测贷款的利息负担，从而难以进行成本计划与控制。于是它与银行叙做了利率调期交易，将其浮动美元利率债务转换为固定利率为 5% 的美元债务。用图 9 –2 表示为：

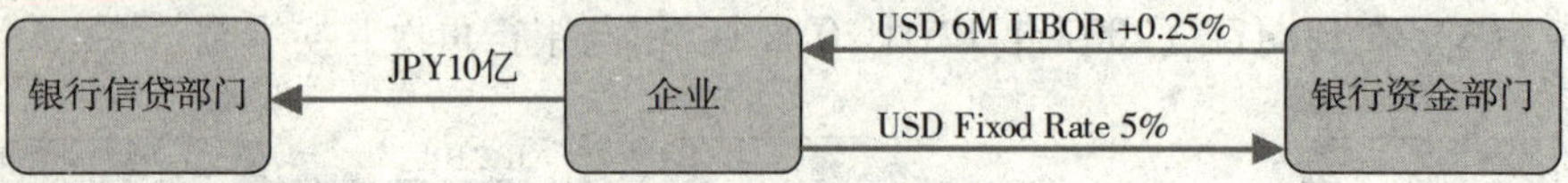

图 9 –2 利率调期示例

四、利率期权

利率期权（Interest Rate Swaption），是一种相对灵活的利率形式。一些浮动利率债务持有人，不愿将远期浮动利率债务转换成固定利率债务，希望能够保留一些灵活性，这时，使用利率期权较为合适。利率期权有多种形式，通常采用的有以下三种：

（一）利率封顶

利率封顶（Interest Rate Cap），是指交易双方达成一项协议，确定一个利率上限水平。在此基础上，利率封顶的卖方向买方承诺：在规定的期限内，如果市场利率高于协定的利率上限，则卖方向买方支付市场利率高于利率上限的差额部分；如果市场参考利率低于或等于协定的利率上限，则卖方无任何支付义务。而买方由于获得了上述权利，必须向卖方支付一定数额的期权手续费。

例如，某企业于1997年借入5000万美元2年期债务，自1998年2月至2000年2月还款，利息成本为美元六个月LIBOR+0.35%（按当时浮动利率水平即为6.45%），每半年付息一次。若直接叙做一笔利率调期，则固定利率水平约为6.65%。该企业虽然认为美元利率有上涨风险，希望进行债务风险管理，但难以接受直接换为固定利率后较高的水平，于是购买了一个利率封顶。交易将该债务余下3期的利息成本控制在5.70%（即“利率上限”），手续费为每年支付本金的0.16%。

交易完成后，客户获得了一种较为灵活的保护。从下表中可以直观地看到，客户通过购买利率封顶灵活地管理债务利率，其实际利息支出节省了。同时，利率封顶使浮动利率债务持有人的债务成本有了一个上限的控制（如上例中的5.7%），从而使债务人避免了利率大幅度上升带来的风险。若市场利率保持不变或下降，则企业又可以享受低成本的好处。这种灵活性是利率调期业务所不具备的。

年份 项目	1998.8 （封顶前）	1999.2 （封顶后）	1999.8 （封顶后）	2000.2 （封顶后）	综合成本
市场利率	5.72%	5.06%	5.89%	6.23%	—
货款利率	0.35%	0.35%	0.35%	0.35%	—
交易前的还债成本	6.07%	5.41%	6.24%	6.67%	6.10%
利率封顶上限	—	5.70%	5.70%	5.70%	—
利率封顶（每半年）手续费	—	0.08%	0.08%	0.08%	—
交易后的还债成本	6.07%	5.49%	6.13%	6.13%	5.96%

利率封顶的手续费，与利率上限水平和协议期限有关。利率上限水平越高，期限越短，手续费越便宜。通常，购买利率上限以5年以内较为适宜。

（二）利率封底

利率封底（Interest Rate Floor），是指买卖双方达成一个协议，双方规定一个利率下限，卖方向买方承诺，在规定的有效期内，如果市场利率低于协定的利率下限，则卖方向买方支付市场利率低于利率下限的部分。若市场利率大于或等于协定的利率下限，则卖方没有任何支付义务。作为补偿，卖方向买方收取一定数额的手续费。利率封底是一种降低债务成本的手段，但一旦利率大幅度下降，也会丧失享受低利率的机会。

（三）利率两头封

利率两头封（Interest Rate Collar），是指将利率封顶和利率封底两种形式结合使用。即是指企业在买进一个利率封顶的同时，卖出一个利率封底，以收入的手续费来部分抵消需要支出的手续费。从而达到既防范利率风险又降低费用成本的目的。而卖出一个利率两头封，则是指在卖出一个利率封顶的同时，买入一个利率封底。当债务人预计市场利率会上涨时，可以考虑购买一个利率两头封。

五、调期期权

调期期权（Swaption），是带有一个期权结构的利率调期或货币调期交易。即期权交易双方就一笔利率调期或货币调期交易的各项有关内容达成协议，期权购买一方有权在未来某一日期（欧式期权）或未来一段时间之内（美式期权）决定上述调期交易是否生效。作为获得这一权利的代价，期权购买方需要向期权出售方支付一定量的手续费。

办理这一业务，债务人可以在支付一定费用的前提下，获得一个比较灵活的保护，即当市场向不利方向发展时，可以按照事先约定的水平令调期交易生效，从而锁定风险；而当市场条件向有利方向发展时，又可以选择不执行期权，以便在更有利的时机锁定风险。

第四节　资金管理业务

资金管理业务是企业为了灵活管理沉淀外汇资金，提高外汇资金利用率与收益率，通过银行在国际金融市场的各种产品运作，在承担有限的风险的情况下提高资金收益率的一种资产管理业务。它必须在企业充分了解市场状况、产品结构和风险所在以及自身的承受能力的情况下才可叙做。

资金管理业务主要是将收益率与市场状况挂钩，如可与利率、汇率、信用主体等挂钩，也可以根据企业的具体情况量身定做。目前，比较流行的几种资金管理方案为：与人民币挂钩的资金管理方案、与 LIBOR 挂钩的资金管理方案、保本可变收益型资金管理方案、保本线性收益型资金管理方案、双货币存款资金管理方案、可保底的与美国国债收益率挂钩的资金管理方案。

一、与人民币挂钩的资金管理方案

该资金管理方案基于企业对美元/人民币的汇率预期是人民币在存款期内

不贬值。通常，该资金管理方案叙做6个月期限较为适中，其优点是可以获取较高的收益率；但也有风险，若人民币在到期时贬值，每1美元超过8.30元人民币，本金将会面临损失。在具体交易时，可以根据收益率计算出保本损益点。

例如，企业设定预期人民币在存期内不会贬值至每1美元超过8.30元人民币，将美元本金1000万存入中行，存期6个月；银行于到期日一次性支付给企业美元收益率6.8%（年率），而本金的支付条件是：①若 $FX_{END}\leq 8.30$，银行支付美元本金10 000 000；②若 $FX_{END}>8.30$，银行支付美元本金10 000 000×（$8.30/FX_{END}$）。其中 FX_{END} 为到期日前两个工作日的北京时间下午4：00国家外汇管理局美元/人民币的报价。

二、与LIBOR挂钩的资金管理方案

该资金管理方案是设定一个利率区间，资金的收益率由存期内市场LIBOR在该区间的天数决定，它来自客户对预期市场利率将呈区间波动的判断。该资金管理方案无本金风险，最低收益率大于零，最高收益率为3个月美元LIBOR+0.10%（年率）。

例如，企业将美元本金1000万存入银行，期限6个月，观察利率范围设定为［6.00%－6.80%］，银行于到期日支付本金美元1000万，收益率为（3个月美元LIBOR+0.10%）×［n/N］，其中 n 为存款期内伦敦工作日的3个月美元LIBOR处于利率范围内的实际天数，N 为存款期内伦敦工作日的实际天数。

三、保本可变收益型资金管理方案

该资金管理方案是与汇率挂钩的结构型存款。银行与企业双方协定一个汇率区间，若存期内市场汇率未触碰过该汇率区间，则获得较高的收益率，否则获得相对较低的（保底）收益率。该方案无本金风险，有保底收益率和最高收益率，安全性较好。

例如，企业将美元本金1000万存入银行，期限6个月，与美元/日元汇率挂钩，汇率区间为［104.00，112.00］，银行于到期日全额偿还客户美元本金，而收益率的支付条件是：①若于存期内任一个银行工作日，104.00＜美元/日元即期汇率＜112.00，银行支付收益率7.25%；②否则，银行支付5.10%。

四、保本线性收益型资金管理方案

该资金管理方案是与汇率挂钩的结构型存款。双方协定一个执行汇率和

敲出汇率，收益率根据到期日市场汇率与敲出汇率比较，来决定客户获得的是保底收益还是较高的收益率。

例如，企业将美元本金 1000 万存入银行，期限 3 个月，执行汇率为 106.50，敲出汇率为 120.00，银行于到期全额偿还企业美元本金，而收益率的支付与美元/日元汇率挂钩，条件是：在存期内，①若美元/日元汇率曾达到过 120.00 或以上价位，则银行支付收益率 4.75%；②若美元/日元汇率不曾在 120.00 或以上价位，则：①若到期时美元/日元汇率大于 106.50，银行支付收益率按照如下公式决定：收益率（年率，A/360）＝（汇率确定值－106.50）/汇率确定值×360/92×参考系数×100%＋4.75%；②若到期时美元/日元汇率小于或等于 106.50，银行支付收益率 4.75%。

五、双货币存款资金管理方案

双货币存款（Dual Deposit）资金管理方案是与汇率挂钩的结构型存款。企业在存入某种货币并获取较高收益率（同种货币）的同时，根据到期日市场汇率状况可能被偿还另一种货币的本金。

例如，企业将美元本金 100 万存入银行，期限 1 个月，银行于到期日一次性支付给企业美元收益率 8.00%（年率），而本金的支付条件是：①若到期美元/日元＜108.00，银行支付美元本金 100 万；②若到期日美元/日元≥108.00，银行支付日元本金，金额为日元 1.08 亿（1 000 000×108.00）。

该方案较适宜有不同币种的存款与负债的企业。如上述企业拥有美元存款和日元负债，在获得高收益的同时，即使一旦美元/日元升值超过 108，所收入的日元本金用来支付债务，对冲作用也能令其风险受到控制。

六、可保底的与美国国债收益率挂钩的资金管理方案

可保底的与美国国债收益率挂钩的资金管理方案，即与美国 30 年期国债收益率的走势挂钩，无本金风险，有保底收益率和最高收益率，安全性较好。

例如：企业将本金 500 万美元存入银行，期限为 6 个月，银行于到期日一次性偿还本金，而收益率的支付条件是：①若在到期日，5.5%≤美国 30 年期国债收益率≤7.50%，银行支付收益率 8.00%；②否则银行支付收益率 5.00%。

本章小结

本章讲述外汇理财。外汇是指在国际结算中以某种外币表示的国际结算

的支付手段。在国际进出口贸易和其他经济交往中，通常采用美元、日元、外币作为结算工具，这就需要做好外汇理财业务。外汇理财是通过进行外汇交易的场所，即外汇市场进行的。外汇市场包括有固定场所的有形市场和无固定场所的无形市场。无形市场是外汇的最终使用者和投资者（如进口商、出口商、对外投资企业等）依托外汇银行作为交易中介而通过现代通讯工具进行的。所以，从事国际进出口贸易和其他经济活动的企业的外汇理财要依靠承担外汇业务的银行开展，彼此结成利益共同体。决定外汇理财成败的决定因素是汇率（即汇价，指两种货币结算的比率），它们在一定时期内是保持稳定还是上下波动，都会给理财带来直接影响。而影响一个国家或地区汇率和利率变动的深层次原因，主要是：本币和外币的收支是否平衡，通货是否膨胀或紧缩，经济增长的快慢或下滑，政局稳定或动荡，政府的干预程度，以及市场预期等。其中任何一个因素的变化都可能引起金融市场汇率和利率的波动，并由此对外汇理财带来正面或负面的冲击，最终影响到企业的成本和收益的升降。本章分节阐述的人民币远期结售汇、外汇买卖业务、债务风险管理业务和资金管理业务等不同类型的外汇理财，其主旨在于如何规避外汇买卖风险、本币与外币折算风险和对企业未来一个时期的生产成本和收益产生影响的经济风险。外汇风险具有不确定性，它仅仅指造成损失的可能性；如果把外汇理财业务做得精细、周全并富有预见性，那么，外汇风险将转化为一种风险收益。这是没有疑义的。

思考与实训

1. 人民币远期结售汇的作用是什么？
2. 外汇买卖的种类及要点是什么？
3. 风险管理业务的主要品种及要点是什么？
4. 各类资金管理方案的优缺点是什么？

第十章　跨境贸易人民币结算

关键术语：跨境贸易人民币结算

学习目标：了解跨境贸易人民币结算的含义、历程，掌握跨境贸易人民币结算业务流程及注意事项。

跨境贸易人民币结算，是近些年来我国国际结算中的新生事物，是人民币走向国际化的基础，目前仍然属于政策主导型的业务，因此，本章也仅仅是依据现有的政策规定，结合实际的操作做一些探讨。

第一节　跨境贸易人民币结算的含义

跨境贸易人民币结算，顾名思义，就是在跨境的国际贸易中，用人民币来计价和结算。跨境贸易人民币结算的实质是在国际结算中使用人民币而已，它并没有改变现有的国际结算方式。在国际贸易结算中，为了结算的方便，结算的币种通常使用“可自由兑换货币”①，目前使用最普遍的“可自由兑换货币”是美元、欧元、英镑、日元、港币、澳大利亚元等。由于长期以来，人民币不是国际普遍认同的“可自由兑换货币”，因此，2009年以前在国际结算中很少使用人民币，正因如此，在跨境的国际贸易中，用人民币来计价和结算才有了特殊的意义。开展跨境贸易人民币结算业务，有利于企业规避汇率风险，节约汇兑成本，增强企业开拓国际市场的信心，更好地应对国际金融危机的影响。

---

① 可自由兑换货币，是指在进口、出口、兑换和进行跨境借贷方面，不存在任何限制或监管要求的货币。目前主要有美元、欧元、英镑、日元、港币、澳大利亚元、新西兰元、新加坡元、瑞士法郎、瑞典克朗、丹麦克朗、挪威克朗等。

第二节　跨境贸易人民币结算的历程

一、"三个意见一个纲要"吹响了开展跨境贸易人民币结算的号角

2008 年的国际金融危机给世界各国带来了一定的影响，为保持我国经济贸易的平稳发展，国务院在 2008 年 9～12 月，先后出台了如下"三个意见一个纲要"：

《关于进一步推进长江三角洲地区改革开放和经济社会发展的指导意见》（国发【2008】30 号）；

《关于当前金融促进经济发展的若干意见》（国办发【2008】126 号）；

《关于保持对外贸易稳定增长的意见》（国办发【2008】135 号）；

《关于珠江三角洲地区改革发展规划纲要（2008～2020 年）的批复》。

以上"三个意见一个纲要"为开展跨境贸易人民币结算从思想上、政策上和组织上作了动员准备，吹响了跨境贸易人民币结算的号角。

二、五个沿海城市率先"试水"

（1）2009 年，跨境贸易人民币结算开始了实质性的启动，并采取了"先试点、后扩面"的方案。

（2）2009 年 4 月 8 日，国务院决定在上海和广东省的广州、深圳、珠海和东莞先行开展跨境贸易人民币结算试点。

（3）2009 年 7 月 1 日，中国人民银行、财政部、商务部、海关总署、国家税务总局和中国银监会（以下简称"六部委"）发布了《跨境贸易人民币结算试点管理办法》（以下简称《管理办法》）。

（4）2009 年 7 月 3 日，中国人民银行紧接着发布了《跨境贸易人民币结算试点管理办法实施细则》（以下简称《实施细则》）。

（5）2009 年 7 月 6 日，人民币跨境收付信息管理系统（以下简称管理系统）正式上线运行，为跨境贸易人民币结算信息提供了电子化管理数据系统的支持。

（6）2009 年 8 月和 9 月，国家税务总局和海关总署先后发出通知，对跨境贸易人民币结算出口退（免）税及人民币报关等问题作出了具体规定。

（7）2010 年 3 月 8 日，中国人民银行发布了《人民币跨境收付信息系统管理暂行办法》。

三、扩大试点范围和项目

2010年3月29日，财政部和国家税务总局联合下发《财政部、国家税务总局关于边境地区一般贸易和边境小额贸易出口货物以人民币结算准予退（免）税试点的通知》，明确在8个边境省（自治区）的85个指定口岸与毗邻国家的出口货物贸易以人民币结算准予退（免）税，有力地支持了边境贸易的发展。

2010年6月17日，经国务院批准，“六部委”正式发布《关于扩大跨境贸易人民币结算试点有关问题的通知》，该通知主要有六个方面的内容：

（一）扩大境外范围

跨境贸易人民币结算的境外范围由东盟、港澳地区扩展到所有国家和地区。

（二）扩大境内省级试点范围

增加18个省（自治区、直辖市）为试点地区：北京、天津、内蒙古、辽宁、吉林、黑龙江、江苏、浙江、福建、山东、湖北、广西、海南、重庆、四川、云南、西藏、新疆，全国绝大部分省（自治区、直辖市）均在此次扩大范围。

（三）扩大上海和广东的试点范围

上海和广东省4个市是跨境贸易人民币结算的首批试点。此次广东省的试点范围由4个城市扩大到全省，增加上海市和广东省的出口货物贸易人民币结算试点企业数量。

（四）明确进口货物贸易、跨境服务贸易和其他经常项目适用范围

对于进口货物贸易、跨境服务贸易和其他经常项目，所有试点省（自治区、直辖市）的企业均可以用人民币进行跨境结算；即只要在试点范围内，任何企业都可以开展进口项下、服务贸易项下和其他经常项目项下的跨境人民币结算，而无须任何形式的事先“准入”就可以开展。

（五）明确出口货物贸易适用范围

对于出口货物贸易，在16个省（自治区、直辖市）范围内的企业，即北京、天津、内蒙古、辽宁、上海、江苏、浙江、福建、山东、湖北、广东、广西、海南、重庆、四川、云南的企业，实行试点企业管理制度，就是对出口实行“名单式”管理，凡在“六部委”确定的名单中的企业可以开展出口货物贸易项下的跨境人民币结算，而不在“六部委”名单中的企业，未经批

准，则不允许开展。

（六）明确“边贸”跨境人民币结算范围

内蒙古、辽宁、吉林、黑龙江、广西、云南、西藏、新疆 8 个边境省（自治区）具有进出口经营资格的企业，可以在指定口岸与毗邻国家的一般贸易和边境小额贸易出口货物按照《管理办法》开展人民币结算。

至此，我国基本建立了跨境贸易人民币结算制度，推动了跨境贸易人民币结算业务蓬勃发展。根据中国人民银行公布的数据，2011 年，全国跨境贸易人民币结算业务累计发生 2.08 万亿元。

第三节　跨境贸易人民币结算业务流程

一、跨境贸易人民币结算业务的流程

（一）进口业务

1. 先进口后付款全流程

（1）进口企业与外商签订以人民币为计价结算币种的贸易合同。

（2）外商按合同交货给我国进口企业。

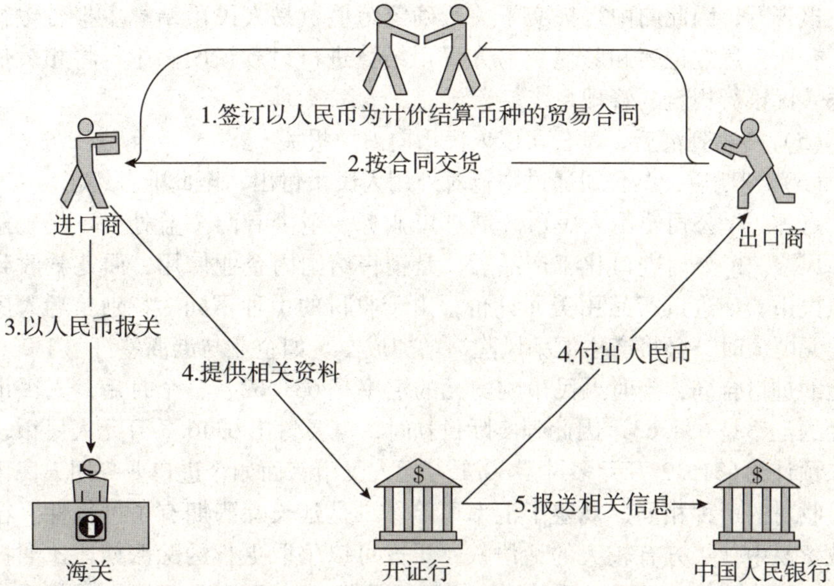

图 10－1　先进口后付款流程

（3）进口企业按合同规定及货物到港的情况，以人民币向海关报关。

（4）进口企业向银行提供“跨境贸易人民币结算进口付款说明”后，由银行向外商付出人民币。首次办理跨境人民币业务的进口企业还需向银行提交《关于确定跨境贸易人民币结算主报告银行的函》、《企业信息登记表》（一式两联），表格中的抬头为中国人民银行××分行，主报告银行为××银行，表格需加盖企业公章。

（5）银行按规定将相关信息报送人民银行规定的管理系统。

实例（先进口后付款）：国内A公司，注册资本5 000万元人民币，主要经营进口石化产品，每年需要从中国香港进口大量液体化工产品，年进口量通常在5 000万美元以上，通常以开立提单后90天付款的美元信用证来结算，无出口业务，无外汇资金来源，在海关、税务、银行等无不良记录。

为了规避汇率风险，A公司想尝试用人民币进行结算，经与中国香港商人协商，同意用人民币结算，其具体业务流程为：

（1）A公司与港商签订以人民币为计价结算币种的贸易合同。

（2）A公司请中行开出提单后90天付款的人民币信用证。

（3）两周后中行收到信用证项下的单据并转交企业，中行对外承兑。

（4）A公司第一次办理跨境人民币结算业务，在国内5家银行开有人民币结算账户，考虑在中行的结算量最大，决定选择中行作为向中国人民银行的主报告行，因此向中行提交了关于确定跨境贸易人民币结算主报告银行的函、企业信息登记表和跨境贸易人民币结算进口付款说明。中行将相关信息报送人民银行规定的管理系统。

（5）货物到港后，A公司以人民币向海关报关。

（6）到期后，A公司通过中行对外用人民币付出，至此业务终了。

点评：A公司使用人民币开展进口业务，至少有两个益处：一是规避了汇率风险。A公司进口化工产品后，是销售给国内企业使用，回笼款收到的是人民币，如进口产品用美元计价，由于收付的币种不同，特别是遇人民币对美元贬值时，必将产生汇率风险，增加成本。如企业与港商签订了1 000万美元的进口合同，当时人民币购美元的汇率是631.62，三个月后，人民币购美元的汇率是634.63，因此到实际付款时，需要付出6346.3万元人民币，比原来预计的6316.2万元多付了30.1万元人民币。而如今进口业务用人民币结算，收付的币种相同，规避了汇率风险。二是延长赊账期有了可行性。在大多数贸易中，买方有较大的话语权，买方可以争取更长的赊账期，比如提单后180天甚至是360天以后付款的信用证，但由于开立90天以上的外币信用证，按外汇局规定要占银行的外债额度，因此，银行一般都不愿意开立，即使买方想延长付款期，由于外债问题而不得不作罢。目前，90 天以上的人民币信用证，暂不纳入“外债额度”管理，因此，只要卖方愿意，A 公司可以将赊账期延迟得更长些，以此节约资金成本。

2. 先付款后进口全流程

（1）进口企业与外商签订以人民币为计价结算币种的贸易合同。

（2）进口企业向银行提供“跨境贸易人民币结算进口付款说明”后，由银行向外商付出人民币。首次办理跨境人民币业务的进口企业还需向银行提交《关于确定跨境人民币结算主报告银行的函》、《企业信息登记表》（一式两联），表格中的抬头为中国人民银行××分行，主报告银行为××银行，表格需加盖企业公章。

（3）银行按规定将相关信息报送人民银行规定的管理系统。

（4）外商按合同交货给我国进口企业。

（5）进口企业按合同规定及货物到港的情况，以人民币向海关报关。

（6）企业实际报关时间与预计报关时间不一致，应当通知银行，由银行向管理系统更新相关信息。

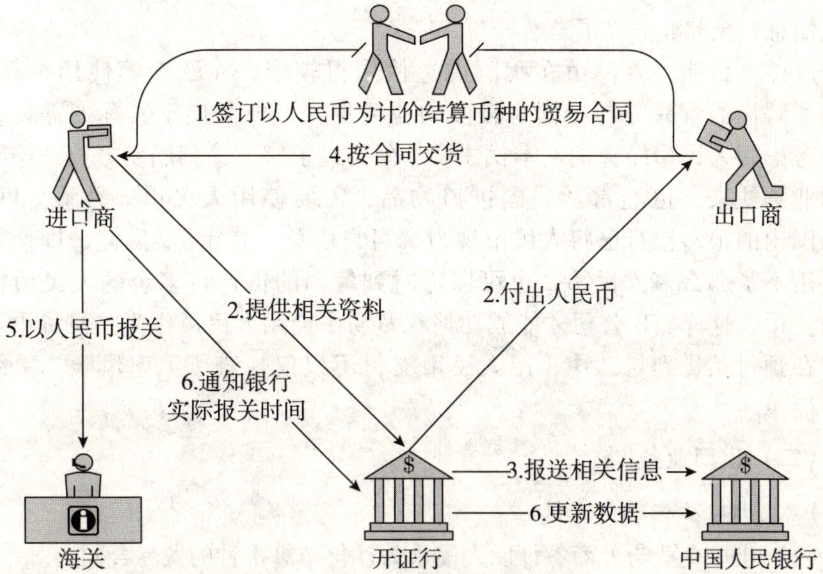

图 10－2　先付款后进口流程

实例（先付款后进口）：国内 B 公司，是注册资本为 6 000 万美元的外资企业，主要经营挖掘机，每年需要从韩国进口大量的挖掘机核心部件，组装生产后销售给国内企业，年进口量通常在3亿美元以上，结算方式一般是15%的预付款，85%货到后付款。该公司无出口业务，无外汇资金来源，在海关、税务、银行等无不良记录。

为了规避汇率风险，B公司想尝试用人民币进行结算，经与韩商协商，同意用人民币结算，其具体业务流程为：

（1）B公司与韩商签订以人民币为计价结算币种的贸易合同，确定预付15%，货到后付85%。

（2）B公司已经不是第一次办理跨境人民币业务，因此，仅向国内Z银行提交了“跨境贸易人民币结算进口付款说明”、合同等，Z银行就按要求向韩国付出了15%的人民币预付款。国内Z银行将相关信息报送人民银行规定的管理系统。

（3）B公司向国内Z银行提交了“跨境贸易人民币结算进口付款说明”、合同、发票等，Z银行按要求向韩国付出了85%的人民币货款。国内Z银行将相关信息报送人民银行规定的管理系统。

（4）一个月后，货物到港，B公司以人民币向海关报关。

（5）B公司通知银行实际报关时间，银行向人民币银行的管理系统更新相关信息，至此业务终了。

点评：目前，人民币在我国周边使用得较多，在欧美等使用得较少，但如了解你的贸易方与中国有较多的业务往来，外商出于实际的需要，也是会考虑用人民币结算的。本例中，B公司经了解，该韩国卖方与我国有较多的业务往来，也经常从我国进口物品，需要使用人民币；另悉，目前，韩国国内的很多银行已将人民币视为“可自由兑换货币”。因此，即使韩国企业用不了那么多人民币，也可以随时到韩国的银行将多余的人民币换成本国货币，这样，B公司才能成功地在贸易中使用人民币作为支付货币。另外，在预付及货到付款中，用人民币支付不仅仅规避了汇率风险，手续也较为简单。

（二）出口业务

1. 先出口后收款全流程

（1）出口企业与外商签订以人民币为计价结算币种的贸易合同。

（2）出口企业按合同交货给外商。

（3）出口企业按合同规定及货物情况，以人民币向海关报关。

（4）外商向收款人账户行付出人民币。

（5）出口企业向银行提供“跨境贸易人民币结算出口收款说明”后，由银行（账户行）将款项入出口企业账户。首次办理跨境人民币业务的出口企业还需向银行提交《关于确定跨境贸易人民币结算主报告银行的函》、《企业信息登记表》（一式两联），表格中的抬头为中国人民银行××分行，主报告银行为××银行（收款人账户行），表格需加盖企业公章。

（6）银行按规定将相关信息报送人民银行规定的管理系统。

（7）出口企业凭出口发票、增值税发票和出口报关单退税联（需要退税的，要在海关打印）向当地税务机关办理出口退税的申报。

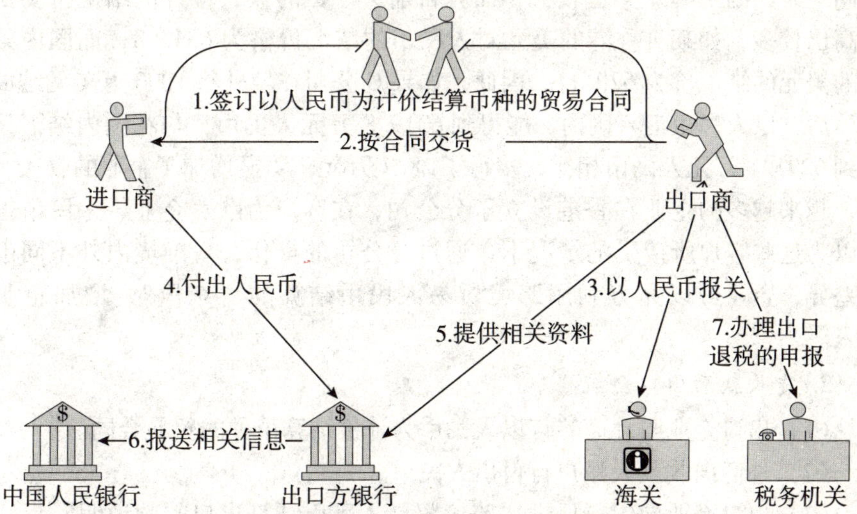

图 10－3　先出口后收款流程

实例（先出口后收款）：国内 G 公司，注册资本 1 500 万美元，为外资企业，主要经营园林机械，在香港有全资分公司，出口订单通过在香港的分公司与欧美的大型超市等签订，香港分公司收款后再将款项汇入国内 G 公司。该公司年出口在 9 000 万美元以上，并有少量进口，在海关、税务、银行等无不良记录。

G 公司想尝试用人民币与香港分公司进行结算，其具体业务流程为：

（1）G 公司与香港分公司签订以人民币为计价结算币种的贸易合同。

（2）G 公司按合同交货给香港分公司。

（3）香港分公司按合同规定及货物情况，以人民币向海关报关。

（4）香港分公司向 G 公司的 Z 账户行付出人民币。

（5）G 公司第一次办理跨境人民币业务，因此，确定 Z 银行为其向中国人民银行的主报告银行，并向 Z 银行提供了《关于确定跨境贸易人民币结算主报告银行的函》,《企业信息登记表》,“跨境贸易人民币结算出口收款说明”和出口合同、发票,Z银行将款项入G公司账户。

(6) Z银行按规定将相关信息报送人民银行规定的管理系统。

(7) G公司凭出口发票、增值税发票和出口报关单退税联向当地税务机关办理出口退税的申报。业务终了。

点评:G公司不仅仅是为了“尝鲜”而办理跨境贸易人民币结算业务,也是为了增加企业的收入考虑。近两年,境外的人民币市场非常活跃,同一天同一时刻的汇率差异也较大,而且目前大多数时候,境外的结汇价要比境内高出较多,如某日香港的美元对人民币的结汇价格为631.98,而国内某银行的美元的结汇价为629.11,因此,如果G公司在境外将1000万美元结成人民币后,以人民币汇入国内,能得到6319.8万元人民币,与在国内结汇只能得到6291.1万元人民币相比,多得了28.7万元,明显增加了企业的收入。近年,越来越多的企业在香港设立了分公司,在客户为欧美企业、人民币暂时难以为这些客户所接受的情况下,通过分公司的操作,看准境内外不同市场的差异,企业可以充分利用跨境贸易人民币结算的“东风”,增加企业的收入。

2. 先收款后出口全流程

(1) 出口企业与外商签订以人民币为计价结算币种的贸易合同。

(2) 外商向收款人账户行付出人民币。

(3) 出口企业向银行提供“跨境贸易人民币结算出口收款说明”后,由银行(账户行)将款项入出口企业账户。首次办理跨境人民币业务的出口企业还需向银行提交《关于确定跨境贸易人民币结算主报告银行的函》、《企业信息登记表》(一式两联),表格中的抬头为中国人民银行××分行,主报告银行为××银行(收款人账户行),表格需加盖企业公章。

(4) 银行按规定将相关信息报送人民银行规定的管理系统。

(5) 出口企业按合同交货给外商。

(6) 出口企业按合同规定及货物情况,以人民币向海关报关。

(7) 企业实际报关时间与预计报关时间不一致,应当通知银行,由银行向管理系统报送相关更新信息。

(8) 出口企业凭出口发票、增值税发票和出口报关单退税联,向当地税务机关办理出口退税的申报。

实例(先收款后出口):国内E公司,注册资本3 000万元人民币,为股份制企业,主要经营农机,大部分出口到东南亚、南亚等地区,小部分

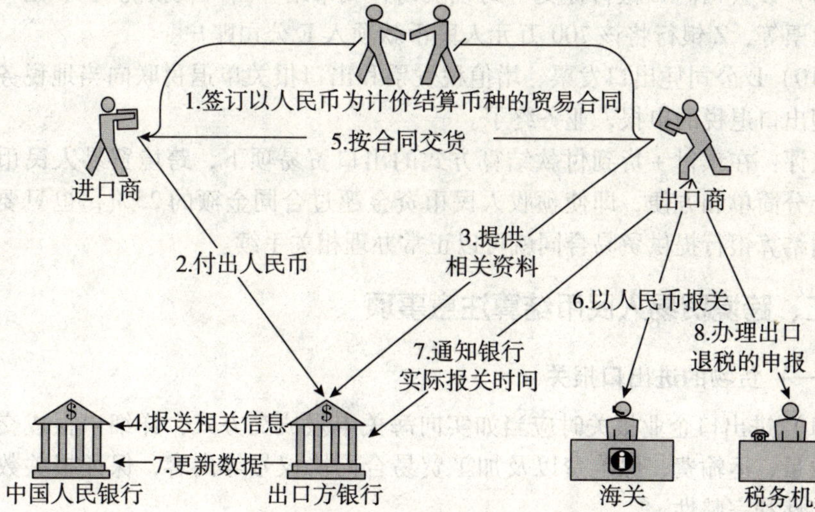

图 10－4　先收款后出口流程

内销，年出口在 5 000 万美元以上，贸易付款方式一般为 30% 预付，70% 货到付款。E 公司在海关、税务、银行等无不良记录。

E 公司想尝试用人民币与外商进行结算，其具体业务流程为：

（1）E 公司与外商签订以人民币为计价结算币种的贸易合同，金额为 1000 万元人民币，合同规定 30% 预付款，70% 货到付款。

（2）外商按合同规定将 30% 的人民币预付款，金额为 300 万元人民币付至 Z 银行。

（3）E 公司第一次办理跨境人民币业务，因此，确定 Z 银行为其向中国人民银行的主报告银行，并向 Z 银行提供了《关于确定跨境贸易人民币结算主报告银行的函》、《企业信息登记表》和“跨境贸易人民币结算出口收款说明”、出口合同等。Z 银行将该 300 万元人民币款项入 E 公司账户。

（4）Z 银行按规定将相关信息如合同的基本要素等报送人民银行规定的管理系统。

（5）E 公司按合同交货给外商。

（6）E 公司根据货物情况等以人民币向海关报关。

（7）E 公司实际报关时间与预计报关时间不一致，应当通知银行，由银行向管理系统报送相关更新信息。

（8）外商收到货物后，将余下的 70% 的货款，即 700 万元人民币付至 Z 银行。

(9) E公司向Z银行提交“跨境贸易人民币结算出口收款说明”、出口合同、发票等，Z银行将该700万元人民币款项入E公司账户。

(10) E公司凭出口发票、增值税发票和出口报关单退税联向当地税务机关办理出口退税的申报，业务终了。

点评：在预付+货到付款结算方式的出口贸易项下，跨境贸易人民币结算也十分简单和方便，即使预收人民币资金超过合同金额的25%，也只要向其境内结算银行提供贸易合同就可以正常办理相关手续。

二、跨境贸易人民币结算注意事项

（一）货物的进出口报关

(1) 进出口企业报关时应当如实向海关申报成交方式，详细申报成交价格、数量、运输费、保险费以及加工贸易合同协议号等内容，保证报关数据的真实性和完整性。

(2) 以人民币作为结算币种报关时，如进口业务，在进口货物报关单“币制”栏填报“人民币”，不需提供其他证明材料；如出口业务，在出口货物报关单“币制”栏填报“人民币”，“批准文号”栏不需填报外汇核销单号码，也不必向海关提供外汇核销单和打印报关单证明联（出口收汇核销联）。

(3) 出口企业可以跨地区以人民币申报出口货物，也不需向海关提供外汇核销单和打印报关单证明联（出口收汇核销联）。

(4) 如企业办理加工贸易合同备案时以外币备案，报关申报时可以用人民币进行申报，申报的币种不影响企业的加工贸易合同结束时企业在海关的合同核销。

(5) 可以“交叉”币种，即企业原来已经用外币申报，后可以改用人民币办理结算，或者企业原来已经用人民币申报，后可以改用外币进行结算，在这种情况下，企业应按照报关单删除修改的有关规定，向海关提出修改要求。

（二）办理银行结算

跨境贸易人民币结算的实质是在国际结算中使用人民币而已，并没有改变现有的国际结算方式，因此，常见的汇款、托收、信用证等结算方式同样适用于跨境贸易人民币结算。但由于我国目前尚属于外汇管制国家，本国货币用于国际贸易结算，必将对境内原有的相关政策带来一定的改变，因而在银行办理跨境贸易人民币结算时必须注意相关政策的变化。

(1) 企业在首次办理跨境贸易人民币结算业务时，应当确定一家境内结算银行为其主报告银行，以便该银行按规定向中国人民银行报告企业的相关信息。如企业名称、组织机构代码、海关编码、税务登记证号、企业法人代表和负责人的身份证等信息。

企业也可以选择多家境内银行办理跨境贸易人民币结算业务，但主报告行只能选择一家，若企业因账户调整等原因变更主报告银行时，应当以书面形式分别告知新、旧主报告银行。

（2）企业在办理跨境贸易项下的人民币收付时，应填写“跨境业务人民币结算收款说明”或者“跨境业务人民币结算付款说明”。如果是先出口报关或者进口报关后发生收付，应当向其境内结算银行提供出口或进口报关的确切时间。如果是先收付后发生出口报关或者进口报关，应当向其境内结算银行提供出口或进口报关的预计时间。

（3）企业应依法诚信经营，确保跨境贸易人民币结算的贸易真实性。应建立跨境贸易人民币结算台账，准确记录进出口报关信息和人民币资金收付信息。中国人民银行可依法对企业的跨境贸易人民币结算台账及相关信息进行检查，发现企业违反有关规定的，可依法进行处罚。

（4）企业预收、预付人民币资金超过合同金额25%的，应当向其境内结算银行提供贸易合同，境内结算银行应当将该合同的基本要素报送人民币跨境收付信息管理系统。

（5）企业来料加工贸易项下出口收取人民币资金超过合同金额30%的，企业应当自收到境外人民币货款之日起10个工作日内向其境内结算银行补交下列资料及凭证：

①企业超比例情况说明；

②出口报关单（境内结算银行审核原件后留存复印件）；

③试点企业加工贸易合同或所在地商务部门出具的加工贸易业务批准证（境内结算银行审核原件后留存复印件）。

对于未在规定时间内补交上述资料或凭证的试点企业，境内结算银行不得为其继续办理超过合同金额30%的人民币资金收付，情节严重的，暂停为该企业提供跨境贸易人民币结算服务，并及时报告中国人民银行当地分支机构。

（6）货物出口后210天时，企业仍未将人民币货款收回境内的，应当在5个工作日内，通过其境内结算银行，向人民币跨境收付信息管理系统报送该笔货物的未收回货款的金额，及对应的出口报关单号，并向其境内结算银行提供相关资料。

（7）企业收到跨境人民币款项时，应填写《涉外收入申报单》，并于5个工作日内办理申报；对外支付人民币款项时，应在提交《境外汇款申请书》或《对外付款/承兑通知书》的同时办理申报。

(8) 企业将出口项下的人民币资金留存境外的，应当向其境内结算银行提供留存境外的人民币资金金额、开户银行、用途和相应的出口报关等信息，由境内结算银行将上述信息送人民币跨境收付信息管理系统。

(9) “交叉币种”的处理：“交叉币种”即指企业报关币种与收付币种不一致。

在出口报关是外币、收款为人民币的情形下，企业在银行办理人民币收款手续时，应如实填写“跨境业务人民币结算收款说明”，注明“外币报关人民币结算”字样和相应的外币出口报关单号。境内结算银行将企业申报的信息报送管理系统。

在进口报关是外币、付款为人民币的情形下，企业在银行办理人民币付款手续时，应如实填写“跨境业务人民币结算付款说明”，注明“外币报关人民币结算”字样和相应的外币进口报关单号。境内结算银行将企业申报的信息报送管理系统。

(10) 境内结算银行可以在贸易从属费用范围内为企业办理与贸易相关，但无货物流发生的人民币跨境收付，如贸易中产生的佣金、折扣等。

(11) 在大型工程承包或成套设备出口时，经常既包括货物又包括服务，服务部分也可以用人民币结算，境内结算银行负责贸易真实性审核。企业应当向境内结算银行提交商业合同，以便于银行进行贸易真实性审核，办理相应的人民币资金收付。境外承包工程项目中境外采购用于境外、货物流不进入境内时，境内结算银行可凭海运提单等单证办理贸易真实性审核后，为企业办理人民币结算。

(12) 境内结算银行应按照中国人民银行的要求，对办理的每一笔跨境人民币资金收付进行相应的贸易单证真实性、一致性审核，并将人民币跨境收支信息、进出口日期或报关单号和人民币贸易融资等信息于每日终报送人民币跨境收付信息管理系统。境内结算银行在未按规定完成相应的贸易单证真实性、一致性审核前，不能为企业办理人民币资金收付。对于在管理信息系统中被标注为“关注类企业”的，应审慎地为其办理人民币收付业务。

（三）办理出口货物退（免）税

出口货物的退（免）税，是指对国家规定范围内的出口货物退还其在国内各生产环节和流转环节，依照税法规定缴纳的增值税及消费税，或免征其应纳税额。它是国际贸易中通常采用并为绝大多数国家所接受的，目的在于鼓励本国出口货物，增强本国货物竞争力的一种税收措施。

企业在跨境出口贸易中使用人民币进行结算，可以按照我国有关规定，享受出口货物退（免）税政策。

（1）试点企业使用人民币结算的出口贸易，按照规定享受出口货物退（免）税政策。试点企业申报办理跨境贸易人民币结算出口货物退（免）税时，不必提供出口收汇核销单，但应单独向主管税务机关申报，如与其他出口货物一并申报的，应在申报表中对跨境贸易人民币结算出口货物报关单进行标注。

（2）试点地区税务机关受理跨境贸易人民币结算方式出口货物退（免）税后，不再审核出口收汇核销单及进行相关信息的比对，出口退税审核系统中产生的有关出口收汇核销单疑点可以人工挑过。

（3）货物出口后210天，企业仍未将人民币货款收回境内的，或拟将出口人民币收入存放境外的企业，税务机关可要求其提供相关数据和资料，建立台账制度。

（4）目前，企业在申报用人民币结算的跨境出口货物退（免）税时，需要向税务机关提供的资料及程序与其他外币结算的出口业务完全相同，但在数据录入稍有改变：

①由于目前原外贸企业退（免）税申报系统只能按照“美元”录入，因此，企业应将人民币折合成美元后录入系统，核销单不需录入，但应在备注栏中注上“KJ”字样。

②生产企业跨境贸易人民币结算业务应与其他出口货物一并申报。申报时在出口退税申报系统的“出口货物明细申报录入”模块中，“原币代码”栏目必须填写“CNY”；“原币币别”栏目必须填写“人民币”；“原币离岸价”栏目按照人民币离岸价的金额填写；“原币汇率”栏目填写“100”；“美元汇率”按实际汇率填写，核销单号不需录入；“出口货物明细申报录入”模块中的“备注”栏目中必须标注“KJ”字样。

附一 中国人民银行关于跨境贸易人民币结算样本

样本一：

跨境贸易人民币结算出口收款说明

年 月 日

<table>
<tr><td colspan="2">企业名称：</td><td colspan="2">企业组织机构代码：</td></tr>
<tr><td colspan="4">本次跨境贸易人民币结算出口收款金额合计： 元</td></tr>
<tr><td colspan="2">其中：一般贸易项下： 元</td><td colspan="2">进料加工贸易项下： 元</td></tr>
<tr><td colspan="4">来料加工贸易项下： 元
其中实际收款比例： %</td></tr>
<tr><td colspan="4">其他贸易项下： 元
请提供报关单号码：□□□□□□□□□□□□□□□□□□□□□□□□
□□□□□□□□□□□□□□□□□□□□□□□□</td></tr>
<tr><td colspan="4">预收货款项下： 元
其中预收货款占合同比例： %</td></tr>
<tr><td colspan="4">无货物报关项下： 元</td></tr>
<tr><td colspan="2">退（赔）款： 元</td><td colspan="2">贸易从属费用： 元</td></tr>
<tr><td rowspan="2">人民币报关时</td><td>已报关： 元</td><td colspan="2">出口日期：</td></tr>
<tr><td>未报关： 元</td><td colspan="2">预计 天后报关</td></tr>
<tr><td>备注：</td><td colspan="3"></td></tr>
<tr><td colspan="4">本企业申明：本表所填内容真实无误。如有虚假，视为违反跨境贸易人民币结算管理规定，将承担相应后果。</td></tr>
</table>

单位公章或财务专用章 填报人： 联系方式：

样本二：

跨境贸易人民币结算进口付款说明

年　月　日

<table>
<tr><td colspan="2">企业名称：</td><td colspan="2">企业组织机构代码：</td></tr>
<tr><td colspan="4">本次跨境贸易人民币结算进口付款金额合计：　元</td></tr>
<tr><td colspan="2">其中：　一般贸易项下：　元</td><td colspan="2">进料加工贸易项下：　元</td></tr>
<tr><td colspan="4">其他贸易项下：　元
请提供报关单号码：□□□□□□□□□□□□□□□□□□□□□□
□□□□□□□□□□□□□□□□□□□□□□</td></tr>
<tr><td colspan="4">预付货款项下：　元
其中预付货款占合同比例：　%</td></tr>
<tr><td colspan="2">退（赔）款：　元</td><td colspan="2">贸易从属费用：　元</td></tr>
<tr><td rowspan="2">人民币报关时</td><td>□ 已报关　元</td><td colspan="2">进口报关日期：</td></tr>
<tr><td>□ 未报关　元</td><td colspan="2">预计　天后报关</td></tr>
<tr><td>备注：</td><td colspan="3"></td></tr>
<tr><td colspan="4">本企业申明：本表所填内容真实无误。如有虚假，视为违反跨境贸易人民币结算管理规定，将承担相应后果。</td></tr>
</table>

单位公章或财务专用章　　填报人：　　联系方式：

样本三：

企业信息登记表

填表单位：　　　　　　　　填表日期：　　　　　　　　编号：

试点企业信息			
企业名称			
组织机构代码		海关编号	
税务登记号码		经济类型及代码	
行业属性及代码		投资国别或地区	
邮政编码		电子邮件地址	
单位地址			
法定代表人或负责人信息			
姓　　名		身份证件类型	
身份证件编号			
境内结算银行（主报告银行）信息			
银行名称			
银行机构代码		银行账号	
备　　注			

填表说明：

1. 本表一式两份，一份由境内结算银行留存，一份由境内结算银行报送当地人民银行。

2. 本表编号由人民银行填写。

3. 经济类型：按 GB 12402《经济类型代码》填报。

4. 行业属性：生产型企业，按新版国际收支统计监测系统中使用的《国民经济行业分类》（GB/T4754－2002）标准，确定行业属性及代码，按代码的前4位填报；外贸型企业，不要填报为08类（批发和零售业），而是根据公司主营出口产品类别，按照《国民经济行业分类》（GB/T4754－2002）标准，填写相应的行业属性及代码，按代码的前4位填报。

样本四：

关于确定跨境贸易人民币结算主报告银行的函

中国人民银行________分（支）行：

根据跨境贸易人民币结算试点管理办法的要求，经研究，我司选择的跨境贸易人民币结算主报告银行及相关信息如下：

企业名称（中文全称）：________________；

企业标准英文名称：________________；

企业组织机构代码：________________；

海关编码：________________；

企业纳税人识别号：________________；

主报告银行：________________；

联系人及联系电话：________________。

专此函达。

企业名称（盖章）：

年　月　日

附二　中国人民银行江苏分行关于跨境贸易人民币结算样本

样本一：

跨境业务人民币结算收款说明

填表日期：　　年　　月　　日　　　　　　编号：

收款企业名称：	组织机构代码：	
收款金额合计：　　元	收款日期：　　年　月　日	
货物贸易金额：　　元		
预收货款项下：　　元	占合同金额比例：　　%	预计　　天后报关（结账期）

续表

<table>
<tr><td rowspan="6">已报关</td><td colspan="3">报关经营单位名称： 组织机构代码：</td></tr>
<tr><td colspan="3">出口日期：1. 年 月 日 2. 年 月 日 3. 年 月 日</td></tr>
<tr><td>外币报关</td><td colspan="2">报关单号1： 报关单号2：
报关单号3： 报关单号4：
报关单号5： 报关单号6：</td></tr>
<tr><td rowspan="3">人民币报关</td><td>一般贸易： 元</td><td>进料加工贸易： 元</td></tr>
<tr><td colspan="2">来料加工贸易： 元 实际收款占报关金额比例： %</td></tr>
<tr><td>边境贸易： 元
报关单号1：
报关单号2：
报关单号3：</td><td>其他贸易： 元
报关单号1：
报关单号2：
报关单号3：</td></tr>
<tr><td colspan="3">无货物报关项下： 元</td><td>退（赔）款： 元</td></tr>
<tr><td colspan="3">服务贸易金额： 元</td><td>交易合同号：</td></tr>
<tr><td colspan="3">直接投资金额： 元</td><td>批准证书号：</td></tr>
<tr><td colspan="3">间接投资金额： 元</td><td>批准证书号：</td></tr>
<tr><td colspan="3">其他投资金额： 元</td><td>批准证书号：</td></tr>
<tr><td colspan="3">收益与经常转移金额： 元</td><td>交易合同号：</td></tr>
<tr><td colspan="3">资本转移及非生产、非金融资产收买/放弃： 元</td><td>交易合同号：</td></tr>
<tr><td colspan="4">备注：</td></tr>
<tr><td colspan="4">本企业申明：本表所填内容真实无误。如有虚假，视为违反跨境贸易人民币结算管理规定，将承担相应后果。</td></tr>
</table>

公章或财务专用章 填报人： 联系方式：

填表说明：

1. 存在多个出口日期或报关单号时，可附表加以说明。

2. 一般贸易：指海关监管贸易方式为“0110”的贸易类型。

3. 来料加工贸易：指海关监管贸易方式为“0214 来料加工”和“0255 来料深加工”。

4. 进料加工贸易：指海关监管贸易方式为“0615 进料对口”、“0654 进料深加工”、“0664 进料料件复出”、“0700 进料料件退换”、“0715 进料非对口”、“0864 进料边角料复出”。

5. 边境贸易：指根据国家相关规定在指定口岸与毗邻国家之间开展的货物贸易。

6. 其他贸易：指海关监管贸易方式为“0130 易货贸易”、“0513 补偿贸易”、“3010 货样广告品 A”、“3422 对外承包进口”、“3910 有权军事装备”、“3939 无权军事装备”、

“4019 边境小额”、“4039 对台小额”、“4561 退运货物”、“1110 对台贸易”、“1215 保税工厂”、“1427 出料加工”、“1500 租赁不满一年”、“1523 租赁贸易”、“1616 寄售代销”。

7. 无货物报关：指未达到海关规定申报金额的邮寄进口或从境外付款但境内交货等方式。

样本二：

跨境业务人民币结算付款说明

填表日期：　　　年　　月　　日　　　　　　　　　　编号：

<table>
<tr><td colspan="3">付款企业名称：</td><td colspan="2">组织机构代码：</td></tr>
<tr><td colspan="3">付款金额合计：　　　　元</td><td colspan="2">付款日期：　年　月　日</td></tr>
<tr><td colspan="5">货物贸易金额：　元</td></tr>
<tr><td colspan="2">预付货款项下：　元</td><td colspan="2">占合同金额比例：　%</td><td>预计　　天后报关（结账期）</td></tr>
<tr><td rowspan="7">已报关</td><td colspan="2">报关经营单位名称：</td><td colspan="2">组织机构代码：</td></tr>
<tr><td colspan="4">进口日期：1.　年　月　日　2.　年　月　日　3.　年　月　日</td></tr>
<tr><td>外币报关</td><td colspan="2">报关单号1：
报关单号3：
报关单号5：</td><td>报关单号2：
报关单号4：
报关单号6：</td></tr>
<tr><td rowspan="2">人民币报关</td><td colspan="2">一般贸易：　元</td><td>进料加工贸易：　元</td></tr>
<tr><td colspan="2">边境贸易：　元
报关单号1：
报关单号2：
报关单号3：</td><td>其他贸易：　元
报关单号1：
报关单号2：
报关单号3：</td></tr>
</table>

<table>
<tr><td>无货物报关项下：　元</td><td>退（赔）款：　元</td></tr>
<tr><td>服务贸易金额：　元</td><td>交易合同号：</td></tr>
<tr><td>直接投资金额：　元</td><td>批准证书号：</td></tr>
<tr><td>间接投资金额：　元</td><td>批准证书号：</td></tr>
<tr><td>其他投资金额：　元</td><td>批准证书号：</td></tr>
<tr><td>收益与经常转移金额：　元</td><td>交易合同号：</td></tr>
<tr><td>资本转移及非生产、非金融资产收买/放弃：　元</td><td>交易合同号：</td></tr>
<tr><td colspan="2">备注：</td></tr>
<tr><td colspan="2">本企业申明：本表所填内容真实无误。如有虚假，视为违反跨境贸易人民币结算管理规定，将承担相应后果。</td></tr>
</table>

公章或财务专用章　　填报人：　　联系方式：

填表说明：

1. 存在多个进口日期或报关单号时，可附表加以说明。

2. 一般贸易：指海关监管贸易方式为“0110”的贸易类型。

3. 来料加工贸易：指海关监管贸易方式为“0214 来料加工”和“0255 来料深加工”。

4. 进料加工贸易：指海关监管贸易方式为“0615 进料对口”、“0654 进料深加工”、“0664 进料料件复出”、“0700 进料料件退换”、“0715 进料非对口”、“0864 进料边角料复出”。

5. 边境贸易：指根据国家相关规定在指定口岸与毗邻国家之间开展的货物贸易。

6. 其他贸易：指海关监管贸易方式为“0130 易货贸易”、“0513 补偿贸易”、“3010 货样广告品 A”、“3422 对外承包进口”、“3910 有权军事装备”、“3939 无权军事装备”、“4019 边境小额”、“4039 对台小额”、“4561 退运货物”、“1110 对台贸易”、“1215 保税工厂”、“1427 出料加工”、“1500 租赁不满一年”、“1523 租赁贸易”、“1616 寄售代销”。

7. 无货物报关：指未达到海关规定申报金额的邮寄进口或从境外付款但境内交货等方式。

本章小结

本章对跨境贸易人民币结算这一新生事物的含义、由来、业务流程及其注意事项，进行了探讨和阐释。人民币诞生于新中国成立前夕，它是通过统一各解放区货币、禁止金银外币流通、收兑国民党政府发行的各种货币而确立下来的。人民币作为我国内地的法定货币，在现代商品经济的发展过程中，履行着价值尺度、流通手段、支付手段和贮藏手段的职能，但在国际贸易中还不具有世界货币的身份，国际市场的支付和购买活动，人民币尚不能充当一般等价物，执行世界货币的功能。也就是说，在当代金属铸造币退出流通、黄金非货币的条件下，人民币还没有像美元、欧元等那样成为“可自由兑换货币”。当然，1997 年香港回归祖国后，由于我国实行“一国两制”方针，香港沿袭原来的货币金融体制，港币仍然充当国际货币，发挥着“可自由兑换货币”的作用。因此，我国已经有了国际货币，但它只是作为我国香港地区的法定货币，既不能代表更不能取代人民币作为大陆地区法定货币的地位和作用。我国 1978 年以来，经济得到快速发展，综合国力大大提升，现已超过日本成为新兴的世界第二大经济实体，人民币的国际信用也随之得到很大提高；加之 2008 年世界金融危机爆发后，西方金融货币体系受到很大冲击，信誉下降，汇率动荡，经济下滑，而人民币在经济发展这一决定性因素的支撑下，基本保持稳定，“风景这边独好”，从而为开展跨境贸易人民币结算提供了机遇、创造了条件。我国政府因势利导，经过准备、试点和扩大试点等步骤，现已在18个省、自治区、直辖市开展了跨境贸易人民币结算业务。这是一项为人民币走出国门、争取人民币国际化的奠基工作，其意义重大，是必须努力做好的。在推进我国银行界的这项创新事业中，要注意面向实践、边干过学，不断研究新情况、解决新问题、总结新经验，做到有所发现、有所创造、有所前进。

思考与实训

1. 跨境贸易人民币结算的含义是什么？

2. 跨境贸易人民币结算的业务流程是什么？

3. 企业在办理货物的进出口报关、银行结算、出口货物退（免）税等环节，使用人民币结算时应注意的事项是什么？

书目介绍

乐 贸 系 列

外贸操作实务子系列

书名	作者	定价	书号	出版时间
1. 出口营销实战(第三版)	黄泰山	45.00 元	978-7-80165-932-3	2013 年 1 月第 3 版
2. 外贸实务疑难解惑 220 例	张浩清	38.00 元	978-7-80165-853-1	2012 年 1 月第 1 版
3. 外贸高手客户成交技巧	毅 冰	35.00 元	978-7-80165-841-8	2012 年 1 月第 1 版
4. 外贸纠纷处理实务——案例与技巧	熊志坚	35.00 元	978-7-80165-789-3	2011 年 1 月第 1 版
5. 报检七日通	徐荣才 朱瑾瑜	22.00 元	978-7-80165-715-2	2010 年 8 月第 1 版
6. 实用外贸技巧助你轻松拿订单	王陶(波锅涅)	25.00 元	978-7-80165-724-4	2010 年 4 月第 1 版
7. 外贸业务经理人手册(第 2 版)	陈文培	39.00 元	978-7-80165-671-1	2010 年 1 月第 1 版
8. 外贸会计实务精要	疏 影	28.00 元	978-7-80165-633-9	2009 年 5 月第 1 版
9. 外贸实用工具手册	本书编委会	32.00 元	978-7-80165-558-5	2009 年 1 月第 1 版
10. 外贸实务经验分享 33 例	沱沱网中文站	28.00 元	978-7-80165-560-8	2009 年 1 月第 1 版
11. 外贸实务案例精华 80 篇	刘德标 吴珊红	29.80 元	978-7-80165-561-5	2009 年 1 月第 1 版
12. 快乐外贸七讲	朱芷萱	22.00 元	978-7-80165-373-4	2009 年 1 月第 1 版
13. 危机生存——十位经理人谈金融危机下的经营之道	本书编委会	22.00 元	978-7-80165-586-8	2009 年 1 月第 1 版
14. 外贸七日通(最新修订版)	黄海涛(深海鱿鱼)	22.00 元	978-7-80165-397-0	2008 年 8 月第 3 版
15. 金牌外贸业务员找客户——17 种方法·案例·评析	陈念祥 张思羽	35.00 元	978-7-80165-543-1	2008 年 8 月第 2 版
16. 出口营销策略(《出口营销实战》升级版)	黄泰山 冯斌	35.00 元	978-7-80165-459-5	2008 年 5 月第 1 版
17. 进口实务操作指南——步骤·实例·经验技巧	中国进口网	55.00 元	978-7-80165-493-9	2008 年 5 月第 1 版

出口风险管理子系列

书名	作者	定价	书号	出版时间
1. 轻松应对出口法律风险	韩宝庆	39.80 元	978-7-80165-822-7	2011 年 9 月第 1 版
2. 出口风险管理实务(第二版)	冯 斌	48.00 元	978-7-80165-725-1	2010 年 4 月第 2 版
3. 50 种出口风险防范	王新华 陈丹凤	35.00 元	978-7-80165-647-6	2009 年 8 月第 1 版

书名	作者	定价	书号	出版时间

外贸单证操作子系列

1. 跟单信用证一本通	何源	35.00 元	978-7-80165-849-4	2012 年 1 月第 1 版
2. 信用证审单有问有答 280 例	李一平　徐珺	37.00 元	978-7-80165-761-9	2010 年 8 月第 1 版
3. 外贸单证经理的成长日记	曹顺祥	38.00 元	978-7-80165-716-9	2010 年 3 月第 1 版
4. 外贸单证解惑 280 例	龚玉和　齐朝阳	38.00 元	978-7-80165-638-4	2009 年 7 月第 1 版
5. 信用证 6 小时教程	黄海涛（深海鱿鱼）	25.00 元	978-7-80165-624-7	2009 年 4 月第 2 版
6. 跟单高手教你做跟单	汪　德	32.00 元	978-7-80165-623-0	2009 年 4 月第 1 版
7. 外贸单证处理技巧（第 3 版）	屈　韬	42.00 元	978-7-80165-516-5	2008 年 5 月第 1 版
8. 进出口单证实务案例评析	袁永友　柏望生	33.00 元	978-7-80165-371-8	2006 年 8 月第 1 版

福步外贸高手子系列

1. 小小开发信　订单滚滚来——外贸开发信写作技巧及实用案例分析	薄如骢	26.00 元	978-7-80165-551-6	2008 年 8 月第 1 版
2. 外贸技巧与邮件实战	刘　云	28.00 元	978-7-80165-536-3	2008 年 7 月第 1 版

国际物流操作子系列

1. 货代高手教你做货代——优秀货代笔记	何银星	25.00 元	978-7-80165-696-4	2010 年 1 月第 1 版
2. 国际物流操作风险防范——技巧·案例分析	孙家庆	32.00 元	978-7-80165-577-6	2009 年 4 月第 1 版
3. 集装箱运输与海关监管	赵　宏	23.00 元	978-7-80165-559-2	2009 年 1 月第 1 版

通关实务子系列

1. 外贸企业轻松应对海关估价	熊　斌　赖　芸　王卫宁	35.00 元	978-7-80165-895-1	2012 年 9 月第 1 版
2. 报关实务一本通（第 2 版）	苏州工业园区海关	35.00 元	978-7-80165-889-0	2012 年 8 月第 2 版
3. 如何通过原产地证尽享关税优惠	南京出入境检验检疫局	50.00 元	978-7-80165-614-8	2009 年 4 月第 3 版
4. 海关进出口商品归类基础与训练	温朝柱	36.00 元	978-7-80165-496-0	2009 年 1 月第 1 版
5. 最新报关单填制实用辅导	盛新阳　彭飞	38.00 元	978-7-80165-497-7	2008 年 10 月第 1 版
6. 最新商品归类技巧	赵　宏	38.00 元	978-7-80165-520-2	2008 年 9 月第 1 版

书名	作者	定价	书号	出版时间

彻底搞懂子系列

书名	作者	定价	书号	出版时间
1. 彻底搞懂信用证（第二版）	王腾　曹红波	35.00 元	978-7-80165-840-1	2011 年 11 月第 2 版
2. 彻底搞懂中国自由贸易区优惠	刘德标　祖月	34.00 元	978-7-80165-762-6	2010 年 8 月第 1 版
3. 彻底搞懂贸易术语	陈　岩	33.00 元	978-7-80165-719-0	2010 年 2 月第 1 版
4. 彻底搞懂海运航线	唐丽敏	25.00 元	978-7-80165-644-5	2009 年 7 月第 1 版
5. 彻底搞懂提单	张敏　赵通	29.80 元	978-7-80165-602-5	2009 年 6 月第 1 版
6. 彻底搞懂关税	孙金彦	29.00 元	978-7-80165-618-6	2009 年 6 月第 1 版

外贸英语实战子系列

书名	作者	定价	书号	出版时间
1. 十天搞定外贸函电	毅　冰	38.00 元	978-7-80165-898-2	2012 年 10 月第 1 版
2. 外贸高手的口语秘籍	李　凤	35.00 元	978-7-80165-838-8	2012 年 2 月第 1 版
3. 外贸英语函电实战	梁金水	25.00 元	978-7-80165-705-3	2010 年 1 月第 1 版
4. 外贸英语口语一本通	刘新法	29.00 元	978-7-80165-537-0	2008 年 8 月第 1 版
5. 英汉物流词汇精析——结合实务操作	应海新	68.00 元	978-7-80165-517-2	2008 年 5 月第 1 版

外贸谈判子系列

书名	作者	定价	书号	出版时间
1. 外贸英语谈判实战	王慧　吴旻　张海军　蒋晓杰　仲颖	32.00 元	978-7-80165-767-1	2010 年 9 月第 1 版
2. 外贸谈判策略与技巧	赵立民	26.00 元	978-7-80165-645-2	2009 年 7 月第 1 版

国际商务往来子系列

书名	作者	定价	书号	出版时间
国际商务礼仪大讲堂	李嘉珊	26.00 元	978-7-80165-640-7	2009 年 12 月第 1 版

贸易展会子系列

书名	作者	定价	书号	出版时间
外贸参展全攻略——如何有效参加 B2B 贸易商展（第二版）	钟景松	33.00 元	978-7-80165-779-4	2010 年 10 月第 2 版

区域市场开发子系列

书名	作者	定价	书号	出版时间
中东市场开发实战	刘军　沈一强	28.00 元	978-7-80165-650-6	2009 年 9 月第 1 版

国际结算子系列

书名	作者	定价	书号	出版时间
1. 国际结算函电实务	周红军　阎之大	40.00 元	978-7-80165-732-9	2010 年 5 月第 1 版
2. 出口商如何保障安全收汇——L/C、D/P、D/A、O/A 精讲	庄乐梅	85.00 元	978-7-80165-491-5	2008 年 5 月第 1 版

书名	作者	定价	书号	出版时间
国际贸易金融工具子系列				
1. 出口信用保险——操作流程与案例	中国出口信用保险公司	35.00元	978-7-80165-522-6	2008年5月第1版
2. 福费廷	周红军	26.00元	978-7-80165-451-9	2008年1月第1版
加工贸易操作子系列				
1. 加工贸易达人速成——操作案例与技巧	陈秋霞	28.00元	978-7-80165-891-3	2012年7月第1版
2. 加工贸易实务操作与技巧	熊　斌	35.00元	978-7-80165-809-8	2011年4月第1版
3. 加工贸易企业关务作业统筹	熊　斌	29.80元	978-7-80165-423-6	2009年3月第1版
乐税子系列				
1. 外贸企业出口退(免)税常见错误解析100例	周朝勇	49.80元	978-7-80165-933-0	2013年2月第1版
2. 生产企业出口退(免)税常见错误解析115例	周朝勇	49.80元	978-7-80165-901-9	2013年1月第1版
3. 外汇核销指南	陈文培等	22.00元	978-7-80165-824-1	2011年8月第1版
4. 外贸企业出口退税操作手册	中国出口退税咨询网	42.00元	978-7-80165-818-0	2011年5月第1版
5. 生产企业免抵退税实务——经验、技巧分享	徐玉树	35.00元	978-7-80165-780-0	2011年1月第1版
6. 生产企业免抵退税从入门到精通	中国出口退税咨询网	98.00元	978-7-80165-695-7	2010年1月第1版
7. 出口涉税会计实务精要(《外贸会计实务精要》第2版)	龙博客工作室	32.00元	978-7-80165-660-5	2009年9月第2版
专业报告子系列				
1. 国际工程风险管理	张　燎	1980.00元	978-7-80165-708-4	2010年1月第1版
2. 涉外型企业海关事务风险管理报告	《涉外型企业海关事务风险管理报告》研究小组	1980.00元	978-7-80165-666-7	2009年10月第1版
外贸企业管理子系列				
小企业做大外贸的四项修炼	胡伟锋	26.00元	978-7-80165-673-5	2010年1月第1版
国际贸易金融子系列				
1. 国际贸易金融服务全程通(第二版)	郭党怀 张丽君 张贝	43.00元	978-7-80165-864-7	2012年1月第2版
2. 国际结算与贸易融资实务	李华根	42.00元	978-7-80165-847-0	2011年12月第1版

书名	作者	定价	书号	出版时间
11. 国际货运代理实务精讲	杨占林	39.00元	978-7-80165-636-0	2009年6月第1版
12. 海关法教程(第2版)	刘达芳	40.00元	978-7-80165-605-6	2009年3月第2版

待出:

1. 国际贸易规则与惯例实务精讲
2. 国际营销实务精讲
3. 外贸业务员英语实务精讲
4. 国际投资实务精讲
5. 国际技术贸易实务精讲

电子商务大讲堂·外贸培训专用

1. 外贸操作实务	本书编委会	30.00元	978-7-80165-621-6	2009年5月第1版
2. 网上外贸——如何高效获取订单	本书编委会	30.00元	978-7-80165-620-9	2009年5月第1版
3. 出口营销指南	本书编委会	30.00元	978-7-80165-619-3	2009年5月第1版
4. 外贸实战与技巧	本书编委会	30.00元	978-7-80165-622-3	2009年5月第1版

中小企业财会实务操作系列丛书

1. 小企业会计疑难解惑300例	刘华　刘方周	39.80元	978-7-80165-845-6	2012年1月第1版
2. 做顶尖成本会计应知应会150问	张　胜	38.00元	978-7-80165-819-7	2011年8月第1版
3. 会计实务操作一本通	吴虹雁	35.00元	978-7-80165-751-0	2010年8月第1版

“关务通” 品牌图书

“关务通”致力于：关企零距离，通关零障碍，关务零风险！

“关务通”由一线关务专家执笔，从企业角度出发，通过权威政策解读，实用操作指引，经典案例分析，帮助企业解决迫在眉睫的关务问题。

关务通·监管通关系列

书名	作者	定价	书号	出版时间
1.《监管通关政策实用指导手册》	“关务通·监管通关系列”编委会	78.00 元	978-7-80165-907-1	2012 年 10 月第 1 版
2.《通关实务操作与技巧——货物、运输工具篇》	“关务通·监管通关系列”编委会	48.00 元	978-7-80165-909-5	2012 年 10 月第 1 版
3.《通关实务操作与技巧——进出境物品篇》	“关务通·监管通关系列”编委会	26.00 元	978-7-80165-905-7	2012 年 10 月第 1 版
4.《通关疑难解惑 720 例》	“关务通·监管通关系列”编委会	48.00 元	978-7-80165-903-3	2012 年 10 月第 1 版

关务通·电子口岸系列

书名	作者	定价	书号	出版时间
1.《电子口岸实用功能》	“关务通·电子口岸系列”编委会	32.00 元	978-7-80165-904-0	2012 年 11 月第 1 版
2.《电子口岸实务操作与技巧——通关篇》	“关务通·电子口岸系列”编委会	55.00 元	978-7-80165-906-4	2012 年 11 月第 1 版
3.《电子口岸实务操作与技巧——加贸篇》	“关务通·电子口岸系列”编委会	55.00 元	978-7-80165-908-8	2012 年 11 月第 1 版
4.《电子口岸疑难解惑 400 例》	“关务通·电子口岸系列”编委会	38.00 元	978-7-80165-910-1	2012 年 11 月第 1 版

关务通·双语系列

书名	作者	定价	书号	出版时间
《国际海关新视野》	上海海关	60.00 元	978-7-80165-918-7	2012 年 12 月第 1 版

待出系列

关务通·加贸系列

书名	作者	定价	书号	出版时间
1.《加工贸易实务操作与技巧》	“关务通·加贸系列”编委会	60.00 元	978-7-80165-927-9	
2.《海关特殊监管区域和保税监管场所实务操作与技巧》	“关务通·加贸系列”编委会	60.00 元	978-7-80165-926-2	
3.《加工贸易疑难解惑 280 例》	“关务通·加贸系列”编委会	60.00 元	978-7-80165-928-6	

关务通·稽查系列

书名	作者	定价	书号	出版时间
《小王在海关稽查的日子——企业如何配合海关稽查》	“关务通·稽查系列”编委会	70.00 元	978-7-80165-925-5	

关务通·企管系列

书名	作者	定价	书号	出版时间
《AA 类企业关务秘笈》	“关务通·企管系列”编委会			